Mr.
# PLAYBOY

미스터 플레이보이 : 휴 헤프너, 남자들의 은밀한 꿈을 살다
지은이: 스티븐 와츠 ; 옮긴이: 고정아. — 서울 : 나무이야기, 2011
p. ; cm

원표제: Mr. Playboy : Hugh Hefner and the American dream
원저자: Steven Watts
영어 원작을 한국어로 번역
ISBN 978-89-90976-11-6 03300 : ₩25000
ISBN 89-90976-09-3(세트) 03300

013.099-KDC5
070.5092-DDC21 CIP2011002020

# 미스터 플레이보이

## 휴 헤프너, 남자들의 은밀한 꿈을 살다

스티븐 와츠 지음 · 고정아 옮김

나무이야기 namustory

올리비아 클레어 와츠에게

# 추천의 글

『미스터 플레이보이: 휴 헤프너, 남자들의 은밀한 꿈을 살다』 출판을 진심으로 기뻐하면서 한국처럼 꽉 막힌 세상에서 경직된 틀에 갇혀 사는 사람들에게 일독을 권한다.

〈플레이보이〉 하면 우선 내 중·고등학교 시절이 생각난다. 포르노(이른바 '야동')도 없고 성에 관한 참고 서적도 별로 없던 그때에 나는 〈플레이보이〉를 구해 읽으며 성적性的 허기를 달랬다. 그리고 거기에 나오는 여러 가지 성性 정보와 쾌락주의 사상, 최신 유행 패션이나 에로티시즘 영화 등에 대한 지식을 습득했다.

〈플레이보이〉는 보통 사람들이 생각하는 것처럼 절대로 저질 옐로우 페이퍼가 아니다. 거기에는 대학 강의 때 강독 교재로 쓰일 만큼이나 깊이 있는 에세이와 유명인사 인터뷰, 그리고 수준 높은 소설과 만화 등이 실려 있다. 그래서 〈플레이보이〉는 내가 영어 공부를 하는데도 도움을 많이 주었다.

한국에서 초미니스커트가 유행하기 이전에 나는 미리 〈플레이보이〉를 통해 초미니의 등장을 알 수 있었다. 그리고 비키니 수영복의 단계를 뛰어넘는 야한(젖가슴을 다 드러내는) 수영복인 토플리스topless의 등장도 먼저 알았다. 나는 또 연재만화인 〈완다 시리즈〉를 무엇보다도 재미있게 읽었다. 나중에 성性문학을 공부하게 되면서 '완다'가 자허마조흐의 마조히즘 소설 『모피毛皮를 입은 비너스』에서 여자 사디스트로 나오는 여주인공 이름이라는 사실을 알았는데, 나는 〈플레이보이〉를 통해 성性에 대한 연구와 성性문학에 대한 연구 및 창작을 해봐야겠다는 생각을 하게 되었다.

〈플레이보이〉가 창간된 1953년의 미국은 매우 보수적인 분위기로 가득 차 있었다. 오럴섹스조차 변태로 인식하는 사람이 대다수였고 무엇보다도 청교도적 퓨리터니즘이 지배 이데올로기로 자리 잡고 국민의 숨통을 조이고 있었다. 이런 상황에서 젊디젊은 휴 헤프너는 '쾌락주의 만세!'를 공공연하게 외치면서 미국 국민에게 '가뭄 끝의 단비' 역할을 톡톡히 했다.

그런 점에서 볼 때 휴 헤프너의 생각과 내 생각은 꽤 흡사하다. 나 역시 쾌락주의자임을 자처하며 '육체주의 만세!'를 외치기 때문이다.

그러나 불행히도 나는 미국이 아닌 한국에서 태어난 죄로 휴 헤프너처럼 성공하지 못하고, 일종의 반反사회적 이단자가 되어, 온갖 '왕

따'를 당하고 있다.

휴 헤프너의 개성적인 활동에 밑거름된 것은 역시 미국이 가진 '표현의 자유'에 대한 확고한 신념이다. 그러나 유감스럽게도 한국에는 아직도 완벽한 표현의 자유가 존재하지 않는다.

나는 늘 '상수도 문화'와 '하수도 문화'가 공존할 수 있어야 살기 좋은 나라가 된다고 주장해왔다. 상수도 문화란 이른바 관념적인 고급 문화고, 하수도 문화란 욕망의 카타르시스를 위한 야한 문화다. 휴 헤프너는 바로 이런 점에 착안해 두 문화가 한데 결합한 잡지인 〈플레이보이〉를 만들어냈다.

게다가 휴 헤프너는 잡지 발간에 그치지 않고 클럽과 리조트, 영상 등 많은 '도락 문화'를 창출해냈다. 그래서 단지 명예뿐만 아니라 엄청난 부富까지 챙길 수 있었다.

나는 한국판 〈플레이보이〉가 아직도 나오지 못하는 게 몹시도 안타깝다. 내가 쓴 소설 『즐거운 사라』가 일본어로 번역되어 베스트셀러가 됐을 때 나는 일본어판 〈플레이보이〉 지誌와 인터뷰한 적이 있다. 첫 페이지에 나온 누드 화보의 여자 모델이 일본 명문대학에 다니는 재학생이라고 당당하게 밝힌 것을 보고 나는 부럽기 한이 없었다.

아무쪼록 이 책이 성문화와 쾌락주의 문화에 무조건적 거부감을 갖는 한국의 독자에게 싱그러운 각성제 역할을 해주었으면 한다.

마광수(연세대 국어국문학과 교수)

프롤로그

# 이웃집 소년

휴 헤프너의 이름을 들으면 사람들 머릿속에는 수많은 이미지가 춤을 춘다. 육감적인 여자들, 질탕한 섹스, 맨션파티, 유명 스타들, 석굴 거품탕, 원형침대, 흡연재킷, 매끈한 스포츠카. 물론 이런 이미지는 헤프너가 〈플레이보이〉 잡지의 창업자이자 발행자로서 수행한 역할에서 생겨났다. 지난 50년 동안 〈플레이보이〉가 다달이 지면을 통해 설파하고 헤프너의 일거수일투족을 통해 입증해온 쾌락주의 메시지는 그를 미국에서 섹스와 레저의 지휘자로 우뚝 세우고 눈부신 명망을 안겨주었다. 영화의 월트 디즈니, 스포츠의 무하마드 알리, 팝 뮤직의 엘비스 프레슬리처럼 헤프너는 하나의 스타일, 하나의 환상을 의미한다. 이런 역사의 거물들과 마찬가지로 휴 헤프너는 우리 문화에 심대한 영향력을 미친 현대 미국사회의 아이콘이다. 하지만 찬사와 영향력의 고봉에 오르는 길은 멀고도 험했다.

1952년 12월 말, 절망에 사로잡힌 26세 청년 휴 헤프너는 시카고 시내 미시간 애비뉴 다리에 서 있었다. 그는 살을 에는 겨울바람에 몸을 웅크리고 멍하니 시카고 강을 내려다보았다. 행복하지 않은 결혼생활, 부모가 된다는 불안, 그리고 별다른 전망 없는 답답한 직장 생활로 인생이 바닥으로 내평개쳐진 것 같았다. 이런 불행은 며칠 전에 일어난 일로 더욱 강렬하게 느껴졌다. 고등학교 동창회에서 절친한 친구 한 명과 함께 사회를 보았는데, 농담과 개그가 오가고 노래를 해 객석의 열렬한 호응과 갈채를 받았다.

이런 환상적인 밤을 보내고 나니 헤프너는 창의력과 넘치는 재기로 또래 친구를 이끌던 고교 시절의 열광과 낙관주의, 성취감이 몹시 그리워졌다. 하지만 지금 이런 희망은 너무 아득해 보였다. 그는 다리에 서서 중얼거렸다. "이게 전부야? 도대체 내 인생은 어디로 가는 거지?" 그는 질식할 것 같은 권태를 탈출하고자 무언가 새로운 시도를 하기로 했다. 이것은 청년의 인생에 전환점이 되었고, 몇 주 뒤 그는 잡지를 창간했다. 그리고 그 결과는 매우 놀라웠다.

그로부터 15년도 지나지 않아 헤프너와 〈플레이보이〉는 전국을 뒤흔들었다. 시카고에서 소박하게 출발한 잡지는 눈부신 성장을 거듭해, 1960년대 말에는 500만 독자를 거느린 수천만 달러의 사업체가 되었다. 플레이보이제국은 클럽, 리조트, 음악, 영화, 텔레비전 쇼를 비롯한 다양한 영역까지 뻗어 나갔다. 그뿐 아니라 코카콜라나 미키

마우스처럼 전 세계에 퍼진 토끼 모양의 로고는 미국문화의 국제적 상징 가운데 하나가 되었다. 1969년 베트남전쟁 때 포로로 잡힌 미군은 재미있게도 북베트남군 벙커에서 책장 모퉁이가 접힌 〈플레이보이〉를 보았다. 헤프너가 이끌어낸 멋진 인생의 비전은 강고한 공산주의 혁명전사의 상상력마저(아니면 적어도 리비도는) 자극했다.

헤프너 또한 미디어의 총아가 되었다. 1960년대 중반까지 그는 〈타임〉 표지를 장식하고, 〈라이프〉, 〈룩〉, 〈새터데이이브닝 포스트〉 같은 잡지에 대서특필되었으며, 조니 카슨의 〈투나잇 쇼〉, 〈딕 캐빗 쇼〉, 로완과 마틴의 〈래핀〉 등 인기 텔레비전 쇼에 단골로 초대되었다. 수많은 신문기사와 인터뷰가 그의 사회관을 탐색했고, 늘 여자 친구가 바뀌는 요란한 연애생활, 업무와 놀이의 무대인 원형 회전침대, 유리벽에 둘러싸인 수영장(수영복은 옵션이고 주위에는 바가 설치된) 같은 도발적인 사실을 세밀하게 전했다.

하지만 더욱 중요한 건 헤프너가 현대 미국사회의 가치를 만들고 설명한 진지한 인물이기도 하다는 점이다. 1967년에 그는 미국사회에 출현하는 레저와 풍요 문화를 다룬(NBC 황금시간대에 방영된) 특별 프로그램에 출연했다. 그리고 플레이보이맨션 서재에 하버드대학의 저명한 신학자 하비 코크스와 보수 잡지 〈내셔널 리뷰〉의 유명 편집자 윌리엄 F. 버클리와 앉아서, 그는 그 프로그램이 '쾌락의 추구'라고 명명한 성향이 미국인 사이에 점점 일반화되는 현상을 토론했다. 트레이드마크가 된 파이프를 입에 문 채 부드럽고 자신에 찬 태도로 그는 이제 종교적인 토대는 사라졌으며, 가치는 개인의 행복을 증진하는 더욱 합리적인 토대 위에 재구성해야 한다고 역설했다. 그리고 인생을 진정으로 향유하려면 성해방과 더불어 열렬하고도 세련된 소비가 필요하다고 주장했다. 이렇게 지성계의 거목들 앞에서 당당하게 자기 발언을 한 헤프너를 두고 사회자는 성혁명의 마오쩌둥이 도덕적 게릴라전의 금언을 설파했다고 했다.

요컨대 헤프너는 간신히 빌린 수천 달러로 〈플레이보이〉를 시작해, 몇 년 안에 현대사회의 중대한 영향력을 미치는 인물이 되었다. 그러나 외설의 경계선에 선 남성잡지의 발행인이 어떻게 그리고 왜 그런 영향력과 나아가 위신까지 얻었는지는 많은 관측자를 당혹하게 했다. 이것을 이해하려면 우선 헤프너가 지난 반세기 동안 미국사회의 가치와 사고, 태도가 변화하는 데 핵심 역할을 했다는 걸 이해해야 한다. 처음부터 그의 잡지는 음란한 사진, 그러니까 켕기는 구매자들이 죄책감 속에 서둘러 외투 자락 밑에 감추던 여자 누드잡지를 뛰어넘는 어떤 것이었다. 그것은 의미 있는 역사적 힘이었다.

헤프너와 〈플레이보이〉는 지난 반세기 동안 미국의 역사적 변화를 측정하는 바로미터 역할을 했다. 1950년대에 잡지는 아이젠하워시대의 경직된 순응주의에 대한 세련된 도시인의 불만을 반영해서 중산층의 교외생활, 비트세대Beat Generation, 반공주의 냉전 공세를 비판했으며 1960년대에는 인권운동, 반전운동, 대항문화 운동과 더불어 싹트는 페미니즘 운동에 힘을 보탰다. 1970년대에는 '나 중심세대Me Generation'와 경제적 후퇴를 모두 반영했고, 1980년대에는 레이건 혁명의 비판과 타격을 받았다. 그러는 동안 헤프너와 〈플레이보이〉는 일종의 서판書板처럼 현대 미국을 형성한 사건들을 스스로 아로새겼다.

하지만 헤프너와 잡지는 제2차 세계대전 이후 미국사회의 가치를 반영하는 데 그치지 않고 그것을 형성하는 데도 중요한 역할을 했다. 이 논쟁적인 잡지 발행인은 현대 미국인의 가장 깊은 사회적·정서적 열망을 설득력 있게 표현함으로써 20세기 후반에 미국을 근본적으로 재구성한 네 가지 사회 격변의 최전선을 지켰다. 첫째로 그는 1950년대를 기점으로 미국사회를 휩쓴 성적 가치관과 행동변화를 촉발하고 강력하게 옹호했다. 〈플레이보이〉는 이달의 플레이메이트, 성 칼럼, 에로틱한 화보, 만화, 농담 등을 통해서 성을 결혼제도 밖으로 끌어내고 거기서 출산의 책임을 제거했으며, 그것을 공적 논의대상과 개인적 쾌락의 문제로 만들었다. 잡지의 열린 태도는 인간의 가장 강력한 충동 가운데 하나인 성욕에 대한 낡은 도덕준칙을 허물면서 동시에 성의 상업화를 촉진했다. 헤프너는 현대 성혁명의 가장 뚜렷한 산물인 동시에 그것의 촉매였다.

그는 또한 전후戰後 미국의 소비문화를 열렬하게 옹호하는 역할을 했다. 국가 경제가 기초재와 서비스의 생산에서 소비재의 창조로 옮겨가는 시기에 헤프너의 잡지는 독자에게 물질적 풍요의 상징을 쏟아부었다. 잡지는 고급스러운 구매 카탈로그이자 두렵고 낯선 물질적 풍요의 지평을 헤쳐나가는 안내서였다. 〈플레이보이〉의 지면과 헤프너의 공적 발언은 중산층과 노동계급 시장에 쏟아져 나오는 물질(제품)을 당당하게 향유하라고 촉구했다. 현대사회에서 남자들이 생산자의 지위를 잃으면서 정체성 위기를 겪는 데 대응해서, 〈플레이보이〉 지면은 세련된 소비자라는 모델을 제공했다. 그리고 물질적 풍요를 과감한 레저문화와 연결해서 전 세계에 미국을 소비 천국으로 각인시키는 데 공헌했다.

게다가 헤프너는 전후시대를 휩쓴 미국 대중문화 침략의 중심에 있었다. 그것을 통해서 호화 잡지, 텔레비전, 영화, 음반, 그 밖에 여러 엔터테인먼트가 미국 전역의 대다수에게 중요한 생활요소가 되었으며, 이 과정에서 교회, 문화회관, 독서회, 지역 신문 같은 지방기관이 전국에 균일한 정보, 상품, 이미지를 보급하는 대기업 미디어 조직으로 대체되었다. 헤프너는 인기 잡지 〈플레이보이〉, 전국방영 텔레비전 쇼, 나이트클럽체인, 영화, 음악 프로젝트를 통해 일관된 메시지를 통합적으로 전달함으로써 20세기 후반 대중문화를 새롭게 구성했다. 헤프너의 열성적 취미였던 스윙댄스와 할리우드 영화조차 미국사회의 혁명적인 변화를 반영했다. 그 자신이 여러 차례 말했듯이, 그는 대중문화의 아이로 자라나서 대중문화의 주요 옹호자가 되었다.

마지막으로 헤프너는 1960년대 초 미국을 휩쓴 여성운동에 관련되었고, 대개는 매맞는 역할을 했다. 〈플레이보이〉에 실리는 젊은 여성의 에로틱한 누드사진은 신진 페미니스트들에게 여성을 성적 대상으로만 본다는 비판과 경멸을 받았다. 그들은 〈플레이보이〉가 남성 지배의식과 여성 굴종을 최악의 형태로 보여준다고 생각했다. 헤프너는 진보주의자인 자신이 반동주의의 부당한 낙인을 받는 것에 괴로워하며, 자신은 남자뿐 아니라 여자의 성적 자유도 적극적으로 장려한다고 주장했다. 여성 비하와 배신에 대한 비난이 가열되면서, 두 진영은 서로 맹렬한 적대감을 품게 되었다. 〈플레이보이〉는 성 정치학과 여성의 역할을 둘러싼 전투의 주요 전장이 되어, 현대 미국사회의 중요한 한 가지 경향을 밝혀주었다.

헤프너가 이렇게 변화하는 여러 경향의 첨단에 있는 동안, 그의 영향력은 복잡한 방식으로 작동했다. 그것은 간접적으로 전달되는 경우도 많았다. 때로 그에 대한 이야기가 그가 한 이야기 못지않게 많은 것을 전해주었기 때문이다. 하비 코크스가 「플레이보이 철학」의 신학적 함의를 논했을 때에도, 톰 울프가 1960년대 문화적 소용돌이 속에서 헤프너가 한 역할을 설명했을 때에도, 노먼 메일러가 플레이보이 맨션의 방탕한 쾌락을 상세히 묘사했을 때에도, 글로리아 스타이넘이 헤프너의 여성 억압을 통렬히 비난했을 때에도, 검찰총장 에드윈 미스가 〈플레이보이〉를 포르노로 고발했을 때에도, 윌리엄 O. 더글러스 판사가 헤프너의 수정헌법 1조(종교, 언론, 출판, 발언, 집회의 자유를 옹호하는 미국 헌법의 수정 조항 - 옮긴이) 권리를 옹호했을 때에도, 내용은 각기 달라도 이들 모두가 헤프너라는 렌즈를 통해서 변화하는 사회적 지평을 살펴보았다.

격렬한 논쟁으로 분위기가 흐려진 탓에 헤프너의 중요성을 파악하는 일은 쉽지 않았다. 미국에서 부와 명성을 움켜쥐는 과정에서 헤프너만큼 많은 논쟁을 불러일으킨 사람은 별로 없다. 잡지가 창간된 1950년대부터 저널리스트, 장관, 정치가, 도덕가, 신문·잡지의 평범한 투고자 같은 다양한 사람이 〈플레이보이〉와 그 발행인의 주장에 대해 크게 엇갈리는 견해를 보였다. 한편에는 잡지가 여자의 누드사진을 싣고 결혼이나 종교, 가족제도 등을 비웃는 데 격분해서 헤프너의 주장을 저급한 욕망과 동물적 본능이라고 단죄한 사람들이 있다. 그들은 점잖은 사회를 수호하는 자신들과는 반대로 그는 미국의 방탕과 쇠퇴를 이끄는 암흑의 예언자라고 보았다.

하지만 〈플레이보이〉의 성해방과 물질적 향유 주장에 동조하는 헤프너의 사도 역시 그 못지않게 열렬했다. 그들은 헤프너를 도덕에 결박된 지난 시대의 억압과 순응주의를 떨치고 사람들을 육체적·정신적 자유로 이끄는 해방가로 찬탄했다. 다시 말해서 잡지는 현대 미국 문화의 긍정적 또는 부정적인 방향을 판단하는 문화적 리트머스처럼 되었다. 이런 감정적 대결이 지난 50년 동안 여러 가지 형태로 지속했고, 그러는 동안 〈플레이보이〉 가치의 옹호자와 반대자들은 열심히 글러브 끈을 조이고 이념적 난투를 벌였다.

헤프너의 사생활은 이런 논란을 부추겼다. 로맨스, 야망, 섹스가 뒤엉킨 그의 환상적인 인생은 중서부 감리교 집안 출신 젊은이가 〈플레이보이〉의 충격을 활용해서 문화적 선도자의 위치를 굳힌 드라마였다. 그는 언제나 아름다운 여자에 둘러싸여서 쾌락 추구를 예술 형태로 만들었고, 플레이보이맨션은 정치, 스포츠, 음악, 영화계의 스타들이 어울리는 이름 높은 사교장이 되었다. 하지만 기본적으로 내밀한 성향인 헤프너는 좀더 복잡하고 일견 신비한 성격을 구축했다. 여러 가지 내적 모순(강렬한 관능과 강박적인 작업 윤리, 쾌락주의적 성향과 일상을 엄격하게 통제하려는 충동, 유명세에 대한 강박적인 추구와 한 발짝 떨어진 데서 환락을 바라보려는 개츠비 같은 본능)은 그를 열렬함과 초연함이 결합한 독특한 쾌락주의자로 만들었다. 활기찬 지성과 극단적 감상주의, 낭만적 대중문화에 대한 집착이라는 어울리지 않는 결합도 마찬가지였다. 하지만 그를 비난하거나 찬양하려는 사람들에게 이런 개인적 모순은 중요하지 않았다.

그러나 이해라는 것이 겉핥기나 열광을 뛰어넘는 것이라면, 평생을 논쟁 속에 산 이 잡지 발행인에게는 다른 각도의 접근이 필요하다. 이 관점은 헤프너의 사도와 반대자 양쪽 모두를 실망하게 하겠지만, 헤프너는 논쟁적인 유명인뿐 아니라 역사적 인물로서도 분석해야 한다. 이런 적절한 맥락에서 보면 그는 일단 반역자의 모습을 보인다. 그가 활동하던 시절 내내 끊임없이 몰아닥친 공격의 물결(반포르노 활동가, 윤리 수호자, 종교적 도덕가, 보수파 정치인, 여성운동가들)은 그를 현대 미국의 이단아로 위치시켰다. 헤프너 또한 지체되고 몽매한 미국문화의 청교도적 전통을 뒤집고자 하는 영웅적 반란자의 역할을 끌어안았다. 사실 이 시나리오에는 핵심적 진실이 있다. 분투하는 개혁가로서 그는 악의적 반대를 뚫고 성적 표현의 제한을 푸는데 크게 이바지했다.

하지만 반항아 헤프너의 이미지는 오도하는 바도 있다. 더 깊은 차원에서 보면 그는 미국 주류문화의 가장 뿌리 깊은 여러 충동을 표현했다. 예를 들어 그는 미국문화의 훌륭한 전통을 구현한, 자력으로 출세한 사람이다. 미미한 출신에서 성실한 노력과 참신한 아이디어로 성공의 길을 질주한 그는 말하자면 토끼 귀를 단 벤저민 프랭클린이다.

더욱 중요한 것은 헤프너는 현대 미국에 멋진 인생의 강렬한 비전을 선사했다는 것이다. 이를 통해서 그는 더 긴 역사적 여정에 중요한 자리를 차지한다. 지난 수십 년 동안 역사가들이 강조했듯이, 1900년대 초에 미국 대중이 자제自制를 중시하는 전통적 덕목을 버리고 정신적·육체적·물질적 만족을 강조하는 새로운 신조를 채택하면서, 빅토리아시대(영국 빅토리아 여왕의 치세인 19세기 중후반. 제국주의 팽창에 따른 자신감과 엄격한 도덕률, 위선적 속물주의 등을 특징으로 함 - 옮긴이)적 금기는 차츰 힘을 잃었다. 그러고 나서 대공황과 제2차 세계대전으로 그 과정이 중단되면서, 분출하지 못하는 물질적·육체적 욕망이 안으로 거대하게 쌓였다. 그건 전후시대에 새로이 분출되었고, 헤프너는 만족을 열망하는 이들에게 더욱 강한 형태로 나타난 자기충족 문화의 선도적이고 대중적인 철학자로 등장했다. 그는 육체적 쾌락, 레저와 엔터테인먼트, 소비 향유가 결합한 행복을 유혹적으로 그려냈다. 〈플레이보이〉는 성해방과 물질적 풍요를 절묘하게 결합함으로써 현대 미국인이 품은 욕망의 정수를 포착했다.

이런 점에서 헤프너의 역사적 영향력은 그야말로 경탄할 만하다.

〈플레이보이〉의 꿈은 욕망의 영토에서 문화적 연금술로 불러낸 환상의 작품이다. 그 행복의 비전은 헤프너의 개인적 경험에서도 비롯했지만 전체 사회의 문화와도 강력하게 공명한다. "내 인생은 환상의 실현 과정이다"라고 그는 자주 말하곤 한다. 개인적 쾌락 추구에 한계를 두지 않는 건 헤프너의 꿈인 동시에 현대의 아메리칸드림이다. 역사가 대니얼 부어스틴이 말했듯이, 현대 미국의 엄청난 풍요는 "환상이 현실보다 더욱 현실적인 세계"를 만들었고, "우리는 역사상 최초로 환상을 이토록 생생하고 설득력 있고 그 안에 살 수도 있을 만큼 '현실적으로' 만들었다."

우리 마음에 들건 안 들건, 미국을 자기충족의 땅으로 여긴 헤프너의 비전은 여러 가지 면에서 실현되었다. 성적 즐거움과 물질적 안락, 쾌락과 레저, 남성성과 여성성, 가족과 종교의 속박에서 풀려난 개인의 관념은(자주 희석된 형태를 띠긴 하지만) 어디서건 흔히 볼 수 있게 되었다. 헤프너와 〈플레이보이〉에 대한 판단에는 현대사회에 대한 우리 자신의 판단이 들어 있다. 거기에는 우리가 개인적으로 또 집단적으로 지금까지 변해온 모습이 반영되어 있고, 좋건 나쁘건 앞으로 변해나갈 길이 들어 있다. 그리고 때로는 어지럽게 뒤섞인 우리 문화에 대한 희망과 두려움도 있다.

하지만 헤프너와 〈플레이보이〉가 미국사회에 미친 영향을 분석하려면 먼저 과거로 돌아가야 한다. 아직 대공황의 충격이 닥치지 않은 1920년대 말의 평화로운 나날, 시골을 떠나 중서부의 역동적인 도시 시카고로 갓 이주한 젊은 중산층 부부가 거기서 미래를 꿈꾸었다. 평범한 이웃집 소년 같은 그들의 장남은 거기서 기회와 속박을 동등하게 경험한다. 그리고 양쪽 모두에서 유혹을 느낀다.

# 차례

## 4부. 병폐



## 5부. 부활

# I
# 시작

# 1 꼬마 이야기꾼

휴 헤프너는 애정 표현을 억제하는 억압적이고 청교도적인 분위기에서 성장했다. 양친의 엄격한 종교적 규범은 감정 표현, 음주, 욕설, 성적 개방을 금지했지만 그는 이런 규범에서 벗어나 사랑과 낭만, 정서적 유대를 찾고 싶었다. 결국 이런 욕망은 청년기에 그를 이단아로 만들었고, 자유와 성해방을 표방한 〈플레이보이〉를 창업했다. 헤프너의 말에 따르면, "여러모로 볼 때 내 안에 우상 파괴적이고 반항적 기질을 키운 건 우리 부모님이다. 물론 그분들이 의도한 건 아니지만." 이런 개인적 고투는 그가 말한 대로 이후 경력의 밑바탕이 되었을 뿐 아니라 현대 미국사회의 모든 문제와도 연결된 것이어서, 〈플레이보이〉가 그토록 큰 영향력을 행사한 이유를 이해할 수 있게 해준다. "청교도적 억압은 정말로 내 인생의 비밀을 푸는 열쇠다."라는 것이 그의 설명이다.

헤프너는 지난 40년 동안 수많은 인터뷰에서 이렇게 말했고, 이런 확고한 토대에서 자신의 인생을 이해한다. 그는 일종의 개인 신화를 구축했다. 다른 신화와 마찬가지로 그의 신화도 장애를 극복하고 승리하는 젊은 영웅의 극적인 서사를 지녔다. 그리고 역시 모든 신화가 그렇듯이 그것은 부분적으로만 진실이다.

실제로 헤프너는 감정과 성에 대한 침묵의 전통이 신생하는 자기충족 개념에 빠르게 밀려나는 어느 정도 진보적인 가정에서 자랐다. 대학 출신의 부모는 대평원의 농촌을 떠나 시카고의 번잡한 도시에 적응했다. 1930년대 소년인 헤프너는 어머니의 사랑을 듬뿍 받았지만, 정서적 교류가 없었던 아버지 때문에 권위 있는 남성상을 갖지 못했다. 자유롭고 상상력 풍부한 소년은 영화, 음악, 라디오, 만화와 같은 당시의 대중문화에 빠져들었고, 곧 실제 생활보다 훨씬 생생하게 느껴지는 환상 세계를 창조해 냈다. 금지禁止 못지않게 큰 허용 속에 자라난 소년의 환상은 자기충족과 레저, 엔터테인먼트, 정서적 충족을 갈망하는 신생하는 미국문화의 분위기를 반영했다.

I

1911년 네브래스카 주 홀드리지의 한 감리교회에서 파티가 열렸다. 파티가 끝나고 글렌 헤프너가 그레이스 스완슨에게 집까지 바래다주어도 좋겠냐고 물었다. 그레이스는 좋다고 했고, 그렇게 해서 소년소녀의 오랜 연애가 시작되었다. 글렌과 그레이스는 고등학교 시절 농구부에서 처음 알게 되었다. 두 사람 다 농구를 열심히 했고, 어느 날 연습하는 학생들을 보던 교장이 "글렌 헤프너와 그레이스는 훌륭한 짝이 될 것 같고 잘 어울린다."고 했다. 그 뒤 교회파티에서 만난 두 사람은 고등학교 시절 내내 꾸준히 사귀었다. 두 사람은 모두 진지한 성품으로 서로 편안하게 여겼다.

졸업 후 글렌은 링컨 시의 네브래스카 웨슬리안대학교에 진학했고, 그레이스는 시골학교에서 2년간 교사로 일한 뒤 글렌과 같은 대학에 입학했다. 그레이스는 화학과 수학을 전공하고, 글렌은 경영과 회계를 공부했다. 1918년에 대학을 졸업하면서, 글렌은 해군으로 1차 세계대전에 참전했고, 그러는 동안 학업을 마친 그레이스는 시간제 교사로 일했다.

전쟁이 끝나자 글렌은 네브래스카로 돌아와 고교 교사와 작은마을의 은행원으로 일한 뒤 친구들이 있는 시카고로 이주했다. 글렌은 처음에 철도회사에 취직했다가 이어 회계사무소로 옮겼다. 그레이스가 곧 그를 따라왔고 두 사람은 1921년 한 감리교 교회에서 결혼했다.

결혼하면서 두 사람은 몇몇 친구와 친척이 있는 오스턴 지역 근처 웨스트사이드에 집을 구했다. 글렌은 회계사로 일했고, 그레이스는 전화교환수와 경리를 거처 감리교 세계사역위원회에 들어갔다. 하지만 1926년 봄에 첫 아이의 출산을 앞두고 직장을 그만두었다.

휴 마스턴 헤프너는 1926년 4월 9일에 태어나서 건강한 유년기를 보냈다. 부모는 다른 젊은 부부와 교류했고, 드물게는 네브래스카로 가서 농촌의 친척을 만나기도 했다. 1929년에 동생 키스가 태어났고, 그다음 해에 헤프너 가족은 오스틴에 있는 노스 뉴잉글랜드 애비뉴 1922번지로 이사했다. 그들은 그 후 수십 년 동안 그 집에 살았다. 헤프너가家는 포드자동차에서 나온 신형 모델 A를 샀고 휴와 키스는 자전거와 모래 놀이터 같은 중산층 어린이의 전형적인 놀이 기구들을 갖게 되었으며 왜그스라는 이름의 개도 있었다.

휴와 키스는 어린 시절 늘 같이 놀고 한방을 쓰며 지냈다. "우리는 모든 걸 같이 했다. 나는 형을 정말 우러러보았다." 키스가 회상했다.

신체적인 면에서 휴는 성장이 더딘 편이었다. 친구들과 신이 나서 떠들썩하게 놀기는 했지만, 운동신경이 별로라서 단체 스포츠가 벌어지면 슬그머니 물러섰다. 학교에서건 집에서건 사람 앞에서 말하기를 꺼렸고 전화받는 것도 싫어했다.

하지만 어린 시절에도 헤프너는 각별한 창의력을 보였다. 그림 그리기를 좋아해서 지구에서 화성으로 날아간 모험가「크러넷」, 카우보이 무법자「지그스와 스파이크」, 젊은 탐정「짐 몰트」같은 만화를 그리며 수많은 시간을 보냈고, '마블맨', '미스틱', '메탈릭맨' 같은 탐험가를 만들어 냈다. 그리고「귀신 들린 성」이나「래티」같은 환상적 이야기도 썼다. 래티는 '자연의 도움을 받기 전에는 잡을 수 없던 거대한 쥐 이야기'로, 동네에 살던 실제 쥐에 근거했다. 아홉 살 때는〈격주 뉴스〉라는 한 쪽짜리 동네 신문을 만들어 몇 센트에 친구 부모에게 팔았다. 초등학교에서는 비공식 학급신문을 만들어서 한 부에 1센트씩 팔다가 나중에는〈페퍼〉라는 제목의 학교 인가 신문을 만들었고, 자신의 역할을 '편집자 겸 타자수'라고 당당하게 적었다.

실제로 초등학교 시절의 헤프너는 그림 그리기와 이야기 쓰기에 지나치게 몰두해서 교사들을 힘들게 했다. 혼자만의 상상 세계에 빠져서 공부를 게을리할 때가 잦았기 때문이다. 4학년 때 담임교사는 그레이스에게 이렇게 써 보냈다. "교사가 옆에서 지켜보지 않으면 산수도 지리도 철자법 공부도 하지 않습니다. 인내심의 한계에 도달하는 느낌입니다."

그는 10대 초반에도 계속 만화를 그리고(전부 합하니 70개가량의 시리즈가 되었다) 이야기를 쓰고 삽화를 넣었다. 그리고 애드거 앨런 포, H.G. 웰스의 소설을 읽기 시작했으며, 색스 로머의 푸 맨추 박사 이야

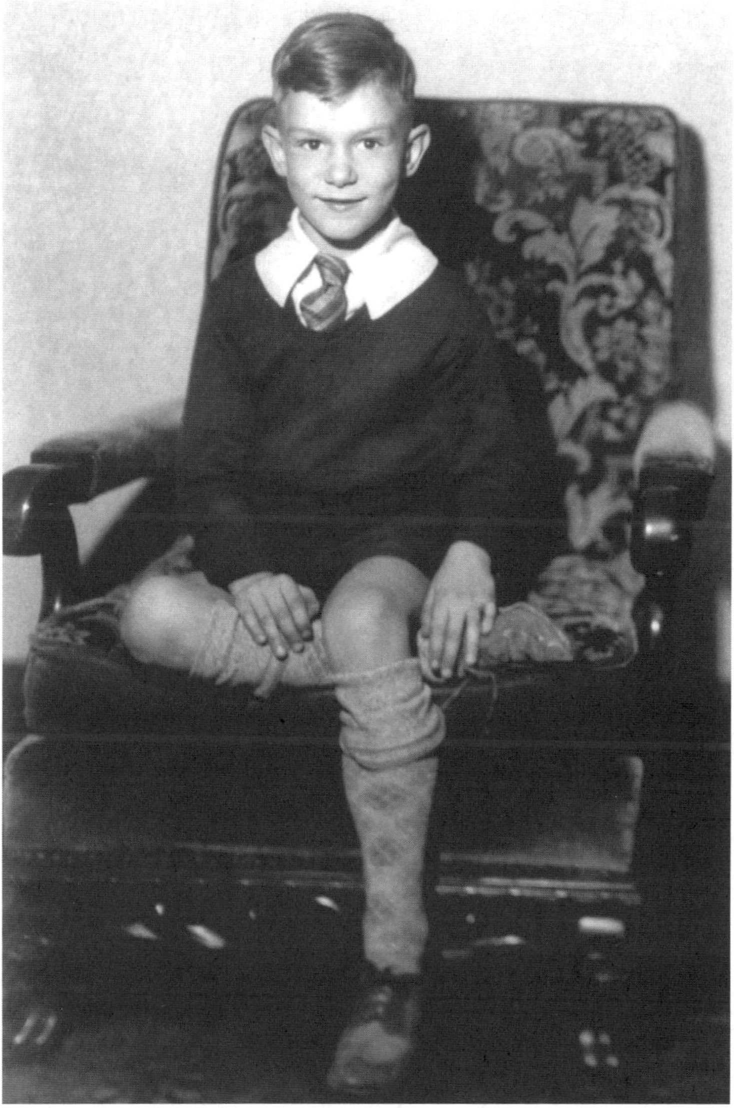

여덟 살의 헤프너

기, 아서 코난 도일 경卿의 셜록 홈스를 탐독했다. 그가 쓴 「세계의 끝」, 「지하에서 온 도마뱀 인간」, 「안갯속에서」, 「클로 박사의 투명 사냥개」, 「광란의 저택」 같은 이야기에는 갈수록 섬뜩하고 초자연적인 공포와 공상과학적인 내용이 많아졌다. 1940년에 헤프너는 '전율 클럽'을 만들어 회장이 되었는데, 헤프너의 말에 따르면, "그 클럽은 냉기와 공포를 사랑하고 멋진 미스터리를 즐기는 사람들의 클럽"이었다. 헤프너는 모든 일을 혼자 해서 창작 미스터리와 공포소설을 실은 〈전율〉 잡지를 5호까지 펴냈다.

이렇듯 헤프너는 어린 시절 내내 스스로 창조한 환상의 세계에서 살았는데, 그 특성은 이후 평생 이어졌다. 전화도 받지 않고, 가까운 치과에도 혼자 가기 싫어하던 아이는 스스로 창조한 현실 속에 살면서 다른 사람들을 그리로 들어오라고 불렀다.

헤프너의 환상은 저절로 생겨난 게 아니라 여러 가지 영향력이 결합하여 나타난 산물이었다. 그의 창조적 감각을 일깨우는 데는 가족 역동과 종교적 가르침뿐 아니라 대공황시대 미국의 대중문화 환경이 중요한 역할을 했다. 이런 요인이 헤프너의 상상력을 자극하고 평생의 열망을 만들어냈다.

## II

1930년대 중산층 가정의 많은 어린이가 그랬듯이 휴 헤프너는 전통적인 가정과 종교의 영향력하에서 성장했다. 19세기 초반부터 점잖은 미국 가정은 복음주의 개신교와 빅토리아주의에 의존해서, 불안정하고 역동적인 기회의 땅 미국에서 자신들을 지탱했다. 1800년대 초에 2차대각성운동the Second Great Awakening이 미국 전역을 휩쓸면서 개인의 구원은 각자의 책임이라는 '도덕적 자유의지'의 개신교 전통이 세워졌다. 그리고 같은 시대에 빅토리아시대적인 문화가 자리를 잡으면서 개인의 자제력을 중시하는 도덕원칙이 성립했다. 대공황시대에는 이미 이런 전통이 중산층의 양육 방식에 깊이 스며들었다.

이런 사고방식은 미국사회와 헤프너가家를 모두 극적으로 변화시켰다. 1900년대 초에 놀이공원이나 영화 같은 새로운 레저 활동이 빅토리아시대적인 자제력을 해체하는 데 일조했고, 소비 경제의 폭발적 성장은 물질적, 정신적 자기충족의 에토스를 낳았다. 헤프너가家는 그런 현대적 영향력을 받아들였다. 휴의 기억과 달리 그의 가정에서는 청교도주의뿐 아니라 진보적 도덕과 육아 방식도 상당히 큰 힘을 발휘했다. 헤프너가家 장남의 사고방식을 골고루 물들인 미국 대중문화도 마찬가지였다.

헤프너가 일생토록 회고하듯이, 금지와 억제는 어린 시절 집안 분위기를 특징지었다. 정연한 규칙과 절제 탓에 감정 표현은 억제됐다. 휴와 키스는 친구들보다 일찍 집에 와서 잠을 자야 했고, 일요일에는 친구들과 함께 놀지 못했다. 일요일은 교회와 가족에 바쳐진 날이었기 때문이다. 그레이스와 글렌은 서로에게뿐 아니라 아이들에게도 애정표현을 별로 하지 않았다. 집안 분위기가 이렇게 차갑고 조용하다 보니 입맞춤이나 포옹은 매우 드물었다. 그레이스와 글렌은 사실 분노와 애정, 논쟁과 같은 감정을 표면에 내비치지 않았다. 헤프너가家는 늘 차분하고 온화했지만 열정은 없었다. 헤프너의 첫 부인이던 밀드레드(밀리) 윌리엄스가 말했다. "그의 양친은 자기통제가 강한 분들이다. 함께 산 3년 동안 나는 두 분이 언성을 높이는 걸 한번도 본 적이 없다. 단 한번도."

이런 분위기는 부모의 개인적 기질 탓에 더욱 강화되었다. 휴와 키스는 아버지를 보는 일이 드물었다. 그가 일에 매여 있었기 때문이다. 글렌은 아이들이 일어나기 전에 출근해서 모두 잠든 자정 무렵에 퇴근했다.

이토록 혹독한 생활은 회계 일에 대한 그의 열정과 초과근무 여부가 취업과 실업을 가르던 대공황시대 분위기의 합작품이었다. 그는 육아를 아내에게 전적으로 맡겼으나 실망스러운 결과를 빚었다. 아이들은 유대감을 느낄 아버지가 곁에 없어서 삶에 공백을 느꼈다. 나중에 키스가 어린 시절에 아버지가 집에 없어 속상했다고 말하자 글렌은 이렇게 대답했다. "그때는 집에 있어야 한다는 필요조차 느끼지 못했다. 우리 아버지도 나한테 아무것도 해주지 않았으니까." 그레이스도 외로움과 근심 어린 낯빛으로 아직 오지 않은 남편을 기다리며 동네를 배회하는 일이 잦았다. 글렌은 식구에게 성실한 인물로 존경받았지만 개인적인 영향력은 미미했다. 그는 좋은 남편에 근면한 일꾼이었지만, 아버지로서는 별로 한 일이 없다고 그레이스는 말했다.

글렌의 과묵함은 육체적인 문제나 성에 대한 태도에도 영향을 미쳤다. 가족과 함께 수영장에 놀러 가면 그는 아들의 눈을 피해 사물함 문 뒤에서 옷을 갈아입었다. 그는 아들과 어떤 방식으로건 성에 대해서 이야기를 한 적이 없다. 수십 년이 지난 뒤, 키스는 아버지가 10대 시절을 비롯해 평생 한 번도 자위를 하지 않았다는 말에 놀랐다. 성에 대해 빅토리아시대적인 혐오를 품고 있기는 그레이스도 글렌과 마찬가지였다. 만년에 그녀는 자신에게는 성이 별로 필요가 없었다고 고백했다. 글렌은 소극적이었지만 "그래도 나보다는 그것을 더 좋아했다."고 밝혔다.

그레이스도 남편처럼 종교심이 깊고 온순하며 허식이 없고 나서지 않는 성품이었다. 중키에 또렷한 이목구비의 그녀는 철테 안경을 쓰고 표정은 진지했으며 음성이 작았다. 화장도 하지 않았고 간소한 옷차림에 긴 머리는 단정하게 틀어올렸다.

그레이스는 수십 년 전부터 신앙심 깊은 중산층 여자들이 걸어간 길을 갔다. 그녀는 대학을 졸업했지만 전업주부로서 아이들 양육에 전념했다. 가사 일을 모두 주관하고 집안을 약간 썰렁할 정도로 깔끔하게 정돈하고, 닭고기튀김, 쇠고기찜, 돼지고기구이, 생선튀김 같은 중서부식 식사를 마련했다. 그녀는 규칙과 금지를 실행하고, 가정을 도덕을 고양하는 장소로 만들려고 했다. 그녀 자신이 말한 대로 아이들을 "도덕적이고 친절하고 너그럽고 사교적이며, 자신이 대접받고 싶은 대로 다른 사람을 대접하는 사람"으로 키우고자 했다. 종교적 가르침은 육아에 중대한 역할을 했다. 휴 헤프너가 성인이 되어 거듭 말했듯이, 어머니가 지휘한 이 억압적인 중서부 감리교 가정은 청교도적 양육을 낳았다.

하지만 그레이스와 글렌은 완고한 전통주의자에 그치지는 않았다. 구식 원칙도 분명히 남아 있었지만, 그들은 네브래스카 농촌 사회의 가치에서 멀리 떨어져 나왔다. 그들은 여러 가지 면에서 현대사회를 포용했다. 글렌은 농사를 짓거나 시골 상점에서 일하는 데 만족하지 않고 대학에 진학해서 시카고의 대기업 세계에 발을 들였다. 그들은 농촌을 떠나면서 전통적 세계관을 뒷받침해주는 방대한 친인척망도 버렸다. 헤프너 형제가 자라는 동안 그들은 시골의 친척과 왕래가 드물었다. 그리고 헤프너가家는 별달리 가진 것 없이 출발했지만 그런 출신을 극복하고 암울했던 대공황시절에도 상대적 풍요를 누렸다.

1930년대 초의 헤프너 가족. 그레이스, 글렌, 키스와 휴

더욱이 그레이스에게는 휴 헤프너가 제대로 인지하지 못한 현대적 측면이 있었다. 그녀는 도덕주의자이긴 했지만, 교육받은 진보적인 여자로서 자유로운 사회관을 키워서 종교의 가르침뿐 아니라 심리학의 최신 이론도 양육의 지침으로 삼았다. 이런 성향은 어린 휴의 성격에 청교도적 억압의 잔여물 못지않은, 아니 어쩌면 더 큰 영향을 미쳤을 것이다.

1920년대의 아동발달 연구는 심리학, 특히 행동주의 심리학이 지배했고, 그 엄격한 준칙은 그레이스가 정기 구독한 잡지 〈부모Parents〉의 지면을 가득 채웠다. 아이의 발달을 도우려면 어린 나이에 행동을 길들여라, 습관을 엄격하게 들여라, 감정이 아니라 과학에 따르라 등이 그것이었다. 20세기 초 전통적인 빅토리아시대적 가족이 붕괴하면서 미국 가정은 크나큰 정신적·사회적 긴장을 떠안았다. 그런 분위기에서 사회과학 전문가를 필진으로 거느린 〈부모〉는 그레이스 헤프너처럼 가족과 떨어진 젊은 어머니들에게 현대사회에 적응하는 당당한 시민을 키워내도록 도와주겠다고 약속했다.

그레이스의 양육은 그녀 자신이 받은 빅토리아시대적인 양육 못지않게 진보적인 경향도 강했다. 휴가 학교 공부를 제대로 하지 않고 전화도 받지 않고 치과에도 가려 하지 않을 때, 그레이스는 전통적인 어머니처럼 처벌과 훈계를 퍼붓지 않았다. 대신 이런 행동이 정상이 아니라는 결론을 내리고 전문가에게 데리고 가서 진단을 받게 했다. 의사 역시 새로이 떠오르는 행동과학 언어를 사용해서 아이가 아이큐는 높지만, 지성 발달이 사회성 발달을 앞지르고 있다고 진단했다.

이렇게 심리학을 중시한 그레이스는 아이들에게 관용적이고 합리적인 분위기를 제공했다. 그녀는 아이들은 "자신만의 기호가 뚜렷해야 하고, 자신의 필요와 성향을 따라가야 한다."고 주장했다. 그레이스는 휴와 키스의 말을 주의 깊게 들었고, 여러 가지 일을 온화하게 의논하고자 했다. 규칙의 필요성을 강조했지만, 아이들에게 벌주는 것, 특히 체벌을 싫어했으며, 부모의 권위로 윽박지르지 않고 합리적으로 이유를 설명했다. 그레이스의 말에 따르면, "나는 늘 강한 의무감이 있었다. 그것은 올바른 일이므로 해야 한다는 그런 의무감이다. 하지만 언제나 그 이유를 설명하려고 노력했다."

그레이스는 휴를 특별히 좋아했고, 그녀의 관용은 휴의 성격에 큰 영향을 미쳤다. "우리 둘이 물에 빠졌는데 어머니가 한 사람만 구할 수 있다면 누구를 구할지 나는 한 번도 의심한 적 없다."고 키스는 말했다. 그녀는 휴의 생각을 주의 깊게 들었고, 진지하게 대했으며, 아들과 특별한 소통의 유대를 키웠다. "나는 어릴 때부터 늘 이유를 물었고, 어머니는 그런 호기심을 북돋아 주었다."고 헤프너는 회고했다. 이런 독립적 사고 경향은 어린 시절에 이미 놀라울 정도로 강력한 자의식을 낳았다. 그는 어린 시절부터 의무라고 여겨지는 것, 예를 들어 예의상 방문하는 것이나 가족을 위해 함께 자동차에 타는 일 등을 싫어했다. 그는 목적이 불분명한 일은 하기 싫었다.

그레이스의 현대적인 양육을 보여주는 또 하나 놀라운 예는 성교육이었다. 그 사례를 보면 그녀의 진보적인 심리학이 낡은 도덕주의를 얼마나 허물었는지를 알 수 있다. 빅토리아시대적인 전통에 따라서 그녀에게 성이라는 주제는 더없이 민망한 일이었다. 그녀는 자신의 부모에게서 성과 생식에 관련된 이야기를 들은 적이 없고, 결혼과 분리한 섹스란 생각할 수도 없다고 여겼기에 배우 메이 웨스트 같은 관능적인 인물은 매우 불쾌하게 보았다.

하지만 그녀의 현대적 직감은 이 문제에 과학적으로 접근할 것을 명령했다. 그래서 그녀는 〈부모〉 잡지를 참고하고, 아동발달 교육을 받은 친구에게 자문하고 용기를 내서 그림 설명이 된 책을 사서 휴와 키스에게 생식에 대해 설명해주었다. 더 나아가 아이들의 친구가 한 질문에도 대답해주었다. 그러자 한 아이의 어머니가 전화를 걸어 자기 아들에게 그런 이야기를 하지 말라고 경고하기에 이르렀다. 훗날 휴는 자신이 배운 건 성행위의 육체적·정서적 측면이 아니라 생식과 관련된 생물학적 내용뿐이었다고 불평했지만, 그레이스는 자신이 전문가들의 최신 조언에 따라 행동한다고 믿었다.

그래서 헤프너가家의 빅토리아시대적인 속박과 현대 과학, 도덕 원칙과 심리학 지식이 병존한 가족 역동은 소년 시절의 휴에게 복잡한 영향을 미쳤다. 천성적으로 다정한 성품인 그는 부모를 사랑했다. 하지만 어린 시절에는 부모님께서 사랑을 좀더 표현하기를 갈망했다. 〈부모〉지誌와 그 심리학적 조언을 몰랐던 그는 억압적인 개신교 문화를 비난했다. 그리고 양친의 억제된 감정 표현이 일으키는 상처에 민감해졌다. 어머니가 아버지의 부재를 하소연하며 "너무 외롭다. 그가 왜 이렇게 늦게까지 일만 하는지 모르겠다."고 푸념할 때면 다정하게 하소연을 들어주었다. 하지만 무감각한 아내와 접촉을 피하는 아버지의 심정도 이해했다. 이런 양친의 정서적 열망이 합해지면서 예민한 소년은 그 공백을 채울 방법을 탐색했다.

헤프너가家의 가족역동은 아이에게 유난한 자기도취를 심어주었다. 어머니에게 큰 사랑을 받지만 확고한 남성적 권위 인물은 없는 상황에서 그는 결연하게 자신의 관심사를 추구했다. "휴는 어린 시절에도 언제나 집중력이 높았고, 하고 싶은 일을 못하면 아주 괴로워했다."

그레이스가 말했다. 헤프너의 부모는 아이에게 특별한 제재를 하지 않았고, 벌을 주는 일도 매우 드물었다. 그가 매를 맞은 단 한 차례 경험은 방에 틀어박혀 식구와 함께 수영을 가지 않겠다고 버텼을 때뿐이다. 하지만 그런 일이 드물다 보니, 그런 일이 일어났을 때 처벌의 무게는 훨씬 크게 느껴졌다.

종교 또한 휴 헤프너의 감수성을 형성하는 데 중요한 역할을 했다. 그들은 전통적 개신교 집안이라서 오스틴 감리교회에 꾸준히 다녔고, 그레이스는 집에서 교회의 가르침을 반복해 일렀다. "가족 기도라거나 예배 같은 건 하지 않았지만 종교적인 가르침에 따라 우리 가족의 행동을 평가했다."고 그레이스는 말했다. 휴는 어린이답게 뭐가 뭔지 모르면서도 경건한 아이였다. 세 살 때 휴가 하느님이 무엇이냐고 묻자, 그레이스는 하늘에 있는 자애로운 아버지라고 설명했다. 그랬더니 그날 저녁 글렌이 집에 오자, 아이는 "오셨어요, 하느님!" 하고 인사했다. 언젠가 어떤 어려운 일이 있었을 때, 그레이스는 휴가 동생에게 하느님이 자신들을 돌봐 줄 거라고 말하는 것을 들었다. 그녀는 "아이가 그런 믿음을 가진 것이 기뻤다."고 말했다. 휴는 종교적인 시도 썼고, 그 가운데는 1937년에 그리스도의 승천을 주제로 쓴 「부활절」이라는 시도 있다.

청소년기에 접어들자 소년의 경건함은 회의주의에 자리를 넘겼다. 그레이스와 글렌은 아들에게 주일학교 참석을 명령했지만, 10대가 된 휴는 어처구니없어 보이는 교리를 두고 교사와 다투고 나서는 교회에 가기를 거부했다. 그는 성경은 아담과 이브, 카인과 아벨만 설명하는데, 그다음에 나오는 사람들은 어디서 온 거냐고 물었다. 이때도 그레이스는 현대적 정신으로 전통적 개신교 신앙을 이겼다. 그녀는 휴의 불만을 용인하고 스스로 생각해볼 것을 권했고, 심지어 아이들이 10대가 되자 세례를 받을지 스스로 결정하라고 했다. 키스는 받기로 했지만 휴는 거절했다. 그리고 얼마 뒤 휴가 교회 가기를 거부했을 때, 그레이스는 일요일 저녁 청소년 모임에 참석하는 것을 조건으로 예배 불참석을 허용했다. 휴도 수용했다. "부모님은 신앙심이 깊은 분이었지만, 독단적인 신앙은 아니었다." 그렇지만 어린 헤프너는 갈수록 감리교회가 설파하는 도덕적 우주를 이해하지 못했다.

가족과 종교 못지않게 소년 휴 헤프너의 성격을 형성한 건 미국 대중문화다. 그는 나중에 이렇게 썼다. "대중문화는 내 또 다른 부모다. 특히 영화와 음악이 펼치는 세상은 내가 꿈과 환상으로 탈출할 수 있게 해주었다."

실제로 영화는 소년 시절 그가 가장 열성을 바친 취미였다. 그는 가까운 극장에 일주일에 두세 번씩 갔고, 때로는 오후에는 동생과 함께, 저녁에는 부모와 함께 영화를 보기도 했다. 그는 미스터리, 공포, 서부영화를 즐겨 보았지만, 가장 좋아한 건 뮤지컬 영화였다.

대중문화는 소년의 정서적 공백을 채웠다. 가정 내의 애정만으로 만족할 수 없던 그는 대공황기 할리우드 뮤지컬 영화의 낭만적 이미지와 음악을 한껏 받아들였다. 영민하고 예리한 소년에게 영화는 삶과 연결되는 통로였다. 불 꺼진 극장에서는 "다른 세계 즉 상상의 세계로 들어갈 수 있었다. 그리고 그것은 내게 가장 중요한 삶, 즉 나 자신 상상의 삶에 반영되었다."

소년은 현대 미국의 자기충족 문화에 철저히 사로잡혀서 성장했다. 그리고 고등학교에 들어갔을 때 그 시절이 자기 황금시대였으며, 나머지 평생을 그때를 되찾으려고 애쓰며 살게 될지를 미처 몰랐다.

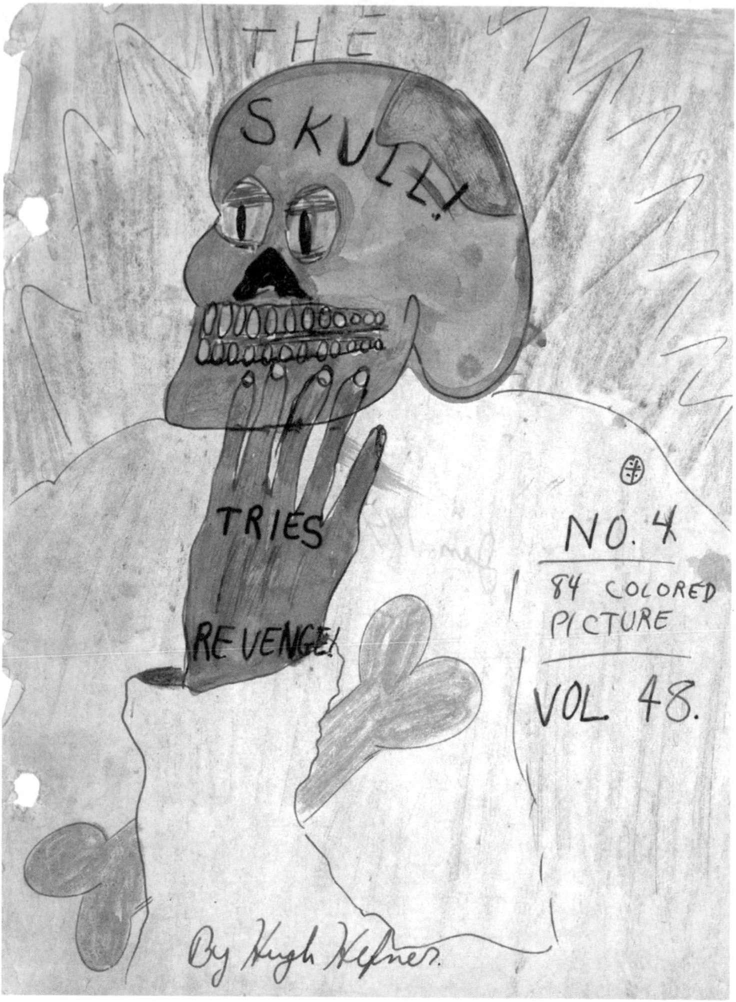


「해골의 복수」 헤프너가 어린 시절에 그린 모험 및 공포 만화 가운데 하나

## III

휴 헤프너는 1940년 1월, 스타인메츠 고등학교에 입학했다. 전형적인 청소년기의 갈등을 겪기는 했지만, 이 시기는 그에게 대단히 긍정적인 시기였고, 거기에는 두 가지 사건이 결정적 역할을 했다. 하나는 그가 친구 집단을 이끌었다는 것이고, 둘째는 열일곱 살 무렵에 뛰어난 상상력으로 친구들을 이끄는 낭만적인 인물을 창조했다는 것이다. 이것은 그의 인생에 아주 중요한 밑바탕이 되었다.

에너지 넘치는 소년 헤프너는 창조력을 발휘할 수 있는 다양한 활동에 참여했다. 저널리즘이 하나의 통로가 되었다. 2학년 때는 〈모래시계〉라는 소규모 신문을 발행했고, 다음 해에는 정규 학교신문인 〈스타인메츠 스타〉의 기자, 만화가, 유통관리자로 활동했다. 연극에도 관심을 품고 몇 편의 학교 연극에 출연했다. 《죽은 자의 땅에서 돌아오다》라는 15분짜리 공포영화도 직접 각본을 쓰고 연출과 출연까지 겸해서 제작했다. 이웃에게 빌린 16밀리미터 카메라로 찍은 이 영화에는 친구 두 명도 출연했다.

하지만 더 중요한 건 그가 밀접한 친구 집단을 형성했다는 것이다. 시작은 짐 브로피와의 우정이었다. 두 소년은 초등학교 시절부터 아는 사이였지만 고등학생이 되어서야 떨어질 수 없는 친구가 되었다. 성격은 판이했다. 과학 영재인 브로피는 취미로 무선통신을 연구하고 몇 차례 과학상을 받은 뛰어난 학생이다. 그는 200여 명이 넘는 학생 가운데 4등으로 졸업해 훗날 물리학 교수가 되었다. 헤프너는 똑똑하기는 했지만 학업은 뒷전이고 글쓰기와 연기, 만화 같은 창조적 분야에 힘을 쏟았다. 하지만 둘은 뛰어난 지성과 엉뚱하고 익살스러운 유머가 공통이었다. 브로피는 회고했다. "우리는 죽이 잘 맞았고 서로 미치게 웃기다고 생각했다. 성격은 딴판이었지만, 상상력에 서로 불을 붙였다."

헤프너와 브로피의 우정은 1942년에 시작한 모임의 중심이 되었다. 여학생과 남학생이 동수로 구성된 이 집단은 함께 영화관과 댄스 모임에 가고, 재즈 음반을 듣고, 파티를 열어 순진한 키스게임을 했으며, 부모에게 빌린 자동차를 몰고 다녔다. 헤프너는 그 모임을 '참으로 아름다운 무리'라고 칭하며 거기에 열중했다. 그러다 집으로 오면 별로 즐거운 일이 없었다. 브로피에 따르면, 그의 집은 "어둡고 음울했다… 온기도 진정한 대화도 없었다. 그것은 아마도 헤프너가 친구 모임에 그렇게 열성을 보인 이유 중 하나일 것이다."

헤프너의 인생에 극적인 변화가 찾아왔다. 3학년이 되기 전 여름에 그는 드럼을 연주하는 재즈 뮤지션 진 크루파를 좋아하는 활발한 소녀 진 컨클린에게 관심을 둔다. 그들은 함께 지르박 춤을 배웠지만, 개학하자 그녀는 건초 피크닉(건초를 실은 짐수레를 여럿이 타고 가는 밤소풍-옮긴이)에 다른 남학생을 초대했다. 헤프너는 상처를 받았지만 그녀에 대한 애정은 꺼지지 않았고 좀더 매력 있고 인기 있는 사람이 되기 위해 자신을 전면 바꾸기로 작정했다. 자신을 '헤프'라고 부르기 시작했으며, 멋진 옷을 입고 부드러운 태도를 개발했다. 거기다 춤 실력을 높이고 유행어를 쓰며, 그의 말 그대로 "내가 되고 싶은 상상 속의 소년"이 되었다.

이런 자기 재창조를 거치고, 헤프너는 스타인메츠 고등학교에서 인기 학생이 되었고, 짐 브로피와 함께 엘리트 집단 리더로 떠올랐다. 오랜 세월이 지나 제이니 셀러스는 이렇게 썼다. "유명한 '헤프너-브로피' 팀에 낀 건 내 고등학교 교우 생활의 정점이었다. 함께 있으면 내가 온 학교를 움직이는 것 같았다." 실제로 헤프너는 스타인메츠 고등학교의 중앙무대를 차지했다. 높아가는 인기에 졸업반 때는 학생회 회장으로서 열의와 창의력을 다해 선거에 임했고, 급우투표에서 '성공 가능성', '인기 남학생', '유머감각', '연설', '춤 솜씨', '예술성' 분야에서 3위 안에 들었다.

또한 이 무렵 헤프너는 평생을 전념할 계획에 착수해서, 자신의 일상을 기록하는 만화 자서전을 시작했다. '구 헤퍼'라는 인물을 주인공으로 창조해서 그와 친구 집단이 벌이는 활동을 웃기고 귀엽고 때로는 신랄한 만화로 담아냈다. 헤프너는 그 작업을 하는 이유를 몇 가지 들었다. 나는 그림 그리기가 좋다. 학교생활은 재미없을 때도 잦다. 친구들에게 즐거움을 주고 싶다, 그리고 나중에 10대 시절을 추억할 재미있는 기록이 될 거다.

하지만 더 깊은 욕구도 있었다. 만화의 내용은 "우리의 주인공", "프랭크 시나트라 유형의 친구", "영화에서 흔히 보는 유형의 고등학생" 같은 여러 가지 자의식적 설명을 단 작가에게 집중했다. 만화는 헤프너를 집단의 중심축으로 만들었고, 집단 성원에 대한 묘사가 주된 내용이었다. 브로피는 말했다. "헤프너는 언제나 자신에게 관심이 많았다. 자기 상상 속에 사는 걸 좋아했다." 헤프너는 그것이 자기 홍보라는 걸 어느 정도 인식했다. 그가 나중에 말했다. "만화를 그리면 자신이 주인공이고 그 옆에 친구들도 있는 세계를 창조하게 된다. 그리고 그걸 돌려보면 스스로 만든 세계의 중심이 된다." 헤프너의 활발한 상상력도 그 동기 가운데 하나였다. 실재 인물과 사건을 토대로 했지만, 이야기는 그의 말에 따르면, 작품성을 높이기 위해 진실을 살짝 비틀었고, 인물 또한 마찬가지였다.

〈구 헤퍼〉 1940년대 초 헤프너가 10대에 그린 만화 자서전

헤프너는 대중문화에 대한 열정을 통해 상상력을 살찌웠다. 청소년기에 그는 1940년대 미국 대중문화 전 영역에 관심이 있었다. 그는 학생들의 권리를 옹호하며, 엄격한 학교 댄스파티를 공개적으로 비판했다. "학생들은 대부분 자이브를 추고 싶어했지만, 간단한 자이브 동작만 해도 금세 제지당한다. 금요 댄스파티가 학생을 위한 행사라면, 왜 우리가 좋아하는 음악을 틀지 못한단 말인가?"

그의 성인기 중요한 특징을 이룰 또 하나의 속성이 나타난다. 바로 여자를 향한 강렬한 매혹이다. 아직 순진하고 낭만적인 상태였지만, 싹트는 성 의식은 집착에 가까운 경향을 보였다. 내향적인 성격으로 여러 여학생을 짝사랑하던 헤프너는 8학년 때 처음으로 한 여학생과 영화관에 가는 데이트를 했다. 고등학교 입학 후 2년 동안 헤프너는 어느 파티에서 게임을 하다가 우연히 키스하게 된 베벌리 앨런이라는 예쁜 여학생에게 마음이 끌렸다. 그 뒤로 몇 년 동안 베티 컨클린, 이디스 비오스키, 도로시 노박 같은 여학생들이 잇달아 그의 여자 친구가 되었다.

이성에 대한 관심이 피어나면서 소년 헤프너는 알쏭달쏭하지만 강렬한 성에 대한 사회의 금기에 분개했다. 1938년 〈라이프〉에 실린 「어느 소년소녀의 비극」이라는 기사는 그에게 깊은 인상을 주었다. 뉴욕에서 어느 10대 소녀가 임신하자 상대 소년과 함께 자살을 시도했는데, 한 명은 죽고 한 명은 살인죄로 재판을 받게 되었다는 기사였다. 헤프너는 열두 살 때 그 기사를 읽었고 내용을 정확히 이해하지는 못했지만, 이 사건은 사회적 규칙이 행복 대신 고통을 안겨주는 사례라고 생각했다.

스타인메츠 고등학교 시절의 헤프너와 친구들

다음 해인 1939년 그는 어머니와 함께 할리우드 영화제작규약(1930~1968년에 미국 주요 영화 제작에 적용된 검열 지침-옮긴이)이 실행되기 전에 제작된 영화를 재상영하는 극장에 갔다. 영화 속 여자가 음란한 말을 하자 어머니가 속삭였다. "요즘은 저런 대사가 용납되지 않을 텐데." 휴는 혼자 생각했다. "용납되었으면."

고등학교 시절 그는 여학생과 섹스해도 좋은가 하는 문제를 놓고 어머니와 다투었다. 그레이스가 말했다 "자칫하면 너는 돌볼 능력도 없이 아기를 낳을 수 있어. 그건 안 될 일이야." 휴는 임신은 피할 수 있으니 성관계를 허용해야 한다고 주장했다. 10대 시절에 이미 헤프너는 사회의 권위와 성에 대한 금지에 저항했다.

그러는 와중에 여성과 성에 대해 증폭하는 관심은 매혹적인 출구를 찾았다. 8학년 때 여자 친구 집에 갔다가 지하실에서 그녀의 아버지가 구독하는 〈에스콰이어〉 잡지를 본 것이다. 그 후로 그는 그 남성잡지의 과월호를 읽기 시작했다. 특히 그는 조지 페티의 화려한 핀업 그림을 좋아했다. 페티는 1933년부터 관능적이고 과장된 여자 반나체 그림을 그 잡지에 실었다. 헤프너는 '페티걸'을 수집해서 방에 붙여놓았다. 얼마 후에는 역시 〈에스콰이어〉지에서 앨버토 바가스라는 화가도 발견해서 '바가스걸'도 추가로 수집했다.

그레이스는 아들의 행동이 마음에 들진 않았지만 나무라지 않았다. 그녀는 열린 마음으로 종교적 거부감을 극복하려고 노력했다. 연기에 관심 있던 키스는 방에 영화배우 포스터를 붙여놓았다. 그녀는 아들이 각자의 생각을 추구할 수 있어야 한다고 여겼다. 그녀는 나중에 말했다. "나는 구식 사람치고는 꽤 넓은 아량으로 아이들의 그런 일을 허락했던 것 같다." 그런데 헤프너가 특히 좋아한 페티걸 그림 하나는 앞날에 대한 예견을 담고 있었다. 한 여자가 별난 분홍색 토끼 옷을 입고, 토끼 귀까지 달고 있는 모습이었다.

헤프너의 실제 연애는 〈에스콰이어〉의 기준에 미치지 못했다. 그의 연애는 어설픈 접근과 짧은 행복감, 간헐적인 거절, 혼란의 반복, 즐거움이라는 10대 연애의 전형적인 패턴이었다. 그것은 사랑에 대한 그의 열렬한 욕망을 잘 보여주었다. 브로피가 설명했다. "휴는 늘 연애를 했다… 그러지 않으면 허전하고 우울해했다." 그렇다고 휴가 바람둥이였던 건 아니다. 그는 여자들과 있으면 숫기없고 어색해 했다. 기질은 밝고 상냥하고 활기찼지만 육체적 존재감은 미약했다.

고등학교 졸업반 때, 드디어 헤프너는 약간의 성경험을 하기에 이르렀다. 여자 친구 두 명과 꾸준히 만나면서 키스와 애무까지 했다. 이 일로 점잖은 부모에게 질책을 듣기도 했다. 어느 날 휴가 데이트를 마치고 새벽에 들어오자 아버지 글렌이 "망할 놈, 지금까지 어디 있었냐?"고 노발대발했다. "내 평생 아버지가 욕하는 건 그때 꼭 한번 들었다." 헤프너는 회고했다. 그는 친구들과 자동차를 타고 다닐 때 럼블 시트(자동차 후미에 설치된 개폐식 임시좌석 - 옮긴이)에서 여자를 끌어안기도 했다. 아버지가 그런 행동은 용납할 수 없다고 경고하자 아들은 그런 일을 더욱더 로맨틱하게 느꼈다.

이렇게 어린 시절과 청소년 시절을 지나는 동안 휴 헤프너는 자신이 활용할 수 있는 요소들로 환상의 세계를 창조하고 거기 잠겨서 살았다. 감정을 억압하는 집안 분위기는 정서적 유대를 열망케 했다. 헤프너가家에서 빅토리아시대적 전통과 현대 사회과학이 뒤엉켜 겨루는 동안, 그는 허용과 장려의 전반적인 분위기를 즐기면서도 속박의 유물에 부딪혔다. 권위는 멀고 추상적이고 막연했다. 부모와 학교, 교회가 부과하는 규칙은 드물어서 더욱 엄격하게 여겨졌다.

명석하고 창조적인 소년 헤프너에게 대중문화는 행복을 약속했다. 영화, 만화, 잡지, 스윙재즈, 댄스는 낭만과 모험, 강렬한 개인적 체험을 규준으로 하는 자기충족의 비전을 보여주었다. 10대 시절 헤프너는 자신의 인생을 한 편의 영화로 보고, 자신을 영화의 주인공이라고 여겼다. 활기 넘치고 야심에 차고 갈수록 환상에 몰두한 그는 절박하게 정서적 만족을 추구했다. 현대 미국사회의 새로운 흐름이 그렇듯이, 그는 자신도 그것을 누릴 자격이 있다고 여겼다.

물론 그런 만족을 어떻게 찾느냐가 문제였다. 1944년에 고등학교라는 따뜻한 고치를 떠나면서, 휴 헤프너는 만화가 아니면 잡지사 기자가 되겠다는 막연한 꿈을 품었다. 하지만 그보다 먼저 전 미국인에게 들이닥친 국제적 위기에 대응해야 했다. 그 위기는 중서부 도시에서 세상과 떨어진 듯이 살던 사람들에게도 예외는 아니었다.

# 2 킨제이 보고서

1944년 초에 고등학교를 졸업한 휴 헤프너의 앞에는 불확실한 미래가 기다렸다. 한편으로는 황금시대 같은 청소년기와 스타인메츠 고교의 친구들을 떠나는 것이 불안했지만, 또 한편으로는 넓은 세상에 대한 기대로 가득 찼다. 1941년 말부터 2차 세계대전은 미국사회를 지배했고, 훌륭한 젊은이는 이런 국가적 위기에 군에 입대하는 것을 당연하게 여겼다. 젊은 헤프너도 이런 의무를 강력하게 느꼈다. 그는 약간 떨렸지만 결연한 태도로 군에 들어가서 인생의 새로운 시기를 준비했다.

I

군 생활은 여성들로 시작되었다. 그의 성인기 많은 사건이 그랬듯이 입대도 연애사건으로 뒤엉켜 있었다. 졸업 직전에 그는 제이니 보스턴과 순진하면서도 강렬한 연애를 했다. 제이니는 그의 절친한 친구인 짐 브로피의 여자 친구로, 오랫동안 헤프너를 우상화하고 그의 창조적 재능을 존경해왔다. 둘은 고교 시절 내내 친하게 지냈는데 1944년 초에 우연히 몇 차례 단둘이 있게 되었고 몇 차례의 깊은 대화 끝에 열렬한 키스를 나누었다. 두 사람은 서로에게 고뇌에 찬 편지를 쓰며 자신의 감정을 알아내려고 했지만, 어느 쪽도 브로피를 배신하고 싶어하지 않았다. 하지만 그 문제는 예기치 않게 해결되었다. 헤프너가 다른 사람을 만난 것이다.

졸업 직후, 헤프너는 스타인메츠 졸업생 파티에 참석했다가 급우였던 친구를 만났다. 얼굴은 알아보았지만 누구인지 정확히는 몰랐다. 밀리는 그가 좋아하는 유형의 여자로 귀엽고 쾌활하고 앞머리가 찰랑거리는 검은 머리에 커버양말을 신고 있었다. 둘은 오랫동안 이야기했고 서로 가볍게 유혹했으며, 결국은 그녀가 그의 무릎에 앉았다. 나중에 그는 그런 행동이 그녀가 다른 남자에게 질투를 일으키려고 한 것임을 알았지만, 두 사람은 분명히 서로 매력을 느꼈다. 그날 저녁 헤어질 때 그들은 다시 만날 것을 약속했다.

밀리는 바이올린 연주와 운동에 능했고, 블루칼라 집안 출신이다. 전업주부인 밀리의 어머니는 경건한 가톨릭 신자로 밀리와 네 자매를 늘 미사에 데리고 갔다. 전차 차장으로 시작해서 버스운전사가 된 그녀의 아버지는 오래전에 가톨릭 신앙을 버리고, 열렬한 독서로 공산주의를 받아들였다. 그는 밀리에게 자주 "우리 사회도 러시아처럼 풍요를 누려야 한다."고 했다. 집안일에 엄격하고 권위주의적인 그는 딸들이 열여섯 살이 될 때까지는 데이트를 금했다.

휴와 밀리는 처음 만난 날부터 입대 날까지 2주일 동안 몇 차례 데이트했다. 마스 사탕회사에서 퇴근하는 밀리와 만나 함께 음료수를 마시거나 영화를 보는 식이었다. 늘 사랑을 갈구하는 헤프너답게 그는 밀리에게 깊이 빠져들었고, 입대해서도 계속 편지를 보내겠다고 약속했다. 그녀도 그러겠다고 했지만 헤프너처럼 확고한 태도는 아니었다. 헤프너는 본성에 충실하게 밀리를 낭만적 환상으로 감쌌다. 둘의 관계는 헤프너가 시카고로 두어 번 휴가를 나올 때를 빼고는 오직 편지를 통해서만 이어졌지만 2년 동안 그를 지탱해주었다.

겨우 열일곱 살 소년에 지나지 않던 헤프너(175센티미터 키에 몸무게는 52킬로미터)는 특별예비군 훈련생도로 군 생활을 시작했다. 그의 분신 구 헤퍼가 만화 자서전에 썼듯이, 그는 안락한 환경을 떠나 "이 시대 또래의 많은 젊은이처럼 총을 들러 갔다. 구는 우리가 그렇듯이, 이런 변화가 달갑지 않지만 원칙을 고수하고 최선을 다할 것이다."

그는 1944년 3월, 시카고를 떠나 기초훈련 장소인 위스콘신대학으로 갔다. 타자기, 자명종, 옷걸이 같은 물건을 가방 몇 개에 담아 온 그는 3인실에서 두 명과 한방을 썼다. 그 뒤로 몇 주 동안 신병들은 이론 수업을 받고 ROTC 프로그램에 참가했으며, 행군 훈련을 했다. 헤프너는 만화 자서전을 몇 권 가지고 가서 저녁 시간에 룸메이트와 생도들에게 보여주었다. 훈련생들은 그의 궤도로 빨려 들어갔고, 헤프너에게 고교 시절 경험담과 친구 이야기를 해달라고 졸랐다. 한 명은 만화 속 여학생에게 편지를 써도 되는지를 물었다.

처음으로 집을 떠나 입대한 많은 젊은이가 그렇듯이 헤프너도 감상과 향수에 젖었다. 그가 1944년 5월 14일에 부모에게 보낸 편지에는 그런 감정이 잘 드러나 있다.

> 제가 말하지 않은 게 아주 많은 것 같아요. 이 커다란 감사의 마음을 한 번도 제대로 표현하지 못했습니다. 위스콘신에 오기 전에는

> 많은 것을 제대로 알지도 못했어요. 부모님께서 제게 해주시고 저를 위해 희생하신 것을요. 지난 몇 달 동안 저는 어느 때보다 그것을 강하게 느꼈습니다… 지난날을 돌아보면 우리 형제는 그렇게 사랑과 공평함이 넘치는 집에서 자란 것이 정말 행운이었음을 느낍니다. 민주적이라고 말할 수 있는 가정이죠… 남자건 여자건 과도한 규율과 애정 부족 속에 자란 친구들을 보면 정말 불쌍하고, 그래서 두 분께 감사합니다… 자랑스러운 아들이 되고 싶습니다. 두 분은 이 세상 최고의 엄마, 아빠예요.

이 편지를 보면 헤프너의 다정한 성품을 잘 알 수 있고, 더불어 그가 어린 시절에 품은 불만도 나중에 창조된 것임을 짐작할 수 있다.

하지만 헤프너는 군 생활의 한 가지 측면에 충격을 받았다. 그가 숨쉬고 자란 자유주의적 가치와 다른 사회적 태도에 맞닥뜨린 것이다. 특히 반유대주의와 인종차별 발언은 생도들의 대화에 자주 등장했고, 그는 그런 편견을 이해하지 못했다. 유대인 동료 군인에게 거친 농담이 던져지고, 그가 댄스파티에 데려간 그 지역 유대인 처녀에 대해 모욕적인 말이 오가자, 그는 발언자들과 몇 차례 부딪혔다. 훈련소에 흑인은 없었지만, 인종차별 발언도 들렸다. 그가 좋아하는 재즈를 '깜둥이 음악'이라고 비하하는 식이었다. 집에 보내는 편지에 그는 바깥세상에는 "온갖 종류의 편견과 증오가 있습니다. 제게 그런 증오가 없다는 것이 기쁘고도 자랑스럽습니다."라고 썼다.

매디슨에서 몇 달을 보내고 헤프너는 1944년 6월 일리노이 주의 포트 셰리던 수용소를 거쳐 전형적인 떠돌이 군 생활을 시작했다. 처음에는 텍사스의 캠프후드로 가서 기초훈련을 받았다. 상황은 힘들어

군 복무 시절의 헤프너

졌고, 그는 만화 자서전에 "죽음을 위한 또는 생명의 보존을 위한 학습"이라고 적었다. 그는 기초훈련을 잘 수행했고, 심한 뙤약볕으로 입은 화상을 빼면 부상도 없었다. 그는 M1 라이플총 1등 사수가 되었고, 기초훈련 막바지에는 진짜 수류탄을 던지고 실탄이 머리 위로 핑핑 날아가는 가운데 완전군장으로 40킬로미터를 행군하는 '킬러 칼리지'를 마쳤다. 캠프후드에서 지내던 마지막 시기에 광범위한 대전차 훈련도 받았다.

시카고로 짧은 휴가를 다녀오고, 헤프너는 1944년 10월 아칸소 주 포트채피로 이송되어 라이플 보병으로 추가훈련을 받았다. 오클라호마 주의 캠프그루버에서 추가교육을 받은 뒤 메릴랜드 주 포트미드로 배속되었다. 거기서 실제 전투가 벌어지는 국외로 가기 위해 항구로 떠날 날을 기다리던 중 군 생활에 큰 변화를 안겨 준 일이 생겼다. 뛰어난 타자 실력 때문에 '지상근무 인력'으로 배정되어 참모장교실에서 사무를 보게 된 것이다. 그는 이런 멋진 행운을 기뻐했다. 그의 말대로 그는 워싱턴의 여자들을 아주 좋아했기 때문이다. 이후 그는 오리건 주 세일럼 근처 캠프어데어와 버지니아 주 캠프피켓에서 사무직무를 수행했다.

헤프너는 군 시절 내내 창조적인 활동에 참여했다. 군 신문에 계속 만화를 그렸고, 「나는 지독하게 선량한 시민이 될 거야」라는 풍자적 노래를 만들어서, 온 중대가 그 노래를 부르며 행군했다. 임지에 갈 때마다 댄스파티에 참석했고, 소년 시절부터 취미였던 영화도 즐겼다. 군대는 병사들에게 개봉 영화를 거의 매주 한 편씩 보여주었고, 그는 시간이 나는 대로 인근 마을의 극장을 찾았다. 물론 만화 자서전도 계속 이어 가서, 구 헤퍼의 군 생활을 다룬 만화가 여러 편 만들어졌다. 하지만 마음 한구석에는 늘 곧 실전에 투입되거나 1945년 여름이면 점령군으로 일본에 갈 거라는 걱정이 있었다. 1945년 8월 초의 만화 자서전은 이렇게 쓰고 있다. "히로시마와 나가사키는 새로운 시대, 원자 시대의 시작을 알린다… 구는 이제 어디로 갈까? 집으로 아니면, 국외 점령지로?"

한편 헤프너는 밀리와 원격 연애를 지속해서 1945년 3월 15일에서 8월 27일까지 80통이 넘는 편지를 썼다. "사랑하는 밀리에게"로 시작하는 이 편지는 낭만적 감정을 분출하고 외로움과 지루함을 토로하는 내용이었다. 1945년 3월 27일의 편지에서 그는 라디오에서 「내가 말했지I've Said It」라는 노래를 듣자 그녀가 생각났다고 적고 있다.

> 이런 음악과 이렇게 멋진 밤은 나를 정말 우울하게 해 / 나는 너와 함께 있는 꿈을 꿔 / 서늘한 봄날 저녁에 함께 차를 타고 라디오를 작게 틀고 시골 길 저 멀리 달리는 거야 / 아니면 아름다운 봄날 저녁에 세상 어떤 걱정도 닿지 못할 산기슭으로. 물론 사랑에 빠진 남자로서 나는 때로 너와는 약간 다른 걸 생각하는 것 같아 / 육체적인 측면에서 말이지 /

하지만 밀리에게 열중한 가운데에도 헤프너는 군 시절 여러 여자와 데이트를 했다. 위스콘신 주에서는 인근의 여고생과 몇 차례 만났다. 계속 우정을 유지해오던 제이니 보스턴에게도 장문의 편지를 썼다. 워싱턴에 있을 때는 몇 명의 여자와 데이트를 했고, 대학 도시인 오리건 주 세일럼에서는 수십 번의 댄스파티에 참석해서 두 명 이상의 여자와 각별한 관계가 되었다. 하지만 나중에 썼듯이 그의 군 시절 연애

대학 댄스파티에 간 헤프너와 여자친구 밀리 윌리엄스

는 가벼운 데이트는 많았지만 깊은 정서적 교류는 없는 로맨틱한 모험의 세계였다. 헤프너의 군 생활은 제2차 세계대전이 종결되고 군대가 해산하면서 끝났다. 1946년 초 그는 상병이 되었고, 몇 달 뒤 명예제대해 5월에 시카고로 돌아왔다.

## II

제2차 세계대전이 끝나고 많은 젊은이가 그랬듯이 휴 헤프너도 제대하고 별다른 목적 없이 떠돌았다. 고교 시절의 영광을 되찾기 위해 스타인메츠 고등학교에서 열린 댄스모임에 두어 번 참석했지만, 친구들도 없고 모든 것이 전과는 달랐다. 그는 군 시절 데이트했던 여자들을 만나러 세일럼에도 가 보았지만, 역시 당시의 즐거움을 되돌리기엔 역부족이었다. 1946년 여름에는 시카고 미술대학에서 해부학 드로잉 강의도 들었지만, 전체적으로 그가 고백했듯이 "시카고에서 나는 갈 길을 잃은 느낌이었다."

그러는 사이 밀리는 시카고에서 남쪽으로 140킬로미터 떨어진 어바나의 일리노이대학에 다니고 있었다. 밀리도 헤프너도 자신들의 관계에 확신이 없었다. 밀리 또한 헤프너가 없는 동안 다른 남자들과 데이트했다. 어쨌건 밀리는 그의 핀(사교클럽의 장식 핀으로 여자에게 애정의 표시로 줌-옮긴이)을 받았다. 그래서 헤프너는 몇 가지 목표를 충족하는 결정을 내렸다. 제대병 지원기금으로 일리노이대학에 입학하는 것이었다. 이를 통해 목적 없던 시카고 생활을 벗어나 장래의 직업을 찾기 위한 걸음을 내딛는 동시에 여자 친구의 곁에도 갈 수 있었다. 게다가 정부 주관 시험 몇 개를 봐서 학점 인정을 받고 수업을 조금 빡빡하게 들으면 2년 반 만에 졸업할 수 있을 것 같았다.

그래서 1946년 9월 헤프너는 대학에 들어갔다. 그의 기대는 약간 비현실적이었다. 다른 많은 일처럼 대학생활에 대한 그의 관념은 영화에서 비롯했고, 그의 말대로 "너구리 털코트, 댄스파티, 고물자동차"가 중심이었다. 하지만 밀려드는 퇴역 군인들로 분위기가 바뀌어서 대학은 갈수록 복잡하고 심각하고 취업 중심적이 되었다. 그는 한 학기를 대학 연계가정에서 지내고 그린 스트리트 근처의 하숙집 그라나다 클럽으로 옮겼다. 거기서 밥 프루스와 룸메이트가 되었고, 새로운 친구들을 사귀었으며 새로운 경험에 몸을 던졌다.

헤프너의 막연한 꿈은 만화가나 작가였다. 하지만 인간의 행동과 동기에 대한 관심으로 심리학을 전공하기로 했다. "나는 그 비밀을 풀고 이해하면 작가로 살아가는 데 큰 도움이 될 거라고 느꼈다." 문예 창작과 미술을 부전공으로 하면서 그는 우수한 성적을 받았고, 신입생 성적 우수자 클럽과 퇴역병 성적 우수자 클럽에 가입했다. 1학년이 끝날 때는 연례 시상식에서 '우수 학업 성적'표창을 받았다. 4학년에 그의 성적은 상위 10퍼센트에 들었다.

헤프너는 예술적 노력도 계속 기울여 공식 학보 〈데일리 일리니〉와 학내 유머지 〈섀프트〉에 만화를 발표했다. 그가 가장 좋아한 과목은 샘슨 래피얼슨의 문예창작이었다. 래피얼슨은 당시 방문 교수로 와 있던 유명 시나리오작가 겸 극작가로, 『재즈싱어』와 언스트 루비치 감독의 코미디 몇 편을 썼고, 나중에는 히치콕 감독이 영화화한 『의혹』을 썼다. 이 수업은 수강생이 적어서, 래피얼슨은 학생들을 자기 집으로 불러서 창작 과정에 대해 친밀하게 이야기를 나누는 일이 잦았다. 헤프너는 이 자유주의적 유대인 지성인에게 매혹되었다. "그는 내 멘토였고, 표방하는 것마다 정신적 자극이었다."고 그는 말했다.

헤프너는 공부벌레는 아니어서 대학 시절에 다양한 여가를 즐겼다. 특히 풋볼에 열중해서 1946년에 '파이팅 일리니' 팀이 리그 챔피언에 올랐을 때 누구보다도 더 열광했다. 그의 스크랩북은 경기에 대한 자세한 설명과 주요 선수의 활약상으로 가득 찼다. 그라나다 클럽에서 헤프너는 진지하면서도 잘 노는 학생으로 유명했다. 그는 동료 하숙생과 모노폴리, 진 러미, 브리지 같은 보드게임을 하는 데 많은 시간을 바쳤다. 비행기에도 관심을 기울여 꾸준히 비행 연수를 한 결과 1947년에는 경비행기 면허를 딸 정도가 되었다.

음악에도 시간과 공을 들였다. 헤프너는 〈다운 비트〉 잡지를 정기 구독하고, 유명 DJ인 데이브 개러웨이의 라디오 쇼를 들었으며, 대중음악의 변화하는 유행을 즐겼다. 빌리 홀리데이나 페기 리 같은 가수가 중심인 그의 음반 목록은 음반 수 못지않게 전위적 특징으로 그라나다 클럽에 유명세를 떨쳤다. 헤프너는 음반 캐비닛 두 개를 직접 설치하고 색칠했는데, 이 캐비닛은 점점 늘어만 갔다. 캠퍼스에는 댄스 파티가 자주 열렸는데, 그는 밀리와 함께 그런 파티에 다녔다. 대학 마지막 해에는 그라나다 클럽 친구들과 재즈밴드를 구성해서 노래하기도 했다. 광고는 그를 '비밥의 목소리', '캠퍼스 발라드 킹'이라고 소개했다.

사색하는 시간에는 어린 시절의 종교적인 유산과 씨름을 했다. 그가 래피얼슨의 문예창작 수업 마지막 과제로 제출한 작품은 종교적 주제를 다룬 음산한 희곡이었다. 플롯은 어느 생화학자가 신이 없다는 증거를 발견했다고 주장하자, 아들이 그와 격렬한 논쟁을 벌이다가 아버지를 죽이고 자신도 자살한다는 내용이다. 그의 설명을 따르면 이 이야기는 "지식이 알려졌을 때와 알려지지 않았을 때 세상은

대학시절 캠퍼스 발라드 킹으로 불리며 재즈밴드에서 노래하는 헤프너

어느 쪽이 더 행복한가에 대한 갈등을 다룬다… 진실은 무조건 중요한가? 아니면 세상은 무지한 상태로 남는 편이 더 행복한가?"

헤프너는 부모님과 기독교 교리를 놓고 해묵은 논쟁을 계속했다. 어머니가 그에게 「선과 도덕은 최상의 것」이라는 경건한 글을 읽으라고 보내자, 그는 예의는 갖추었으나 회의적인 답변을 보냈다. 전통적인 종교는 "도덕적·영적 삶에 절대적인 기준이 있다고 합니다. 하지만 현실을 보면 아무래도 그런 건 없고, 도덕은 상대적인 것 같아요." 그는 하느님을 믿기는 하지만 하느님이 남아메리카 오지나 중국의 도시 사람들도 서구 기독교 원칙에 따라 심판할지 회의가 든다고 했다. "제게는 나름의 철학이 있습니다. 이 지상에서 행복을 찾는 이타적인 철학입니다. 절대적인 기준은 없습니다. 각각의 행동은 그것이 사람에게 얼마만큼 행복과 불행을 안겨주느냐에 따라 판단합니다."

헤프너는 또한 대학 시절 내내 밀리와의 관계에 정신적으로 많은 에너지를 쏟았다. 그들은 그가 어바나에서 지낸 2년 반 내내 연애를 계속했다. 그가 입학했을 때 그녀는 이미 3학년이었다.

그들의 관계는 사실 처음부터 좀 빈약했다. 헤프너의 군 시절에 두 사람은 실제로는 거의 만나지 못하고 다른 사람들과 데이트를 하면서 '편지 연애'만 했다. 헤프너에게 핀을 받았을 때 그녀는 이미 다른 남학생의 핀을 받은 상태였다. 실제적인 면에서 두 사람은 관심사가 크게 달랐다. 그녀는 운동과 클래식 음악을, 그는 춤과 재즈를 좋아했다. 둘이 함께 브리지게임을 할 때마다 싸움이 벌어졌다. 둘 다 자신들의 관계를 걱정했고, 낙담한 헤프너는 한때 몇 달 동안 그녀에 대한 감정을 표로 정리한 적도 있었다. 표의 점수는 그녀가 있을 때보다 없을 때 더 높았다.

하지만 욕망은 부글부글 끓어올랐다. 대학 시절 내내 휴와 밀리는 시골로 자동차를 타고 나가서 진한 애무를 나누었다. 마지막 순간에 번번이 실제 성교를 포기하고 물러나면서 그의 성적 좌절감은 커져만 갔다. 그녀가 임신으로 졸업을 못하게 될까 봐 두려워했기 때문이다. 때로는 오럴섹스를 했다. 하지만 두 사람 다 절정을 향해 달려가다가 급브레이크를 밟아야 하는 이런 식의 접촉에 정신적인 피로를 느꼈다. 밀리는 그것이 '유해하다'고 보았고, 휴는 냉소적으로 2년 반 동안 전희만 나눈 관계라고 평했다. 그러다 1948년 봄, 어느 주말에 밀리의 졸업을 앞두고 두 사람은 마침내 인근 댄빌 시에서 서로의 동정을 버리기로 했다. 예상할 수 있듯이 그것은 실망스러웠다. 그들은 초라한 호텔에서 형편없는 영화를 보았고, 그렇게 엄청난 기대를 품었던 실제 성행위에 실망감을 감출 수 없었다.

하지만 헤프너는 본성에 충실하게 계속 관계를 유지하기로 했다. 걱정은 들었지만, 관계를 북돋고 결혼 이야기를 자주 거론했다. 밀리 역시 확신은 없으면서도 그에 동조했다. "솔직히 말하면 다른 대안이 없었다… 휴는 반복적으로 나야말로 평생을 같이하고 싶은 여자라고 말했다." 헤프너는 로맨스의 환상을 만들고 밀리를 그 핵심 자리에 놓았다. 그녀가 대학을 졸업한 1948년 늦봄부터 두 사람은 진지하게 결혼 이야기를 했다. 그 역시 관계에 의구심이 들었지만, 밀리의 회상을 따르면 그녀가 망설일 때마다 "그저 결혼이 다가온다는 사실에 불안한 것일 뿐"이라고 달래며 안심시켰다.

그러는 사이에 전후 미국에서 가장 큰 논쟁을 불러일으킨 책 하나가 그의 관심을 사로잡았다. 그것은 그가 개인적으로도 지적으로도 점점 관심을 크게 기울이는 주제, 바로 성을 다룬 책이었다.

## III

1948년 앨프레드 킨제이는 『인간 남성의 성 행동*Sexual Behavior in the Human Male*』이라는 책을 출간했다. 한 평자가 20세기에 인구에 가장 크게 회자한 책이라고 설명한 이 책은 출간 두 달 만에 20만 부가 팔려나갔다. 신문과 잡지, 문예지, 전문지 등 사방에 서평이 등장했고, 여론조사 전문 조지 갤럽은 미국인 다섯 명 가운데 한 명이 책의 출간 후 곧 그 책을 읽거나 그 책에 대해 들었다고 보고했다. 제임스 존스는 말했다. "하룻밤 새 온 국민이 '킨제이'라는 이름을 알게 되었고, 그 이름은 대중문화에 깊이 새겨졌다."

왜 킨제이가 대중의 상상력에 불을 지폈을까? 빅토리아시대적 기준이 부식되면서 이제 미국인이 성에 대해 좀더 솔직하게 말할 준비가 됐다고 확신한 그는 성 행동을 냉정하게 검토하고서, 그 결과를 도덕적 가치와 사회적 관습과 분리된 과학적 사실로 제시했다. 킨제이 팀은 수백 명의 남자를 심층 취재하고 수십 개의 세밀한 질문을 던져서 성 행동에 영향을 미치는 사회계급, 인종, 나이, 결혼 여부, 지역, 종교, 교육수준, 직업 같은 수많은 변수를 분석했다. 킨제이는 자위와 애무, 혼외정사와 관련해서 전통적 성규범과 크게 어긋난다는 사실을 알아냈다. 그리고 더욱 논쟁적인 주제를 파고들어서, 유명한 이성애와 동성애 연속체론을 소개하고, 혼전순결이 성적 충족을 저해한다고 제시했고 오르가슴의 본질을 탐구했다. 1953년에 출간된 동반 연구서 『인간 여성의 성 행동*Sexual Behavior in the Human Female*』은 미국 여성 역시 다양한 성적 행동을 영위한다는 사실을 밝혔다. 킨제이는 성 논의를 공개적인 장으로 끌고 나옴으로써 미국사회가 성에 대해 더욱 솔직해질 수 있도록 새 시대를 열었다.

미국인의 반응은 즉각적이었다. 킨제이 보고서는 20세기 초부터 계속된 성도덕의 완화를 반영한 것이었다. 지지자들은 킨제이가 미국인의 실제 행동을 드러내 보였을 뿐이며, 현실적인 도덕원칙과 사회정책을 세우려면 이런 사실을 똑바로 직시해야 한다고 강조했다. 하지만 킨제이의 연구는 순응적 소비와 전통적 도덕에 충실한 중산층에게는 충격을 안겨주었다. 비판자들은 이 책이 미국사회의 도덕을 타락시키고 가족 구조를 뒤흔든다고 비난했다. 세련된 비판자들은 킨제이가 성의 생물학적 측면에만 주목한 나머지 문화적, 심리적, 정서적, 사회적 차원을 간과했다고 나무랐다. 하지만 태도에 관계없이 미국인 대다수는 〈타임〉의 평가, 그러니까 킨제이의 가장 놀라운 성취는 "성에 대한 개방적 논의… 동성애, 자위, 성교, 오럴섹스, 오르가슴 같은 말이 신문과 가족 잡지에 오르내리게 한 것"이라는 데 동의했다.

헤프너는 밀리와의 좌절스러운 경험과 육체적 관계로 말미암아 성 문제에 정신적으로 예민해져 있어서 킨제이 소동에 반응할 준비가 되어 있었다. 거기다 청소년기부터 품었던 여자와 성에 대한 건강한 관심은 대학에 다니는 동안 집착 수준으로 발전했다. 1946년 8월 일리노이대학으로 떠나기 직전에도 그는 제이니 보스턴에게 농담을 했다. "지난 금요일에 미술대학에서 여자 누드 코스를 마쳤어. 리알토 극장에서 스케치를 계속할까 생각해 봤지만 거기서는 여자들이 너무 많이 움직여." 그 후 대학 시절 동안 그는 좌절된 육체적 욕망과 자기충족의 환상을 창조하고 싶은 욕구 때문에 성에 몰두하였다.

〈데일리 일리니〉와 〈섀프트〉에 실린 헤프너의 대학 시절 만화에도 성적 주제가 많이 담겨 있다. 한 만화에서는 남녀 학생이 거리에 주차된 자동차 안에서 포옹을 나누던 중 경찰이 오자 남학생이 말한다. "뭐예요? 나 자동 주차요금기에 돈 냈다고요." 다른 만화에는 두 남자가 미술 시간에 여성 누드를 그리다가 그중 한 명이 믿을 수 없다는 듯 말한다. "이걸로 3학점까지 받는다는 거야?" 좀더 정교한 만화에서는 남자가 여자를 쫓아가고 있고, 여자가 말한다. "봄이 되면 남자들은 한 가지 생각밖에 없어…" 다음 컷에서는 여자가 홱 돌아서서 남자를 쫓아가며 말한다. "그건 여자가 1년 내내 생각하던 거지!"

대학 2학년 때 편집자로 일한 〈섀프트〉지誌는 그의 성적 열광을 특히 많이 담는 수단이 되었다. 이 유머잡지에 〈플레이보이〉의 「플레이메이트」 전신이라 할 만한 「이달의 여학생」이라는 코너를 만들었다. 거기에는 매력적인 여학생 사진과 함께 그녀의 활동, 취미, 관심사, 장래 계획 등이 짧게 실렸다. 「편집자 칼럼」에서 그는 몇몇 학생이 '성

일리노이대학 학내 잡지 〈섀프트〉에 실린 헤프너의 야한 만화 가운데 하나

특집호'를 만들라고 했지만, 그런 건 특별히 필요해 보이지 않는다고 말했다. "〈섀프트〉는 매호가 성 관련 호이다." 1948년 4월에 〈룩〉이 대학가 유머잡지를 소개하면서 헤프너의 잡지는 생략하자, 그는 편집부로 이런 편지를 보냈다. "〈룩〉은 가장 왕성하고 뜨거운 것을 빼먹었네요. 일리노이의 〈섀프트〉입니다!"

헤프너의 행동도 성에 대한 커지는 관심을 보여주었다. 그라나다 하우스의 룸메이트였던 밥 프루스는 그의 솔직한 성 이야기에 충격을 받았다고 회상했다. "그가 사정과 삽입 이야기를 한 게 생각난다. 아주 개방적이었다. 나라면 절대 하지 않을 이야기를 했다." 헤프너는 밀리와의 관계에서도 솔직한 태도를 보여서 군 시절의 여자관계를 말해주었다. 한 번은 밀리가 어바나를 떠나 있던 여름, 그녀의 룸메이트를 비롯해 다른 여자 두어 명과 애무를 나눈 일도 털어놓았다.

하지만 킨제이의 『인간 남성의 성 행동』만큼 헤프너를 자극한 건 없었다. 그 책은 성이 인간 경험의 중심이며, 미국사회는 그것을 미신과 위선의 안개로 감싸고 있다는 확신을 안겨주었다. 그는 〈섀프트〉에 "1948년 최고의 책"에 대한 간략한 서평을 싣고 킨제이의 연구 결과는 "미국 법을 엄격하게 적용하면 미국 남성의 95퍼센트가 성범죄자로 감옥에 갇힐 것"이라고 말했다. 그 책이 충격적인 건 그것이 "우리의 성 규준과 법률이 인간에 대한 이해와 현실적 사고를 결여한 채 만들어졌다는 걸 확인해주었기 때문이다. 우리의 도덕적 가식, 성적 위선은 헤아릴 수 없이 많은 좌절, 비행, 불행을 낳았다."

헤프너의 만화에도 킨제이에 대한 열광이 반영되었다. 1948년 여름〈데일리 일리니〉 만화에는 검은 트렌치코트를 입은 남자가 학교 서점에 슬그머니 들어온다. 한 점원이 다른 점원에게 말한다. "저 사람은 킨제이 보고서 삽화판이 여기 들어올지 어쩔지 궁금해하고 있어." 다른 만화에서는 서 있는 오픈카에 남녀가 앉아 있다. 목이 깊이 파인 원피스를 입은 여자가 성난 표정으로 밖을 내다보고, 남자는 상기된 두 뺨을 붙들고 하소연한다. "제발, 네가 이렇게 나오면 킨제이 보고서에 나오는 일을 할 수 없어."

킨제이는 더 넓은 의미로도 헤프너의 사고를 촉진했다. 킨제이는 점잖은 미국사회가 인정하는 이상의 성행위가 이루어지고 있으며, 평범한 사람들도 흔히 규칙과 관습을 조롱한다는 것을 보여주었다. 헤프너는 그 책에 관련된 모든 것을 구해 읽었다. "킨제이는 내게 막대한 영향을 미쳤고 내가 오랫동안 느끼던 것을 증명해주었다. 우리가 성에 대해 말하는 것과 실제로 행동하는 것이 다르다는 것이다. 우리가 위선자라는 것, 그로 말미암아 많은 상처를 입는다는 것이다." 그가 훗날 회고했다.

하지만 킨제이의 혁명적 보고서를 읽었다고 해서 자신과 밀접한 곳에서 벌어진 성혁명의 한 가지 사태는 쉽게 받아들이지 못했다. 밀리는 1948년에 일리노이대학을 졸업하고 가을에 일리노이 주 리센터의 고등학교에 교사로 취직했다. 그녀는 가을 내내 어바나를 찾아갔고, 두 사람은 1948년 크리스마스에 정식으로 약혼했다. 하지만 몇 주 뒤에 헤프너를 크게 뒤흔든 일이 생겼다.

시카고에 있을 때, 두 사람은 로리타 영이 출연한 영화《기소당한 자들》을 보러 갔다. 영화는 어느 똑똑하고 겁 없는 학생이 여교사에게 차를 태워주겠다고 하고서 차 안에서 그녀를 강제 추행하는 이야기였다. 교사는 저항하다가 학생의 머리를 때리고 본의 아니게 살인을 한다. 놀란 교사는 시체를 절벽 아래로 떨어뜨리고, 정신을 가까스로 추스르며 일상으로 돌아가려 한다. 하지만 시체가 발견되면서 그녀는 죄책감에 무너져 간다. 영화를 보는 내내 밀리는 불편해했고, 나중에 자동차로 돌아가자 울음을 터뜨렸다. 그녀는 "끔찍한 짓을 저질렀다."고만 할 뿐 더는 말하지 않았다. 하지만 어리둥절한 헤프너가 계속 무슨 일이냐고 묻자, 그녀는 학교에서 운동부 감독과 성관계를 했음을 고백했다. 그녀는 계속 울면서 관계는 한 번이었으며, 로맨틱하지도 만족스럽지도 않았고, 죄의식 때문에 미칠 것 같다고 고백했다. 충격받은 헤프너는 거의 말을 잃을 지경이었지만 용서할 수 있다고, 그래도 결혼할 거라고 밀리를 달랬다. 하지만 내적으로 그의 평정은 헝클어졌다.

밀리의 고백은 헤프너에게 깊은 상처였다. 훗날 그는 그것을 '내 인생에 가장 큰 충격을 준 유일한 사건'으로 꼽았다. 그는 며칠 동안 방에 틀어박혀 음악만 들었다. 특히 빌리 에크스틴의 「나는 바보야」를 반복해서 들었다. 밀리의 외도는 헤프너의 태도에 복합적이고 심대한 영향을 미쳤다. 그의 이성은 그녀를 비난하지 않고 사람들이 성 규준을 지킬 수 없는 건 사회 때문이라고 이해하려 애썼다. 하지만 그의 감정은 배신과 고통을 느꼈다. "그 사건은 결혼할 때까지 내 머리에 그림자를 드리웠다. 우리 사이는 이전과는 아주 달라졌다." 이 사건은 헤프너가 여자를, 그리고 헌신하는 관계를 불신하는 계기가 되었다. 그도 대학 시절 다른 여자들과 애무를 나누었지만 섹스는 하지 않았다. 남성적 자아가 상처를 입었고, 더 중요하게는 밀리 주변에 쌓은 로맨틱한 환상이 깨어지면서, 이 사건은 그에게 일생의 상처를 남겼다.

그렇게 해서 헤프너는 1949년 2월 6일, 일리노이대학을 졸업했다. 개인 생활도 장래 전망도 불확실했다. 혼란 속에서 그는 그토록 공을 들인 만화 자서전을 중단하겠다는 결심까지 했다. 그 역시 자신의 인생 경험 기록을 포기하겠다는 것이 "쉬운 결정은 아니었다. 6년이 넘도록 내 인생의 아주 긴밀한 부분이었다… 오랜 친구를 떠나는 것 같을 것이다."라고 했다. 하지만 졸업과 결혼 준비는 인생의 새로운 단계가 되었다. "그것은 적절한 종결 같았다. 나는 직업 만화가가 되고 싶고, 장편이나 단편소설도 쓰고 싶다."고 그는 썼다.

그의 소망은 그다지 이루어지지 않았다. 그는 밀리와 결혼했지만, 만화가는 되지 않았고 소설도 쓰지 않았다. 당시 그는 자신이 그 후 몇 년간 직업과 가정의 불행을 떨치고자 악전고투하다가 마침내 전후 미국사회에 새로운 길을 개척한다는 것을 전혀 예견하지 못했다. 얼마간의 방황을 거친 뒤에야 그는 대중문화에 대한 깊은 열중과 미국사회 도덕관에 대한 비판과 성에 대한 관심을 결합한 무언가를 창조할 수 있었다. 그 뒤로는 그의 인생도 미국사회도 이전과는 영원히 달라졌다.

# 3 영원한 결합

1948년 가을 일리노이대학 졸업을 몇 달 앞두고 휴 헤프너는 부모님에게 편지를 썼다. 최근 몇 주 동안 직업 문제며 생활 걱정에 괴롭고 침울했음을 인정하며, "제대로 된 직업을 찾아 괜찮은 벌이로 집과 장래의 가족을 부양할 수 있을까 하는 걱정으로 가득 차서, 주변 사람에게 아무런 관심도 애정도 없는 태도를 보였습니다."라고 고백했다. 하지만 이런 걱정은 정상적이고, 금방 지나갈 거라고 부모를 안심시켰다.

헤프너의 처지는 유별난 것이 아니었다. 제2차 세계대전 이후 수백만 퇴역 군인이 취업하고 가족 유대를 회복하고 인생의 방향을 찾기 위해 분투하다 보니 사회 전체에 불안한 남자가 넘쳐났다. 헤프너는 대학을 다니면서 이런 문제를 일시적으로 피했지만, 이제는 모호한 계획과 어설픈 목표를 가지고 세상과 맞닥뜨려야 했다. 그는 자신이 결혼하고 싶다는 것과 미술과 저널리즘에 매력을 느낀다는 것, 작가나 만화가가 되면 좋겠다는 것 정도만 알고 있었다. 하지만 그 이상은 아무것도 구체적이지 못했다. 헤프너는 그 뒤로 몇 년 동안 잘못된 시작과 좌절된 꿈으로 비틀거리다가, 마침내 발판을 찾고 자신의 가장 깊은 욕망과 가치를 표현하는 수단을 만들어 낸다.

I

휴 헤프너는 1949년 6월 15일에 세인트 존 보스코 교회 사제관에서 밀리 윌리엄스와 결혼했다. 둘은 밀리의 어머니를 배려해 예식을 가톨릭식으로 하기로 했지만, 헤프너가 가톨릭 신자가 아닌 탓에 성당에서는 할 수 없었다. 예식은 소박했고, 친구와 친지들이 마련한 음식으로 인근 국외종군군인회 회관에서 피로연을 열었다. 두 사람은 위스콘신 주 헤이즐허스트의 스타이자스 버치우드 로지로 며칠간 신혼여행을 떠났다. 시카고로 돌아온 뒤 두 사람은 자금 부족과 전후 주택 부족 문제로 뉴잉글랜드 애비뉴의 집에서 부모님과 함께 살았다.

하지만 상황은 녹록하지 않았다. 취업을 위해 노력하던 이 시기는 헤프너에게는 혼란스럽고 불확실한 시기였다. 그는 처음에는 시카고 신문이나 잡지 회사에 취직하려고 했지만, 경력과 인맥이 없다 보니 어떻게 시작해야 할지, 어떻게 그쪽과 접촉을 해야 할지 알지 못했다. 절박해진 그는 1949년 4월 주급 45달러를 받기로 하고 내키지 않는 시카고 판지회사의 고용 관리자로 취직했다. 하지만 일과는 지루했고, 흑인과 유대인을 차별하는 회사의 고용 정책에 혐오를 느껴서 다섯 달 만에 그만두었다.

그러고 나서 1949년 가을까지 실업 상태로 지내며, 신문 신디케이트(기사나 만화 등의 창작물을 각 언론사에 판매하는 대행사 - 옮긴이)에 만화를 두어 점 팔려고 내놨다. 하지만 아무도 관심을 보이지 않자, 1950

년 초에 대학원에 가서 교수가 되겠다는 생각으로 노스웨스턴대학에 입학했다. 하지만 한 학기를 다니고는 다시 학교를 떠나 노동시장에 뛰어들었다. 그리고 주급 40달러에 시내 카슨피리스콧 백화점의 카피라이터가 되었다. 그는 흥분해서 썼다. "나는 글 쓰는 직업을 구했다. 물론 광고 문안에 불과하지만 어쨌건 미술과 레이아웃이 결합하는 창조적 글쓰기다. 처음에는 급여가 얼마 안 되지만 광고계는 전망이 밝다. 많은 걸 배우고 있고 일하는 게 재미있다."

6개월이 지나자 헤프너는 주급 60달러에 〈에스콰이어〉 홍보부에 들어갔다. 하지만 어린 시절 세련되고 화려한 모습으로 그를 사로잡았던 잡지는 실망을 안겨주었다. "전혀 성취감이 없었다. 출근도장을 찍고 좀 있으면 점심시간이고 그랬다." 게다가 〈에스콰이어〉는 시카고 지사를 폐쇄하기로 해서, 편집부는 이미 뉴욕으로 이주해 있었다. 홍보부와 유통부도 이주 준비를 시작했을 때, 잡지사는 헤프너에게 생계수당을 인상하겠다고 했으나 주급 5달러의 추가 인상은 거절했다. 그래서 그는 회사를 그만두었다. 그는 자신의 미래가 불투명하기는 해도 어쨌건 윈디 시티(시카고의 별칭 - 옮긴이)를 떠나고 싶지 않았다.

1952년 1월에 그는 〈모던맨〉, 〈아트 포토그래피〉, 〈모던 선베이딩〉을 발간하는 퍼블리셔스 디벨롭먼트사에 취직했다. 이 소규모 잡지들은 누드사진을 실었고, 우체국에서 음란물이라며 폐기할까 두려워 정기구독을 받지 않았다. 헤프너는 이 회사의 홍보 및 유통관리자로 일하며, 신문 가판업자, 유통업자, 인쇄업자와 잡지 시장을 알아갔다. 하지만 그곳은 주급이 80달러나 되는데도 즐거운 직장이 아니었다. 완고한 사주 조지 본 로젠이 직원에게 해고 협박을 일삼았기 때문이다. 그래서 헤프너는 1953년 초에 주급 120달러에 월간 어린이 잡지 〈칠

드런스 액티비티스〉의 유통관리자로 자리를 옮겼다. 어린이 훈련협회에서 발간하는 이 잡지는 유통 부수가 25만 부에 이르렀다.

이렇게 헤프너는 대학 졸업 후 관심과 재능과 열정을 펼칠 곳을 찾지 못하고, 성취감 없는 직업을 전전했다. 하지만 그 시기에도 예술과 저널리즘 지향을 표현하고자 노력했다. 그는 자신의 욕망을 실현하기 위한 몇 가지를 시도했다.

헤프너는 그림 그리기, 글쓰기, 대중음악, 영화에 대한 사랑을 계속 간직했고, 자신의 생각을 창조적으로 표현하고 싶었다. 그래서 대학 졸업 직후인 1949년에 〈데일 해리슨스 시카고〉라는 작은 지역 잡지에 영화평을 쓰게 되자 매우 기뻐했다. 그는 첫 평론에 "내게 영화 칼럼을 쓰라고 하는 것은 알코올 중독자를 술집 담당자로 뽑는 것과 마찬가지다."라고 썼다. 얼마 후에는 두 가지 만화 시리즈 개발에 몰두했다. 하나는 「정신 연구자 - 진 판타스」라는 제목으로, 범죄와 여러 문제를 해결하려고 인간 동기를 탐구하는 인물이 주인공이다. 두 번째 것은 그보다 가볍게 대학생활의 문제를 다룬 「프레디 프랫」이었는데, 둘 다 팔리지 않았다.

그는 시시때때로 이런 창조적 충동을 억누르고, 중산층의 삶에 정착하려고 애썼다. 하지만 불만은 사그라지지 않았다.

그러는 가운데 창작과 관련해서 주목할 만한 성취가 하나 있었고, 그 덕분에 헤프너는 시카고에서 알려지기 시작했다. 1951년 봄에 그는 『아장거리는 도시: 시카고 풍속의 떠들썩한 풍자』를 출간했다. 시카고의 풍경을 풍자적이고 야하게 묘사한 이 만화책은 몇 달 동안 땀을 쏟은 결과였다. 책이 나왔을 때 그는 뛸 듯이 기뻤다. 책 표지는 스트립댄서가 춤을 추는 탁자 주변에 남자들이 둘러앉아 술잔을 들고

웃는 그림이었고, 만화 내용은 시카고의 술집과 클럽, 극장 등을 돌아다니며 그곳의 '풍속'을 언급하는 내용이었다.

지역 신문들이 주목했다. 〈시카고데일리 트리뷴〉은 "시카고의 풍속에 대한 불경한 풍자와 〈에스콰이어〉라면 너무 외설스럽다고 보았을 그림이 결합한 책"이라고 평했고, 〈시카고헤럴드-아메리칸〉은 "시카고를 안다면 이 책을 보고 웃음을 터뜨릴 것"이라고 적었다. 헤프너는 이렇게 썼다. "이 책이 큰돈을 벌어주면 좋겠다. 하지만 본전만 뽑아도 이름을 얻는 출발점, 내가 가고 싶은 올바른 방향을 향한 중요한 한 걸음이다."

미시간 애비뉴의 한 서점은 『아장거리는 도시』를 창문에 진열했고, 헤프너는 책의 홍보 과정에서 시카고 엔터테인먼트업계와 교류했다. 몇몇 라디오 방송에 출연했고, 휴 다운스의 〈런천 데이트〉나 어니 사이먼의 〈커브스톤 컷업〉 같은 지역 텔레비전 쇼에도 출연했다. 어니 사이먼의 쇼는 웃기는 상황도 연출했다. 사이먼이 극장 바깥에서 헤프너와 인터뷰를 준비하는데, 고릴라 옷을 입은 남자가 미인을 안고 나타났다. 그것은 만화의 한 장면을 흉내 낸 것이었다. 책의 성공은 휴에게 큰 기쁨이었다. 2천 달러의 수익이 생겼고, 시카고 역사협회의 학예연구사는 박물관에 만화 원화 일부를 전시하고 싶다고 했다. 헤프너는 "그것은 위신을 크게 높이는 멋진 일"이라고 여겼다.

1951년에 헤프너는 앞날을 더욱 예견하는 또 한 가지 계획을 꾸렸다. 가을부터 창업의 가능성을 탐구해서, 〈에스콰이어〉에서 같은 방을 쓴 카피라이터 버트 졸로와 함께 〈펄스: 시카고의 그림 잡지〉라는 설립 계획서를 만들고 투자자도 물색했다. 하지만 돈은 모이지 않았고 계획은 스러졌다. 어쨌건 1951년 말이 되었을 때는 독자적인 잡지를 만들겠다는 생각이 헤프너의 머릿속에 끓고 있었다.

직업적 방향을 탐색하던 1950년대 초 헤프너는 일관된 세계관을 형성하려고 고군분투했다. 이 명석한 청년은 여러 젊은이처럼 고교와 대학 시절에 할리우드 영화에서 프로이트까지, 인기 만화에서 다윈까지, 개신교 신학에서 타잔까지 온갖 개념과 이론을 흡수했다. 하지만 대학을 졸업할 때까지도 그에게는 답보다 질문이 더 많았다. 성인기로 들어서면서 그는 뒤엉킨 이미지와 생각을 통합해서 사회에서 길을 찾는 데 도움이 될 세계관을 갖고자 애를 썼다. 그는 몇 가지 요소 즉, 아인 랜드(미국의 소설가 겸 철학자-옮긴이)의 개인주의, 대중심리학, 앨프레드 킨제이, 성해방, 대중문화 특히 영화의 감상적 이미지 등을 전체적인 하나로 통합해 갔다. 이것은 사회적 환상을 건설하는 기본 재료가 되었다.

헤프너는 부모의 종교적 가치관에서 멀어지면서, 인간 행동을 심리적 토대에서 이해하기 시작했다. 대학에서 배운 대로, 인간의 행동을 결정하는 것은 인간 정신에 깊이 박힌 '충동'이니, 이것은 죄가 아니라고 결론 내렸다. 그는 이렇게 말했다. "내가 일리노이대학과 노스웨스턴대학원에서 심리학을 전공한 건 그 이유를 알기 위해서였다. 작가가 되고 싶다면 사람이 왜 그렇게 행동하는지 이해해야 했다." 헤프너는 인간의 본능과 충동은 감추어지거나 왜곡된 경우에도 인간의 행동을 결정하는 데 크게 영향을 미치는 폭넓은 이해를 키웠다. 프로이트는 그의 우상이었다.

또한 그는 인간은 강력한 사회적·심리적 영향력의 산물이라는 심리학과 사회학의 이론과 씨름했다. "사람은 유전과 환경이 빚어낸 총합적 산물이다. 그러므로 개인을 어떤 것으로도 비난할 수 없다. 주어진 대로 행동했을 뿐이니까."라는 가르침이었다. 하지만 헤프너는 이런 '결정론'에 반감을 품고 만약 그것을 인정하면 "우리는 가만히 앉아 아무 일도 하지 않을 것"이라고 주장했다. 비슷하게 그는 극단적인 반공주의와 이에 따른 정치 사회적 순응 압력이 미국인들을 "안보와 법률을 의식하고 남과 다른 것을 두려워하고 다른 의견을 말하기 두려워하게" 만든다고 보았다. 그는 이런 모든 사상과 경향이 '자유기업 제도'와 '자유·민주 사회'를 해친다고 믿었다. 그가 볼 때 "개인의 중요성을 무시하고, 모든 사람을 단일화시킨다면 우리는 조지 오웰이 『1984년』에서 경고한 사회로 걸어 들어가게 된다."

아인 랜드의 『마천루 *The Fountainhead*』는 그의 개인주의적 성향의 촉매제가 되었다. 이 소설과 여기에 담긴 객관주의 철학, 즉 도덕은 합리적인 개인의 이익으로 구성된다는 견해는 젊은 헤프너에게 큰 공감을 얻었다. 그는 공산주의, 사회주의, 파시즘이 숨 막히는 전체주의라면 자유사회의 중심부에는 개인주의가 놓인다고 확신했다.

헤프너의 개인주의 신조는 그 인생의 다른 측면과 마찬가지로 갈수록 성적 행동과 규준에 초점을 맞추었다. 1948년의 킨제이 보고서는 성적 위선과 억압에 대한 그의 젊은 분노에 불을 붙였다. 그래서 그는 1950년에 노스웨스턴대학원 시절에 연구 논문을 자연스럽게 그와 관련한 주제로 잡았다. 사회병리학 수업에 제출한 「성 행동과 미국 법률」이라는 제목의 78쪽 논문은 성 행동과 관련된 미국의 다양한 법률을 검토했다. 헤프너는 혼전, 혼외성교, 성매매, 근친상간, 동성애 등의 다양한 성 행동과 여기에 적용된 법규와 처벌을 연구했다. 그리고 성과 관련해서 미국사회는 원칙과 행동 사이에 상당한 간극이 있을 뿐 아니라 "여러 주에서 이런 위선의 상당 부분을 법제화했다."고 결론 내렸다. 혼전성교, 오럴섹스, 자위, 동거 등을 불법으로 간주하기 때문에, 헤프너는 법을 강력하게 집행하면 "우리나라 남성 인구의 90퍼센트가 감옥에 갈 것"이라며, 이런 상황은 현대사회의 자유가 성의 영역까지 확장하지 않았음을 보여준다고 했다. 그리고 그 범인은 육체적 욕망을 비난하고 금욕을 찬양하는 기독교라고 지목했다. 그에 대한 대항으로는 이성의 빛을 제시했다. 성에 이성이 빛을 비추면 다른 사람에게 해가 되지 않는 많은 행동이 죄의 낙인을 떨칠 거라고 보았다. "인간의 도덕적 삶은 다른 사람에게 손해를 끼치지 않는 한 그 사람만의 일이고 그 개인의 판단에 맡겨야 한다."고 그는 생각했다.

더욱 중요한 것은 헤프너가 이 논문을 쓸 때 품은 심적 확신이었다. 그의 말에 따르면, 그는 "진정한 신봉자의 뜨거운 열정으로" 연구와 논문에 몰두했다. 그것은 강렬한 랜드식 개인주의의 초점도 되었지만 동시에 밀리의 외도로 말미암은 고통과 어린 시절의 기독교적 억압과 타협하는 일종의 카타르시스이기도 했다. 이 논문은 성적 자유와 개인적 해방의 양대 메시지로, 헤프너의 싹트는 세계관의 중심을 포착했고, 이후 그가 일생에서 다룬 수많은 주제의 전조가 되었다. 이 논문의 학점은 연구는 A, 결론은 B+을 받았다. 이 학점은 미국인이 성을 대하는 태도가 억압과 위선으로 왜곡되어 있다는 확신을 더욱 굳혀 주었다.

헤프너 정서와 이념의 성숙에는 미국 대중문화도 많은 힘을 보탰다. 그는 대중음악과 영화에 뿌리박힌 애정과 낭만, 열정의 감상적 꿈을 계속 키워나갔다. 원칙을 갖고 어려운 상황을 헤쳐나가는《스미스 씨 워싱턴에 가다》와《존 도를 만나라》의 단순하고 강인한 주인공들과 험프리 보거트가 맡은 배역 등이 그에게 큰 영향을 미쳤다. 그는 D. H. 로렌스의 금서 『채털리 부인의 사랑』의 불법 복제판을 구했고, 새미 글릭과 할리우드에 대한 인기 소설인 버드 슐버그의 『무엇이 새미를 달리게 하는가』를 탐독했다. 그는 F. 스콧 피츠제럴드의 삶과 작품에 열광해서 『위대한 개츠비』도 읽고, 슐버그가 피츠제럴드의 불행한 말년을 토대로 쓴 소설 『환상에서 깨어난 자들』도 읽었다. 그는 말했다. "나는 어른이 되고 싶지도 부모가 되고 싶지도 않았다. 세상에는 그것 말고도 더 많은 것이 있었다. 그것은 꿈과 영화와 내가 읽는 책 속에 있었다."

그래서 헤프너는 1950년대 초에 표현의 자유, 성적 자유, 개인 자율에 집중하는 개인주의적이고 해방주의적인 사고를 키웠다. 방향은 정확히 몰랐다 해도, 무엇이 자신을 거기로 끌고 가는지는 알았다. 그런데 직업과 인생 방향에 대한 이런 탐색은 지적인 작업에 그치지 않았다. 그것은 그의 개인 생활, 특히 실망스러운 결혼생활과 점증하는 성적 불안과 엉켜 있었다.

## II

1949년에 휴와 밀리는 어색한 상황에서 결혼생활을 시작했다. 그들은 경제적 문제로 부모와 함께 살았고, 집에서 가장 큰 방을 독립 거처로 꾸몄다. 아들 부부의 감사와 부모의 자애가 어우러져서 헤프너가家는 커다란 불편함은 없었다. 휴는 계속해서 여러 직장과 계획을 탐색하며 다녔고, 밀리는 마스 사탕공장에 다니는 생활에 정착했다. 헤프너는 만족해 보였고, 1950년 크리스마스에는 "결혼식 당일보다 밀리를 더 사랑한다."고 적었다.

변화는 1952년 초봄에 밀리가 임신하면서 왔다. 이들은 곧 시카고의 사우스 사이드 지역 사우스 하버 6052번지에 방 다섯 개짜리 아파트를 구했고, 여름 내내 집안을 장식했다. 휴에게 이번 이사는 젊고 세련된 도시 부부의 삶이라는 환상을 실현할 기회였다. 〈시카고데일리〉에 이 아파트에 대한 간단한 사진 기사가 실렸는데, 거기서 헤프너는 "내가 속하지 않은 다른 세상에서 벌어진다고 상상한 보헤미안 방식의 생활을 만들려고" 했다고 말했다.

하지만 헤프너가 꼼꼼히 만들어가는 이미지는 이면의 현실과는 걸맞지 않은 것이었다. 실제로 휴와 밀리는 서로에게서 점점 멀어져 갔다. 두 사람 모두 서로의 관계에 확신이 없었지만, 결혼의 유대가 그런 문제를 극복해주기를 바랐다. 1950년대 미국의 많은 젊은 부부처럼 그들 또한 결혼했으니 아이를 낳으라는 압박을 받았다. 헤프너의 말에 따르면, "그것은 그냥 그렇게 해야 하는 일이었다." 하지만 그들은 서로 맞지 않았고, 좌절감은 시간이 흐를수록 커져갔다.

실망은 일찌감치 고개를 들었다. 결혼식은 즐거웠지만, 위스콘신주의 호수로 떠난 신혼여행에서는 찜통더위와 지루함에 시달렸다. 성관계는 시들했고, 긴밀한 정서적 유대가 막히자, 그들은 차분하지만 열정 없는 관계로 빠져들었다. 다툼도 브리지게임을 할 때뿐이었고, 게임을 하면 반드시 싸웠다. 그들은 아버지 부부와 비슷하게 싸우지도 않고 사랑하지도 않으면서 공존했다.

두 사람 모두 공허와 불만이 커졌다. "그것은 역할 놀이였다. 우리는 각자 맡은 역할을 할 뿐이었다." 밀리가 나중에 회고했고, 휴도 덧붙였다. "나는 거의 모든 일에서 긍정적인 점을 찾는 능력이 있다. 내 결혼생활이 그다지 행복했던 것 같지는 않지만, 행복하다고 생각하려고 애썼던 것 같다." 결혼생활이 정체되고, 직업 전망도 정체되면서 젊은 날의 꿈은 생명을 잃은 듯했다. 밀리와의 신혼 시절을 돌아보면서 그는 "내가 정말로 길을 잃었던 때"라고 고백했다.

헤프너에게 특히 좌절할만한 문제가 두 가지 있었다. 하나는 밀리가 섹스에 관심이 없다는 것이었다. "밀리가 잠자리에서 아무런 반응이 없고, 그가 성생활을 위해 시도한 것이 다 실패했다고 했다." 절친한 친구 엘던 셀러스의 말이다. 두 번째는 헤프너가 부모가 될 마음의 준비가 되어 있지 않았다는 것이다. 그는 아이를 가지라는 사회적 압력 때문에 아이를 갖는 데 동의했고, 1952년 11월 8일 딸 크리스티가 태어난 것을 기뻐했다. 하지만 헤프너는 기본적으로 가정적인 남자가 아니었고, 그에게는 '단란한 가족'어쩌고 하는 것이 아무 의미가 없어 보였다. "나는 닥친 일들을 기계적으로 해냈지만 그 안에 내 마음은 없었다."고 고백했다. 아버지라는 책임은 그에게 달가운 것이 아니었고, 1955년 아들 데이비드가 태어나자 상황은 더욱 악화했다. 밀리는 둘째를 원했지만, 휴가 원하지 않는 걸 알았기에 그의 의견을 묻지 않고 임신을 했다. "둘째 아이는 계획된 아이였지만 그 계획에 나는 없었다." 그는 우울하게 말했다.

이렇게 흔들리는 결혼생활은 휴의 성적 상상력이 활발해지면서 더욱 큰 압박을 받았다. 헤프너는 해가 갈수록 성적 주제와 문제에 매혹되었다. 그가 찍은 새 아파트의 사진 가운데는 샤워하는 밀리의 상반신 뒷모습이 있다. 그가 1952년에 자서전에 쓴 후손에게 전하는 편지는 여자들의 소형 누드와 반누드사진으로 장식되어 있다. 헤프너는 성과 관련된 소식을 열심히 모았다. 엘던 셀러스가 말했듯이 "그는 성에 강박되어 있었다."

헤프너의 몰두는 머릿속에만 머무르지 않았다. 그는 젊은 부부 모임에서 성적 실험의 전문가가 되었다. 어느 날은 집에서 포르노 영화를 보는 파티를 열었다. 심리적 억압을 떨치려고 술을 많이 마시면서 벌칙으로 옷을 벗는 게임을 해서 남편과 아내들을 속옷 차림으로 만들었다. 엘던 셀러스에 따르면, 이런 요란스러운 파티가 벌어지면 사람들이 반벌거숭이로 집안을 뛰어다니며 웃고 까불었다. "성적인 일은 일어나지 않았지만, 아주 자극적이었다."고 그는 말했다.

헤프너는 거기서 멈추지 않았다. 어느 날 헤프너 부부가 엘던 셀러스 부부와 포르노 영화를 보았는데, 그가 네 사람이 한 침대에서 각자의 파트너와 섹스를 하자고 제안했다. 그들은 그 제안에 따랐고, 셀러스의 말에 따르면 "그것은 색다르고 자극적이었다." 밀리의 말에 따르면, 휴는 서로 파트너를 바꾸자는 제안도 했지만 파트너 교환은 일어나지 않았다. 하지만 동생인 키스 부부와는 어느 날 그들의 집에서 그런 일을 벌였다. 밀리는 결국 키스와 섹스하기를 거부했지만, 휴는 제수와 동침했다.

헤프너는 갈수록 대담해졌다. 필요한 장비를 갖춰 직접 포르노 영화를 만들었다. 친구의 집에서 촬영한 '가장무도회가 끝나고'라는 제목의 영화에서 헤프너는 정체를 감추기 위해 가면을 쓰고 아는 여자와 섹스를 했다. 또 엘던 셀러스와 파트너를 공유하기도 했다. 헤프너의 성적 갈증이 얼마나 컸는지 그는 동성애 경험까지 했다. 어느 날 저녁 시카고 시내에서 동성애 제안을 받자, "그는 아무렴 어때 하고 생각했고, 그 일을 즐겁게 경험했다. 내가 아는 한 그는 오럴섹스만을 받았다." 엘던 셀러스의 말이다. 하지만 헤프너의 만개해 가는 성적 해방감은 밀리에게까지 뻗지는 않았다.

그런데 이런 성적 기행 속에서도 헤프너는 아주 흥미로운 태도를 고수했다. 흥청망청 파티를 계획하고 실행하고 심지어 정교하게 연출하며, 재담과 분위기 띄우는 말을 하면서도 그는 한걸음 물러서 있었다. 그는 새로운 성적 모험에 참여하는 걸 좋아했지만, 완전히 빠지지는 않았다. 셀러스가 보았듯이 그는 부부 파티가 벌어져도 술에 취하지 않고 자제력을 유지했다. 밀리도 인정했다. "남편은 일을 꾸미지만 거기 참여하지는 않는다." 그녀는 헤프너의 그런 태도가 약한 모습을 보이기 싫어서였다고 생각했다. 하지만 밀리도 좀더 깊은 차원에서는 그가 자신의 욕망을 연기하는 분신을 만들고 진정한 자신은 밖에서 관찰한다는 결론을 얻었다. "그는 꼭 두 사람 같았다. 환상 속의 사람이 하나, 인생의 관찰자가 하나. 그 분신이 그가 하고 싶지만 할 수 없는 환상의 것을 했다." 어떤 의미로 헤프너가 창조한 사회적 환상은 자기 자신의 환상까지 포함한 것이었다.

어쩌면 당연한 일이지만 헤프너의 타오르는 성적 열망은 완전한 외도로 이어졌다. 퍼블리셔스 디벨롭먼트사에서 일하던 시절 그는 어느 간호사와 1년 정도 바람을 피웠다. 그녀는 매력적이고 현실적인 여성으로, 밀리와 대조되는 활기찬 성적 욕망을 보였다. 헤프너는 말했다. "그녀는 내 성적 자아를 돌려주었다. 그녀에게 이끌린 방식은 밀리에게서는 느끼지 못한 것이었다." 그는 이런 혼외관계를 불륜이라 보지 않고, 밀리의 성적 관심부족에 대한 보상이라고 여겼다. 그리고 이 사건은 미국사회의 성 행동 억압에 대한 헤프너의 불만을 보여주는 것이기도 했다. 그는 말했다. "죄의식을 느낀 기억이 전혀 없다. 그저 어린 시절부터 지키라고 배운 규칙을 깬다는 느낌뿐이었다."

그렇듯 직업 탐색이 공전하는 동안, 개인 생활의 불만은 높아지고 성적 모험주의는 커졌다. 그의 다양한 시도인 외도, 보헤미안식 아파트, 포르노 영화, 야한 파티는 전후 미국의 사회적 관습을 버리려는 욕망의 소산이라는 공통점이 있었다. 그는 말했다. "그것은 모두 똑같은 것의 일부였다. 그런 삶을 벗어나려는 시도였다. 나락을 향해 종종걸음치지 않으려는 몸짓이었다." 미국사회의 가족주의와 순응주의를 비난하면서 그는 해방을 갈망했다. 하지만 그의 직업 전망도 개인생활도 좌절의 안개는 좀처럼 걷히지 않았다. 헤프너의 말에 따르면, "그 시절 나는 직업적으로도 개인적으로 전혀 행복하지 않았다."

## III

헤프너의 불만은 아이러니하게도 더없이 즐거운 순간에 절정에 이르렀다. 1952년 12월, 그는 짐 브로피와 함께 스타인메츠 고교 동창회의 기금마련 쇼인 〈레뷔 오브 스타즈The Revue of Stars〉를 준비했다. 두 친구는 공동사회를 보며 노래도 부르고 코미디 연기도 했다. 그중에는 헤프너가 여장한 브로피에게 '내 사랑을 바래다주며'라는 노래를 세레나데 형식으로 부른 것도 있었다. 사람들은 환호했고, 헤프너는 갈채와 웃음 속에 뜨거운 환희를 느꼈다.

하지만 그런 열락의 불꽃은 금세 사그라졌다. 성공의 불빛이 사라지자, 그 경험은 앞날을 둘러싼 번민을 더욱 강렬하게 만들었을 뿐이다. 교착된 직업 전망과 불행한 결혼생활로 말미암은 절망은 갈수록 커졌고, 며칠 사이에 그런 감정은 모든 것을 압도할 지경에 이르렀다. 지독하게 추운 어느 겨울날, 그는 시카고 강을 가로지른 다리에 서서 강물을 내려다보며, 자신이 집단의 유능한 리더였던 시절, 낭만이 있고 모든 게 가능해 보였던 고교 시절의 감각을 되찾고 싶다는 절박한 욕망을 느꼈다. "나는 다리에 서 있었다… 내 인생은 끝난 것 같았다. 어린 시절의 꿈은 밀쳐졌고 나는 비참했다…." 하지만 그런 비참함은 헤프너의 결단을 촉구했다. "무언가 해야 했다."

몇 주 지나지 않아 그는 새로운 잡지의 창간을 준비했다. 전부터 이런 생각을 품기는 했지만, 이제는 자신의 관심과 사상, 열정을 모두 표현할 매체를 계획하는 데 몰두했다. 잡지의 중심 내용은 갈수록 그의 상상력을 사로잡는 주제인 섹스로 잡았다. 그는 퍼블리셔스 디벨롭먼트사 근무 경험을 통해서 여성 누드사진에 대한 시장이 있다는 것을 알았다. 그곳의 저품질 잡지도 잘 팔렸다. 〈에스콰이어〉지는 화보와 만화를 대폭 줄이면서 오히려 후퇴했다고 그는 판단했다. "정말 좋은 잡지를 만들 수 있을 것 같았다. 내가 하는 일에 분명한 확신이 있었다."

헤프너는 친한 친구들에게 이 생각을 이야기하기 시작했다. 엘던 셀러스와는 자신의 아파트 건물 지하에서 탁구를 하면서 잡지 계획을 논했다. 헤프너는 〈에스콰이어〉 시절의 동료이자 홍보 회사에서 근무하는 버트 졸로와도 접촉해서 자신의 의도를 알렸다.

> 내가 만들고 싶은 것은 도시 남자를 대상으로 하는 가볍고 세련된 엔터테인먼트 잡지야. 기본 판매는 여자 누드사진이 보장할 테지만, 고급스러운 품격도 유지할 거야… 유명 작가의 작품을 싣고, 지역 미술가들의 최고 작품과 만화, 유머도 싣고, 일부 지면은 전면 컬러로 장식할 거야… 나중에 돈이 좀 쌓이면 여자 누드를 줄이고 품질을 더 높여 광고도 많이 받아서 〈에스콰이어〉 같은 잡지로 만들 거야.

1953년 봄, 헤프너는 자신의 환상을 실현할 구체적인 행보를 시작했다. 그는 밤마다 아파트 거실 카드탁자에서 새벽까지 잡지의 얼개를 구상했다. 잡지의 이름은 〈스태그파티〉(남자들만 참가하는 파티 - 옮긴이)로 정했다. 그는 HMH 출판사를 설립하고, 엘던 셀러스에게 자금 마련을 부탁했다. 그러는 동안 퍼블리셔스 디벨롭먼트사에 근무하던 시절에 알게 된 전국의 유통업자들과 접촉해서 새 잡지의 선주문을 받아 달라고 부탁했다. 그 서한은 이렇게 말했다. "서로에게 돈이 될 계약. 새로운 남성잡지 〈스태그파티〉가 가을에 나옵니다." 그는 매 호마다 "아름답고 남자에게 즐거운 전면 컬러 누드사진을 실을 것입니다!"라고 약속했다.

기대감에 들뜬 헤프너는 사업 준비에 전력을 기울였다. 카드탁자에서 잡지의 광고 문안을 쓰고, 실을 만한 기사와 만화를 추리고, 도매상에서 들어오는 주문을 정리했다. 밀리는 말했다. "그때 그는 잠도 별로 자지 않았다. 늘 밤을 새우다시피 했다." 헤프너의 열정은 친구들에게도 옮아붙었다. 처음에는 유보적이던 버트 졸로가 그와 함께 하기로 하고, 헤프너를 "창조적이면서도 현실적인 친구이며, 성공할 것"이라고 칭찬했다.

가족과 친구들에게 돈을 빌리는 데도 많은 노력이 들어갔다. 셀러스의 부유한 여자친구가 2천 달러를 투자했고, 헤프너가 지역 은행에서 2백 달러를 빌렸으며, 대부 회사에 가구를 저당 잡혀 6백 달러를 더 구했다. 졸로는 3백 달러를 투자했고 키스 헤프너는 형의 사업에 천 달러를 바쳤다. 그레이스 헤프너는 그 잡지가 흔쾌하지 않았지만 그래도 천 달러를 투자했다. 헤프너는 잡지 창간호를 위해 모두 합해서 8천 달러가 약간 넘는 돈을 모았다.

한편 유통업자들이 충분한 선주문을 안겨주어서, 헤프너는 그가 아는 일리노이 주 뉴로셸의 인쇄업자와 계약할 수 있었다. 그리고 헤프너는 잡지의 시각적 품질을 높이기 위해 아트 디렉터를 고용하겠다는 중대한 결정을 내렸다. 처음에는 아트 폴이라는 이름의 그래픽 아티스트와 일러스트레이션 계약을 맺었는데, 그가 전시한 작품의 수준에 놀라서 더 큰 일을 맡아 달라고 부탁했다. 폴의 작업실을 찾았을 때, 헤프너는 수염도 깎지 않고 옷은 잔뜩 구겨진 꺼칠한 모습이었지만, 새 잡지에 대한 열정만큼은 끓어 넘쳤다. 폴은 회상했다. "아주 비범한 사람이거나 미친 사람이거나 둘 중 하나라고 생각했다." 어쨌거나 그는 시간제로 잡지의 미술 일을 하기로 했고, 헤프너는 급여의 일부는 현금으로, 일부는 새 회사의 주식으로 주었다.

하지만 헤프너가 한 가장 중요한 행동은 할리우드 최고 섹시 스타 메릴린 먼로의 누드사진 한 장에 대한 권리를 사들인 것이다. 그녀는 1952년에 《아스팔트 정글》, 《이브에 관한 모든 것》, 《나이아가라》 등의 영화로 스타덤에 올랐다. 보도가 쏟아지는 가운데 1949년에 로스앤젤레스의 사진작가 달력 제작용으로 그녀의 누드사진을 몇 장 찍었다는 사실이 알려졌다. 헤프너는 시카고의 존 봄가스 달력회사가 그 사진의 판권을 보유하고 있지만, 체신청이 누드사진을 금지하는지라 달력의 우편 발송을 꺼린다는 기사를 읽었다. 잡지 창간호를 판매할 수단이 필요했던 헤프너는 그곳까지 차를 몰고 갔다. 그리고 존 봄가스를 설득해서 메릴린 먼로가 붉은 벨벳 앞에 유혹적으로 앉은 사진의 판권을 샀다.

하지만 창간일이 다가오면서 예상치 못한 문제가 돌출했다. 1953년 9월 헤프너는 〈스태그〉라는 잡지사의 법률회사에서 서한을 받았다.

〈스태그파티〉라는 제목이 〈스태그〉라는 제목을 침해한다고 고소하겠다는 내용이었다. 헤프너는 급히 밀리와 엘던 셀러스를 불러서 새로운 제목을 궁리했다. 〈톱햇Top Hat〉, 〈팬Pan〉, 〈배철러Bachelor〉, 〈젠틀맨〉, 〈써Sir〉, 〈새터스Satyrs〉 등이 나왔지만, 어떤 것도 적절하지 않았다. 그러던 중 셀러스가 마침내 〈플레이보이〉를 제안했다. 밀리는 구식 느낌이 나고 1920년대를 연상시킨다고 생각했다. 하지만 휴는 포효의 20년대가 고품격의 삶과 파티, 여자, 노래와 관련있다고 보았고, 그것은 바로 그들의 잡지가 다룰 내용이었기에 즉각 그 이름을 채택했다. 만화가 아브 밀러가 이미 만들어 놓은 수사슴('스태그파티'는 수사슴이라는 뜻-옮긴이) 로고를 얼른 교체해야 했다. 얼마 후 아트 폴이 그 유명한 '우아하고 세련된 분위기'의 토끼 머리 로고를 만들었다.

1953년 11월이 되자, 〈플레이보이〉 창간을 위한 모든 준비가 갖추어졌다. 지난 몇 달 동안 7만 부의 선주문이 들어왔지만, 잡지가 정말 팔릴지는 아무도 알 수 없었다. 창간호에는 출간 날짜를 찍지 않았다. 매력적인 상품이라는 믿음은 있지만, 잡지를 2호까지 찍을 수 있을지 확신이 없었기 때문이다. 휴 헤프너는 이 모험사업에 물질적·정신적인 모든 것을 걸었고, 이제 그것의 성패를 지켜볼 수밖에 없었다.

# 2
# 비상

# 1 친구를 얻고 사람을 자극하는 법

1953년 11월 첫 주, 휴 헤프너는 초조한 마음으로 시카고 거리를 걸으며 신문 가판대의 잡지들을 힐끗거렸다. 〈플레이보이〉 창간호가 막 나오자, 그는 걱정 많은 아버지처럼 자식의 상태에 대해 안절부절못했다. 몇 주일 전 헤프너는 잡지의 선주문 수량을 토대로 유통업체 엠파이어 뉴스와 좋은 계약을 맺었다. 그러고 나서 10월 중순에는 엘던 셀러스와 아트 폴과 함께 낡은 1941년 쉐보레 차를 타고 로셸 인쇄소까지 120킬로미터를 달려 몇 시간 동안 교정을 보았다. 인쇄기가 최종 결과물을 찍어 내고, 표지를 달고 제본을 하자, 헤프너는 벅차게 감동했다. "그 순간은 내 인생에 가장 중요한 순간 중의 하나였다."

가판대 주위에서 헤프너가 지켜보는 가운데 사람들은 〈플레이보이〉를 집어들고 목차를 훑어보다가 메릴린 먼로 사진을 슥 훔쳐보았다. 그 사람이 잡지를 사면 헤프너는 뛸 듯이 기뻤고, 그냥 내려놓고 가면 심장이 덜컹 내려앉았다. 그는 판매원이 한눈을 파는 사이 〈플레이보이〉를 눈에 잘 띄는 자리에 옮겨 놓기도 했다. 며칠 전부터 그는 잡지가 잘 팔리지 않으면 모든 꿈이 깨어지고 파산할 거라는 생각에 음울해졌다.

하지만 그런 걱정은 필요가 없었다. 잡지는 날개 돋친 듯이 팔려나갔다. 전문가들은 발행부수의 60퍼센트쯤 팔릴 거라고 예견했고, 그 정도면 괜찮은 것이었다. 하지만 〈플레이보이〉는 80퍼센트에 가까운 5만 4천 부가 팔렸다. 저예산으로 창간하고, 홍보나 광고도 거의 없던 신생지로서는 놀라운 수치였다. 창간호가 나왔을 때 이미 구상했던 2호는 12월 초에 가판대에 나왔고, 자신감을 얻은 헤프너는 발행인란에 자신의 이름을 넣었다. 2호는 창간호보다 2천 부가량 더 팔렸다.

헤프너조차 〈플레이보이〉에 대한 이런 뜨거운 반응에 놀랐다. 잡지는 거의 즉각적으로 사람들의 관심을 끄는 것 같았고, 독자뿐 아니라 미국사회, 적어도 미국 남성 사회 상당 부분은 그것을 받아들일 준비가 된 것 같았다. 잡지의 매력은 창간호부터 빛을 발했다. 대담하고 도발적이고 약간 뻰뻰하지만 위험하거나 반항적이지 않은 〈플레이보이〉는 전후 미국사회의 여러 주류 가치를 표현하면서 거기 새로운 활력을 불어넣었다. 잡지는 풍요롭고 새로운 환경이라는 낯선 바다를 항해하는 남자들을 겨냥해서, 그런 사회를 이끌고자 열망하는 계층에게 잡지 자체도 온전히 의식하지 못하는 상태로 멋진 인생의 흥미로운 비전을 제공했다. 〈플레이보이〉는 수면 아래 잠겨 있던 사회적 집단 환상을 표면으로 끌어올리기 시작했다.

I

헤프너는 잡지가 자랑스러웠다. 하지만 품질과 스타일 면에서 자신이 꿈꾸던 것과는 아직 거리가 멀었다. 〈플레이보이〉 창간호는 생기와 활력이 넘쳤지만, 구성은 거칠고 외관은 세련미가 부족했다. 헤프너는 창간호의 짜깁기 같은 형식을 "헌것, 새것, 빌린 것, 야한 것"을 꿰맞춘 것이라고 농담했다. 하지만 엉성한 외관 뒤에는 잡지가 미래에 가다듬고 확장해 나갈 기본 요소가 모두 들어 있었다. 표지에는 메릴린 먼로가 미소를 머금은 얼굴로 손을 흔들며, 안쪽에 그 유명한 누드 사진이 전면 컬러로 실려 있다고 알려주었다. 그러고 나서 남성 독자를 위한 새로운 잡지가 태어났다는 유쾌한 선언문이 나왔다.

> 당신이 18세에서 80세의 남자라면, 플레이보이는 바로 당신을 위한 잡지다. 유머와 교양과 짜릿한 재미를 곁들인 엔터테인먼트를 원한다면, 플레이보이는 당신에게 특별한 대상이 될 것이다. 처음부터 우리는 가족 잡지가 아님을 명백히 밝혀 두고자 한다. 당신이 누군가의 아내거나 장모인데 실수로 이 잡지를 집었다면, 사랑하는 남자에게 건네주고 〈레이디스홈 컴패니언〉으로 돌아가라…. 오늘날의 '남성잡지'는 가시나무 숲을 뚫거나 급류 속을 달리는 등 아웃도어 활동에 주력하고 있다. 우리도 때로는 그런 일을 다룰 테지만, 미리 말하지만 우리가 주력하는 건 실내 활동이다. 우리는 집을 좋아한다. 칵테일과 오르되브르를 만들고, 분위기 있는 음악을 틀고, 아는 여자를 불러서 피카소와 니체, 재즈, 섹스를 논한다. 세상의 일은 우리의 영역 밖이다. 우리는 세계 문제를 해결하거나 도덕적 진실을 증명하려고 하지 않는다. 우리가 남자들에게 몇 번의 웃음을 더 주고, 핵 시대의 불안을 조금이나마 없애준다면 우리 존재 이유가 정당화될 수 있다고 생각한다.

더없이 간결한 표현에 핵심을 담았다. 무미건조한 일상의 스트레스와 긴장을 풀어 줄 위안을 찾아 송어 낚시와 연기 자욱한 모닥불보다는 현대 미술과 영화, 외국 요리가 더 편안한(정확히는 편안하게 느끼고 싶은) 젊은 도시 남성을 위한 고급스러운 여흥의 약속이었다. 잡지는 헤프너의 유명한 문구대로 '남성 취향의 쾌락 입문서'가 되었다.

창간호를 대충 훑어보기만 해도 이 신생 잡지의 성격을 알 수 있다. 성적 자극이 넘쳐났다. 어느 기사는 '스트립퀴즈'라는 도발적 게임으로 지루한 파티에 생기를 불어넣는 방법을 설명했고, 또 다른 기사는 캘리포니아의 누드 수영 축전을 설명했다. 『데카메론』에서 뽑은 '재미있는 간통 이야기'를 전했다. 만화는 외설적인 주제가 대부분이고, 「플레이보이 파티농담」 코너도 마찬가지였다. 「만능의 귀환」, 「도시 형제The Dorsey Brothers」, 「현대 사무실의 책상 디자인」 같은 기사도 있었다. 「남성 상점」은 젊은 남성용 최신 생활 편의제품을 보여주고 「마탄사스의 연애」는 쿠바 요리와 술을 일러주었다. 거기에 코난 도일과 암브로스 비어스의 소설이 미스터리와 모험담을 제공했다. 「1953년의 미스 골드디거」는 위자료 제도를 교묘히 이용하는 탐욕스러운 여자들을 비난했다.

〈플레이보이〉 창간호의 중심은 「이달의 스위트하트」였다. 표지에 약속한 대로, 그것은 메릴린 먼로의 관능적 매력을 선보였다. 설명은 이랬다. "메릴린 먼로는 아이젠하워나 딕 트레이시만큼 유명하다. 올한 해는 그녀와 킨제이 박사가 섹스를 독점했다. 그녀는 인격화된 섹스 자체다. 모든 표정과 움직임에 섹스가 있다. 그래서 우리는 그녀를 자연스럽게 최초의 '플레이보이 스위트하트'로 선택한다." 먼로가 붉은 벨벳 앞에 앉아 포즈를 취한 누드사진을 포함한 사진 몇 장이 그런 주장을 뒷받침했다. 잡지는 보증했다. "우리는 앞으로 매 호마다 아름다운 전면 컬러 핀업 사진을 실을 것이다."

무엇이 남자들을 이런 잡탕 모음으로 이끈 것일까? 처음에는 메릴린 먼로의 사진으로 대표되는 섹시한 이미지의 매력적 조합이 이전까지 에로틱한 표현물이라고는 음성적 장소에서 돌려보는 때 묻은 거친 사진밖에 없던 남자들을 잡아끌었다. 하지만 〈플레이보이〉의 매력은 전후 미국의 사회·문화적 환경에 더 깊은 뿌리를 내리고 있었다.

1950년대 미국의 중간계급은 미국 경제를 황폐화한 1930년대 대공황과 온 국민에게 막대한 심리적·사회적 좌절을 안긴 1940년대 제2차 세계대전의 혼란에서 간신히 빠져나온 상태였다. 파산과 저당권 상실, 전장의 상처와 고통스러운 이별이 미국인의 정신에 어두운 그림자를 남겼다. 평범한 시민은 불확실성을 버리고 안전을, 격동을 벗어나 안정을, 결핍을 떨치고 소유를 얻고자 하는 간절한 마음으로 전후시대로 들어섰다. 그리고 미국의 초강대국 지위는 그런 수단을 제공해주었다.

미국은 제2차 세계대전 종결 후 경제적 강자로 우뚝 서면서 사회적 논제의 방향을 군사 문제에서 소비로 바꾸었다. 1950년대에 들어섰을 때 풍요는 미국사회의 확고한 특징이 되었다. 중상층 시민은 풍요로운 경제 속에서 미증유의 소비재 범람을 누렸다. 제대군인지원금의 주택근저당 조항으로 일어난 주택건설 붐으로 1949년 초 1만 7천 호의 가구가 지어졌다. 이것은 레비타운과 롱아일랜드 같은 교외의 팽창을 낳았다. 제너럴모터스를 비롯한 디트로이트 자동차 회사들이 평균 소득자들을 겨냥해서 크고 세련되고 강력한 차를 만들어서 자동차 산업이 급성장했다. 고용률과 수입의 증가로 레저 활동이 활발해져서 휴가 여행과 텔레비전 판매가 증대했다. 중산층이 소비재의 홍수에 파묻히자, 1956년 〈포천〉지는 "오늘날의 미국처럼 일국의 국민 전체가 이렇게 많은 돈을, 이렇게 많은 물건에, 이렇게 쉽게 쓴 적이 없었다."고 단언했다. 역사학자 데이비드 포터는 화제의 저서 『풍요의 사람들People of Plenty』(1954)에서 지난 2세기 동안 미국 사회변화의 핵심 요소였던 물질적 풍요가 전후시대에 정점에 이르렀다고 결론 내렸다. 〈라이프〉지는 「멋진 인생」이라는 제목의 1959년 12월의 특별 합본호에서 "현대 미국사회는 이전까지 소수 유한계급이던 것이 다수의 유한대중이 되었다."고 경탄했다.

미국의 가정은 이 새로운 소비경제의 핵심으로 떠올랐다. 1940년대 말과 1950년대 초의 요란한 베이비붐 물결을 타고, 가족은 전후시대에 새롭게 주목을 받았다. 가족의 단란함이라는 새로운 문화 규범은 스테이션왜건 자동차를 몰고, 교외 전원주택의 거실에 모여 앉아 〈아버지가 제일 잘 알지〉, 〈비버는 해결사〉 같은 텔레비전 쇼를 보는 삶을 이상화했다.

이런 물질적 풍요와 가족주의의 분위기로 말미암아 미국사회의 기본을 이루는 개인주의 신조가 새롭게 만들어져야 했다. 이전까지는 스스로 성공의 길을 헤쳐나가는 성실한 노동과 결단력, 자기 통제를 중시하는 엄격한 개인적 규범이 주류였다. 하지만 전후에 사회경제적 환경이 변화함에 따라 그것의 수정이 필요해졌다. 경제가 대기업 중심으로 재편되면서 창업정신 대신 전혀 새로운 관료주의가 생겨났다. 여기에 엄격한 도덕으로 무장한 예전의 고루한 '인성' 대신 매력적인 이미지와 특출한 기술로 이루어진 '개성'이 '팀워크' 창출과 승진에 유리해졌다. 새로운 성공의 화신 가운데 한 명인 성직자 겸 심리치

1954년 〈플레이보이〉 초기 시절 책상에 앉아 일하는 모습

료사 노먼 빈센트 필은 베스트셀러 『긍정적 사고의 힘*The Power of Positive Thinking*』에서 사람들에게 고귀한 힘에 의존해서 자신감과 정신 건강을 강화하고 그것을 행복과 번영의 토대로 삼으라고 촉구했다.

냉전의 압박은 이런 풍요, 가족주의, 팀워크라는 특징을 미국적 생활방식의 매력으로 포장했다. 경제적인 면에서 미국 정부의 국방 계약은 1950년대 풍요를 상당 부분을 떠받쳤다. 수사적인 면으로 보면 미국은 자국의 풍요와 가족주의, 관료적 효율성과 활력 넘치는 개성을 스탈린식의 우중충한 전체주의와 대비시켜서 반공주의를 강화했다. 기업의 관료주의, 전국적인 광고, 교외 생활 에토스가 만들어 내는 순응주의 압력은 '붉은 위협'에 대항해서 연대하라는 반공주의 이념에 의해 더욱 강해졌다.

하지만 1950년대가 펼쳐지면서 여기저기서 미국적 생활방식에 대한 도전이 일어났다. 1950년대 중반에는 엘비스 프레슬리와 로큰롤 음악이 강력한 성적 표현과 정서적 반란으로 중산층의 속박을 뒤흔들었다. 잭 케루악 같은 소설가나 앨런 긴즈버그 같은 비트세대 작가는 중산층의 물질주의를 격렬하게 비난하고, 속박 없는 개인 표현을 중시하는 대항문화를 열었다. 드와이트 맥도널드 같은 사회 비평가는 『대중문화 이론』(1957)에서 미국 부르주아 사회의 순응주의와 상상력 부재를 공격했다. "생기 없고 무기력한 중간계급 문화가 널리 퍼지면서 모든 것을 삼켜버리려 하고 있다."

아이젠하워시대의 중심부에서 〈플레이보이〉와 헤프너는 당대의 주류적 열망과 부수적 불만족을 동시에 포착했다. 그의 잡지는 반항적이지만, 전후 미국사회의 기본 신조를 흔들지는 않았다. 대신 야심에 차고 비판적이고 유능한 젊은이들의 활기를 담아서 촌스러운 요소와 답답한 속박이 없는 길로 이끌었다. 그것은 라이프스타일에 근거한 반항을 표현했다. 〈플레이보이〉와 독자는 성실한 노동 못지않게 성실한 놀이도 중요한 미국의 신조로 만들려고 했다. 그들은 새로이 닥친 풍요의 전면적 향유를 가로막는 장애물을 제거하고자 했다. 이런 자기충족의 공통된 환상을 통해 그들은 풍요로운 인생이라는 아메리칸 드림을 버리지 않고 오히려 높이고자 했다.

그렇게 〈플레이보이〉는 낡은 종교와 도덕의 옹호자들에게 분노를 안겨주면서, 풍요에 열광하고 속박에 염증을 내는 점증하는 새 세대에 호소했다. 헤프너는 〈플레이보이〉의 사회적 역할을 어느 정도 인식하고 1954년에 설명했다. "나는 도시에서 나고 자란 남자들을 위한 유쾌하고 품격 있는 잡지를 만들고 싶었다." 동시에 그는 자신의 욕망을 많은 사람이 공유한다고 믿었다. "잡지는 도시에서 자신만의 주거공간과 좋은 차를 갖고 좋은 음식과 술을 즐기며 정성 들여 낭만적인 저녁 식사를 준비하는 독신자라는 개념에 집중했다." 그리고 이런 멋진 인생이라는 제안은 실제로 헤프너의 잡지와 독자를 연결해주는 것으로 드러났다.

## II

그로부터 오랜 세월이 지난 2004년, 휴 헤프너는 1950년대의 〈플레이보이〉가 순응주의와 억압에 전면적으로 맞서 싸웠다고 돌아보았다. "〈플레이보이〉 전에 중산층이 도덕과 품위를 누리며 사는 방법은 결혼해서 정착하고 아이를 낳고 영원히 행복하게 사는 것뿐이었다. 이 말이 무슨 의미건 상관없이 말이다. 우리는 다른 방식의 삶도 있다고 과감하게 제안했다." 그는 종교와 정치의 해로운 결합이 전후시대에 친검열적 사회도덕과 경직된 가족주의 신조를 낳았다고 보았다. 또한 민주주의를 위해 싸운 제2차 세계대전을 우롱하고 반공주의를 정치·사회적 억압의 수단으로 삼은 매카시즘의 빨갱이 사냥도 비난했다. 당시 〈플레이보이〉는 좀더 자유로운 에로티시즘 표현을 통해 문화적 자유의 일격을 가했다고 헤프너는 결론지었다. "우리는 잡지에 누드 사진을 싣는 단순한 방법으로 그렇게 혁명의 종을 울렸다."

하지만 〈플레이보이〉가 1950년대 미국 대중에게 수행한 역할은 그보다 복잡하고 일견 모호하기까지 했다. 잡지에 담긴 반항정신은 진정했지만, 혁명적이라고 보기는 어려웠다. 여러 면으로 볼 때 그것은 어쩌면 전후 미국사회의 가치를 더욱 강하게 긍정했다. 제도를 외부에서 공격하는 대신 내부에서 변화시킴으로써 헤프너는 미국적 생활방식을 재생하는 역할을 했다. "〈플레이보이〉가 목표하는 멋진 인생의 향유는 모든 미국인의 유산이다. 하지만 그 유산을 받으려면 우리는 직업 안정성, 순응주의, 가족주의, 익명성, 활기 없는 생활에 만족하지 않고 애초에 이 나라를 위대하게 만든 자발성과 모험 정신을 키워야 한다. 그리고 성공의 사다리를 오르기 위해 창조성, 상상력, 자발성, 과감한 차별화를 시도하다 보면, 부수적으로 세계의 지도적 열강 자리로 돌아가는 유일한 길도 열린다." 〈플레이보이〉는 다양한 방식으로 한결같이 개인의 성공과 사회의 번영이라는 목표를 표현했다.

〈플레이보이〉는 독자에게 레저, 엔터테인먼트, 물질적 안락을 끌어안고 삶을 즐기라고 촉구했다. 만족을 미루지 말고 새로운 기회에 동참할 것을 권유했다. 잡지는 1954년에 기고 지망자들에게 말했다. "우리 독자는 멋진 인생을 믿고 우리도 그렇다. 그러므로 여러분이 낚싯대와 릴, 미끼통 대신 술과 여자와 노래를 강조하는 원고를 제출한다면 대환영이다."

〈플레이보이〉는 내쳐 쾌락 추구를 1950년대 미국의 상승 욕구와 연결했다. 창간 1주년 호에 "평균적인 플레이보이 독자는 비독자보다 교육수준이나 지위, 수입이 약간 높다."고 보고했고, 그다음 해에는 〈광고시대〉에 글을 실어 가상의 평균적 플레이보이 독자가 하는 말을 전했다. "오해 말길. 나는 열심히 일하며 성공의 길을 달린다. 하지만 재미있게 살고 싶다. 좋은 옷과 음식, 술, 여자가 좋다. 나는 겨우 스물아홉이다. 대학을 졸업했고, 지금도 수입이 좋지만 더 벌기를 기대한다. 나는 나 자신을 믿고 미래를 믿는다. 미래를 걱정하지 않는다. 나는 현재를 산다."

1955년에 행한 〈플레이보이〉 독자 조사는 잡지 독자층이 젊고 야심에 차고 소득수준 높은 집단이라는 것을 통계적으로 보여주었다. 여론조사회사 굴드, 글라이스, 앤드 벤이 수행한 이 조사를 따르면, 독자의 대다수가 20세~35세이며, 70퍼센트 이상이 대학 재학 이상의 학력이고, 63퍼센트 가까이가 사업가나 전문직 종사자, 또는 그런 분야에 들어가려고 공부하는 학생이었으며, 88퍼센트가 자동차를 소유했고, 대부분이 정기휴가를 갔다. 대체로 사진과 독서, 음악 같은 취미를 즐겼고, 여러 담배를 피웠으며, 다양한 브랜드의 증류주와 맥주를 마셨다. 잡지는 〈플레이보이〉의 평균적 독자는 "여유로운 생활과 사교를 즐기는 젊은 남성"이라고 지적했다.

사회적 성공이 멋진 인생 추구와 함께한다는 〈플레이보이〉의 주장은 1956년의 광고에서 더없이 명확하게 표현되었다. 광고는 "플레이보이란 누구인가?"를 물었다.

> 그저 돈 쓰기만 좋아할 뿐 뭐 하나 제대로 못 하고 겉멋만 든 사람인가? 그렇지 않다. 플레이보이는 예리한 지성의 젊은 사업가일 수도 있고, 예술 종사자, 대학교수, 건축가, 엔지니어일 수도 있다. 특정 관점을 공유한다면, 그는 어떤 사람이라도 상관없다. 여기서 관점이란 인생을 눈물의 골짜기가 아닌 행복한 시간으로 보는 것이다. 일을 삶의 목적이나 전부로 여기지 않고 그 안에서 즐거움을 찾아야 한다. 플레이보이는 예리한 사람, 깨어 있는 사람, 안목 있는 사람, 쾌락에 예민한 사람, 주색에 빠졌다거나 어설픈 딜레탕트라는 비난을 듣지 않고 인생을 충만하게 사는 사람이다.

다시 말하면 〈플레이보이〉 독자는 경제적 성공을 추구하고 그 물질적·정신적 열매를 즐기기로 마음먹은 사람이다. 하지만 헤프너는 〈플레이보이〉가 현실 못지않게 대중적 환상도 담아낸다는 미묘한 사실도 알고 있었다. 잡지는 잘 나가는 주식거래자, 영민하고 젊은 변호사, 활동적인 건축가의 취향을 긍정하는 한편, 스스로 성공가도에 있다고 절박하게 믿고 싶은 지친 세일즈맨이나 중간 관리자들에게도 일종의 대리만족 역할을 했다. 헤프너는 1955년의 인터뷰에서 〈플레이보이〉는 어떤 의미로 '독자가 마음 한구석으로는 살고 싶은 종류의 인생을 투사하는 "도피 잡지"'라고 인정했다. 그들은 잡지를 통해 "술과 여자와 노래의 세계로 가상의 탈출"을 시도했다. "그러고 나면 마음의 다른 한구석이 가족과 일로 돌아가라고 말한다."

물론 〈플레이보이〉의 멋진 인생의 환상에 핵심적인 것은 성에 대한 전통적 억압을 푸는 것이었다. 잡지는 처음부터 섹스는 억압할 더러운 행위도, 드높일 성스러운 행위도 아닌 건강하고 자연스러운 인간의 충동이라고 말했다. 에로틱한 사진과 그림과 만화와 농담과 글은 그런 메시지를 설파했다. 예를 들어 「누드와 외국 영화」라는 기사는 미국과 유럽 영화의 누드 표현 방식이 얼마나 다른지를 사진을 섞어 설명하며, "미국의 영화 검열관들은 인간의 육체가 부도덕하다는 결론을 내렸다." 하지만 누구도 "자신의 견해와 취향과 태도를 다른 사람에게 강요할 권한은 없다. 우리는 민주주의에 검열은 필요 없다고 생각하기에 검열을 비웃는다."고 말했다.

〈플레이보이〉 창간호는 남자들에게 결혼과 가족의 의무를 벗어던질 것을 촉구했다. 잡지는 독신의 복음을 설파하며, 「1953년의 미스 골드디거」에서는 탐욕스러운 여자들이 법원을 등에 업고 이혼 계약을 이용해서 전남편에게 평생토록 수입의 상당 부분을 우려낸다고 경고했다. 「독신 남성의 계절」은 여자가 순진한 남자에게 결혼의 덫을 놓는 사례를 살펴보았다. 「중혼제에 한 표」는 일부일처제의 추악한 실험은 이제 끝이 다가오고 있다는 경쾌한 결론을 내렸다. 헤프너와 초기 독자는 1950년대의 강력한 가족주의에 저항하면서 섹스를 결혼과 생식의 의무에서 해방된 놀이로서 꿈꾸었다.

〈플레이보이〉는 섹스 말고도 멋진 인생을 위한 다양한 레저 활동을 주창했다. 「브룩스 브라더스 룩」 같은 기사는 세련된 옷차림의 중요성을 강조했다. 기사는 "헐렁한 주트 슈트(어깨가 넓고 길이가 긴 상의와 아랫자락이 좁고 통이 넓은 하의 - 옮긴이)는 버려요, 엄마. 이번 시즌에는 보수적인 동부 스타일이 필수예요."라고 썼다. 고품격 요리도 1954년 토머스 마리오를 음식과 술 분야의 편집자로 들이면서 또 하나의 필수 요소가 되었다.

〈플레이보이〉는 엔터테인먼트도 꾸준히 소개했다. 오슨 웰스, 스티브 앨런, 프랭크 로이드 라이트 같은 유명인사의 근황을 알려주고, 음반, 영화, 책, 스포츠의 동향을 전해서 독자가 대중문화의 최신 흐름에 익숙하게 했다. 유명 음악가 데이브 브루벡이 「새로운 재즈 청중」에 대한 글을 썼다. 1955년 시작된 「일과 후의 플레이보이」는 시카고와 뉴욕의 레스토랑, 영국의 새 뮤지컬 《보이프렌드》, 메이블 머서, 프랭크 시나트라, 빌리 홀리데이의 음반, 영화 《미스터 로버츠》, 《피트 켈리의 블루스》, 해럴드 로빈스, 조지 액슬로드의 책에 대한 평을 실었다.

〈플레이보이〉의 소설은 독자가 현실의 고급스러운 것들에 예리한 감식안을 갖도록 해주려고 했다. 일류 작가들이 후한 원고료에 응답해서, 잡지에는 레이 브래드베리, 서머싯 몸, 찰스 보몽, 존 스타인벡, 제임스 존스 같은 뛰어난 작가들의 단편소설이 실리기 시작했다. 그 가운데는 브래드베리의 섬뜩한 미래주의 소설 『화씨 451』이나 재즈 호른 연주자의 흥미진진한 이야기를 담은 보몽의 『검은 나라』 같은 보석들도 있었다. 최고의 작품을 주지 않는 작가들도 있었지만, 〈플레이보이〉는 괘념하지 않았다. 실제로 이들이 〈라이터스 다이제스트〉에 실은 원고 구하는 글을 보면 이들이 어떤 종류의 글을 찾았는지 알 수 있다. "소설은 현대적이고 감각 있고 세련되고 유려하되 문학적이지 않아야 한다. 기사는 세상을 아는 도시 태생 수완가에게 관심 가는 주제를 다루되, 경쾌하고 편하고 비현학적이어야 한다. 유머는 음란하거나 풍자적이어야 한다. 그리고 또 하나 멋진 인생의 한 부분인 섹스가 세 가지 모두에서 중요한 역할을 해야 한다." 다시 말해서 〈플레이보이〉라는 학교에서 가르치는 문화 과목은 진정한 교양보다 교양의 외관을 제공하는 것이 목표였다.

이렇게 헤프너와 〈플레이보이〉는 1950년대 미국사회의 핵심적 장애물이 라이프스타일과 취향의 문제라고 보았다. 그것은 헤프너만이 아니었다. 역사가 잭슨 리어스가 지적했듯이, 당시 고급문화 비평가들은 중산층을 집어삼킨 진부한 순응주의와 무미한 소비를 비난하며, 역시 미학에 집중해서 자신들의 문화 비평을 취향의 문제로 만들었다. 하지만 헤프너는 엘리트적 질책 대신 할 수 있다는 중서부적 긍정을 도입했다. 3분의 2의 에로티시즘과 3분의 1의 지성, 거기에 불경스러운 유머를 약간 더해서, 그는 야심에 찬 젊은 남자들이 풍요로운 미국사회의 물질적·정신적 차원을 완전하게 즐길 수 있도록 고무했다.

## III

휴 헤프너의 멋진 인생에 대한 권유가 얼마나 사람들에게 매력적이었는지는 〈플레이보이〉의 판매로 여실히 드러났다. 창간호의 발행 부수 7만 부는 그 후 꾸준히 늘어서 1년 뒤에는 18만 5천 부였다. 그리고 1955년 말에는 50만 부로 폭발했고, 1956년 말에는 〈에스콰이어〉를 추월해서 월간 110만 부였으며, 판매수입 350만 달러에 세전 순이익이 40만 달러에 이르렀다. 이런 가파르고도 비약적인 성장으로 이들은 미국 출판 역사상 유례없는 큰 성공을 이루었다.

헤프너는 고양되었다. 하지만 그는 이런 영예에 안주하지 않았다. 〈플레이보이〉의 성공은 그를 더욱 맹렬하게 일로 내몰았다. 그는 온종일 일했으며 아내와 딸의 얼굴을 보는 일이 드물어졌다.

그는 〈플레이보이〉와 자신을 거의 완전하게 동일시했다. 늘어가는 수익은 기쁜 일이었지만, 그의 진정한 즐거움은 잡지를 편집하고 출판하는 것이었다. 그의 말에 따르면, 그것은 자신의 재능과 생각을 전달하고 표현하려는 열망을 반영하는 기쁨의 노동이었다. 그는 확장 계획도 펼쳐 나갔다. 〈플레이보이〉에 광고를 싣기 시작했고, 『플레이보이 베스트』라는 편집 단행본을 출간했으며, 달력과 카드 등에 저작권을 판매했다.

판매가 늘어나면서 시설도 커졌다. 헤프너는 3호까지는 자기 집 카드탁자에서 만들었지만, 그동안 쌓인 수입으로 1954년 봄에는 니어 노스 사이드 지역 이스트 슈피리어 스트리트 11번지의 4층짜리 건물에 사무실을 냈다. 헤프너는 사무 건물과 상점, 골동품점, 아파트, 술집, 스트립바와 클럽이 가득한 시카고의 보헤미안 구역에 자리 잡은 것을 기뻐했다. 〈플레이보이〉는 처음에는 건물 한 층만을 썼지만, 1년 뒤에는 4층 전체를 차지했다.

잡지의 수익 덕분에 헤프너와 가족은 빚에서 벗어났다. 2호까지 올린 수익만으로도 그들은 가구에 건 전당을 떼어 낼 수 있었다.

하지만 더욱 중요한 것은 〈플레이보이〉의 폭등하는 인기로 젊은 편집자 헤프너가 유명인사가 되었다는 것이다. 처음에는 시카고에 국한되었던 유명세가 점차 온 미국으로 퍼져서 그는 사람들의 논란과 추측의 대상이 되었다. "그의 각진 이목구비는 근엄하고 거의 수척한 느낌이 들지만, 이따금 예측할 수 없는 미소를 짓는다." 〈시카고〉지는 그를 이렇게 묘사했다. 1956년 중반에 이르자 〈타임〉이나 〈뉴스위크〉에도 헤프너와 〈플레이보이〉에 대한 짧은 글이 실렸고, 그는 뉴욕의 인기 텔레비전 쇼인 마이크 월러스의 〈나이트 비트〉에도 출연했다. 그의 인생은 미국인이 좋아하는 성공담이 되었다. 그가 어느 기자에게 말했듯이, "고등학교를 졸업하고 잡지가 성공할 때까지 나는 그다지 행복하지 않았다. 하지만 지금 나는 다시 고등학교 시절로 돌아간 것 같고, 그때보다 훨씬 더 행복하다."

이스트 슈피리어 스트리트에 있는 〈플레이보이〉 사무실에서 편집 회의를 하는 모습. (왼쪽에서 오른쪽으로) 아트 폴, 조 팩젝, 헤프너, 레이 러셀, 잭 케시

헤프너의 성공은 논란의 물결을 일으키기도 했다. 〈플레이보이〉가 주목을 받자 검열 문제가 불거졌다. 1954년 10월에 〈플레이보이〉는 연방 체신청에 대부분 정기간행물이 받고 있는 영구적 2등급 인가를 요청했다. 그때까지는 임시 2등급 상태로 운영되었다. 연방 체신청은 인가를 미루다 거절했고, 〈플레이보이〉가 제작 문제로 한 호를 건너뛴 것을 이유로 들며 잡지가 규칙적으로 발행되지 않아서라고 했다. 재신청도 거절되었는데, 그때는 외설성이 이유였다. 체신청장 아서 서머필드는 헤프너에게 잡지 내용을 수정하면 인가를 내줄 수 있다고 했다. 그래서 HMH 출판사는 1955년 워싱턴의 연방법원에 서머필드를 민사소송 걸었다.

헤프너는 체신청의 이러한 검열에 도전하며 선언했다. "우리는 체신청장 서머필드에게 잡지를 편집할 권한이 없다고 생각한다. 청장은 우편물을 배달하는 일에 집중해야 한다." 헤프너는 소송에서 이겼다.

법원은 체신청에 잡지 유통을 방해하지 말고 2등급 인가를 내주라고 명했다.

두 달 뒤 시카고의 노스웨스턴대학이 구내서점에서 〈플레이보이〉 판매를 금지하면서 한바탕 소동이 벌어졌다. 대학 측은 영문과 교수, ROTC 해군장교, 여성봉사집단, 풋볼 코치, 남학생 클럽 여사감이 항의 편지를 보냈다고 말했다. 하지만 학생신문 〈데일리 노스웨스턴〉이 조사해 보자, 그 항의 편지 작성자들이 모두 허구의 인물임이 드러났다. 헤프너는 대학 당국에 판매 금지에 항의하는 서한을 보냈다. 그는 민주주의 원칙과 표현 및 언론의 자유를 지켜야 할 주요 대학에서 검열이 일어났다는 사실이 더욱 충격적이라고 썼다.

〈플레이보이〉를 둘러싼 논란과 성공의 물결을 통해 휴 헤프너는 전후 미국사회의 문화적 길잡이로 떠올랐다. 〈플레이보이〉가 주창하는 관능적·물질적 향유의 논제는 미국사회가 노동 문화에서 레저문화로 꾸준히 이동하는 것을 반영했다. 미증유의 풍요 속에서 커지는 놀이에 대한 욕망은 전통적인 노동의 요구를 넘어서고 있었다. 오래도록 경제 불황과 전쟁에 시달린 젊은 미국인들은 이제 즐거움을 누리고 멋진 인생을 살고 싶어했다. 중서부 도시의 활기 넘치는 젊은이가 그런 욕망을 이해하고 그것을 표현한 매체를 만들었다. 1950년대 후반을 지나는 동안 그의 잡지는 그런 욕망을 충족시키는 완전한 환상을 만들어 나갔다.

하지만 급속한 성장은 잡지사의 엉성한 조직을 압박했다. 창간 이후 몇 달도 지나기 전에 잡지는 이미 편집자와 조수 두 명으로는 아무리 열심히 일해도 감당할 수 없게 되었다. 헤프너는 특유의 에너지로 경영 확장에 몰두했다.

## 2 쾌락주의 주식회사

〈플레이보이〉가 창간 첫해에 성공궤도에 오르면서, 휴 헤프너에게는 과도한 업무부하라는 행복한 고민이 닥쳤다. 폭발적 판매는 헤프너와 몇몇 파트타임 조수들만으로는 감당할 수 없는 편집과 제작의 과제를 낳았다. 헤프너는 이를 해결하고자 편집자, 미술가, 사진가, 홍보 전문가, 사업가, 지원 인력을 고용해서 제대로 된 잡지사를 만들어 갔다.

이 시기에 활기차고 재능 있는 여러 사람이 헤프너에게 오면서, 조직에 창조적 아이디어를 불어넣었다. 확장은 두 단계로 이루어졌다. 먼저 1954년에 오랜 편집 경력을 지닌 작은 집단이 유입되면서 〈플레이보이〉 조직의 핵심이 구성되었다. 그러고 나서 1956년에는 잡지의 기본구조와 외양을 더욱 변화시킬 두 번째의 대규모 고용이 있었다. 이런 성장 과정 내내 헤프너는 〈플레이보이〉의 거의 모든 것에 창조적인 영향력을 미쳤다. 1950년대 말에 이르면, 그는 그 후 수십 년 동안 잡지의 토대가 될 조직적 구조를 만들었다.

I

〈플레이보이〉의 초기는 성공한 벤처사업이 대개 그렇듯이 흥분과 기대의 연속이었다. 창간하고 몇 호가 발간되는 동안 판매가 꾸준히 늘면서, 헤프너는 1954년에서 1955년 초까지 회사 인력의 얼개를 구성했다.

그들은 슈피리어 스트리트의 작은 연립주택에서 공동의 목표와 동료의식 속에 사명감을 느끼며 일했으며 신선하고도 흥미로운 것을 창조한다는 데서 힘을 얻었다.

좁은 공간에서 그렇게 작은 인력이 긴밀하게 일을 하다 보니 일의 구분도 별로 없었다. 〈플레이보이〉의 첫 크리스마스 때는 사원 전체가 한데 모여 프랭크 시나트라의 「새벽에In the Wee Small Hours」를 들으면서, 잡지를 봉투에 넣고 우표를 붙이고 독자에게 제때 배달되도록 우편함으로 달려나갔다.

사무실 분위기는 친밀했다. 제작 관리자 존 매스트로는 말했다. "우리는 가족이었다. 모두가 자신의 할 일을 알았다. 우리는 공통된 목표가 있었고, 그게 지속하면 우리가 모두 좋다는 걸 알았다." 헤프너가 캐딜락을 샀을 때 온 사원이 모여 축하를 했고, 그는 크리스마스 파티 때 전 사원에게 직접 보너스를 건네며 노고에 감사했다.

이런 따뜻한 분위기 속에서 개개인은 잡지의 각기 다른 분야에서 중요한 창조적 역할을 맡았다. 아트 폴은 처음 〈플레이보이〉에 결합했을 때 시간급으로 일했고, 헤프너는 자기 집 부엌과 폴의 소규모 작업실을 오가며 사진과 미술 작품을 골랐다. 그때는 급여도 온전히 받지 못했다. 하지만 잡지가 성공하자 그는 〈플레이보이〉의 정식 아트디렉터가 되었고, 체납된 급여를 주식으로 받았다. 그는 곧 잡지의 상징이

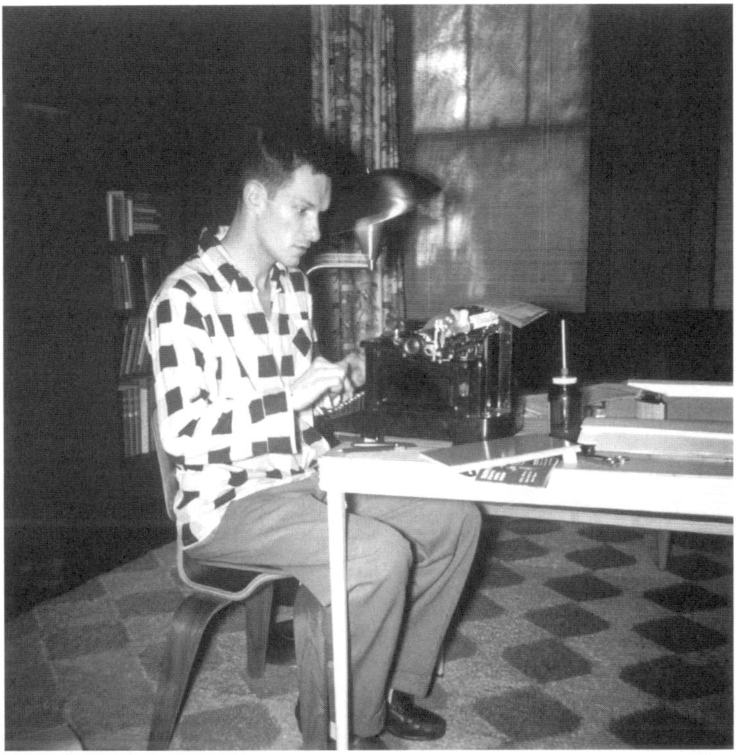

헤프너가 1953년 자신의 아파트에서 〈플레이보이〉 창간호를 준비하고 있다

된 세련되고 우아하고 약간 건방진 시각적 이미지를 만들어 갔다.

폴은 시카고에서 태어나 시카고 예술대학과 디자인대학을 다녔다. 〈플레이보이〉에 결합하면서, 헤프너와 디자인, 커뮤니케이션에 대해 깊은 이야기를 나누었다. 잡지의 초기 시절 두 사람은 긴밀하게 협력해서 인쇄 마감이 임박할 때까지 폴이 정신없이 레이아웃을 잡고 헤프너가 문구를 쓸 때가 잦았다.

아트 폴도 헤프너처럼 잡지에 시각적인 독특함을 부여하고 싶었다. 그의 말에 따르면, “내가 아주 새로운 시각 언어를 창조할 수 있는지

보고 싶었다." 또 그는 깨끗하고 참신한 디자인을 날카로운 극적 감각과 결합하고자 했다. 폴은 이미지를 고르고, 사진을 배열하고, 레이아웃과 서체를 지정하고, 만화 제작을 점검하고, 특집기사의 개념을 잡는 등 〈플레이보이〉의 모든 시각적 요소에 관여했다. 잡지의 표지 디자인에도 중요한 역할을 했다. 표지에는 그 호의 내용도 넣어야 했을 뿐 아니라 토끼 로고도 넣어야 했다(교묘하게 감춘 로고를 찾는 일은 금세 독자 사이에 하나의 게임이 되었다). 하지만 어떤 일을 할 때건 폴은 늘 그래픽이 언어와 긴밀한 관계를 갖도록 했다. 그는 시각 요소는 기사의 지평을 넓히거나 독자의 호기심을 자극해야 한다고 믿었다.

폴이 헤프너와 함께 〈플레이보이〉의 독특한 그래픽 이미지를 만드는 동안, 레이 러셀이 들어와 편집 일을 하기 시작했다. 그 역시 시카고에서 자랐고 굿맨 시어터에서 연극을, 시카고 음악원에서 음악을 공부했다. 제2차 세계대전에 공군으로 잠깐 복무한 뒤 월그린 편의점의 사보 〈월그린 페퍼포드〉의 편집자로 일하던 중, 서점에서 〈플레이보이〉 창간호를 보고 자신이 쓴 글 몇 편을 잡지사에 보냈다. 며칠 뒤 러셀은 놀랍게도 "목소리를 낮게 깔고 나이가 쉰 살은 된 척하는 젊은이에게서 전화를 받았다. 그들은 1954년 1월 술집에서 만났고, 러셀은 한두 편의 글을 기고할 수 있기를 바랐다. 하지만 도판과 대지가 가득 든 커다란 가방을 들고 나타난 헤프너는 그가 마음에 들어서 그 자리에서 편집부 입사를 제안했다. 러셀은 그 요청을 수락했다.

그는 몇 주 뒤 헤프너와 폴이 일하는 슈피리어 스트리트로 출근했다. 러셀은 말했다. "우리 세 사람이 〈플레이보이〉의 편집부와 미술부 전체였다. 비서도 없었다. 헤프너와 나는 타자도 직접 쳤다. 헤프너와 아트와 나는 서로의 방을 왔다갔다하면서 의논하고 가끔 논쟁도 하고, 아이디어와 열정을 분출시켰다." 러셀은 글과 관련한 잡지의 모든 업무에 관여했다. 투고된 원고를 거르고, 선택한 것을 편집하고, 사진 설명을 달고, 정기구독 광고를 쓰고, 책과 영화평론을 쓰고, 보카치오에서 발자크에 이르는 외설적 고전을 새로 썼다. 심지어는 프랭크 로이드 라이트와 데이브 개러웨이 같은 동시대 유명인사에 대한 기사도 직접 썼다. 그의 큰 업적은 "플레이보이란 무엇인가?"라는 정기구독 광고 글로, 그것은 오랫동안 잡지 철학의 핵심적 표현이 되었다.

둥글둥글한 이목구비와 턱수염, 열렬한 성격의 소유자인 오슨 웰스의 축소판과도 비슷한 러셀은 소규모 인력이 감당해야 하는 수많은 문제를 기꺼이 짊어졌다. 제본업체에서 책 박스가 도착하면, 헤프너와 함께 지고 올라가 작은 저울에 무게를 달고 유통업자에게 보냈다. 쓰레기통을 비우는 것도 그였다. 한 달에 한 번 마감 때가 되면 헤프너와 폴과 함께 로셀의 인쇄소로 가서 윙윙거리는 기계 소음 속에서 밤새 인쇄기에서 찍혀 나오는 교정지를 교정보았다. 하지만 러셀은 자기 일을 사랑했다. "초기의 잡지는 거칠지만 생명력이 있었다. 아마추어 같은 실수가 가득했으나 새롭고 소박한 열정이 넘쳐났다."고 그는 말했다.

헤프너가 채용한 세 번째로 중요한 인물은 사진 편집자 빈스 타지리였다. 타지리는 일본계 미국인으로 캘리포니아 남부에서 태어나서 독학으로 사진을 공부했다. 제2차 세계대전 때 유명한 442 보병연대에서 복무하고는 시카고로 와서 결혼사진 촬영과 소규모 잡지 일을 하다가 퍼블리셔스 디벨롭먼트사에서 일할 때 헤프너와 알게 되었다. 그는 위험하다는 판단에 〈플레이보이〉에 대한 투자 권유는 거절했지만, 두어 해 뒤 취직 제안은 받아들였다. 그는 "내가 왔을 때 사진부는 나와 캐비닛 하나, 비서 한 명, 책상 두 개가 전부였다."고 회상했다. 타지리는 처음에는 할 일이 얼마나 될까 걱정했지만 곧 〈플레이보이〉의 독특한 사진 스타일을 창조하는 데 열중했다. 그는 "스타일은 매끈하지만 솔직한 것, 그러니까 광고사진과 사진 저널리즘의 중간이다. 누드 레이아웃뿐 아니라 패션과 음식, 술 등 잡지의 핵심적 특징을 이루는 모든 라이프스타일 요소가 다 마찬가지다."라고 말했다.

약간 완벽주의적인 기질이 있던 타지리는 꼭 맞는 사진을 구하기 위해 사진을 수백 장 검토하는 수고를 마다하지 않았다. 때로 사진작가들은 타지리가 만족할 때까지 여덟 번이고 열 번이고 재촬영을 해야 했다. 그가 말했다. "우리는 언제나 적정 수 이상의 사진을 찍는다. 플레이메이트 사진은 대개 120매의 시트를 쓰고… 일반적으로 50장의 사진 가운데 한 장을 쓴다." 타지리는 헤프너의 미적 취향에, 특히 여자 사진에 대한 취향에 민감하게 반응했다. 그의 말에 따르면, 헤프너는 "여자가 어떤 일을 하고 있거나 그 일을 막 마치고 고개를 들어 독자를 바라보는 것 같은 삶의 순간을 포착하는 걸 좋아했다." 이런 방식은 옷과 음식에도 이어졌고, 그의 사진 스타일은 〈플레이보이〉의 확고한 특징이 되었다.

1956년 〈플레이보이〉가 오하이오 스트리트의 4층 건물로 이사 갈 만한 수익이 쌓이자 인력 확장의 2단계가 열렸다. 그 가운데 가장 중요했던 건 A.C. 스펙터스키를 고용한 것이다. 1965년 7월에 〈플레이보이〉는 뉴욕의 유명 저널리스트이자 문인인 스텍터스키가 〈플레이보이〉에서 헤프너에 이은 2인자로 일할 거라고 발표했다. 헤프너는 동부 지역에서 명성을 쌓은 사람을 고용해서 〈플레이보이〉의 품격을 높이기로 마음먹었다.

헤프너와 〈플레이보이〉의 유명한 편집장 A.C. 스펙터스키

〈플레이보이〉는 스펙터스키의 작품 「누군가 가져가」를 가명으로 실은 적이 있었는데, 문학 편집자를 들이기로 한 헤프너의 머리에 그의 이름이 떠올랐다. 그는 스펙터스키를 시카고로 부르기로 했다. 전화 통화에서 그가 관심을 약간 보이자, 헤프너는 뉴욕으로 날아가 스카우트 제안을 했다. 스펙터스키는 시카고로 가서 플레이보이사를 살펴본 뒤 연봉 3만 5천 달러와 접대비, 스톡옵션 등의 여러 가지 혜택을 받기로 하고 그 제안을 받아들였다.

헤프너는 새 편집장을 들인 데 크게 기뻐했다. 스펙터스키의 문학적 명성과 문단 내 인맥을 높이 사며, "그는 매 호마다 정기적으로 닥치는 많은 문제를 해결하고, 나를 특집기사와 장기 계획에 집중하게 해줄… 진짜 중량급 인사"라고 설명했다. 스펙터스키 역시 새 직장이 마음에 드는 것 같았다. 자신과 헤프너의 재능이 서로 완벽하게 보충해 줄 거로 믿고 그는 헤프너에게 말했다. "당신의 재능이 있고 내 안목이 있으니 우리가 이루지 못할 게 일이 없다." 게다가 중요한 건 그는 앞에 나서지 않고 뒷자리에 머물면서 헤프너를 잡지의 공적 상징으로 내세웠다는 점이다.

오거스트 콘트 스펙터스키는 시카고의 신생 잡지에 세련되고 품위 있는 분위기를 높이는 데 많은 이바지를 했다. 그는 뉴욕대학에서 물리학과 수학을 공부했지만, 뛰어난 필력으로 〈뉴요커〉 편집부에서 일하였다. 그러다 1940년대에는 6년 동안 〈시카고 선〉에서 문학 편집자로 일했지만, 그 뒤 뉴욕으로 돌아가 글도 쓰고 영화, 텔레비전, 신문잡지의 편집자로도 일했다. 1950년대에는 『교외 밖 사람들 *The Exurbanites*』이라는 책으로 주목을 받았다. 큰 키에 짧은 머리, 큰 눈과 나른한 태도의 스펙터스키는 도시성이 돋보이는 우아하고도 염세적인 분위기였고, 거기다 다른 사람들보다 열 살 이상 많은 나이로 말미암아 그 권위가 더해졌다.

스펙터스키는 부임하자마자 〈플레이보이〉를 동부지역의 문단과 접촉시켰다. 그리고 자신의 문단 인맥을 활용해서 〈플레이보이〉에 소설과 논픽션을 더욱 풍성하게 실었다. 개인적인 친구인 켄 퍼디가 규칙적으로 작품을 게재했고, 존 스타인벡, 제임스 존스, 잭 케루악, 레이 브래드베리, P.G. 워드하우스, 찰스 보몽 같은 유명 소설가들이 동참했다. 논픽션 분야에서는 밴스 패커드, 필립 와일리, 랠프 긴즈버그, 아서 C. 클라크가 뒤를 이었다.

그는 〈플레이보이〉에서 많은 소임을 수행했다. 작가를 확보하고, 잡지에 실리는 글을 모조리 검토하고, 편집 업무 전체를 총괄하고, 편집부와 유통부서를 연결하고, 그래픽과 사진을 조화롭게 결합하고, 헤프너에게 최종 확인받기 전에 레이아웃을 승인하는 일까지. 몇 년 뒤 그는 〈워드 비즈니스〉와 한 인터뷰에서 말했다. "〈플레이보이〉의 막후 인물이 한 사람 있다면, 내가 아닌가 한다."

스펙터스키는 겉으로는 자신의 지위에 만족을 표현했다. 잡지사에 온 지 5년 뒤의 인터뷰에서 그는 말했다. "나는 〈플레이보이〉에 온 뒤 더 훌륭한 작가가 되었다. 남녀 관계에 대해, 또 사람들에게 행복을 주기도 하고 불행을 주기도 하는 일에 대해 더 명료하게 사고할 수 있었고… 내게 있는 줄도 모르던 경직된 생각을 벗어날 수 있었다." 그는 또한 그 직업이 안겨다 준 큰 아파트, 요트, 세인트크루아의 저택 같은 풍요를 즐겼다.

하지만 내적으로는 〈플레이보이〉에서 일하는 것에 깊은 양가감정을 느꼈다. 그는 〈플레이보이〉가 자신의 재능을 낭비하는 곳이라는 생각을 완전히 떨치지 못했다. 그 이유는 복합적이었다.

우선 스펙터스키는 자신이 〈플레이보이〉에 오게 된 것은 문필가로서 실패한 것이라고 보았다. 그는 〈뉴요커〉의 편집자가 되고 싶었고, 그러지 못하자 일종의 자기 경멸에 싸였다. 그는 헤프너의 스카우트 제의를 받고 나서 유명 문학평론가 라이오넬 트릴링을 만난 일을 이야기했다. 스펙터스키가 그게 자신을 팔아버리는 일이 아닐까 걱정했더니, 트릴링은 "자네는 팔 게 아무것도 없지 않은가." 하고 말했다고 한다.

스펙터스키의 양가감정은 그와 헤프너의 복잡한 애증 관계에서도 드러났다. 그는 공개적으로도 사적으로도 헤프너의 지성을 자주 칭찬하며, 그를 잡지계의 희귀 인물, 사업가라기보다 편집자라고 해야 할 사람이라고 설명했다. 그리고 헤프너가 잡지가 가야 할 방향에 대해 실수 없는 본능을 지녔고, 인격적으로도 너그러운 사람이라고 믿었다. 하지만 동시에 스펙터스키는 그가 본 헤프너의 형편없는 미적 안목, 지적인 반론에 대한 회피, 친구와 동료에 대한 정서적 거리, 강렬한 이기심, 불규칙한 업무 시간과 의사 결정 구조 등은 경멸했다. 때로는 그런 불만이 끓어 넘쳤다. 1957년에는 헤프너에게 "당신은 모든 글을 당신 방식대로 쓰게 하고, 작가 고유의 방식을 허용하지 않는다."고 불만을 토했다.

그래도 그는 헤프너에게 인정받기를 원했다. 스펙터스키의 아내는 말했다. "남편은 헤프너와 아주 이상한 관계였다. 방향만 반대였을 뿐, 거의 부자지간 같았다. 남편이 왜 그토록 헤프너의 비위를 맞추려고 했는지 모르겠지만 하여간 그랬다." 잡지의 인기가 치솟으면서 헤프너가 그 공을 편집부에 돌리자 스펙터스키는 몹시 기뻐했다. 하지만 1960년대 중반 그의 딸이 10대의 나이로 죽었을 때 회사 사람들 가운데 오직 헤프너만이 애도를 표하지 않자 깊이 실망했다. 스펙터스키는 고백했다. "때로 나는 그 어떤 사람보다 헤프너를 더 지독하게 싫어한 적이 있다. 내가 싫어하는 만큼 그 사람을 싫어하려면 그를 정말로 사랑해야 한다."

스펙터스키와 같은 무렵에 회사 역사에 손꼽히는 강력하고 논쟁적인 인물이 〈플레이보이〉에 결합했다. 빅터 로니스는 파티에서 헤프너를 알게 되었고, 금세 친해져서 그와 함께 클럽과 술집을 순례했다. 얼마 지나지 않아 헤프너가 그에게 입사 제안을 했고, 로니스는 홍보과 팀장이 되었다. 1960년대에는 플레이보이클럽의 홍보도 책임졌다.

빅터 A. 로니스는 유복한 집안 출신이었다. 플로리다에서 부유한 건설업자의 아들로 자라나서 시카고대학에 다니고 부유한 아칸소 주 목축업자의 딸과 결혼했으며 할아버지의 회사 한 곳에 취직했다. 시카고 교외의 부유층 거주 지역에 아름다운 집과 두 아이가 있었지만, 그는 자기 인생에 격렬한 불만을 품게 되었다. 그래서 1953년에 가족을 버리고 아내와 이혼한 뒤, 독신자 아파트에 들어가 쇼걸들과 데이트하며 요란한 파티를 즐겼다. 그런 파티에서 헤프너를 만난 것이다.

헤프너는 로니스의 매력과 세련미를 높이 샀다. 그는 헤프너가 원하는 모든 것이었다. 잘생긴 외모와 다정한 성격에 재치가 넘쳤고, 브룩스 브라더스의 옷을 멋지게 입고 수많은 여자를 유혹했다. 스펙터스키의 아내는 말했다. "헤프너는 로니스를 흉내 냈다. 정말로 로니스가 되고 싶어했다."

로니스의 독특한 성격과 황당한 유머감각은 금세 〈플레이보이〉의 전설이 되었다. 그가 야근할 때, 가톨릭 사제가 전화로 개인적 문제를 상담해주는 라디오 프로그램 〈주교님 말씀〉이 있었는데, 그 상담 전화번호가 그의 회사 전화번호와 숫자 한 자리만 달라서 그에게 실수로 걸려오는 상담 전화가 많았다. 로니스는 그런 전화를 받으면 주교의 비서인 척하고, 여자에게 가족을 버리라고 하거나 젊은이에게 혼전동거를 권하는 등 물의를 일으키는 조언을 했다. 항의가 많아지자 라디오 프로그램은 전화번호를 바꾸었다.

로니스의 연애생활은 〈플레이보이〉 지면에서 튀어나온 환상 자체였다. 대단한 바람둥이에 부드럽고 고급스러운 분위기를 지닌 그는 수많은 여자를 꾀어 섹스를 즐겼다. "그 시절에는 질보다 양이 중요했다."고 그는 나중에 인정했다. 로니스는 역시 이혼한 엘던 셀러스와 같은 집에 살게 되었는데, 그들의 거처는 파티의 중심지가 되었다. 인근 엠파이어룸에서 일하는 여자 댄서들이 일과 후에 그 집에 들렀고, 그들은 새벽까지 스트립게임을 즐겼다. 헤프너도 자주 들러서 그 주색파티에 동참했다.

로니스는 〈플레이보이〉 홍보팀에 에너지와 창조성을 불어넣었다. 그는 회의 때 샘솟듯이 아이디어를 내는 것으로 유명했다. 한 동료가 말했다. "그는 산탄총처럼 일했다. 12가지 방법을 내쏜다. 그러면 그 중 하나는 명중한다." 그가 남긴 뛰어난 업적 하나는 헤프너가 특별히 애정을 가진 계획인 1959년 '플레이보이 재즈 페스티발'이었다. 그는 헤프너의 요청에 따라 페스티발 전체를 조직, 실행해냈다. 사흘 동안 시카고 스타디움에서 열린 이 음악회에서는 카운트 베이시, 엘라 피츠제럴드, 스탠 켄턴 같은 유명 음악인들이 한데 모여 공연을 펼쳤고, 2만 명이나 되는 재즈 팬이 관람했다.

이와 동시에 로니스의 자유롭고 요란한 개성은 여러 가지 문제도 일으켰다. 권위가 없고 자기중심적인 그는 부하들에게 위압감과 혼란을 안겨주었다. 그는 나중에 고백했다. "내 아이디어가 계속 성공하자, 내 생각은 다 좋고 사람들이 무조건 받아들여야 한다고 느꼈다. 사람들이 내 말을 듣지 않으면 나는 협박을 했다." 사업부에 이견과 혼란이 난무하자, 헤프너는 로니스에게 창조성만 중시하다 업무 효율을 죽인다고 비난했다.

게다가 로니스는 성격의 어두운 측면을 자제하지 않았다. 독재자처럼 구는 일이 많았고, 폭언도 일삼아서 사람들의 개인적 약점을 조롱하며 괴롭혔다.

로니스의 잔인한 행동은 홍보부에 심각한 문제를 일으켰다. 한 동료의 말에 따르면, 그는 약한 사람을 골라서 괴롭히는 행동으로 부하들을 공포 통치했다. 한번은 그의 오만방자함에 "한 층 직원 전체가 일괄 사표를 내는 일까지 일어났다. 헤프너는 사람들을 달래기 위해 이리 뛰고 저리 뛰어야 했다."

로니스의 안하무인 성품은 특히 여자들에게 자주 발휘되어서 어처구니없는 행동으로 사회적 물의를 일으키기도 했다. 한번은 그가 모종의 계획을 세우고, 헤프너를 자기 아파트로 불러서는 자기 여자 친구가 잠든 침대로 들어가게 했다. 하지만 일은 꼬여서 여자가 졸린 눈으로 화장실에 가겠다고 일어났다가 경찰에 불순한 사람이 침입했다고 신고했다. 경찰이 왔고 헤프너는 수치심 속에 상황을 설명해야 했다. 이런 난폭하고 자기중심적인 행동에도 1950년대 말에 로니스는 〈플레이보이〉 조직에서 가장 빛나는 별 가운데 하나가 되었다.

비슷한 무렵 다른 영향력 있는 인물들도 잡지에 결합했다. 잭 케시는 1956년에 부편집자로 들어와서 그 후 10년 동안 '블레이크 러더퍼드'라는 가명으로 남성 패션에 대한 많은 기사를 써서 잡지의 특징적인 스타일을 만들었다. 그는 멋진 인생이라는 〈플레이보이〉의 비전을 실현했다. 언제나 멋진 옷차림이었고, 동료의 말에 따르자면 독신자 아파트와 하이파이 전축과 개인 바가 있었으며, 고급 레스토랑에서 식사하고, 음식에 딱 맞는 와인을 마셨으며 인기 스포츠카를 몰았다.

'스모키'라는 별명의 앤슨 마운트는 다정한 성격의 파이프 담배 흡연자로, 테네시 주 출신이며 잡지에서 대학 풋볼을 담당했다. 그는 종교심 깊은 가정에서 자라났지만 잡지의 이상을 열렬히 옹호해서, 온 나라를 다니며 강연을 하고 헤프너 철학을 비난하는 기독교 근본주의자들과 토론했다.

미술가 리로이 니먼도 합류했다. 그는 카슨피리스콧사에 다니던 시절 헤프너를 알았고, 1954년, 한 기사의 일러스트레이션을 맡았고, 1956년에 잡지에 여러 번 그림과 스케치를 실었다. 몇 년 뒤 그는 세계의 호화 사교계와 스포츠계를 다룬 시리즈 「여가를 즐기는 남자」로 〈플레이보이〉에 큰 자취를 남겼다. 런던과 베니스의 호텔 스위트룸, 파리의 막심 레스토랑, 칸 영화제, 영국의 그랜드 내셔널 장애물 경마, 모나코의 그랑프리, 마드리드의 투우에 대한 니먼의 세련된 일러스트레이션은 〈플레이보이〉 라이프스타일의 독특한 상징이 되었다. 이후에 그는 유명한 '펨린'을 만들었다. 펨린은 검은색의 긴 장갑과 검은 스타킹만을 착용한 검은 머리의 장난스러운 여자 캐릭터다. 우아하고 길쭉한 인물과 대담하고 화려한 색상, 세련되고 우아한 분위기의 미술적 스타일은 젊은 잡지와 잘 맞았다.

사람이 늘어가면서 회사의 분위기도 변해갔다. 가족적인 분위기는 기업적으로 변했고 영역 다툼이 불거졌다. 한 내부자의 말에 따르면,

스펙터스키, 폴, 로니스, 타지리는 잡지를 위한 협력 작업보다는 내부 다툼과 험담과 자리 경쟁을 더 많이 했다. 하지만 짜릿한 느낌, 헤프너의 표현대로 '로켓을 탄 느낌'은 지속했다. 젊고 활발하고 재능 있는 남녀가 자유롭고 사교적인 환경에서 일하다 보니, 회사에는 에로틱한 분위기가 가득했다. 헤프너는 나중에 회고했다. 1950년대 〈플레이보이〉에서는 성적 법석이 자주 벌어졌다. 사무실에서 섹스하는 일은 흔했다."

그렇게 해서 1950년대 중반에 이르렀을 때, 헤프너는 조직을 건설하고 그 모든 것 위에 있었다. 자기 말대로, "나보다 그 일을 더 잘할 수 있는 사람"을 고용했다. 창조력이 잡지를 추동해 나가면서, 그는 삶과 일을 구별하지 못했다.

II

〈플레이보이〉가 창간 후 몇 호를 연속 매진시키고 재정적으로 일어서던 초창기부터 휴 헤프너는 잡지 일에 완전히 몰두했다. 1954년 초 회사의 소규모 인력을 슈피리어 스트리트로 옮겼을 때, 그는 건물 4층에 자리를 잡았다. 집무실 한쪽에는 작은 침실과 부엌이 딸려서, 거기서 잠자는 일이 잦았고 집에 들어가는 날은 점점 줄어들었다. 그는 말 그대로 일 속에 파묻혀 살았다.

헤프너의 작업 일정은 직원들을 놀라게 했다. 그는 놀라운 에너지와 집중력과 열정으로 〈플레이보이〉에 전념했다. 한 직원은 말했다. "여자는 그의 취미였을지 모르지만, 〈플레이보이〉는 그의 인생이었다." 그는 거의 슈피리어 스트리트에 살면서 잠깐잠깐 나가 밥을 먹고 집무실 부속 침실에서 몇 시간 눈을 붙이고 다시 일하는 식이었다.

오하이오 스트리트의 빌딩으로 옮긴 뒤에도 헤프너의 작업 일정은 변함없이 무시무시했고, 거기다 기이해지기까지 했다. 그의 새 집무실에도 작은 침실과 화장실, 드레싱룸이 딸려 있었고, 그는 새벽까지 일하다가 잠을 조금 자고 다음 날 정오가 지나서 일하러 나오곤 했다. 유명한 버릇들이 생겨났다. 먼저 개인 생활과 일의 경계가 흐려지면서 헤프너는 잠옷 차림으로 일하기 시작했다. 둘째로 집무실 공간 즉 바닥과 책상, 탁자 등이 온갖 물건으로 가득 찼다. 만화가 셸 실버스타인의 말에 따르면, 손님들은 "그것을 밟지 않기 위해 아주 조심해야 했다."

헤프너는 또한 무감각해지기도 했다. 예를 들면 슈피리어 스트리트 초기시절에 그의 우상이던 재즈 음악가 스탠 켄턴이 〈플레이보이〉의 첫 번째 재즈 설문을 통해 자신에게 영예를 준 데 감사하러 들렀다. 헤프너는 그가 왔다는 소리에 계단을 달려 내려갔다. 그 시절에 그는 그만큼 대단한 사람이기 때문이다. 하지만 겨우 2년 뒤의 오하이오 스트리트 시절에 켄턴이 사진을 찍으러 들렀을 때는 스튜디오에서 신문을 보면서 펩시를 마시다가 고개를 들고 의자에 앉은 켄턴을 보더니 "안녕하세요."하고 그냥 다른 데로 가버렸다.

하지만 헤프너의 어떤 기행보다도 놀라웠던 건 그의 완벽주의였다. 그는 〈플레이보이〉의 모든 면에 관여했다. 그는 모두가 자신처럼 잡지에 열정을 갖기를 바랐고, 높디높은 성취의 기준을 만들었다.

그렇게 가혹한 기준을 지녔지만, 〈플레이보이〉 초기시절 그는 너그러운 사장이었다. 그는 마시 피트너, 팻 파팬젤리스 같은 직원의 개인적인 고충을 들어주고, 정신적인 문제를 겪던 한 직원에게는 몇 달치 치료비를 미리 주기도 했다. 그는 일 중독자였지만, 직원을 노예처럼 부리지는 않았다. 그는 열정을 전달하고 부하들이 최선을 다하게 하는 특별한 능력이 있었다. 엘던 셀러스는 말했다. "그가 가진 설득의 힘은 사람을 최면시킬 지경이었다." 그의 유머감각은 분위기를 밝게 했다. 스펙터스키는 헤프너가 사람의 장점과 능력뿐 아니라 한계와 단점도 파악하는 능력이 있었고, 필요하면 호되게 꾸짖으며, 그리고는 다시 기운을 북돋아서 기분 좋게 해주고 자기 일이 인정받는다는 느낌을 안겨주었다.

하지만 동시에 헤프너는 차갑고 성급해지기도 했다. 하위 직원에게는 관용을 베풀면서도 중간 직원에게는 퉁명스럽게 "핵심이 뭐야, 빨리 말해."하고 다그쳤다. 그는 자신의 강한 집중력과 높은 기대 때문에 직원들에게 칭찬을 잘, 어쩌면 전혀 하지 못했다. 헤프너는 다른 사람들도 자신처럼 잡지에 전념하고 높은 기준을 갖기를 바랐다.

하지만 그는 잡지의 발전이라는 더 큰 목적에 이바지할 때는 재능 있는 직원의 능력을 받아들일 줄 알았다. 그래픽 문제에서 아트 폴과 의견이 갈리면 그는 주로 뒤로 물러서면서 "자네가 아트 디렉터지." 하고 말했다. 그는 또 자신의 판단을 누르고 레이 러셀이 1959년에 방사능 오염 문제를 논하는 기사 「오염자들」을 싣는 것을 허락했다. 헤프너는 그런 기사는 엔터테인먼트 잡지에는 너무 논쟁적이고 무겁다고 생각했지만, 그 기사가 많은 칭찬을 받자 자신의 오류가 증명된 것을 기뻐했다.

〈플레이보이〉가 계속 커가던 1950년대 중반에 헤프너는 잡지의 관점을 만드는 중심적 과업에 집중하기 시작했다. 그는 잡지의 모든 요소가 멋진 인생을 누리자는 중심 주제를 공유하고, 한결같이 불경한 세련미를 갖도록 했다. 1956년에 직원에게 보내는 메모에서 그는 이런 목표를 개괄 설명했다.

> 나는 〈플레이보이〉의 어떤 것도 잡지의 기본 편집 방침과 어긋나지 않기를 바란다. 우리는 잡지에 그 자체로 즐거움을 주는 내용뿐 아니라, 인생을 즐겁게 하는 데 도움이 되는 음식, 술, 패션, 여행 같은 내용도 담기기 바란다. 우리의 관점을 가장 분명하게 전달할 비평 칼럼에서 고전음악, 대중음악, 재즈 등의 음악과 책, 연극, 영화에 대한 의견을 제시할 것이고, 이 모든 것에 대해 어느 정도 중요한 것을 말할 것이다(그것도 즐거움을 줄 수 있도록)… 우리의 논픽션은 때로 군중 속에서 여자를 골라내는 것보다 조금 깊은 내용도 다루겠지만, 그렇다고 잡지의 기본원칙을 거스르지는 않을 것이다. 나는 설교하거나 과장하거나, 국제 시사, 종교, 인종 갈등을 주요하게 다루는 글을 원하지 않는다.

헤프너는 〈플레이보이〉의 모든 요소가 잡지의 기본 편집 방침을 벗어나지 않게 하는 데 힘을 쏟았다. 빈스 타지리에 따르면, 그는 다이아몬드 절단기 같은 예리한 눈으로 잡지에 들어가는 모든 사진이 잡지의 방식과 맞는지를 살폈다. 알린 부라스는 적절한 서체, 교열, 구두점, 교정과 관련해서 방대한 분량의 메모를 받았고, 그것은 잡지 편집 편람의 토대가 되었다. 원고의 내용을 가르는 데 흰 공간이 아니라 큰 점을 써야 한다는 그의 주장은 절대 진리가 되었다. 그는 단언했다. "예수 그리스도가 와서 흰 공간을 요구해도 거절할 것이다." 헤프너는 겉만 화려하고 내용이 부실한 제품은 아무리 큰돈을 주어도 광고를 허락하지 않았다.

헤프너의 세밀한 관심은 조직의 모든 구석에 미쳤다. 그는 남성복에 대한 기사를 검토하며 그것이 패션계의 새롭고 독특한 경향을 보여주는지 확인했다. 그는 사진의 품질을 살펴보며 말했다. "나는 〈플레이보이〉가 유행을 그냥 따르기를 원하지 않는다. 그것이 경향을 만들고 방향을 가리켜 보이기를 원한다." 헤프너는 예술성이 과도한 영화평론도 비판했다. "〈플레이보이〉는 최상의 고급 독자를 상대로 편집하지 않기 때문에… 우리의 평론이 잡지의 편집 관점에 맞도록 좀더 노력해야 한다고 생각한다." 그는 찰리 채플린에 대해 좀더 공감하는 기사를 요구했다. 〈플레이보이〉의 평가에 따르면 채플린은 "몽상가이자 이상주의자로, 언제나 순응하지도 않고 언제나 옳지도 않았다… 뛰어난 예술적 성취와 더불어 그에 걸맞지 않은 바보 같은 일도 한 사람이었고, 그게 바로 천재의 면모"였다.

음악은 헤프너가 특히 소중하게 여기는 분야라서 특별한 관심을 받았다. 그는 뛰어난 재즈평론가 레너드 페더를 고용해서 재즈 역사에 대한 연재 기사를 실었다. 영화《상류사회》의 사운드트랙이 출시되었을 때, 그는 감상적인 내용과 세련된 해설을 결합하는 평론을 요구했다. 또한 성장하는 엔터테인먼트 분야인 텔레비전에도 관심을 둘 것을 명했다. 그리고 당연히 대중에게 끊임없이 〈플레이보이〉를 홍보했다.

하지만 결국 헤프너 방식의 핵심은 자신을 위해, 자신의 취향과 가치에 맞추어 〈플레이보이〉를 편집한다는 것이었다. 스펙터스키도 동의했다. "잡지는 그를 위한 안내서이며 동시에 수백만 남자 대학생의 안내서였다… 그가 자기 일을 그토록 잘하는 건 그가 편집자 겸 발행자이면서 동시에 독자가 되는 분열적 특징이 있기 때문이다." 헤프너는 사람들에게 의견과 정보를 구했지만, 무엇이 통할지 최종 판단을 내릴 때는 언제나 자신의 감각에 의지했다. 나중에 그는 좀더 자세히 설명했다. "나는 나 자신을 위한 잡지를 만들었다. 하지만 그것은… 여자를 아는 젊은 도시 남자에 대한 내 관점이었다. 나는 일종의 낭만화, 이상화된 도시 독신 남자를 창조했고, 잡지의 목표를 그 인물에 맞추었다."

1956년에 그의 직무 적성을 드러내 준 사건이 있었다. 헤프너가 잡지사의 전 임원과 함께 심리검사를 받았다. 그 결과는 그에게 〈플레이보이〉 잡지의 편집자 겸 발행인의 현 지위에 잘 들어맞는다며 그의 정신적 능력, 창의력, 추진력, 일에 대한 열정을 높게 평가했다. 하지만 몇 가지 위험도 경고했다. 계획과 관리 감각 부족, 충동적이고 미성숙한 행동을 하는 경향, 육체적으로 소진될 때까지 일하는 버릇, 조직이 더 커지면 문제가 될 권위를 위임하지 못하는 능력이 그것이었다. 하지만 전체적으로 헤프너는 창조적인 일을 하면 성공할 것이다, 그런 분야는 헤프너의 높은 자기표현 욕구를 충족시켜 줄 것이라는 결론이었다.

헤프너가 자신에게 꼭 맞는 일을 고른 건 분명했다. 〈플레이보이〉는 미국 출판 역사에 손꼽히는 성공 사례로, 전국 매출이 전체 잡지 중 80위에서 1956년에는 49위로 뛰어올라 〈에스콰이어〉를 추월했으며, 업계 최고의 102퍼센트 소득을 공시했다. 순매출은 300만 달러를 약간 넘었다. 1959년 말, 판매 부수는 월 백만 부를 넘었고, 전체 수익은 550만 달러로 신장했다. 인기를 반영해서 잡지는 분량도 많아지고 내용도 다양해졌다. 1957년 1월 호는 80쪽에 19개의 기사가 실렸다. 1960년 12월호는 거의 두 배 가까운 150쪽에 28개 기사였다.

잡지가 커지면서 헤프너의 자신감도 부풀었다. 1958년 12월 〈플레이보이〉의 5주년 기념행사에서 그는 이렇게 감사를 표했다.

> 플레이보이빌딩의 내 자리에 앉아서 이 모든 것이 시작된 1953년 가을의 그날을 돌아보면, 모든 게 비현실적으로 보인다. 처음에 아주 얇은 플레이보이 창간호를 내놓으면서 내가 바란 건 그저 이 잡지가 내가 원하지 않는 일에 인생을 낭비하지 않고, 대신 정말로 좋아하는 일을 계속할 수 있게 해줄 만큼이 되는 것이었다. 하지만 이 애정의 노동은 우리 세대의 잡지 가운데 가장 놀라운 성공을 안겨주었고, 5년 만에 내게 평생 꿈도 꾸어 보지 못한 보상과 부와 성취감을 안겨주었다. 나는 이 세상에서 가장 복 받은 사람들 가운데 한 명인 것 같다.

하지만 무엇이 〈플레이보이〉에게 이토록 커다란 인기를 안겨주었을까? 헤프너는 사람들이 "그것이 한낱 잡지가 아니라는 것을 알아차렸다. 그건 사람들의 인생에 대한 환상을 투사한 것이었다."고 보았다. 하지만 그 환상의 내용이 무엇인가? 사람들은 〈플레이보이〉가 내세우는 환상 가운데 정확히 무엇에 반응한 것일까? 실제로 헤프너의 잡지는 전후 미국사회의 두 가지 강력한 흐름을 완벽하게 포착했다. 그것은 성적 해방과 소비의 풍요였다. 이런 요소를 통해서 〈플레이보이〉는 갈수록 속박을 싫어하는 사회를 향해 육체적·물질적 쾌락이 넘치는 매혹적인 꿈의 세계를 창조했다.

# 3 행복의 추구

1956년 가을, 휴 헤프너는 뉴욕의 인기 텔레비전 쇼인 〈마이크 월러스 인터뷰〉에 출연했다. 마이크 월러스는 곧장 그를 공격했다. "오늘 밤 우리의 초대 손님은 최고의 화제 잡지를 움직이는 서른 살의 사령관입니다… 우리는 그가 왜 〈플레이보이〉를 시작했는지, 그것이 음란물인지 아닌지 한번 알아보겠습니다." 그는 잡지에 여자 누드사진이 실리는 점을 거론하면서, 헤프너에게 과도한 성적 내용으로 돈을 버는 일이 즐거운지 물었다.

헤프너는 옹호 논리를 펼쳤다. 〈플레이보이〉에서 섹스가 중요한 요소인 건 사실이지만, 그 이유는 그게 젊은 도시 남자들에게 중요하기 때문이라고 했다. 하지만 잡지에는 옷, 음악, 자동차, 음식, 술에 대한 기사도 있고, 뛰어난 작가의 문학 작품도 있다고 했다. 월러스가 그러면 고품격 음란 서적을 파는 거냐고 묻자 헤프너는 대답했다. "색안경을 끼고 보지 않는다면, 섹스 자체는 전혀 음란한 것이 아닙니다. 아름다운 여자의 사진은 어느 나이대의 남자라도 즐겁게 볼 수 있는 것입니다. 병든 마음이 섹스를 혐오스럽고 외설적인 것으로 보는 법입니다." 하지만 월러스가 공격의 고삐를 늦추지 않자, 헤프너는 마침내 짜증스럽게 쏘아붙였다. "플레이보이에 성 관련 내용은 5퍼센트 정도뿐인데, 우리는 30분짜리 프로그램 전체를 그 이야기에 바치는 것 같습니다."

이런 논전論戰은 이후 '성혁명'이라는 이름을 얻은 사회 변화 최초의 동요를 반영했다. 1950년대에 들어 중간계급이 넘실거리는 풍요의 물결을 즐기게 되면서, 금욕의 낡은 관습은 쇠퇴하고 전에 없던 쾌락 추구가 인간의 가장 친밀하고 사적인 영역인 섹스로 침입했다. 풍요 문화의 수혜자들은 19세기 이래 지속한 점잖은 성적 가치관에 도전해나갔다. 문화의 성애화를 추구하는 사람, 가족생활과 성 역할을 재규정하고자 하는 사람, 성을 정치 도구로 삼아 부르주아적 삶을 공격하는 사람, 다양한 성 행동에 관용을 추구하는 사람의 연합이 이런 운동을 이끌었다. 이 집단들은 교회, 국가, 중간계급 가치관이 지탱하는 성적 금기의 전통을 공통의 적으로 보았다. 이견과 선동이 커지면서, 음악, 영화, 대중문학, 데이트 에티켓 등에서 미국문화를 지배하던 성 예절의 건물에 균열이 생기기 시작했다.

〈플레이보이〉는 에로틱한 사진과 삐딱한 시선으로 이런 반항을 담아낸 최초 매체 가운데 하나가 되었다. 주류 가치의 옹호자들은 그 점을 눈여겨보았다. 1957년에 〈네이션〉지는 〈배니티 페어〉, 〈에스콰이어〉, 〈보그〉, 〈하퍼스 바자〉 같은 잡지를 검토한 장문의 기사를 통해, 미국 내에서 고급 취향의 성장 현상을 분석했다. 기사는 신생 잡지도 놓치지 않았다. "최근에 고급 취향 사업의 귀재는 〈플레이보이〉다. 처음에는 저속하고 순진하게 시작했지만, 점점 진보적인 세련미를 더하고 있다. 나는 편집진의 자유롭고 열정적인 태도가 만들어내는 이런 에로티시즘의 최신 발명품에 갈채를 보낸다."

성혁명이 만개한 것은 1960년대 중반이지만, 최초의 움직임은 1950년대에 있었다. 〈플레이보이〉를 통해 새로운 성규범에 대한 점증하는 열망을 미숙하게나마 표현한 헤프너는 어쩌면 이 반란의 1단계를 그 누구보다 잘 대표했을 것이다.

## I

나중에 헤프너는 성에 대한 미국인들의 지배적인 태도를 뒤엎기 위해 〈플레이보이〉를 시작했다는 말을 자주 했다. 그는 이런 위선적 분위기를 만든 범인은 미국의 청교도적 과거라고 보았다. 자신도 어린 시절에는 성은 인간의 동물적 욕망을 반영하는 것이고, 그러므로 의심하고 억압해야 한다고 배웠다고 했다. 그는 적었다. "나는 종교의 어리석은 가르침, 그러니까 인간은 영혼과 육체가 서로 갈등하고, 신은 인간의 영혼에 관심을 두지만 악마는 육체에 기거한다는 말에 의문을 품었다. 나는 성에 대한 죄의식 없는 잡지를 만들고 싶었다." 이런 의식을 가진 〈플레이보이〉는 새로운 성도덕을 찾는 사람들의 대변인이 되었다.

〈플레이보이〉가 해방자의 역할을 했다는 헤프너의 평가는 상당한 진실을 담았지만, 그 적敵은 잘못 설정되었다. 그는 1910년대와 1920년대에 엄격한 청교도주의 유산을 유쾌하게 조롱한 문학 및 사회 비평가 H. L. 멘켄에게서 많은 영향을 받았다. 하지만 문화적 억압의 원천은 실제로는 다른 곳이었다. 헤프너가 그토록 답답하게 여긴 성적 속박의 분위기는 17,8세기 청교도 신학이 아니라 19세기 빅토리아시대의 이념이었다. 욕망을 부정하고 육체적 욕구는 자제해야 한다는 믿음은 지난날의 기독교 윤리에 뿌리를 박기는 했지만, 그것을 대대적으로 보급한 건 19세기 빅토리아시대의 도덕가들이었다. 이 세계관은 확장하는 시장자본주의와 활기찬 복음주의 개신교를 연결해서 형성되었다. 빅토리아주의자는 열정을 억제하지 않으면 성실한 노동, 정숙한 사생활, 너그러운 공생활이 흔들린다고 주장했다. 성은 물론 억압해야 할 감각적 쾌락 목록의 상위에 있었다. 실베스터 그레이엄 같은 인기 상담가는 젊은 남녀에게 성적 탐닉은 도덕적 타락, 육체적 소모, 사회적 재난을 불러온다고 가르쳤다. 19세기 말에 이르면, 성적 신조는 법률에도 반영되어서 음란물의 우편배달을 금지하는 컴스톡법(1873년) 같은 수많은 법률이 만들어졌다. 앤서니 컴스톡은 성애 표현물과 피임, 낙태의 열혈 반대자로, 미국 체신청의 특별요원으로 임명되어, 30년 동안 크고 작은 상점을 포함한 공공거래의 현장에서 성적 표현물을 없애는 데 전념했다. 그는 성적 표현물을 억압하는 빅토리아주의의 궁극적 상징이 되었다.

하지만 20세기 초에 이미 빅토리아주의는 비틀거리고 있었다. 떠오르는 소비 경제의 옹호자들은 레저와 쾌락, 놀이, 금욕의 폐기를 독려했다. 새로운 자기충족의 에토스는 상품 소비를 통해 개인적 행복을 얻을 수 있다는 광고를 낳았다. 그렇지만 빅토리아주의는 힘을 잃은 상태에서도 20세기 중반까지 많은 영역에서 성 문화에 강력한 힘을 미쳤다. 성적 정숙주의는 소읍 지역에서는 여전히 막강했으며, 도시 지역에서는 가톨릭이나 개신교 교회의 지지 속에 제2차 세계대전 이후 단란한 가족을 미국문화의 상징으로 만들고, 그것을 공산주의에 대항하는 주요 힘 가운데 하나로 삼은 '가족주의'에 의해 새로이 주목받았다.

그래서 헤프너는 실제로 아이젠하워시대에 강력하고 유서 깊은 속박에 직면해 있었다. 성적 표현물에 대한 빅토리아주의적 규제와 억압은 그때까지도 미국문화에 커다란 영향력을 드리웠다. 부모와 학교는 젊은이들의 성적 접촉을 막기 위해 통금 시간을 설정하고, 자동차 사용을 규제하고, 여럿이 함께 데이트하는 것을 권장했다.

하지만 1950년대에 이르면 성적 정숙주의에 대한 도전이 산발적으로 일어났다. 킨제이 보고서는 사람들의 실제 행동이 공식적인 가치관과 얼마나 크게 어긋나는지를 밝혀서 논쟁의 폭풍을 일으켰다. 그레이스 메털리어스의 외설적 베스트셀러 『피턴 플레이스*Peyton Place*』나 〈컨피덴셜〉 같은 스캔들 잡지, 미키스필레인의 미스터리 작품 같은 인기 출판물은 성적 규범의 한계를 침범했다. 엘비스 프레슬리와 골반을 흔드는 동작이 상징하는 로큰롤은 10대 청소년 팬에게 관능적인 리듬과 성적 암시가 담긴 가사를 선물했다. 전통적인 성적 속박에 대한 공격이 점점 힘을 얻기 시작했다.

1950년대에 헤프너와 〈플레이보이〉는 특히 전통적 가치를 부식하고자 한 성해방 이념을 널리 보급했다. 그는 문장과 이미지를 이용해 정숙성을 공격하면서 특히 몇 가지 주제를 강조했다.

헤프너는 섹스는 재미있어야 한다는 어처구니없을 만큼 간단한 사고를 설파했다. 그는 잡지의 창간 이후 계속 섹스가 성스럽거나 죄스러운 행위라는 전통적 규정을 공격했고, 그것은 결혼의 영역에 엄격하게 귀속되어야 한다는 사회적 명령을 거부했다. 그는 현대사회에서 섹스는 더는 생식의 목적이나 교회와 국가의 재가에 독점되어서는 안 된다고 주장했다. 섹스에는 다양한 목적이 있다고 그는 말했다. "그것은 레크리에이션일 수도 있고, 자신의 이해 과정일 수도 있고, 사랑의 표현일 수도 있다." 헤프너는 에로틱한 것이 그 자체로 정당성을 얻게 하고자 했다.

〈플레이보이〉는 1950년대 내내 섹스는 인간의 즐거움을 위한 것이라는 견해를 설파했다. 헤프너는 말했다. "우리는 섹스 또한 음주나 도박 같은 도락의 하나로 즐겨야 한다고 믿는다." 수많은 기사와 이미지가 그의 편집 방침을 따랐다. 「아침에 후회하지 말기」라는 기사는 젊은 독자에게 여자도 결혼의 울타리 바깥에서 에로틱한 경험을 찾는다고 말했다. 「곡선 접촉: 당신에게 빠진 여자에게 손을 얹는 기술」은 남자들에게 여자를 택시에 태우거나 내릴 때 부드럽게 팔을 쓰다듬고 몸을 기울여 여자가 귀 뒤에 뿌린 향수를 맡는 방법을 일러 주었다. 「가슴 전투」는 가슴에 대한 과도한 관심이 여자들에게 신경증을 일으키고 사회적 집착을 낳는다며 그에 대한 관심을 자제해 달라고 요청한 의사에게 반론을 폈다. "우리는 이렇게 가슴을 깎아내리는 일을 받아들일 수 없다. 가슴에 관심이 매우 높다는 데는 동의한다. 하지만 그것은 아무리 많아도 지나치지 않다. 그런 관심은 건강한 것이고 인생의 즐거움을 더해 준다."

〈플레이보이〉의 화보 역시 섹스는 즐겁다는 주제에 바쳐졌다. 「플레이보이 요트파티」는 옷을 별로 또는 전혀 입지 않은 여자 4명이 사려 깊은 세일링 객들과 함께 휴가 여행을 떠나는 모습을 담았다. 「플레이보이 하우스파티」는 역시 비슷한 무리가 마이애미의 해변 주택에서 관능적이고 떠들썩한 놀이 속에 하루 밤낮을 보내는 모습을 보여주었다. 정기 특집기사 하나는 할리우드나 라스베이거스 같은 미국 내 다양한 지역의 여자들에게 초점을 맞추었다. 또한 대중 노출을 열망하는 할리우드 신출내기 스타들인 소피아 로렌, 킴 노박, 제인 맨스필드,

브리지트 바르도, 스텔라 스티븐스, 메릴린 먼로 등의 노출 화보도 풍성하게 실었다.

성을 신성불가침으로 여기는 전통적 담론을 배척할 때, 〈플레이보이〉는 한결같이 유머를 활용했다. 헤프너는 「동정: 중요한 주제에 대한 중요한 보고」라는 기사에서 남자들은 대부분 동정을 얼른 버려야 할 불쾌한 것으로 여긴다고 농담하고, 하지만 불행히도 이런 중요한 정보가 많은 여성에게 알려지지 않았다고 덧붙였다. 그리고는 남자들이 망설이는 여자 파트너에게 접근하는 다양한 방법을 가볍게 분석했다. 그는 리비도를 억압하면 위험하다는 것을 강조한 프로이트 방식에 대한 호감을 고백하고, 「핵시대의 태도」에서는 핵폭탄의 위협 아래서 우리는 모두 오늘 밤을 살아야 한다고 말했다.

성에 대한 유쾌한 태도는 만화에서도 반복되었고, 짧고 유머러스한 유혹과 로맨스 이야기인 연재 시리즈 「외설고전」과 야한 「파티농담」 시리즈도 성적 근엄함을 웃음으로 바꾸었다.

1950년대에 〈플레이보이〉는 유혹을 새로 규정하고, 그것은 부적절하거나 부도덕한 게 아니라 로맨스와 흥분과 기대를 담은 사회적 행동이라고 보았다. 헤프너는 잡지를 성적 유혹장치와 관련한 이미지와 가르침으로 가득 채웠다. 음식 분야 편집자 토머스 마리오는 「두 사람을 위한 아침 메뉴」 기사에서 좋은 음식과 술의 유혹적 역할을 설명했다. 블레이크 러더퍼드(부편집자 잭 케시의 가명)는 차분하고 우아한 옷의 성적 호소력에 대해 장문의 시리즈 기사를 썼다. 하이파이 시스템, 마티니 만드는 법, 최신 스포츠카에 대한 수많은 기사는 세속적 재화와 성적 매력의 연결 관계를 강조했다.

헤프너는 섹스에 대한 생각을 고치라고 요청하면서 미국사회에 건강한 이성애가 필요하다는 사실을 반복해서 강조했다. 그는 현대사회의 패션에 대한 압력은 전통적 억압과 결합해서 여성적 아름다움을 왜곡한다고 주장했다. 양성 이미지의 혼돈이 남녀의 시각적·감정적 경계선을 흐리고, 일종의 사회적 신경증을 낳았다. 헤프너는 남녀 간의 활기 넘치는 성적 교류를 재생해야 미국사회가 생기를 회복할 수 있다고 보았다. 그가 거듭해서 말하듯이 〈플레이보이〉는 이성애적 잡지다. 잡지는 남녀 관계에 부끄러운 건 없으며 그보다 더 좋은 것이 나타날 때까지는 이성애적 사회를 선호하리라고 선언했다.

이렇게 이성애를 위해 분투하는 가운데, 헤프너는 여성패션 잡지가 중성성을 부추긴다고 비난했다. 그는 그런 잡지가 수십 년 동안 키 크고 마르고 여위고 가슴 작고 골반이 빈약한 여자를 이상화했다고 보았다. 많은 여자가 이런 이상을 추종했지만, 남성은 대부분 성을 배제한 그런 스타일을 좋아하지 않았다. 남자가 이상적으로 바라보는 여자의 매력은 부드러운 곡선, 가는 허리, 둥글고 넓은 골반, 활기차고 건강한 혈색이라고 헤프너는 말했다. 〈플레이보이〉는 이렇게 완전히 여성적인 것, 둥글고 부드럽고 여성됨의 아름다움을 최대한 강조하는 데 많은 노력을 기울였다.

헤프너가 볼 때 패션 산업의 중성성과 결합한 동성애도 건강한 남녀 관계를 가로막는 장애물이었다. 그는 동성애 혐오주의자는 아니다. 그는 동성애에 대한 관용을 요청했다. 하지만 1950년대에는 다른 진보적인 인물도 그랬듯이 그 역시 동성애를 성 도착, 적응 실패로 보았다. "남자가 왜 스포츠카를 몰고, 멋진 양복을 입고, 새 스테레오를 틀고, 좋은 음식과 술을 즐기는가?" 그는 묻고 답했다. "구석에 다른 남자와 함께 앉아 있기 위해서? 아니다." 그는 〈플레이보이〉가 남녀 관계와 현대사회의 이성애에 전념한다는 것을 분명히 밝혔다. 이것은 남자가 사냥하고 술 마시고 다른 남자들과 교류하는 동안, 여자는 집에 남겨둘 것을 권장하는 야외 활동 중심 남성잡지와 대조되는 특징이었다.

헤프너는 '깨끗한 섹스' 개념을 통해서 악덕과 범법, 죄악과 관능주의라는 천박한 이미지에 건강한 대안을 제시했다. 종교는 섹스를 생식에 한정하고, 그를 벗어난 어떤 행위도 전국에 음란 혐의 지명수배를 내린다고 말했다. 여성잡지 역시 뒤틀려 있기는 마찬가지였다. 〈플레이보이〉는 「경건한 포르노」라는 기사에서 〈레이디스홈저널〉이나 〈코스모폴리탄〉 같은 잡지에 성기능장애, 결혼 파탄, 스캔들에 대한 선정적인 기사가 넘쳐나는 것을 지적했다. 여성잡지들의 이런 병들고 한심한 성 취향은 독자에게 꾸준히 '순결한 아내', '질투하는 배우자', '성 변태와 소아 가학자' 같은 메뉴를 제공한다고 했다. "우리가 원하는 건 성을 건강하게 바라보자는 것"이라고 헤프너는 설명했다. 그리고 〈플레이보이〉는 1950년대에 깨끗하고 건강한 섹스는 건강한 미국사회를 만들기 위한 선결 조건이었다."고 말했다.

이런 열정적인 성해방 주장에도, 헤프너는 〈플레이보이〉가 훌륭한 취향의 경계를 잘 지킨다고 주장했다. 그는 에로티시즘은 옹호하지만, 포르노는 피했다. 건강한 성 충동을 일으키는 이미지와 글은(특히 로맨틱한 분위기를 창조한다면) 문제없지만, 섹스의 선정적이고 가학적이고 음란한 측면은 금지했다. 그러나 그 경계선이 늘 분명한 건 아니었다.

이렇듯이 헤프너는 전후 미국사회의 성혁명을 위해 노력했다. 그는 새롭고 현실적이고 합리적이고 인간적이며 너그러운 성도덕에 대한 자신의 신념은 잡지 창간을 꿈꾸기도 전에 이미 형성되었다고 말했다. 하지만 〈플레이보이〉를 이용해서 그 목표를 쉼 없이 추구했으며, 실제로 죄의식과 수치, 위선을 떠나 새로운 정직과 새로운 관용, 성에 대해 솔직한 새로운 자발성, 즉 바라보고 표현하고 즐기는 자유의 징표들이 여기저기서 나타나고 있었다.

하지만 속담이 말하듯이, 그림은 천 마디 말보다 강력하다. 〈플레이보이〉의 성해방 전투의 가장 뛰어난 무기는 시각이었다. 잡지 매 호마다 실리는 누드사진 센터폴드(접어 넣은 페이지를 펼쳐서 보는 화보-옮긴이) 「이달의 플레이메이트」는 미국의 문화적 아이콘이 되었다. 오랜 세월이 지나고 헤프너가 말했듯이, 그 센터폴드는 「플레이보이 철학」만큼이나 심오한 성혁명의 성명서聲明書다.

II

메릴린 먼로는 호사스러운 붉은 벨벳 앞에 누드로 앉아 〈플레이보이〉 창간호를 장식하는 '이달의 스위트하트'가 되었다. 그다음 호부터 '이달의 스위트하트'는 '이달의 플레이트'로 제목이 바뀌었고, 매력적인 젊은 여자의 전면 컬러 누드 센터폴드를 둘러싸고 다른 사진 몇 점(그 일부는 에로틱한)을 배치한 고유한 형식이 생겼다. 그것은 곧 잡지의 상징적 아이템이 되었다. 헤프너는 처음에는 직업 모델을 썼지만, 곧 다른 유형의 여자를 플레이메이트로 찾았다. 곳곳에 있는 참신하고 건강한 '이웃집 처녀'를 찾기 시작했다. 독자는 열광적으로 반응했고, 유머 작가 모트 살은 미국 남자들 한 세대 전체가 여자들은 몸 한가운데 스테이플러 자국이 있는 줄 알고 자라났다고 말했다.

헤프너는 1950년대의 표준 플레이메이트를 아주 가까운 데서 찾았다. 1955년 봄에는 잡지 정기구독 파트 직원인 샬린 캐럴루스에게 잡지의 센터폴드 화보를 찍자고 요청했다. 부드럽고 풍만한 몸매에 건강미를 지닌 금발 미녀 캐럴루스는 7월호에 '재닛 필그림'이라는 이름으로 나왔다. 헤프너는 청교도적 금욕주의를 비웃고자 이런 이름을 지었고(필그림은 '성지순례자'라는 뜻-옮긴이), 그 자신이 턱시도를 입은 뒷모습으로 배경에 출연했다. 센터폴드 사진에 남자가 반복적으로 등장하는 건 섹스와 유혹을 암시했다. 〈플레이보이〉는 플레이메이트의 개념을 이렇게 설명했다.

> 사람들은 플레이메이트의 아름다움이 다른 세상에나 존재하는 것으로 여기기 쉽다. 하지만 플레이메이트는 당신 주변에 있다. 사무실의 신입 비서, 어제 점심 때 맞은편에 있던 사슴 눈망울의 처녀, 단골 상점에서 셔츠와 넥타이를 파는 점원 등 우리는 7월의 플레이메이트를 우리 회사의 유통 부서에서 찾았다. 그녀는 정기구독 신청, 갱신, 과월호 주문을 관리한다. 이름은 재닛 필그림이고 아름다운 외모만큼이나 뛰어난 업무 능력을 자랑한다.

이에 대한 독자의 반응이 워낙 뜨거워서 필그림은 그 뒤로 두 번이나 더 플레이메이트가 되었다(1955년 12월과 1956년 10월). 이건 아직도 깨어지지 않은 최다 기록이다. 그녀는 유명인사가 되어 전국에서 팬카드와 팬레터를 받았다. 1956년 가을에는 다트머스대학교의 초청을 받기까지 했다. 그녀는 영문학과 수강생들과 만나고, 학내 라디오 방송국과 인터뷰를 하고, 학보사와 기자회견을 했으며, 그녀를 위해 열린 교직원 다과회에 참석했다. 〈플레이보이〉는 그녀의 명성을 광고에 활용했다. "〈플레이보이〉 평생 정기구독을 신청하시면 재닛 필그림이 직접 전화를 드립니다." 이렇게 해서 〈플레이보이〉 센터폴드의 상징이 된 이웃집 처녀의 이미지가 태어났다.

미국에서는 1900년대 초부터 핀업 아트의 전통이 있었다. 20세기 초반에 일러스트레이터 찰스 깁슨이 펜으로 그린 '깁슨걸' 그림은 화려한 드레스, 가는허리, 풍성한 머리로 드높은 여성미를 표현했다. 1920년대에는 반라의 '지크펠드걸'이 대중문화에 깊이 침투했고, 그 후에는 조지 페티가 〈에스콰이어〉에 그린 세련된 스타일의 여자 누드드로잉 '페티걸'과 앨버토 바가스가 그린 가슴이 풍만한 여성의 화려한 일러스트레이션 '바가스걸'이 뒤를 이었다. 제2차 세계대전 중에는 베티 그레이블 같은 여배우의 핀업 사진이 전 세계 군인의 사물함을 장식했다. 이런 에로틱한 이미지들은 한 가지 공통점이 있었다. 모두 고도로 양식화되고 이상화된 이미지로, 유혹적이지만 손을 뻗을 수 없는 여자들이었다.

「이달의 플레이메이트」는 이런 전통을 바꾸었다. 〈플레이보이〉는 영화배우나 쇼걸들만 보여주는 대신(적어도 이론적으로는) 손을 뻗을 수 있고 위압적이지 않고 건강한 성적 욕구를 지닌 평범한 여자도 소개함으로써 핀업에 인간적인 요소를 부여했다. 플레이메이트들은 헤프너가 1956년에 마이크 월러스에게 설명했듯이, "미국 전역에서 찾을 수 있는 매력적인 여자들이다… 작년에 우리 플레이메이트 한 명은 항공기 승무원이었고, 또 한 명은 뉴욕 전화교환수였고, 또 한 명은 우수한 성적의 여대생이었다." 이런 특징은 그들의 현대적인 태도와 잘 맞았다. 〈플레이보이〉 센터폴드는 1950년대 성해방의 아이콘이 되어서, 헤프너가 즐겨 표현한 대로 "모범적인 여자도 섹스를 좋아한다."는 것을 보여주었다.

헤프너는 1956년의 메모에서 〈플레이보이〉 사진의 목적을 다음과 같이 말했다.

> 플레이메이트는 썰렁한 스튜디오 환경이 아니라 자연스러운 상황을 배경으로 삼아야 한다. 모델은 편안하고 자연스러워 보여야 한다. 책 읽기, 글쓰기, 칵테일 만들기, 새로 산 옷 입어보기 같은 단순한 활동은 이들의 매력을 크게 더해줄 것이다. 플레이메이트는 당연히 얼굴과 몸매가 매력적이어야 하지만, 좀더 구체적으로 보면 건강하고 지성적이고 미국적인 모습 즉, 회사의 유능한 비서일 수도 있고 바사대학교 학생일 수도 있는 젊은 여자여야 한다. 우리는 새롭고 신선한 자연스러운 미인을 원한다.

하지만 그런 동시에 이런 현실적인 여자들에게 중요한 환상의 요소도 들어갔다. 이 사진들은 일부러 포즈를 잡지 않은 듯한 자연스러운 환상을 만들어냈다. 사진에 따라붙는 설명 글도(과장한 내용도 있었다) 플레이메이트들의 자연스러운 삶의 모습과 그들이 성적 관심이 많다는 것을 강조했다. 〈플레이보이〉는 그렇게 은근한 방식으로 에로틱한 비전을 창조했다. 어쨌거나 미국 여자 대다수는 그렇게 예쁘지도 건강하지도 그렇게 풍만하지도 않으며, 솔직히 말해서 강력한 산아제한 시대에 그렇게 섹스에 열광할 수도 없었다. 플레이메이트가 제시한 건 일상에서 흔히 마주치지만 매력적이며 성을 즐기는 이웃집 처녀의 환상이었다.

1950년대의 플레이메이트는 이런 현실성과 비현실성이 뒤섞여 있었다. '이달의 플레이메이트'는 전체 6쪽에 2쪽짜리 펼친 화보로 이루어졌는데, 펼침 화보는 1956년에 센터폴드라는 말이 대중화되면서 세 쪽짜리로 확대되었다. 사진 자체는 상대적으로 차분했다. 언제나 허리에 천 따위를 두르거나 옆쪽 혹은 뒤쪽에서 촬영해서 성기 부분이 드러나지 않게 했다. 가슴은 드러냈지만, 유두가 보이는 경우는 드물었다. 그리고 그 플레이메이트가 배우나 점원, 학생, 웨이트리스, 법률회사 비서, 그밖의 정상적인 직업에 종사하는 여자라는 설명이 간략하게 붙었다. 〈에스콰이어〉처럼 전통적인 남성잡지의 섹스가 쇼걸을 쫓아다니는 색골 영감 같은 분위기라면, 헤프너의 센터폴드는 장난스럽고 심지어 순수한 면모를 보였다. 현실적이고 손을 뻗을 수 있으면서도 어쨌건 종이 위의 2차원 이미지로 남성 독자에게 매혹적인 미소를 날리는 대상으로서 플레이메이트는 성적 충족의 세계를 약속했다.

플레이메이트들은 1950년대 초기에 출현하는 활기찬 성애적 에너지를 포착했을 뿐 아니라, 다른 중요한 역할도 수행했다. 헤프너는 이들을 병력으로 활용해서, 그가 전후 미국사회에서 커지는 위협으로 판단한 것, 즉 결혼으로 남자를 옭아매려는 여자들을 물리치고자 했다. 아이젠하워시대의 소중한 가치였던 가족주의 이상은 헤프너에게는 감옥과 다르지 않았다. 그는 젊은이에게 활기찬 저항을 독려했다. 〈플레이보이〉의 성해방론의 일부는 여자가 지배하는 가족의 의무에서 섹스의 즐거움을 분리하는 것이었다.

이들은 잡지의 창간호부터 미국 여자들의 결혼 관련 조작 행위를 공격했다. 버트 졸로가 쓴 「1953년의 미스 골드디거」는 위자료 제도를 이용해서 남자에게서 생계 수단을 빼앗으려는 탐욕스러운 여자들을 비난했다. 졸로는 나중에 「독신 남성의 계절」이라는 기사에서 더욱 강력한 태도로 결혼을 공격했다. 현대 여성은 무엇보다 경제적·사회적인 안정을 추구하고, 그것을 얻기 위해 남자의 모험과 자유정신을 짓뭉갤 준비가 되어 있다고 했다. 남자들의 자유에 위기가 닥쳤으니, 진정한 플레이보이는 정서적 개입 없이 여자가 주는 쾌락을 즐겨야 한다는 것이 졸로의 주장이었다.

〈플레이보이〉는 1950년대 내내 전통적인 결혼의 이상을 조롱했다. 1955년에 실린 「중혼제에 한 표를」이라는 농담조 기사는 일부일처제가 역사적으로 변칙이라고 설명했다. 일부일처제는 로마제국을 침략한 야만인들에 의해 서구 사회에 들어온 것으로, 이슬람교도 불교도 남부 캘리포니아 주 거주자들은 전부터 이를 거절했다고 주장했다. 다양성을 추구하는 남자들이 자연스럽게 많은 섹스 파트너를 찾고 여성 인구가 남성 인구를 급속히 추월하는 상황에서 미래는 분명했다. 더욱 현실적인 예전의 사회적 섹스 제도인 중혼제로 돌아가는 것이다.

헤프너도 결혼에 대한 회의적 비판에 동참했다. 그는 50년대 내내 남자는 되도록 늦게 결혼해야 한다고 말했다. 〈리얼리스트〉의 기자가 헤프너에게 만약 누이가 있다면 〈플레이보이〉 편집자와 결혼하는 걸 원하겠느냐고 묻자, "나는 우리 편집자가 어떤 여자와도 결혼해서 단란함이니 가정이니 가족이니 하는 헛된 생각을 머리에 집어넣지 않기를 바란다."라고 응수했다. 그는 사회가 사람들에게 일찍 결혼할 것을 강요한다며, 자신 또한 그러한 예라고 말했다. "나는 이전까지 진정으로 혼자였던 적이 없고, 진실로 자유로웠던 적이 없다. 그러므로 지금의 독립과 자유정신이 몹시 중요하다." 그리고 몇 년 뒤 결혼생활이 종결되자, 그는 "내가 하고 싶은 것을 내가 하고 싶을 때 하고, 내가 가고 싶은 곳에 내가 가고 싶을 때 갈 자유"를 기뻐했다.

헤프너는 1960년대 초에 발표한 「플레이보이 철학」에서 미국식 결혼을 반대하는 이유를 설명했다. 아직도 널리 퍼진 청교도주의 때문에 혼외 섹스를 도덕적으로 금지하는 건 젊은이들이 이른 나이에 결혼하는 강력한 압력 가운데 하나라고 했다. 거기에는 많은 고통이 뒤따른다. 결혼 바깥의 섹스를 수용하는 좀더 유연하고 현실적인 태도를 갖고 젊은이들의 정서적 요구에 좀더 민감하게 대응하는 것이 해결책의 하나가 될 것이라고 했다. 더불어 "보통 남자들은 어른으로서 앞으로 평생 살아갈 태도를 제대로 갖추기도 전에 짝을 골라 평생을 살 거로 생각하며 결혼한다. 내가 볼 때 그것은 장님의 허풍보다 나을 게 없다. 반면, 젊은 시절을 독신으로 보내면서 일과 놀이에 바친다면, 나중에 결혼했을 때 여러모로 준비가 잘 되어 있을 것이다."라고 덧붙였다.

헤프너의 성해방 개념은 전후 미국에서 많은 남성 독자의 공감을 얻었다. 〈플레이보이〉에 나오는 매력적이면서도 도발적인 여자들과 거침없는 성적 쾌락의 비전은 물질적 풍요 속에 사는 젊은 독신 남성들의 상상력을 자극했다. 플레이메이트는 경제적·사회적 자원 때문에 남편을 확보하려는 집요한 여자들과 대조되면서, 이미 아내와 자식, 스테이션왜건, 뒷마당의 바비큐 시설 등을 특징으로 하는 빤한 중간계급 생활에 갇힌 중년 남자들에게도 성적 모험의 환상을 제공했다. 헤프너의 1950년대 성혁명 비전은 남자들의 욕망뿐 아니라 자유와 좌절에도, 그리고 고뇌에도 통했다.

하지만 결국 〈플레이보이〉의 에로티시즘은 사회 전반의 발전을 촉진했다. 그것은 자기 통제를 중시하는 전통적 도덕, 미래를 위해 현재를 인내하는 것, 인격의 도야를 관 속에 넣고 못질하는 데 이바지했다. 그리고 대신 행복은 욕망 충족에서 온다는 새로운 견해를 제시했다. 이런 자기충족 문화는 1900년대 초부터 나타났지만, 그것이 화려하게 꽃을 피운 건 제2차 세계대전 이후이다. 역사가 잭슨 리어스가 말했듯이, 자기 통제를 통한 구원이라는 낡은 개신교 풍조가 이 세상에서의 자기충족을 강조하는 정신에 밀려났다. 1950년대 미국의 물질적 풍요는 인생의 즐거움을 새롭게 인식시켰다. 헤프너의 말을 빌리면 "사회 혁명과 함께 성혁명도 왔다."

〈플레이보이〉의 환상은 육체적 쾌락과 정서적 충족을 찾아 사교 현장을 활보하는 거침없는 개인을 그렸다. 또 세련된 청년과 매력적인 여자가 결혼의 의무에 매이지 않고 즐거운 성을 누리는 이미지를 제시했다. 헤프너는 독자에게 "현대의 자기충족 문화에서 섹스는 정당하게 그 자체로 목적이 될 수 있다. 그리고 섹스가 자기실현의 수단이 될 수 있다면 그 존재 이유야말로 정당하다"고 했다. 그것은 1950년대에 사회학자 마사 울펜스타인이 이름 붙인 '즐거운 도덕'의 전형적인 표현이었다. 울펜스타인은 현대 미국의 도덕성 변화를 논하며 "의구 또는 어쩌면 금기의 대상이던 쾌락이 이제는 의무가 되었다. 과도한 즐거움에 죄의식을 느끼는 대신, 즐거움이 충분하지 못하면 수치를 느끼게 되었다."고 말했다.

헤프너의 성해방 환상은 이런 새로운 전망을 표현했다. "나는 우리 잡지가 현실 세계와 꿈의 세계에 반반씩 걸쳐 있다고 생각한다. 두 가지를 다 포함하는 건 좋은 일인 것 같다. 꿈과 열망이 없다면 인생은 우중충할 것이다." 〈플레이보이〉의 성혁명론은 전혀 우중충하지 않은 세계를 약속해서 독자를 기쁘게 했다.

# 4 풍요로운 삶

휴 헤프너는 쾌락을 권장하는 게 〈플레이보이〉의 핵심이라고 생각했다. 성적 요소도 분명히 있었지만, 그가 잡지의 지향점을 논할 때는 언제나 또 한 가지 요소가 덧붙었다. 인생에 놀이와 쾌락을 돌려주는 또 하나의 방법인 물질주의의 향유였다. 물질적 풍요의 향유는 섹스의 향유와 마찬가지로 청교도주의 전통에 속박된 사회에서 수 세대 동안 죄책감을 일으켰다. 헤프너는 그것을 바꾸고 싶었다. 돈으로 행복을 살 수는 없지만 그것은 자신과 타인의 인생을 향상하는 데 사용될 수 있다고, 그것이 바로 우리가 이 잡지에서 추구하는 것이라고 말했다.

헤프너는 〈플레이보이〉라는 '쾌락독본'으로 상향 지향과 세속적 성공, 물질적 향유를 적극 권장함으로써 제2차 세계대전 이후 미국 경제의 소비재 폭발을 강력히 지지했다. 빅터 로니스는 "사람들에겐 생전 처음으로 돈이 생겼다. 전쟁은 끝났다. 소유하고자 하는 새로운 물건이 많았다. 여가도 많아졌다. 사람들의 생활수준과 생산성이 놀랍게 향상되었고, 〈플레이보이〉는 이 모든 것을 담아냈다. 성과 물질주의는 동시에 왔다."고 설명했다.

야심에 찬 젊은이들에게 이 역동적인 미국 경제가 쏟아 내는 현란한 제품 가운데 무엇을 선택해야 할지를 가르침으로써, 〈플레이보이〉는 그들이 미국 중간계급에 닥친 낯선 물질적 풍요의 바다를 잘 헤쳐나가도록 도와주었다. 19세기 예절 책이 번영하는 미국인에게 점잖은 예절을 가르친 것과 마찬가지로, 〈플레이보이〉는 1950년대 풍요로운 소비경제의 지침서 역할을 했다. 헤프너는 풍요의 향유가 섹스의 향유와 마찬가지로 낡은 자기통제의 속박을 떨치고 행복을 증대하는 길이라고 주장했다.

I

〈플레이보이〉 창간호는 물질적 풍요 비전으로 독자를 유혹했다. 「남성 상점」이라는 섹션에는 송아지 가죽으로 겉을 씌우고 테두리에 고광택 알루미늄을 두른 얼음통, 양복을 걸어 두는 마호가니 옷걸이, 적, 녹, 상아 또는 연둣빛 듀란 플라스틱으로 가장자리를 두른 검은 포마이카 상판의 휴대용 바, 놋쇠로 만든 세련된 옷과 모자걸이를 소개했다. 이어 자신을 구매 가이드라 칭하는 「플레이보이 바자」가 유행과 풍요를 누리는 대중에게 최신 소비물품을 선보였다. 잡지는 여러 가지 방법으로 멋진 옷과 좋은 음식, 스포티한 자동차, 고급 술, 도회적 레저와 고급 엔터테인먼트를 현대 미국사회에서 누릴 수 있는 멋진 인생의 정수로 내세웠다.

이것은 광야에서 홀로 외치는 소리가 아니었다. 역사학자 리자베스 코헌이 말했듯이 만개한 소비 공화국은 1950년대에 정책 입안자, 기업과 노동지도자, 시민 집단이 한 목소리로 대량소비를 풍요로운 미국사회를 위한 계획의 핵심에 놓으면서 등장했다. 이 계획은 사회적 상승 열망을 비롯한 거주 패턴, 광고 전략, 나아가 인권 개념, 시장 전략, 정치적 강령까지 모든 것에 영향을 미쳤다. 하지만 이런 공헌자 목록에는 다른 유형의 사람도 포함된다. 물질적 상품의 추구가 어떻게 행복과 연결되는지를 표현한 문화적 인물들이다. 휴 헤프너는 그 가운데 선두 자리를 차지했다.

〈플레이보이〉는 기사와 광고, 상징적 메시지를 통해서 성공한 젊은 남자가 손에 넣을 수 있는 다양한 상품을 선보였다. 그리고 그보다 더 중요한 건 즐거움을 얻으려면 그런 물품의 소비에 동참하라고 권한 것이다. "부가 늘면서 레저를 즐기고 거기서 가치를 찾는 일은 어느 때보다 중요해졌다." 헤프너는 새로운 시대에 대해 이렇게 말했다. 벤저민 프랭클린은 검약함과 노동에 집중하는 윤리가 생존에 필수적인 개척시대에 인생의 안내서를 썼다. 하지만 이제 "〈플레이보이〉가 도시 사회에 새로운 윤리를 제공했다." 잡지의 메시지는 간단명료했다. "너 자신을 즐겨라."

〈플레이보이〉의 소비 장려는 몇 가지 주제에 특히 집중했다. 잡지는 물품을 구매하고 향유할 때 스타일의 중요성을 강조하며, 사상 최초로 소비자 선택이라는 난제에 직면한 젊은 남성에게 고급 제품에 대한 감식력을 키워 주었다. 잡지는 1955년에 전형적 독자를 이렇게 설명했다. "우리 잡지의 독자는 극장, 콘서트, 소규모 재즈연주회에서 볼 수 있으며 지금 인생 최대의 쇼핑에 탐닉하고 있다. 자동차, 카메라, 하이파이 캐비닛. 옷, 코냑, 담배."

〈플레이보이〉는 그 쇼핑 탐닉을 지도하며, 풍요로운 미국사회에서 성공을 지향하는 젊은 남자의 취향을 중재했다. 「베이직 바」는 딱 맞는 술을 딱 맞는 방식으로 집에서도 마실 방법을 일러 주었다. 「완전한 충실도」와 「스테레오 세계」는 최신 하이파이 제품에 대한 지침을 주었고, 「와인의 진실」은 와인 음미법을 설명했다. 자동차에 관해서는 「완전한 스포츠카」가 미국과 유럽에서 가장 빠르고 멋진 자동차들을 살펴보았다.

〈플레이보이〉의 소비자 제품기사 가운데 특히 인기를 끈 건 1956년에 두 호에 걸쳐 연재된 「플레이보이의 펜트하우스」였다. 그 기사는 독자에게 최고 최상의 독신자 아파트를 소개하면서, 그렇게 세련된 도시 주거공간을 꾸미는 방법을 조언했다. 원색 스케치들이 깔끔한 스칸디나비아식 식당, 식기세척기와 유리뚜껑 오븐이 있는 첨단 부엌, 벽난로와 고급 스테레오 시스템이 있는 널찍한 거실, 우아한 홈오피스, 침대 옆에 조명, 커튼, 음악 조절장치가 부착된 침실과 큰 욕조와 샤워기가 있는 화장실을 보여주었다. 채광창, 조명 장치가 된 어항, 안으로 움푹 들어간 스웨덴식 벽난로, 코르크 타일이 깔린 바닥은 아파트에 남성적 풍성함과 즐거움을 더해주었다. 벽에는 추상미술 작품이 걸리고, 큰 창문으로는 햇빛이 풍성하게 들어왔으며, 노구치, 브루노 마테손, 사리넨, 임스, 놀의 멋스러운 현대 가구가 집안 구석구석을 장식했다.

옷 또한 〈플레이보이〉의 지속적인 구매 교육에서 특별한 자리를 차지했다. 잡지는 1950년대 내내 독자에게 최신 남성패션을 소개하고, 갖가지 상황에서 옷 입는 법을 조언했다. 온갖 분야에서 맹활약한 블레이크 러더퍼드는 유럽대륙 스타일에 대한 선호를 바탕에 깔고 50년대 내내 패션계의 많은 화제를 전하고 논했다. 물론 〈플레이보이〉

*a second look at a high, handsome haven—*
*pre-planned and furnished for the bachelor in town*

# PLAYBOY'S PENTHOUSE APARTMENT

A MAN'S HOME is not only his castle, it is or should be, the outward reflection of his inner self – a comfortable, livable, and yet exciting expression of the person he is and the life he leads. But the overwhelming percentage of homes are furnished by women. What of the bachelor and his need for a place to call his own? Here's the answer, PLAYBOY's penthouse apartment, home for a sophisticated man of parts, a fit setting for his full life and a compliment to his guests of both sexes. Here a man, perhaps like you, can live in masculine elegance.

At first glance, it obviously looks like a hell of a fine place to live and love and be merry, a place to relax in alone or to share for intimate hours with some lucky lass, a wonderful setting for big or small parties – in short, a bachelor's dream place. It is all these, but it's more, too – thanks to the fact that it doesn't follow the conventional plan of separated rooms for various purposes. Instead, there are two basic areas, an active zone for fun and partying and a quiet zone for relaxation, sleep and such.

The living room, with its cozy shadow-box fireplace suggests a tête-à-tête on the couch – but it's just as inviting to a cordial crowd of fellow hi-fi enthusiasts. The electronic entertainment center, re-

65

1956년 기사 「플레이보이 펜트하우스」는 풍요로운 소비의 메시지를 예시했다는 그런 정보 기사 전체에 걸쳐서 독자에게 적절한 취향과 기준을 조언했다. 예를 들어 1959년에 실린 정장에 대한 기사는 독자에게 더운 날씨에 입을 우아한 정장을 고르는 법을 일러 주었다.

> 검은색이나 흰색 디너재킷은 여름이나 열대기후에 잘 맞는다… 정장 바지는 암청색이나 검은색을 빼면 아무것도 없다… 검은 에나멜가죽 또는 송아지가죽 구두는 언제나 필요하다. 양말은 언제나 검은색이어야 한다… 다가오는 계절만큼 정장이 중요한 때는 없다. 왜일까? 6~8월이면 컨트리클럽, 요트클럽, 해변클럽, 그리고 온갖 클럽이 활기를 띠기 때문이다… 또한 휴가로 휴양지나 고급 호텔을 가거나 유람선을 타게 된다면, 디너재킷은 이브닝웨어로 필수다.

터무니없는 환상적 요소에도 잡지는 중간계급의 새로운 감성을 잘 반영했다. 〈플레이보이〉 독자가 어느 정도 요트클럽에 가고 유람선을 탈 것인가. 소비주의에는 스타일이 필요했고, 그렇지 않다면 그건 천박한 사재기, 질을 무시한 양적 축적에 지나지 않았다.

〈플레이보이〉 광고도 편집부의 세련된 구매 메시지를 뒷받침했다. 잡지의 광고 전략은 제품에 고급 소비의 분위기를 둘러주었다. 싸구려 여자 누드잡지들과 차별화해서 헤프너는 천박하거나 서민적 이미지를 강조하는 제품은 광고를 거절했다. 풍요와 성공의 이미지와 어울리지 않는다는 이유로 그는 수주량의 75퍼센트에 이르는 총기, 통신강좌, 발모제, 탈장 고정대 같은 제품의 광고를 퇴짜놓았다. 헤프너는 단기적으로는 손실을 겪더라도 원칙을 버리지 않았다.

1950년대 말에 이르러 〈플레이보이〉는 고급 소비와 성공적으로 연결되었다. 1959년 6월호가 전형적이다. 남성복 광고가 애프터식스 디너재킷, 프랭크 브러더스, 허시퍼피 등을 포함해서 20가지가 넘었고, 워커스트레이트 버번위스키 등의 술 광고가 10개가 넘었다. 탈것으로는 BMW, 오토투어리스트 유러피언 렌터카, 실루엣 마크II 요트 같은 상품의 광고가 실렸다.

생활 편의제품도 크로스윈즈하우스 비치타월과 비치웨어에서 일렉트로보이스 뮤지캐스터까지 넘쳐났다. 개인용품으로는 론손 전기면도기, '로켓 불길' 로저스라이터, 메린골드 장신구, 잉글리시레더 애프터셰이브 로션과 화장품이 있었다. 코티향수는 "남자에게 이보다 더 여자를 여성스럽게 느끼게 해주는 건 없다."라는 문구로 소비자를 유혹했고, 배치북은 "중요한 사항을 모두 기록해서 사교적 실수를 피하게 해주는 현대적인 수첩"으로 고객을 꾀었다.

〈플레이보이〉는 소비를 완성하는 새로운 시스템을 소개했는데, 그건 소비의 편리함과 구매력을 높여주는 신용카드였다. 잡지는 다이너스클럽 신용카드는 "어디서든 쓸 수 있다. 수천 가지 물건과 서비스를 살 수 있다. 옷, 저녁식사, 호텔 객실, 배, 술, 타이어, 자동차, 항공여행, 여행가방, 속기서비스, 녹음기, 카메라, 낚시 도구, 선물, 꽃 등을 사고 또 살 수 있다."고 했다.

〈플레이보이〉는 독자에게 사고 또 살 것을 독려함으로써 1950년대 미국의 소비 활황에 중요한 역할을 했다. 1957년에는 심지어 독자의 상품 구매를 도와주는 서비스까지 시행했다. 관심 있는 소비자들이 '플레이보이 독자서비스'에 전화를 하면, 플레이보이에 실린 수백 개 물품의 구매에 필요한 지역 쇼핑정보를 제공했다. 광고 목록에서 관심 있는 상품을 표시하기만 하면 되었다. 섹스와 풍요가 인생의 즐거움에 중요한 역할을 한다고 강조하는 잡지는 그 서비스를 재닛 필그림이 담당한다고 밝혔다.

헤프너는 전후 미국사회의 소비 풍조는 단순히 물건을 사는 것 이상이라는 것을 정확히 감지했다. 그건 더 넓게는 쾌락과 레저, 엔터테인먼트의 에토스와 밀접하게 연결되었다. 해방된 소비는 자기 억제의 도덕적 만족이 아니라 자기충족의 정서적 기쁨을 가져다주었다. 〈플레이보이〉는 1950년대에 수많은 기사를 통해서 그런 기쁨의 신조를 강조했다.

처음은 레크리에이션이었다. 「플레이보이 포커」는 카드게임에서 이기는 전략을 탐구했고, 「여행의 기술」은 미숙한 여행자들이 미국과 세계를 편안하고 품위 있게 다니는 법을 가르쳤다. 잡지는 여행 안내서와 여행사를 소개하고, 개별적 취향에 따라 일정을 짜는 법, 투어패키지 선택법 등을 설명했다. 「요트로 오라: 물에서 노는 플레이보이」는 주말 세일링객을 위해 호화 요트와 그 작동법을 일러주었다. 또한 광고에는 멋쟁이 젊은이들과 그 데이트 상대를 위한 나이트클럽도 되풀이 소개되었다.

음악은 〈플레이보이〉의 레크리에이션 목록에 빠질 수 없는 요소였다. 헤프너는 오랜 재즈 팬이었기 때문에 이 장르는 특히 많이 소개되고 홍보되었다. 유명 재즈평론가 레너드 페더가 재즈 스타 엘라 피츠제럴드와 듀크 엘링턴을 다룬 「엘라가 듀크를 만나다」와 당대 최고의 영향력을 발휘하는 보컬리스트를 분석한 「시나트라」같은 많은 특집기사를 썼다.

스포츠도 규칙적으로 〈플레이보이〉의 스포트라이트를 받았다. 특히 헤프너가 좋아한 권투와 대학 풋볼이 그랬다. 〈플레이보이〉는 가능한 모든 기회를 활용해서 스포츠를 소비와 연결해서 에버크롬비, 피치 골프클럽, 헤들랜드 수상스키, 스킨다이빙 마스크, 수중카메라 같은 다양한 스포츠용품을 홍보했다.

헤프너의 또 하나의 취미인 영화도 〈플레이보이〉에서 중요하게 다루어졌다. 「일과 후의 플레이보이」는 미국과 유럽의 최신 개봉영화를 평했고, 영화, 배우, 할리우드 동정 기사도 규칙적으로 실었다. 「모든 것의 공포」는 할리우드 공포영화의 인기를 탐구했고, 「채플린: 한 인간과 천재성의 기록」은 뛰어난 희극 배우의 인생을 살펴보았다. 연극도 많은 관심을 받았다. 1956년 12월에는 베테랑 평론가인 〈뉴요커〉의 월콧 기브스, 〈시어터 아츠〉의 워드 모어하우스가 「브로드웨이: 지나간 시즌과 다가올 시즌」을 평가했다.

〈플레이보이〉는 유머도 풍성했다. 만화 역시 발행자의 취향과 배경을 반영해서 잡지의 충실한 구성 요소였다. 잭 콜, 가드너 리아 같은 초기 기고가에 이어 1950년대 중반에는 현대적인 만화가 집단이 새로 결합했다. 1956년에는 셸 실버스타인이 불경한 감성을 담은 세계 여행시리즈 만화를 실었다. 1958년 8월에는 「줄스 파이퍼의 병든 세상」이 소개되었다. 파이퍼는 미니멀한 그림에 대사가 많은 스타일로 남녀 관계를 파헤쳐서 인간의 어리석음과 위선을 지적했다. 게이한 윌슨의 그로테스크하고 섬뜩한 작품도 〈플레이보이〉의 사랑을 받았다. 헤프너는 수많은 만화가와 함께 작업했고, 특히 만화가 앨 스틴의 성적 모험을 즐기는 독신 룸메이트 두 명의 이야기를 다룬 〈배브스와 셜리〉 시리즈의 탄생을 도왔다.

고품격 소설을 소개한다는 〈플레이보이〉의 명성도 같은 길을 갔다. 1957년 〈로스앤젤레스 타임스〉가 주목했듯이, "오늘날 최고의 단편

소설 가운데 일부는 〈플레이보이〉에 실리고 있다. 그 소설들은 강렬하고 상상력이 뛰어나고 유려하며 가장 중요하게는 실험적이다." 실제로 존 스타인벡, 잭 케루악, 아서 C. 클라크, 레이 브래드베리, P. G. 우드하우스, 찰스 보몽 같은 작가들이 1950년대 후반 내내 잡지에 모습을 보였다. 하지만 문학보다는 엔터테인먼트에 걸맞은 글이 훨씬 더 많았다. 잡지는 쉽게 읽을 수 있고 생각할 것보다는 읽는 재미를 주는 소설을 실었다. 잡지는 1958년 1월에 주요 소설 작품을 소개하는 글을 실었는데, 이건 앞으로 〈플레이보이〉의 전형이 되었다. 그 작품에는 흥미로운 스토리텔링의 모든 요소인 서스펜스, 아이러닉한 유머, 치밀한 플롯, 반전 등이 들어 있다고 설명했다. 같은 호에는 해마다 실행하는 1천 달러 소설 당선작도 발표되었다. 그 상은 지난해에 발표된 가장 재미있는 소설에 주어졌다.

〈플레이보이〉의 소비 충족의 레저문화 권장은 추상적인 주장 이상으로 나아갔다. 1950년대 내내 잡지는 쾌락 지향적 메시지로 돈을 벌었다. 그들은 풍요의 향유를 위한 다양한 상품에 대해 구매 선전을 벌였다.

1957년에는 잡지를 모아두는 「플레이보이 바인더」와 「플레이보이 커프스링크」가 나오고, 『플레이보이 연감 III』, 『플레이보이 파티농담』, 『플레이보이 외설명작』이 출간되었다. 이어 토끼 로고를 새긴 넥타이, 넥타이핀, 팔찌, 스포츠셔츠, 스웨터, 카드, 바 장식품들이 나타났다. 1959년에는 재즈음반시리즈, 플레이보이 모델에이전시, 플레이보이관광이 생겨났다. 헤프너는 신디케이트 텔레비전 쇼와 전국 나이트클럽 체인에도 손을 뻗었다. 전후 월트 디즈니사가 영화, 텔레비전, 연관 상품, 테마파크를 결합해서 엔터테인먼트 제국을 건설한 것처럼, 플레이보이 주식회사는 다양한 사업을 통해 레저, 쾌락, 물질적 풍요의 비전을 설파하는 응집력 있는 기업체가 되었다.

하지만 헤프너의 확장 노력이 모두 성공한 건 아니다. 그는 〈플레이보이〉의 증대하는 수익으로 1956년 말에 〈트럼프〉라는 풍자 잡지를 창간했지만 판매는 부진했다. 같은 시기에 다른 곳에서도 돈이 샜다. 큰돈을 투자해 오하이오 스트리트로 회사를 옮겼는데, 은행에서 갑자기 대출 한도를 제한했다. 자본의 순환이 원활하지 못하자 재정위기가 뒤따랐다. 헤프너는 강력한 조처를 했다. 임원 급여를 25퍼센트 삭감하고, 자신은 급여를 받지 않았으며, 〈트럼프〉를 폐간하고 회사 주식 25퍼센트를 임시로 포기하고 25만 달러를 은행에서 대출받았다.

후퇴는 일시적이었다. 1957년 말이 되자 잡지는 제자리를 찾아서 대형 전국 유통업자와 계약하고, 장기적 성장가도를 꾸준히 걸어갔다. 〈플레이보이〉와 헤프너는 새로운 번영의 상징으로 자리매김했고, 이건 쾌락과 사회적 상향 지향성의 결합에서 가장 명백하게 드러났다.

## II

1958년 4월에 〈플레이보이〉는 미국 잡지에 대한 한 연구결과를 자랑스럽게 발표했다. 대니얼스타크앤스태프사가 조사해서 연례 『소비자잡지보고』에 발표한 이 조사는 미국 내 주요 잡지 독자의 경제적·사회적 통계를 한데 모아서 보여주었다. 이 조사에 따르면 〈플레이보이〉의 독자는 함께 조사한 50개 잡지 가운데 가장 젊고 소득수준과 교육수준이 높았다. 〈플레이보이〉의 독자는 여행, 자동차, 술, 담배 소비에 앞서 갈 뿐만 아니라 전기 커피메이커, 믹서, 선풍기, 다리미, 토스터도 더 많이 샀다. 잡지의 평균 독자는 구매의 정점에 있었고 성공에 관심이 많은 부류라고 〈플레이보이〉는 자랑스럽게 밝혔다. "이런 특성을 지닌 남자는 통계적으로 볼 때 인생의 훌륭한 것에 대한 취향과 그것을 얻을 능력에서 남들보다 앞선다. 이는 뿌듯한 일이다."

헤프너는 곧 스타크 보고서를 잡지 광고에 활용해서 "어떤 남자가 플레이보이를 읽는가?"라는 유명한 광고캠페인을 시작했다. 광고는 스타크 보고서는 "〈플레이보이〉는 평균적으로 다른 남성잡지보다 독자의 수입이 더 높다. 〈플레이보이〉 독자는 나이도 더 젊다. 〈플레이보이〉 독자는 75.5퍼센트가 18세에서 34세, 즉 상품 구매에 열정적이고 모든 물품을 남들보다 한발 앞서 구매하는 나이대에 있다."고 했다. 광고는 독자의 높은 교육수준과 직업적 지위뿐 아니라 그들이 술과 좋은 차, 여행, 옷, 엔터테인먼트를 좋아한다는 것도 강조했다. "〈플레이보이〉 독자의 평균 나이는 28세다. 이들은 젊지만 소득은 다른 남성잡지 독자보다 더 높다. 〈플레이보이〉는 담배, 맥주, 위스키, 와인, 옷, 사진 장비, 자동차, 라디오의 소비 통계에서 모든 남성잡지의 최상위에 랭크되어 있다."

헤프너가 1950년대 말에 가장 소중한 목표 하나를 달성한 건 분명했다. 그건 〈플레이보이〉를 풍요와 사회적 성취의 현대적 에토스와 동의어로 만드는 것이었다. 스타크 보고서는 쾌락 추구가 방종이 아니라 세속적 성공으로 이어진다는 그의 주장을 증명하는 것 같았다. 이제 헤프너는 승리를 굳히기 위해 당시에 큰 주목을 받은 문화적 현상에 말을 걸기로 마음먹었다.

'비트세대Beat Generation'는 1950년대 말, 초연하고 무심한 태도와 세상에 대한 외면으로 많은 관심을 끌었다. 잭 케루악, 앨런 긴즈버그 등이 이끈 이 운동은 중산층 교외 문화의 진부한 순응주의를 거부하

"어떤 남자가 〈플레이보이〉를 읽는가?" 잡지가 내세우는 성공 지향적인 젊은이의 좋은 인생 비전을 강조하는 광고 포스터

고, 원시적 경험과 약물과 개인 해방을 추구했다. 〈플레이보이〉 역시 다른 잡지처럼 비트주의자를 자주 다루었다. 이들은 '비트 신비주의'를 다룬 1958년 심포지엄을 책으로 출간해서, 이 새로운 허무주의의 여러 측면을 탐구하고, 미국 남성의 3대 질병인 수동성과 불안, 권태를 일으키는 정서적 무감각 상태를 분석했다. 「비트세대의 기원」이라는 글에서는 비트세대라는 말을 만든 케루악은 이 운동은 중간계급 가치관을 혐오하고 진정한 정서적 경험을 탐색하는 의미에서 비롯되었다고 했다.

어떤 의미로 〈플레이보이〉는 이 운동을 흡수하려고 했다. 잡지는 1959년 7월호에 로스앤젤레스의 현대적 커피하우스나 클럽을 다니며 생각이 비슷한 사람과 여러 의견과 세상에 대한 불만을 나누는 '비트 플레이메이트'로 이벳 비커스를 선보였다. 거기에 딸린 글은 이랬다. "그녀는 연기, 발레, 딜런 토머스를 좋아한다. 자기 의견이 뚜렷하고, 반항아 기질이 강하며, 순응주의를 보면 얼굴을 곱게 찡그린다." 센터폴드 사진은 그녀가 남자 셔츠만 입고 소파에 엎드린 모습이다. 얼굴은 지친 표정이고, 바닥에는 빈 와인병, 담배꽁초가 수북한 재떨이, 펼친 시집이 놓여 있으며, 손은 전축에 음반을 돌리려고 뻗고 있다.

하지만 〈플레이보이〉에서 비트주의는 대개 그들의 독자를 대조해 부각하는 역할을 했다. 미국 전통적 가치관의 촌스럽고 단정한 면에 대한 불만은 양자가 공통이었지만, 헤프너는 비트주의자들의 스타일이 형편없다고 여겼다. 환멸과 약물, 좌절은 멋진 스타일과 사회적 성공, 물질적 풍요를 추구하는 〈플레이보이〉 이상과 별로 비슷한 점이 없었다. 그래서 헤프너는 그의 독자와 미국 주류 사회를 거부하기보다 개혁하고 활성화하려는 움직임을 담을 새로운 말을 만들었다. "플레이보이는 세상에 나온 지 5년 만에 적절하게도 업비트Upbeat('낙관적인, 유쾌한'이라는 뜻 - 옮긴이) 세대라고 불릴 사람들의 목소리가 되었다."고 그는 1958년에 선언했다.

헤프너는 점점 늘어가는 충성스러운 독자를 설명할 때 이 말을 거듭 반복했다. "비트세대가 유명해지고, 우리가 그것을 보도하고, 케루악이 우리 잡지에 글을 썼을 때, 나는 업비트세대라는 말을 만들었다. 업비트세대는 사회를 외면하지 않고 인생에서 일과 마찬가지로 놀이와 쾌락을 포용하려고 했다. 우리는 관습은 거부하지만 인생을 자본주의를 끌어안는 즐거운 잔치로 바꾼다."

그는 캐나다 방송국 라디오 인터뷰에서 비트세대가 많은 주목을 받고 있지만, "같은 세대의 더 많은 사람은 그들처럼 옛 관념과 이상에 순응하기를 거부하는 한편 그에 대해 무언가 하고 싶어한다. 우리는 그들을 업비트세대라고 부른다. 〈플레이보이〉는 바로 이런 이들에게 의미가 있다. 우리는 열심히 일하고 열심히 놀면 인생이 즐거워질 수 있다고 생각한다."

업비트세대의 지향점은 결국 기회와 사회적 상승 가능성이라는 미국의 오랜 신조를 갱신한 것이다. 〈플레이보이〉의 메시지는 "개인이 무언가를 성취하고 자신을 높이려고 일하면 이 나라에는 멋진 기회가 있다는 강한 믿음"을 표현했다. 그는 자신의 승리를 확신하며 기자에게 말했다. "케루악은 자기 구역에 몇 명의 비트족이 있지만, 우리에게는 그 나머지 전부가 있다."

1959년에 헤프너는 업비트세대의 활기를 축하하는 행사인 플레이보이 재즈 페스티발을 열었다.

8월 7일에서 9일까지 사흘 동안 시카고 스타디움 야외무대에 루이 암스트롱, 듀크 엘링턴, 카운트 베이시, 데이브 브루벡, 마일스 데이비스, 엘라 피츠제럴드, 디지 길레스피, 콜먼 호킨스, 스탠 켄턴, 오스카 피터슨 등 미국 재즈계의 빛나는 스타들이 모였다. 코미디언 모트 살이 사회를 보았고, 매일 청중 1만 8천 명이 모였다. 헤프너가 첫 줄에 앉아 환호했고, 사회를 맡은 살은 말했다. "이 페스티발은 〈플레이보이〉가 오직 한 가지 일에만 관심 있는 게 아니라는 걸 증명해줄 것입니다." 마지막 날 공연 중 휴식 시간에 헤프너가 청중에게 인사하고 내년에도 이런 행사를 여는 게 좋을지 묻자 관중은 열렬한 환호로 응답했다.

비용을 제외한 수익 전체를 시카고 도시연맹에 기부했으므로 〈플레이보이〉는 이 행사로 돈을 벌지는 못했지만 그보다 훨씬 중요한 '평판의 개선'을 얻었다. 〈버라이어티〉지가 음악회를 크게 호평하면서 말했듯이, "이 행사가 〈플레이보이〉의 지위를 높여주었다는 데는 의심의 여지가 없다." 사업부장 로니스는 〈빌보드〉지와 한 인터뷰에서 그게 어느 정도였는지를 보여주었다.

> 우리의 주요 목적은 잡지를 제대로 읽지도 않고 센터폴드 사진에만 근거해서 수준을 판단하는 광고주에게 잡지의 이미지를 개선하는 것이다. 우리는 그들에게 〈플레이보이〉가 똑똑하고 젊은 미국 남자의 모든 관심을 다룬다는 걸 분명히 보여주고 싶다. 그것을 이룰 수 있다면 어느 정도의 비용 지출은 감수할 만하다.

이런 수준 높은 행사를 치러 냄으로써 잡지는 주류 사회에 한 걸음

더 성큼 다가갔다. 잡지는 고급 엔터테인먼트, 레저, 상승지향 이미지를 얻음으로써 자신이 세상을 앞서는 것이지 외면하지 않는다는 걸 보여주었다.

사회적 성공과 물질적 풍요를 강조하는 헤프너의 업비트 메시지에는 마지막으로 또 하나의 차원이 있었다. "하이파이, 스포츠카, 좋은 음식과 술, 좋은 엔터테인먼트, 좋은 문학과 음악은 우리 젊은이들이 돈을 벌어서 이런 혜택을 즐기도록 교육에 힘을 쏟게 해준다." 그는 〈새터데이 이브닝포스트〉에 말했다. "그렇게 해서 우리는 러시아와 교육의 격차를 극복할 수 있다. 우리의 임무는 비트세대 대신 업비트 세대를 만들어서 그들이 미국을 위해 일하게 하는 것이다." 냉전 시대에 이런 애국적 욕망은 플레이보이의 이념적 지향을 드러냈다. 미국은 전 세계 공산주의 세력에 대항해서 미국적 생활방식이 민주적 자유뿐 아니라 소비적 풍요라는 강점도 있음을 보여주려고 했다. 그 전선에서 〈플레이보이〉는 중대한 역할을 할 준비가 되어 있었다.

## III

1959년 여름, 리처드 닉슨 부통령은 세계무역박람회에 미국 전시관을 열기 위해 모스크바로 갔다. 그는 미국 교외주택 모형을 둘러보다가, 소련 서기장 니키타 흐루쇼프와 유명한 '부엌 논쟁'을 펼쳤다. 닉슨은 미국 시민의 풍요로운 생활수준이 장기적 승리를 가져올 거라며, 텔레비전, 세탁기, 청소기, 그밖의 생활 편의제품이 궁극적으로 냉전을 이길 무기라고 주장했다. 흐루쇼프는 이 말을 무시했다. 하지만 닉슨의 말은 경제적 안정과 국가안보의 긴밀한 관계를 잘 설명했다. 다양한 물품 가운데 원하는 것을 선택할 수 있는 미국의 능력은 우중충하고 획일적인 공산주의 사회의 제품 속에서 월등히 돋보였고, 그들이 바라보는 좋은 인생이 무엇인지를 보여주었다.

〈플레이보이〉는 여러 방식으로 이런 이념을 표현했다. 물론 스타일 측면에서 보면, 잡지는 경직된 아이젠하워 행정부와 멀고도 멀었다. 하지만 정치경제학 측면에서 헤프너는 닉슨과 대다수 동료 시민과 협력했다. 다양한 물품을 생산하고 소비하는 미국의 능력은 현대 자유기업 제도의 핵심이었다.

헤프너와 잡지는 명백하게 냉전시대 자유기업주의 주류에 속했다. 〈플레이보이〉는 주요 양당과 마찬가지로 현대 소비자본주의에, 그리고 그것이 과도하게 나가는 것을 막아줄 정부의 통제에 기본적인 믿음을 가졌다. 거기다 헤프너와 그의 잡지는 문화와 관련해서 표현의 자유와 불순종의 요소를 보탰다.

1950년대에 〈플레이보이〉 이념은 자유기업을 옹호한다는 면에서 자본주의적이고, 정부 규제의 필요성을 믿는 한도에서 진보적이었으며, 사회 문화적 분야에서 개인의 자유를 강조한다는 점에서 자유주의적이었다. 표현방식은 간접적이었지만(업비트세대는 정치 논쟁을 재미없는 것으로 여기는 경향이 있었다), 이들은 미국적 생활방식의 옹호자로 자리를 잡았다. 〈플레이보이〉는 몇몇 과민한 비판자들이 주장하는 전복성과는 거리를 두고, 쾌락 윤리의 수용이 미국이 공산주의와 싸우는 데 힘을 실어주리라고 보았다.

헤프너 이념적 메시지의 핵심은 개인의 자유를 철저한 강조하는 것이다. 이런 굳건한 믿음을 갖게 된 데는 이전까지 미국이 사회에 활력을 불어넣어준 낙관적으로 성공을 추구하는 신조가 대공황이 닥치면서 평범한 개인의 보호에 대한 강박적인 우려를 낳았다는 역사 지식도 한 역할을 했다.

> 고통받는 평범한 사람에 대한 이유 있는 걱정에서 시작했지만, 매스미디어는 평범한 사람의 걱정을 강조하는 데 그치지 않고, 그런 사람을 거의 이상화하는 데까지 나아갔다… 그리고 다시 5~6년 동안 전쟁을 겪으면서 40년대부터 다른 순응주의가 자리를 잡았다… 바로 여기서 개인과 개인적 자발성에 대한 평가절하, 교육에 대한 엄청난 평가절하가 나왔다……. 우리는 실제적인 면에서도 이 나라가 20년 동안 거의 정체해 있었다는 것을 깨달았다… 하지만 새로운 세대가 닥치면서 이런 낡은 금기와 전통과 관념을 거부하는 경향이 있었던 것 같다… 나는 〈플레이보이〉가 그것의 일부라고 생각한다.

헤프너는 성 행동과 관련된 개인의 자유는 자유기업 제도 속의 개인의 자유와 같은 것이라고 끊임없이 강조했다. 그는 자본주의 장점이 "최고의 아이디어와 최고의 인물이 정상에 올라갈 수 있게, 적어도 경쟁할 수 있게 해주는 것이다. 그 점은 모든 측면에서 모든 사람에게 혜택을 준다."고 믿었다.

그와 동시에 헤프너는 정부의 경제규제 또한 지지했다. 20세기 진보주의 전통에 따라 그는 자유경쟁 사회는 일정한 규제 없이는 그런 자유경쟁 상태를 오래 지탱하지 못하리라고 주장했다. "무정부주의가 정치적 자유를 주지 못하는 것처럼, 완전한 자유방임 자본주의는 기업에 자유를 주지 않을 것이다." 그러므로 헤프너는 개인 야심의 자유로운 발휘를 지지했지만, 그것이 파괴적인 탐욕과 권력 도취로 변하는 것을 막아야 한다고 했다. 자신의 말대로 그는 계몽된 자기 이익의 사도였다.

그리고 1950년대에 헤프너는 명백한 반공주의자다. 찰리 채플린에 대해 쓴 글에서 헤프너는 이 천재 희극배우가 공산주의의 전체주의 독재를 오늘날처럼 선명하게 파악할 수 없던 1930년대에 좌파 급진주의를 지지한 건 큰 실수였다고 말했다.

하지만 헤프너는 자유주의를 중요하게 내세웠는데, 표현의 자유와 관련한 문제에서 특히 그랬다. 그는 이익 집단이나 정부가 가하는 검열은 모두 비난했다. 1959년에 샌프란시스코 교외 지역 경찰서장이 외설 사진을 문제 삼아 〈플레이보이〉를 금지하면서 논란이 일었다. 신문 지면이 논쟁으로 폭발했고, 국회의원 캐스린 E. 그래너한(민주당, 펜실베이니아 주)은 연간 수십 조 달러를 소비하는 외설적 향락을 비난하면서, 외설 표현물이 청소년 비행 또는 공산주의와 관련이 있다고 주장했다. 헤프너는 표현의 자유를 강력하게 옹호했다. "어느 사회에서 시민의 읽을거리를 미리 선택해야 한다면(그 자체가 이미 끔찍한 일이지만) 그 일을 하는데 지역 경찰서장만큼 부적격인 사람은 없다." 그는 연합통신에 말했다.

헤프너는 발언의 자유 깃발을 높이 들고 매카시즘에 대항했다. 그 역시 반공주의자이긴 했지만, 조지프 매카시 일당이 이끄는 빨갱이 사냥에는 염증을 느꼈다. 〈플레이보이〉가 좌파 작가의 글을 거리낌 없이 싣는다는 독자의 항의 편지에 대한 답문에서 헤프너는 민주주의 사회의 표현의 자유를 설득력 있게 옹호했다.

플레이보이는 이 나라가 아주 크고, 매우 강하고, 마땅히 옳기에,

모든 사람의 사상과 재능을 자유롭게 표현해도 몇몇 개인의 어리석음 때문에 상처받지 않을 거라고 진심으로 믿는다… 미국은 공명정대함과 무죄추정의 원칙을 자랑하지만, 그것과는 상관없다. 우리는 피카소가 공산주의자라는 걸 알면서도 그를 생존한 세계 최고의 화가 중 하나로 인정하기 때문이다. 국가안보를 핵심적으로 여기는 정부에는 정치가 중요하겠지만, 문학에는 그것이 들어설 자리가 없다. 미국의 예술과 문학이 그리고 이 나라 자체가 자유를 유지하려면 말이다.

섹스와 정치에 대한 헤프너의 자유주의적 태도는 FBI의 분노를 샀다. 1957년에는 FBI 수사원이 「나만의 플레이메이트 촬영」이라는 제목으로 촬영 중인 화보를 조사한다며 〈플레이보이〉 사무실에 찾아왔다. 그들은 밀리의 아파트에 가서 남편의 활동에 대해 묻고 그를 주의할 인물로 분류했다. 헤프너가 정리한 FBI 관련 문건에 따르면, 수사원들은 1955년대부터 〈플레이보이〉를 샅샅이 살피며, 외설적 내용이나 FBI 또는 국장에 대한 비우호적인 발언이 있는지를 살폈다.

그렇지만 잡지는 주류적인 정치적 태도를 유지했고, 그것은 헤프너 자신의 정치적 행동으로도 드러났다. 그는 1952년 대선에서 아이젠하워와 애들레이 스티븐슨 사이에서 갈등했다. "밀리와 나는 부동층이라고 말하는 행복한 집단이었고, 우리는 아이젠하워를 선택할 것이다." 그는 처음에는 그렇게 말했지만, 이어서 비상한 직무 능력이 최우선이라며 스티븐슨으로 바꾸었다. 1950년대 말에는 만약 〈플레이보이〉가 정치 잡지라면 거의 모든 전국적 사안에 공화당과 견해가 같다고 생각하면 된다고 피력했다. "내가 그러기 때문이다. 나는 사회주의를 좋아하지 않는다. 그런 사회는 제대로 돌아갈 리가 없고, 사람들이 자기 향상을 위해 일하는 대신 어물쩍 시간만 보낼 거로 생각한다." 이런 태도는 1960년대 중반까지 이어졌다.

〈플레이보이〉가 가진 미세하게나마 진보적인 정치 색채는 점진적으로 사회 문제에 관심을 높여갔다. 「조작자들」이라는 기사에서는 제품을 팔고자 사람들의 숨겨진 욕구와 불안을 연구하는 대기업 연구자들을 맹비난했다. 「에로스와 디트로이트의 부조리」는 미국의 자동차 업체가 미국 남자들의 가장 큰 약점인 발기 부전에 대한 쓸데없는 공포를 이용해서 조악한 자동차를 생산하는 것을 비판했다. 「늙은 지도자 숭배」는 정부의 모든 분야를 노인이 지배하는 것에 의문을 던졌다. 1959년에는 핵 실험 및 치명적인 방사능 원소 스트론튬 90의 대기 방출에 대해 경고하는 특별 기사도 내보냈다. 이런 기사들은 책임 있고 개혁적인 정치 감각을 보였다.

하지만 헤프너의 정치 성향이 주류 세계에 속했다는 가장 큰 증거는 1960년에 당시 영화배우조합의장이던 로널드 레이건에게 보낸 편지다. '할리우드 10인'(공산주의자 동맹에 관련된 정부의 질문에 대답하기를 거부해서 블랙리스트에 오른 할리우드의 영화 관계자 10인 - 옮긴이)에 오른 달턴 트럼보가 〈플레이보이〉에 쓴 기사를 보고 레이건이 화가 났다는 이야기를 듣고 헤프너는 편지를 썼다. "우리 〈플레이보이〉는 공산주의도 공산주의자도 좋아하지 않습니다. 나는 공산주의와 그것이 내세우는 근본적인 게 마음에 들지 않습니다." 하지만 헤프너는 검열과 블랙리스트에 대해서는 한 마디 했다. "검열과 블랙리스트는 전제정치로 나아가는 첫 걸음입니다. 엄밀히 말해 이 나라는 검열과 블랙리스트에 대항해 싸워야 합니다, 공산 러시아를 포함한 모든 전체주의 국가가 내세우는 게 바로 검열과 블랙리스트입니다. 자유로운 사회에서는 나와 생각이 다르다고 침묵하지 않고, 다양한 생각을 자유롭게 교환하는 게 필요합니다."

이 편지는 친기업, 반공, 개인적 표현의 자유, 검열 반대라는 1950년대 〈플레이보이〉의 정치적 견해를 요약해서 보여준다. 헤프너는 온건한 반대자로 제도 안에 머물면서도 제도의 속박을 풀고자 했다. 〈플레이보이〉와 헤프너는 아이젠하워시대의 맹목적 순응주의와 비트세대의 현실 외면에 모두 거리를 두고 공식적인 대항문화의 한 표현이 되었다. 20세기 초에 시어도어 루스벨트의 '활기찬 삶'을 향한 분투처럼 〈플레이보이〉는 지친 주류 사회에 성적 에너지, 사교 스타일, 남성적 힘을 주입해서 적들과 맞서 싸울 힘을 주었다. 1950년대 말의 한 신문 인터뷰에서 헤프너는 이렇게 압축적으로 표현했다. "우리는 수용할 만한 반항의 목소리를 내려고 한다."

〈플레이보이〉는 성해방과 풍요로운 소비를 함께 강조해서 전통적 금욕주의의 마지막 잔존물을 휩쓸어 가는 자기충족의 문화에 강력한 힘을 보탰다. 헤프너가 한때 말했듯이 〈플레이보이〉를 시작한 건 "어떤 사명 같았다. 나를 옭아맨 모든 속박을 조롱하는 잡지를 펴낸다는 그런 사명 말이다."

헤프너와 〈플레이보이〉는 낡은 속박에 저항하면서, 모든 욕구를 충족하고 모든 욕망을 채우라는 시대의 열망을 호소력 있게 담아냈다. 이런 분투의 목표는 우리 사회의 2대 죄악인 물질주의와 섹스에 도전하는 것이었다. 헤프너는 성적, 물질적 풍요에 대한 자신의 욕망이 전후사회前後事會에서 널리 공유할 거라는 데 도박을 걸었다. 그는 자신의 관심과 취향과 욕망과 그 자신을 "존재하는 그대로가 아니라 꿈꾸는 대로 반영하는, 내가 되기를 갈망하는 종류의 사내"를 보여주는 잡지를 내놓았다. 그 도박은 성공했다. 〈플레이보이〉의 인기는 다른 사람들도 멋진 인생에 대해 그와 비슷한 비전을 지녔고, 역시 같은 종류의 사내가 되기를 바란다는 것을 알려주었다.

# 5 환상을 살다

1950년대 중반에 〈플레이보이〉가 성공적으로 궤도에 오르면서, 젊은 헤프너는 회사에 드나드는 아름다운 여자들과 점점 더 많은 시간을 보냈다. 어느 날 레이 러셀은 한 젊은 여자가 와서 사장실에서 오랜 시간을 머무는 데 눈썹을 치켜세웠다. 그가 말했다. "나는 그 여자가 일 때문에 온 게 아니라는 걸 알았다. 그런 일에 충격받다니 그 시절 내가 그토록 순진했다. 어쨌건 헤프너는 유부남이 아닌가. 하지만 그 이후 젊은 여자들이 줄지어 헤프너의 방을 드나드는 걸 보면서 나는 곧 알게 되었다."

빅터 로니스는 헤프너의 성적 모험을 알려주는 또 하나의 지표를 발견했다. 로니스와 헤프너가 함께 아는 어떤 여자가 헤프너 침대맡 책상에 검은색 수첩이 있다고 했다. 거기에는 헤프너가 데이트한 여자들 명단과 섹스와 관련한 다양한 특징으로 보이는 비밀 부호가 달렸다. 거기에는 나이 많고 촌스러운 〈플레이보이〉 여직원도 정복한 대상으로 적혀 있었다. 로니스가 정말로 그녀와 잤는지 묻자 헤프너는 그렇다고 인정했다. 로니스가 짓궂게 "그 시절에는 지금보다 예뻤나요?"라고 묻자, 헤프너는 잠깐 생각하고 "그랬으면 좋았을걸." 하고 대답했다.

1950년대 헤프너의 개인 생활은 이런 식으로 변해갔다. 〈플레이보이〉가 성장하면서, 헤프너는 스스로 창조한 새로운 환상에 인생을 맞추어 갔다. 헤프너는 본래 수줍고 감상적인 성품에다 패션, 스포츠카, 좋은 음식과 술에 별다른 관심이 없었기에, 그런 일이 자연스럽게 일어나지는 않았다. 게다가 그는 아내와 어린 두 아이가 있었다. 그래서 〈플레이보이〉 라이프스타일은 여자 친구와 외도의 연속으로 이따금 모습을 보일 뿐이었지만, 그것은 결국 그의 결혼생활을 천천히 허무는 데 일조했다.

그러다 1950년대 말에 이르러 헤프너는 자신을 완전히 재창조했다. 그는 공개적으로, 그리고 대대적인 선전 속에 〈플레이보이〉의 성혁명과 풍요로운 소비 에토스를 받아들였다. 그는 또한 잡지가 말하는 쾌락의 환상을 실현하는 텔레비전, 나이트클럽, 화려한 맨션과 관련한 몇 가지 계획에 착수했다.

헤프너는 날카로운 직감으로 전후 미국에서 스타의 중요성이 점점 커진다는 것을 파악했다. 레저와 엔터테인먼트에 몰두하는 소비사회에서 영화, 텔레비전, 스포츠, 잡지에서 나온 대니얼 부어스틴의 말처럼 "유명한 것으로 유명한 사람들"은 대중 의식의 중심을 차지했다. 매스컴은 텔레비전 화면이나 잡지 지면을 통해 유명인들의 과장된 이미지를 널리 전하고 그들을 실제로 아는 듯한 환상을 만들었다. 리처드 시켈이 말했듯이 공공생활과 개인생활이 뒤섞인 사회에서 친밀한 타인들이 강력한 영향력을 발휘했다. 유명인들은 태도와 의견의 형성자로 미국사회의 도덕적 변화를 주도했다. 1950년대에 헤프너는 바로 그런 유명인이 되었다. '미스터 플레이보이'로, 풍요로운 섹스와 소비의 꿈을 실현한 삶으로, 그는 전후 미국사회 쾌락 윤리의 흥행사가 되었다.

I

〈플레이보이〉 창간과 더불어 헤프너의 삶에서 일과 놀이는 서로 분리할 수 없었다. 그는 갈수록 슈피리어 스트리트 집무실 부속침실에 쓰러져서 밤을 보내는 일이 많아졌다. 이어 오하이오 스트리트의 집무실도 침실과 드레싱룸과 욕실이 딸린 개인 처소가 되었다. 슈피리어 스트리트에서도 오하이오 스트리트에서도 헤프너의 집무실은 젊은 여자들과 무수한 희롱을 나누는 장소가 되었다. 긴장만 남은 시든 결혼생활과 가족에게서 멀어지면서 그는 젊은 시절 그를 외면했다고 느낀 인생에 자신을 던졌다. 그는 스스로 플레이보이가 되었다.

오하이오 스트리트에서 멀지 않은 니어노스 사이드 지역의 나이트클럽들이 헤프너의 되살아난 사교 활동 무대가 되었다. 시카고는 리처드 데일리 시장 일당이 지배하고 가톨릭교회의 영향력이 강한 낡은 도시였지만 니어노스 사이드는 예술가, 화랑, 신문사, 기자, 레스토랑과 클럽이 가득한 보헤미안의 안식처였다. 특히 번화한 러시 스트리트 주변에는 미스터 켈리스, 블랙오키드, 클로이스터, 셰파리 같은 나이트클럽이 즐비했다. 헤프너는 자정 무렵에 퇴근한 뒤, 빅터 로니스, 셸 실버스타인, 코미디언 돈 애덤스, 중개인 리 올프버그, 클럽 주인 셸리 캐스턴, 스킵 크래스크, 존 댄티 같은 친구와 어울려서 나이트클럽들을 배회하며 새벽을 보냈다. 이들은 포커와 진 러미 카드놀이를 하고, 술과 음악을 나누었으며, 아침에 해가 떠서야 밥을 먹으러 나가기도 다반사였다.

이런 남자들의 요란한 회합에 가벼운 성적 승리가 넘쳐났다. 나이트클럽에는 여자가 가득했고, 캐스턴의 말에 따르면, 헤프너는 다른 사람들처럼 쇼걸, 웨이트리스, 물품보관소 여직원, 거리의 여자들을 쉽게 꾀었다. 크래스트는 어느 날 모두가 과음하고 난교파티를 벌였다고 말했다. 중간에 그는 캐스턴과 함께 헤프너가 두 여자와 한 침대에 있는 사진을 찍었다. 며칠 후에 그들은 어떤 남자가 놓고 갔다며 그에게 편지봉투를 건넸다. 거기에는 그 난잡한 사진과 함께 5백 달러를 내놓지 않으면 이 사진을 신문사에 보내겠다는 쪽지가 있었다. 그러자 헤프너가 어찌나 놀라고 창백해졌는지, 두 사람은 서둘러 장난이라고 실토해야 했다.

성적 밀통이 가득한 〈플레이보이〉 사무실 또한 활기찬 사교의 장이 되었다. 성적 속박을 허무는 것이 회사의 임무다 보니, 열정적인 남녀들은 별로 놀랍지 않게 서로에게 매혹되었다. 외도가 넘쳐났다. 레이 러셀은 사무실에서 상당히 규칙적으로 여자들과 놀았고, 베브 체임벌린과 빈스 타지리는 서로 장기간에 걸친 외도 상대였다. 재닛 필그림은 광고부 임원 필 밀러와 애인이 되었다. 엘던 셀러스와 앤슨 마운트는 부부 동반으로 어울리다가 파트너도 자주 바꾸었다. 직원 파티가 선정적으로 변하는 일도 많았다. 러셀이 웃으며 말했듯이 다른 회사는 일터에서 동료와 농탕을 치면 해고되지만, 〈플레이보이〉에서는 승진의 근거가 되었다.

헤프너는 성적 모험을 멀찌감치 앞서서 이끌었다. 1955년까지 그는 여러 여자와 데이트를 했다. 처음은 메리 앤 러조이의 룸메이트이며 역시 시카고 파머하우스 엠파이어룸의 댄서였던 셜리 덜랜시(두 사람은 〈배브스와 셜리〉의 모델이 됨)였다. 또 코니 챈슬러(시카고 텔레비전 방송업자 존 챈슬러의 전부인)와도 사귀었다. 그리고 플레이메이트 재닛 필그림, 개인 비서 팻 패퍼스, 사진 편집 조수 베브 체임벌린 등의 회사 직원과도 이렇게 저렇게 농탕을 쳤다. 1956년에는 시카고 가스라이트 클럽에서 일하는 실라 브라우닝과 사귀었다. 할리우드에 처음 갔을 때 사진가 얼 리프의 집에서 열린 파티에 신출내기 스타 수잔 시드니, 존 브랜드쇼 등과 함께 참석했는데, 파티 끝에 난교가 벌어졌다. 고교 시절 친구로 한때 그를 좋아한 제이니 셀러스와도 하룻밤 잠자리를 했다. 그밖에도 여러 사람이 있었고, 헤프너는 섹스 파트너가 1년에 15명 정도 되었다고 추정했다.

당연한 일이지만 헤프너의 결혼생활은 점점 힘들어져 갔다. 밀리는 인내심을 잃었고, 그의 성적 방탕은 청년기부터 보이던 집착이 발현한 것이라고 결론을 내렸다. 그는 외도를 감추려고 하지 않았다. 집에 좀처럼 들어가지 않다가 밀리가 따지고 들면 고백하는 식이었다. 〈플레이보이〉 시작 이후 5년 동안 그들은 긴 별거와 짧은 화해가 점철된 위태로운 생활을 했다. "물론 모든 게 내 잘못이고, 나는 밀리와 함께 살 수도 살지 않을 수도 없는 불행한 상태다." 헤프너는 1956년 동생 키스에게 말했다.

헤프너가 1950년대 후반에 만난 수십 명의 섹스 파트너 가운데 세 여자는 특히 중요한 자리를 차지했다. 그는 그들과 진정한 관계를 나누었고 그 관계들은 〈플레이보이〉호號 선장에 대해 많은 것을 보여주었다. 베티 주지악은 1957년 노스웨스턴대학교에 다니던 18세 때 재닛 필그림을 만나 〈플레이보이〉 정기구독부에서 일했다. 귀엽고 발랄한데다 사랑스럽고 느긋한 태도의 그녀는 직원 크리스마스 파티에서 헤프너를 만나 매혹되었으며 그에게 동정을 바쳤다. "나는 강하게 빠졌고 그를 깊이 사랑했다. 그는 제대로 된 연애로는 내 첫 상대였다."고 그녀는 썼다. 헤프너는 1957년에서 1960년까지 4년 동안 그녀를 꾸준히 만났다. 1주일에 서너 차례 그녀의 아파트에서(주차딱지를 잔뜩 떼면서) 음악을 듣고, 텔레비전을 보고, 집에서 만든 식사를 하며 조용한 시간을 보냈다. 헤프너는 주지악을 따뜻하고 편안한 동반자라고 말했고, 그들의 관계는 "폭풍 대피소, 내 모든 책임에서 도망쳐 단순한 즐거움이 있는 사적인 세계로 돌아오는 피난"이라고 말했다. 주지악은 그를 사랑했기에 그와 함께 있는 데 만족했다.

주지악을 만나던 중인 1958년에 헤프너는 마이애미에 갔다가 10대 모델이며 미인대회 우승자인 조이스 니자리를 만났다. 그들은 만나자마자 서로 매력을 느꼈고 헤프너의 말에 따르면, 서로 사랑한다고 여기며 며칠 밤을 함께 보냈다. 그러고 나서 그가 그녀를 시카고로 불렀고, 그 뒤로 2년 동안 두 사람은 자주 만났다. 중간 길이의 검은 머리와 사랑스러운 이목구비, 유연한 몸매를 지닌 니자리는 헤프너와 함께 칸 영화제와 케네디 대통령 취임 파티에 갔고, 1958년에서 1961년까지 여러 시기 동안 강렬한 관계를 유지했다. 헤프너는 그녀를 자기 인생의 특별한 여자라 말하고, 마이애미에 갔을 때 그녀의 부모를 만나기까지 했다. 니자리는 〈플레이보이〉 1958년 12월호의 플레이메이트가 되었다.

1959년에 헤프너는 조니 매티스를 만났다. 그녀는 고통스러운 어린 시절을 보냈다. 어머니가 죽고 아버지가 제2차 세계대전에 참전하자 얼마 동안은 침례교 보육원에도 자랐다. 그리고 제대해서 돌아온 아버지는 그녀를 성폭행했다. 10대 시절에 낳은 아기는 입양을 보냈다. 그러고 나서 엄격한 기독교 양육 가정에서 살다가, 경직된 신앙을 지닌 남자와 결혼해서 학대 속에 살았다. 그러고 나서 모델 일을 시작했고, 영화관에서 프랑스 하녀 복장으로 안내 일을 하다가 헤프너를 만났다. 작은 몸집, 차분한 태도, 크고 검은 눈과 흰 피부로 드레스덴 인형을 닮은 그녀는 건드리기만 해도 터질 듯이 연약해 보였다. 매티스와 헤프너는 1959년에서 1961년까지 열정적인 시간을 가졌다. 그녀는 1960년 11월호의 플레이메이트로 등장한다. 로맨스가 끝난 뒤에도 두 사람은 친구로 남아서, 매티스는 1999년에 죽을 때까지 헤프너를 도와 일했다.

헤프너가 주지악, 니자리, 매티스와 맺은 깊은 관계는 그의 정신적, 감정적 성격을 보여주었다. 그들은 그의 성격과 서로 다른, 심지어 모순되는 충동, 한편에는 따뜻한 성품과 낭만적 감상주의, 사랑스러운 순진함이 있지만, 반대편에는 불신하고 집착하며 이기적인 모습을 비추어 주었다.

헤프너의 수줍고 단순한 성품은 그와 관계를 맺은 모든 여자에게 깊은 인상을 주었다. 허식이 없고 집에 있기를 좋아하는 그는 카드놀이, 닭튀김, 영화, 사진 스크랩을 즐겼다. "그가 가진 아이 같은 열정이 내게는 몹시 매력적이었다." 주지악이 말했다. 그는 기본적으로 수줍고 심지어는 연약해 보일 때도 있었다고 매티스는 말했다. 그는 집에서 텔레비전을 보거나 가까운 간이식당에서 치즈버거를 먹고 심야 영화를 보러 나가는 것을 좋아했다. 점잖게 입지만 패션에는 관심이 없어서 군에서 생긴 무좀으로 늘 흰 양말을 신었다.

헤프너는 따뜻하고 다정한 성품이었다. "그는 정말 로맨틱했고 나는 그것을 받아먹었다. 언제나 꽃과 선물을 주었다. 또 우리는 손도 많이 잡고 포옹도 많이 했다." 주지악이 말했다. 매티스도 비슷한 경험을 했다. 헤프너는 그녀의 감정을 깊이 고려하고, 그녀를 정말로 숙녀답게 대해주었다.

하지만 이런 로맨틱한 성품 곁에는 그다지 매력적이지 않은 성품도 있었다. 헤프너는 여자와의 관계에서 항상 자기 주도권을 내세웠다. 주지악에 따르면, 그것은 오래전 밀리의 외도에서 경험한 배신에 대한 공포 때문이라고 했다. 그는 지배력을 포기하면 나약함과 취약함을 보인다고 여겨 관계를 통제했다. 자신에게 정서적 상처를 입힐 수 있는 여자에게 감정의 틈을 보이는 건 위험하고 수용 불가능한 일이었다.

이런 지배 본능 탓에 헤프너는 로맨틱한 관계에서 강력한 이기주의를 보였다. 〈플레이보이〉 직원이 그가 만나는 여자들이 그와 수준이 맞지 않는다고 말하자, 그는 솔직하게 말했다. "만약 영화배우와 사귄다면, 그 여자들은 나보다 자기한테 더 관심을 쏠 거야." 여자 친구들의 공통된 말로는, 그는 여자들이 모두 그의 요구에 집중하고, 그를 만나고 싶으면 그의 일정, 욕망, 선호에 맞추기를 강요했다. 어떤 이들은 그의 세계에 완전히 삼켜져서 자기 자신을 잃을 것 같은 두려움을 느꼈다. "그의 관계는 모두 '나, 나, 나, 나'였다… 그건 아주 힘든 일이었다." 주지악이 말했다.

헤프너는 자신과 가까운 여자들에게 집착을 보이고 심지어 냉혹하기까지 했다. 그는 자신의 눈길을 잡아끄는 다른 매력적인 여자들을 자유롭게 만났지만, 여자 친구에게는 완전한 헌신을 요구했다. 거기다 여자 친구에게 최근의 성적 모험을 자랑하는 놀라운 무감각함도 보였다. 매티스가 말했다. "헤프너는 내게 큰 상처를 주었다. 내 앞에 다른 여자들을 행진시켰다. 내가 거기 앉아 있는데, 그 여자들하고 같이 들어와서 내 앞을 그냥 지나쳐 자기 방으로 데리고 들어갔다."

절망한 여자 친구들은 반격을 가하기도 했다. 주지악은 그에게 질투를 안겨주려고 이따금 가벼운 데이트를 했다. 매티스는 좀더 극단적으로 나가서, 한 번은 헤프너가 파티에서 스탠 캔턴 밴드의 보컬 앤 리차즈에게 지나친 관심을 보이자 그 곁에 다가가 그녀를 수영장으로 밀어뜨렸다. 그녀는 헤프너를 화나게 하려고 프랭크 시나트라와 시간을 보내기도 했다.

헤프너의 이런 외도는 이미 위태롭던 그의 결혼에 예측할 수 있는 결과를 낳았다. 그는 집에 거의 들어가지 않았고, 밀리는 그의 여자 친구들과 어색하게 마주치는 일이 잦아졌다. 1955년 신년 전야에 밀리는 둘째를 임신한 채로 〈플레이보이〉 파티에 갔다가 헤프너가 다른 여자와 애무하고 있는 것을 보았다. "나는 그냥 밖으로 나가서 택시를 타고 집에 갔다." 밀리가 말했다.

헤프너는 두 사람 사이의 근본적 차이 때문에 결혼생활을 되살리는 건 희망이 없다는 결론을 내렸다. 1957년 공식 별거에 들어가자, 그는 "어쨌건 고통이 더 큰 쪽은 아내다. 나는 잡지가 있기 때문이다."라고 말했다. 밀리는 남편에게 한 사람에게 충실할 능력이 없다고 말했다. "그를 알게 된 후 언제나 그런 식이었다. 우리의 관계가 일대일의 관계라고 느낀 적이 한 번도 없다." 자녀 양육에 대한 그의 무관심은 특히 고통스러운 다툼이 되었다. "그는 아이를 그다지 원하지 않았다. 그냥 받아들이고 지냈지만 아버지의 모습은 보이지 못했다." 크리스티와 데이비드가 몇 주일 동안이나 아버지를 보지 못해도, 그녀는 아이들에게 "아버지는 마음이 따뜻한 좋은 분이고, 너무 바빠서 시간을 내지 못하지만 너희를 사랑한다."고 말했다.

결국 그들의 결혼생활은 끝났다. 1959년 3월 남편과 사전협의를 한 뒤, 밀리는 헤프너에게 가족 방기를 이유로 이혼 소송을 냈다. 그녀는 양육권과 위자료를 요구해서 모두 받았고, 그는 규칙적인 방문 권리를 얻었다. 두 사람은 우호적으로 조건을 협상했고, 긍정적으로 이혼을 받아들였다. 밀리는 재혼을 원했다. 헤프너는 어느 편지에 썼다. "나는 결혼 생각이 없다. 플레이보이 발행자는 독신이어야 한다고 생각하고, 그 상태가 오래가기를 바란다… 모든 일이 잘 마무리되었고, 재혼하면 밀리도 아이들도 모두가 다 좋을 것이다." 그리고 휴와 밀리는 그 뒤로 수십 년 동안 상당히 좋은 관계를 유지했다.

이런 사적인 모험은 헤프너 인생의 중대한 발전을 위한 무대를 마련했다. 1950년대 말에 그는 고교 졸업반 시절, 착하고 예의 바르고 순진한 휴를 버리고 허풍치고 스윙댄스를 하고 배색구두(두가지 색이 배색된 구두--옮긴이)를 신은 헤프가 되었듯이 자신을 변화시켰다. 결혼생활이 끝나고, 잡지는 고속성장을 이어가며 새로운 사회적 전망이 열리면서 헤프너는 자신을 새롭게 만들었다. 개인의 고치 속에서 일과 섹스에 빠져 살던 그는 파이프를 입에 물고 아름다운 여자를 팔에 줄줄이 매단 사교계의 총아로 대중 앞에 나타났다. 그는 미스터 플레이보이가 되었다.

## II

평소처럼 「플레이빌」 항목에서 잡지 기사의 개관을 볼 것을 기대하며

〈플레이보이〉 1957년 6월호를 펼치던 독자는 깜짝 놀랐다. “이번 달에 우리는 독자 여러분께 우리 잡지의 편집자 겸 발행인 휴 M. 헤프너를 소개하고자 한다. 그는 이 잡지의 맥박과 개성과 존재 자체를 만들어 낸 사람이다.”라는 색다른 소개와 함께 첫 장을 열었다. 기사는 그가 정오 직전에 일어나 새벽까지 일하는 올빼미이며, 역동하는 남성잡지의 수장으로서 많은 과제를 수행해 나간다고 설명했다. 기사는 무엇보다 그의 개인적 스타일이 독자의 스타일과 공명한다는 것을 강조했다.

> 그의 복장은 보수적이고 캐주얼하다. 늘 캐주얼화를 신고 펩시도 손에서 떨어지지 않는다. 그는 하루에 펩시 스물네 병 정도를 마신다. 그의 방에는 전자 엔터테인먼트 벽이 있다… 그리고 일할 때는 전축에 브루벡, 켄턴, 시나트라의 음반이 올려져 있다. 그는 기본적으로 실내에서 생활하기를 좋아한다… 재즈, 외국 영화, 아이비리그 옷, 진토닉, 예쁜 여자 등 플레이보이 독자가 좋아하는 것과 같은 것을 좋아하고, 인생에 대한 태도는 잡지만큼이나 신선하고 고급스러우며 매우 감상적이다.

헤프너가 차분한 표정으로 오하이오 스트리트 사무실 입구 계단에서서 몇 계단 위의 매력적인 금발 여자를 유혹하듯 바라보는 사진이 한쪽에 전면으로 실렸다.

헤프너는 이런 식으로 책상에서 일어나 대중의 시선에 발을 들이며, 1950년대 말에 새로운 자기 이미지를 만들어 갔다. 그 동기는 개인적이었지만, 변화의 방향은 1950년대 말 미국 대중문화의 변화를 반영했다. 집단 중심적인 기업 간부와 순응적이고 성실한 정장 차림을 한 가장家長의 이상은 대담하고 불경하고 멋지고 성공적이며 이성애에 열중하는 남자라는 새로운 이상 앞에 길을 비켜야 했다. 새로운 유형은 사방에서 튀어나왔다. 가공인물로는 제임스 본드가 있고, 정치계에서는 존 F. 케네디가 있으며, 엔터테인먼트에서는 시나트라와 '랫 팩'이 있었다. 대중의 상상 속에서 휴 헤프너는 〈플레이보이〉의 라이프스타일을 구현하며 이 집단에 결합했다.

잡지는 실제로 새로운 남성 이상理想의 아이콘을 끊임없이 광고했다. 그 노력이 가장 역력히 드러난 건 잘생기고 신사적인 가공의 영국 비밀요원 제임스 본드에 대한 우상화였다. 잡지는 1960년 3월에 플레밍의 007 연작의 하나인 단편소설 『힐데브런드 레어리티*The Hilderbrand Rarity*』를 처음 소개했고, 이후 몇 년 동안 그 화려한 스파이는 잡지에 규칙적으로 등장했다. 가벼운 우아함, 아름다운 여자, 빠른 스포츠카, 우주 시대 장비를 갖춘 본드는 잡지가 가진 남자의 매력에 대한 환상을 구현했다. 플레밍은 실제로 1960년에 〈플레이보이〉 사무실을 방문했고, 잡지는 "제임스 본드가 실제 사람이었다면 플레이보이를 정기구독 했을 것"이라는 그의 말을 자랑스럽게 보도했다. 책과 영화 속의 본드뿐 아니라 영화를 장식하는 섹시한 여자들도 〈플레이보이〉에 자주 등장했으며, 플레밍과 숀 코너리(영화에서 본드 역할을 맡은)의 인터뷰도 실렸다.

이와 비슷하게 잡지는 시나트라와 랫 팩의 이미지를 찬양했다. 헤프너는 예전부터 시나트라를 우상화했고, 1958년의 〈플레이보이〉 프로필은 그를 "오늘날 연예계의 최고 인물, 최고 인기가수, 최고 영화배우, 최고의 연애가"로 설명했다. 1950년대 말 시나트라와 '랫 팩'이라

불린 연예 집단인 댄스 가수 새미 데이비스 주니어, 코미디언 딘 마틴, 조이 비숍, 배우 피터 로퍼드는 부드러운 태도, 세련된 유머, 뛰어난 재능, 바람둥이의 명성으로 현대 남성 스타의 전형이 되었다. 1960년의 〈플레이보이〉 한 호는 '랫 팩'에 대한 기사에서 그들이 영화《오션스 일레븐》을 찍으면서 매일 밤 라스베이거스의 샌즈 나이트클럽을 채웠다고 말했다. 잡지는 그들을 세계 최고 인기그룹이라 부르며, "아주 특별한 할리우드 반항아의 무리… 재능, 매력, 로맨스, 거침없는 개성으로 대중에게 엄청난 인기를 끌었다"고 설명했다. 이 시기에 헤프너는 시나트라와 그 친구들과 어울리기 시작했다.

헤프너의 새로운 남성 모델에 대한 지지는 1960년 존 F. 케네디의 대통령 선거에서도 드러났다. 그는 케네디 주변으로 들어간 시나트라의 후원 아래 선거전에 돈을 기부했다. 헤프너는 케네디가 그의 각별한 신념인 인권에 공감하는 데 이끌렸고, 그를 아이젠하워시대의 경직된 전통주의를 뒤엎고자 하는 진보적인 인물로 보았다. 그리고 늘 그렇듯이 그는 케네디를 영화의 프리즘을 통해서 보았다. 케네디에게서 "내가 강력하게 지지하는 프랭크 캐프라의 사회관을 보았다. 그는 나에게《스미스 씨 워싱턴에 가다》,《존 도를 찾아서》의 대통령이었다." 하지만 케네디의 강렬한 남성적 아우라도 작용했다. 헤프너는 케네디를 잘생긴 멋쟁이로 찬양하며 "그는 정치적 측면과 개인적 측면 모두에서 개인적 매력과 섹스어필을 발휘했다. 당시에는 케네디와 섹스의 관계는 아이젠하워와 골프의 관계와 같을 것이라는 농담이 유행했다. 그는 우리와 같은 사람이다." 헤프너가 회고했다.

케네디가 당선되자 헤프너는 표를 구해서 새 대통령 취임식을 보러 워싱턴 D. C.로 향했다.

헤프너는 이런 식으로 자신을 본드, 시나트라, 케네디와 연결하며 대중의 상상 속에 새로운 남성의 원형으로 자리잡아 갔다. 그는 1959년 여름 칸 영화제에서 돌아온 뒤 새로운 대중적 이미지를 만들기 시작했다. 옷차림을 좀더 패셔너블하게 하고, 파이프를 피우기 시작했으며 많은 인터뷰를 통해 자신의 개인적 삶을 설명했다. 〈플레이보이〉 사무실 앞에서 메르세데스 벤츠 300SL 컨버터블 차에 기댄 모습으로 그 차의 광고에 출연했다. 헤프너는 〈플레이보이〉 지면을 통해서도 자신을 홍보했고, 그것을 달갑지 않게 보는 동료에게 자신이 잡지의 살아 있는 인격으로 책에 나오는 것은 매우 긍정적인 일이라고 말했다.

언론도 그런 신호를 읽었고, 헤프너를 유명인으로 다루는 기사가 나타나기 시작했다. 〈시카고 아메리칸〉은 1960년 6월에 「플레이보이 막후의 플레이보이」라는 장문의 기사를 실었다. "이러건 저러건 헤프너는 플레이보이다. 잡지의 성격은 헤프너의 성격이며, 그 역도 마찬가지다." 다른 기사도 발 빠르게 뒤따랐다. 〈미니애폴리스 선데이 트리뷴〉은 헤프너를 "이 나라에서 가장 열심히 일하는 플레이보이"라고 설명했다. 신문은 그의 엄청난 업무 부하와 개인적 시도들을 조사하고 결론을 내렸다. "그렇게 일하면서도 그는 잡지가 찬미하는 인생을 살고 있다." 1961년에는 신문에 주기적으로 이런 주제의 기사가 실렸다. 제목만 보아도 알 수 있는 기사들이었다. AP 기사는 「플레이보이의 플레이보이 휴 헤프너, 미국 남자들의 꿈을 살다」, UPI의 기사는 「진지한 플레이보이, 예쁜 여자들의 제국을 건설하다」였다.

하지만 미스터 플레이보이의 대중적 이미지를 창조하는 과정은 힘들었다. 천성적으로 세련된 사람은 아니었기에, 헤프너는 전과 다름

없이 근면하고 차분히 열정적이고 감성적이고 내성적이고, 단순한 것을 좋아했다. 말끔하고 도시적인 모델이 되려고 하다 보니 오히려 음식, 술, 옷에 대한 그의 평범한 취향이 도드라졌다. 멋진 인생, 좋은 와인, 고급 요리 등에 전념하는 헤프너가 거의 펩시와 닭튀김만 먹으며 사는 아이러니한 모습은 친구들과 헤프너 자신에게 많은 웃음을 안겨주었다고 레이 러셀이 말했다. 여자 친구 베티 주지악도 헤프너가 파이프를 물고 나타나기 전, 그러니까 대중적인 이미지를 띄우기 전에 그는 아주 단순하고 솔직하고 소박한 사람이었다고 말했다.

그러므로 미스터 플레이보이가 등장하는 데는 헤프너 성격의 전면 개조가 필요했다. 주지악은 그게 거짓이라는 걸 감지했다. 그가 자신이 창조한 덫에 걸렸고, 대중의 기대를 채우기 위해 맡은 역할을 하기 시작했다고 보았다. 이런 주장은 그럴듯하지만 〈플레이보이〉가 처음부터 성적, 정서적, 물질적 환상 위에 세워졌다는 점을 간과한 것이다. 헤프너가 역할을 맡아 수행했다고 해도, 그것은 그가 그 역할을 전적으로 믿었기 때문이다. 그것은 그를 미국사회의 중앙 무대에 세웠고, 거기서 그는 대중에게 환상이 현실보다 더욱 강력하고 현실적이 될 수 있다고 설득할 수 있었다. 그는 자동차, 옷, 여자, 인터뷰, 언론 기사 같은 수단을 활용했지만, 그의 페르소나를 형성할 진정한 기회는 멋진 인생에 대한 〈플레이보이〉의 꿈을 투사할 세 가지 대규모 프로젝트와 함께였다.

### III

1959년 10월부터 1960년 2월 사이의 서너 달 동안, 헤프너는 텔레비전 프로그램을 시작하고, 시카고의 길디드 에이지 맨션을 사고, 최초의 플레이보이클럽을 열었다. 이런 사업은 그의 인생을 완전히 바꾸어 놓았다. 그를 통해 헤프너는 〈플레이보이〉 라이프스타일의 대변자뿐 아니라 주요 실행자가 되었다. 그가 말한 대로 지금까지 잡지에 담아내기만 했던 독신 남성생활의 환상을 자신의 일상을 통해 구현함으로써, 헤프너는 의심할 나위 없는 미스터 플레이보이가 되었다.

그는 1959년 늦여름에 〈플레이보이의 펜트하우스〉라는 신디케이트 텔레비전 쇼를 구상했다. 그것은 "우리 '플레이메이트'들과 연예계와 예술계의 뛰어난 사람들이 함께하는 '플레이보이 파티'가 될 것"이라고 그는 〈시카고 선-타임스〉에 말했다.

〈플레이보이의 펜트하우스〉는 1959년 10월 24일 저녁에 첫 방송을 탔다. 헤프너는 턱시도를 입고 파이프를 물고 나와, 유명한 초대 손님 엘라 피츠제럴드, 냇 킹 콜, 레니 브루스, 작가 로나 제이프을 현대적 가구로 꾸민 그의 '아파트'로 초대했다. 그는 아름다운 여자들에 둘러싸여서 초대 손님들과 가벼운 이야기를 주고받은 뒤 즉흥적으로 보이는 태도로 쇼를 이끌었다. 조이스 니자리와 엘리너 브래들리가 플레이메이트 경험을 이야기했고, 셸 실버스타인이 잡지 만화를 그리며 세계를 일주한 이야기를 했으며, A. C. 스펙터스키는 현대적 독신자 아파트의 '부엌 없는 부엌'에 대해 설명했다. 최신 패션, 재치 있는 입담, 입 끝에 우아하게 매달린 담배, 마티니 잔 부딪히는 소리가 프로그램을 장식했다.

이 TV 프로그램을 시작한 데는 일부 사업적 근거도 있었다. 재즈 페스티발이 광고 매체로서 〈플레이보이〉의 수준을 높여주었듯이, 헤프너는 신디케이트 텔레비전 쇼가 전국적으로 똑같은 역할을 해줄 것을 기대했다. 잡지는 일반 독자에게는 여전히 이미지 문제가 있었고,

1950년대 후반 그가 최초로 진행한 텔레비전 쇼 〈플레이보이의 펜트하우스〉의 촬영장

불결하고 외설적이라는 오명을 피할 필요가 있었다.

하지만 프로그램에는 그보다 더 큰 목표가 있었다. 행복에 대한 〈플레이보이〉의 비전을 실제 삶으로 가져오는 것이었다. 헤프너는 잡지의 특별한 개성과 관점을 쇼에 그대로 접목할 생각이었다. 물론 그렇게 해서 자신의 새로운 이미지를 선보이기 위함이었다. 그가 메르세데스 컨버터블 승용차로 시카고의 밤을 달리는 모습 위로 크레딧이 올라가는 오프닝부터 호화로운 독신자 아파트 세트, 또 그의 유쾌한 모습에 이르기까지 모든 것이 그런 작전에 맞추어졌다. 로니스가 말했듯이 그 쇼는 "잡지가 새로운 미디어로 확장된 것, 〈플레이보이〉 라이프스타일을 현실에 도입한 것이었다. 물론 거기서 헤프너 자신이 미스터 플레이보이 역할을 했다."

하지만 그 프로젝트는 거듭되는 문제에 부딪혔다. 헤프너가 그리 훌륭한 진행자가 아니라는 것이었다. 그는 카메라를 향해 문을 열고 약간 우울한 목소리로 "안녕하십니까, 휴 헤프너입니다. 여러분을 파티로 모십니다."하고 말하곤 했다. 아름다운 여자들에 둘러싸인 채 그는 연예인들과 가벼운 대화와 농담을 시도하고, 지성인들과 통찰력 있는 대화를 나누려 애를 썼다. 그는 심지어 파이프까지 소품으로 채택했다. 그것이 우아한 분위기를 더해줄 뿐 아니라 어색한 손을 처리할 수 있게 해주었기 때문이다. 하지만 어색하고 경직된 그의 모습은 캐리 그랜트보다는 게리 쿠퍼에 가까웠다. "나는 뻣뻣했고, 진행자 역할에 준비가 덜 되어 있었다." 그는 나중에 고백했다.

그런데도 쇼는 헤프너의 유명세를 높여주었다. 헤프너와 그의 라이프스타일을 전국의 안방으로 생생하게 내보내는 텔레비전의 힘은 그의 대중적 인지도를 높였다. 쇼의 광고도 자기 홍보에 이바지했다. 〈플레이보이〉는 전국의 미디어에 헤프너의 커다란 사진과 "도시 높은 곳의 멋진 파티에서 당신은 연예계 스타, 유명 작가와 예술가, 유명인사, 그리고 플레이보이가 자랑하는 플레이메이트들을 만날 수 있습니다"라는 문구로 쇼와 진행자를 맹렬히 광고했다. 〈TV 가이드〉 광고는 많은 플레이메이트를 배경으로 서 있는 헤프너의 사진과 "시카고에서는 어린아이도 이 남자를 안다! 이 남자는 아름다운 여자들에 둘러싸여 있다! 연예계 빅스타가 손님으로 찾아와 이 남자의 멋진 파티에 흥을 돋운다! 잘생기고, 세련되고, 다정하고, 도시적인 그는 모든 남자의 시기 대상이며 모든 여자의 우상이다!"라는 열렬한 문구를 달고 있었다.

〈플레이보이의 펜트하우스〉는 큰 인기를 끌지는 못했지만 괜찮은 성과를 냈다. 시카고의 WBKB 방송국에서 촬영한 쇼는 뉴욕과 로스앤젤레스 등 12개 다른 도시에 신디케이트 방송되어 준수한 시청률을 올렸다. 평론가들은 헤프너가 진행 능력이 부족함을 언급하면서도 대체로 긍정적이었다. 〈버라이어티〉지는 쇼가 참신하고 얼마간의 고급스러움도 있고 뛰어난 재능을 지닌 사람들을 소개한다며, 헤프너의 진행은 어색했지만 게스트와 대화를 나눌 때는 뛰어나다고 평했다. 출연자들은 그 쇼를 재미있게 촬영했다. 진짜 파티 같은 분위기가 흘러서 초대 손님들이 여러 테이크가 이어지는 동안 긴장을 늦추려고 진짜로 술을 마시기도 했다.

첫 시즌은 26주 동안 이어졌고, 초대 손님으로는 코미디언 밥 뉴하트, 돈 애덤스, 음악가 새라 본, 스탠 켄턴, 토니 베넷, 카운트 베이시, 작가 칼 샌드버그 등이 있었다. 두 번째 시즌은 1960년 9월에 1시간짜리 포맷으로 새롭게 시작되었다. 평은 더욱 좋아졌다. "두 번째 시즌은 제작과 소개 부분에서 크게 개선되었다. 특히 휴 헤프너의 사회 부분이." 〈시카고 선-타임스〉가 말했다. 하지만 시즌 2가 끝났을 때 헤프너와 WBKB는 쇼를 거기서 종결하기로 했다.

같은 무렵 헤프너는 미스터 플레이보이 신비주의의 핵심이 될 두 번째 계획에 착수했다. 독신 생활의 자유와 풍요로운 삶을 실제로 추구할 환상의 집 플레이보이맨션을 지은 것이다. 지난 몇 년 동안 그는 애스터 스트리트에 작은 아파트가 있었지만 대부분 사무실에서 살았다. 1950년대 말에 그는 자신이 창조해 나가는 새로운 이미지에 걸맞은 집을 장만해야겠다고 결심했다. 처음에는 니어노스 사이드에 4층짜리 주택을 지으려고 했지만, 도시 규제와 비용 문제에 부닥쳐서 고쳐 쓸 수 있는 기존 건축물을 알아보았고, 얼마 지나지 않아 완벽한 집을 찾았다.

A. C. 스펙터스키와 그의 아내 시어에 따르면, 그들 부부가 어느 일

요일 오후 집에서 책을 읽으며 음악을 듣는데, 갑자기 초인종이 요란하게 울렸다. 헤프너가 계단을 달려 올라와서 길 건너편에 있는 건물을 지금 막 샀다고 말했다. 그러고 나서 두 사람을 데리고 가서 그 큰 건축물을 보여주었다. 건물은 대부분 비어 있었고, 음침하고 먼지와 거미줄이 가득했다. 하지만 들뜬 헤프너는 그 집을 곧 전시장으로 꾸밀 거라고 말했다. 그는 실제로 그렇게 했고, 시어의 말에 따르면 1년쯤 지난 뒤 그들이 그 집 큰방의 벽난로 앞에 앉아 있을 때 그가 "꼬마 소년처럼 나를 바라보면서 "내가 가장 잘한 일은 이 집을 산 것이다."고 말했다."

헤프너가 꿈꾼 집은 시카고의 유명한 골드코스트, 노스 스테이트 파크웨이 1340번지로, 미시간 호수에서 두 블록 거리였다. 벽돌과 석회암으로 지은 이 4층짜리 맨션은 1899년에 유명한 시카고 의사 헨리 이샴 박사가 지었다. 그 집은 20세기 초에 시카고 사교계의 중심지로, 시어도어 루스벨트, 리처드 버드 제독 같은 유명인을 접대했는데, 대공황 시기에 아파트 건물로 개조되었다. 작은 호텔 규모인 건물 앞에는 화려한 철망 울타리가 있고, 작은 잔디밭과 자동차 진입로, 그리고 별채가 있었다. 두드러진 점은 2층의 거대한 댄스홀이었다. 그 방은 크기가 농구 코트만 했고, 한쪽 끝에는 커다란 대리석 벽난로가, 다른 쪽 끝에는 웅장한 두 짝 유리문이 있었다. 2층 높이의 천장에는 들보가 노출되고 두 개의 거대한 청동 샹들리에가 달렸으며, 방 전체가 기둥과 나무 조각으로 장식되어 있었다. 이후 헤프너는 방의 입구에 갑옷 두 벌을 걸고, 패널 벽에 품격 높은 현대 추상 표현주의 걸작 몇 점을 걸었다. 헤프너는 맨션 안의 아파트와 침실을 새로 고쳐서 곳곳에 대리석 벽난로를 만들었다.

그리고 헤프너는 이후 전설이 된 두 가지 설비를 갖추었다. 첫째로 댄스홀 아래로 야자나무가 둘러싸이고 한쪽에 석굴까지 갖춘 실내수영장을 지었다. 수영장 한쪽에는 유리벽을 두른 바가 있었다. 수영장은 위층에서 계단으로 내려가거나 소방관처럼 하강 폴대를 타고 내려갔다. 둘째는 2층의 댄스홀 근처에 있는 헤프너 자신의 침실이었다. 방 중심에 놓인 침대는 헤드보드에 텔레비전, 스테레오, 테이프기계, 조명, 음악을 조정하는 장치가 달렸다. 헤프너가 자랑스럽게 말했듯이 그 장치는 방에 제임스 본드 같은 분위기를 만들어주었다. 침대는 헤프너의 로맨틱한 만남의 공간뿐 아니라, 온갖 메모와 교정지와 스틸사진을 흩뿌리면서 조직을 통제하는 본부도 되었다.

1960년대 초 몇 주 동안 개조와 장식을 하고 헤프너는 발 빠르게 그 위풍당당한 플레이보이맨션을 파티의 중심지로 만들었고, 〈플레이보이의 펜트하우스〉에서 보여준 가상의 환락은 진짜가 되었다. 1960년 5월 첫 대규모 파티 이후 파티는 계속되었다. 맨션의 파티는 거의 매주 열렸고, 그때마다 2백 명가량의 사람을 초대했다. 파티는 대개 자정 무렵 시작해서 동틀 때까지 계속되었다. 댄스홀이 주요 무대였고, 풍성한 뷔페와 술, 춤이 따랐다. 맨션 개조 작업이 모두 끝나자, 파티는 수영장, 그에 인접한 게임룸, 수중 바Bar로도 이어졌다. 맨션의 부엌은 손님을 위해 24시간 개방되었고, 댄스홀 천장에서는 극장 규모의 영화 스크린이 내려와서 35미리미터 영화를 보여주었다.

맨션은 곧 대단한 유명세를 얻었다. 〈시카고 트리뷴〉은 1960년 초 일요판에 특집기사를 실었고, 〈타임〉, 〈새터데이 이브닝 포스트〉에도 헤프너와 그 집에 대한 비중 있는 기사가 나왔다. 하지만 가장 두드러진 홍보는 〈플레이보이〉 지면을 통해 이루어졌다. 헤프너는 1961년

12월호에 잡지 8주년을 기념한 축하 파티의 화보 형식으로 화려한 10쪽짜리 특집을 꾸몄다. 그는 독자에게 플레이보이맨션의 문을 열고, 그의 풍요의 소굴을 찾아온 플레이메이트들을 보여주었다. 독자는 나체의 여자들이 유명한 수영장과 석굴에서 노는 모습을 보았고, 헤프너는 파이프와 슬리퍼 차림으로 고급 스테레오와 폴록, 드 쿠닝 같은 현대 추상 표현주의 거장의 그림을 설명했다. 기사는 또 맨션에 프랭크 시나트라, 새미 데이비스, 휴 오브라이언, 스탠 게츠, 모트 살, 토니 커티스 같은 많은 유명인이 방문했다는 사실도 잊지 않고 밝혔다.

〈플레이보이의 펜트하우스〉가 헤프너가 미스터 플레이보이로 활동하는 공적 공간이 되고, 플레이보이맨션이 그 사적인 공간이 되었다면, 세 번째 사업은 독자를 그런 환상 속으로 초대했다. 1960년 2월 29일 시카고 월턴 스트리트 116번지에 최초의 플레이보이클럽이 문을 열었다. "잡지의 호화롭고 로맨틱한 분위기를 멋진 인생에 관심이 있는 모든 사람을 위해 사적 클럽으로 옮기는, 우리 편집자들이 보증하는 시도"라고 헤프너는 회사에 설명했다. 빅터 로니스는 더 간결하게 "잡지의 환상을 현실로 도입하려는 생각"이라고 말했다. 플레이보이클럽은 금세 미국 전역의 도시로 퍼져서 다른 사람들도 헤프너 같은 생활을 짧게 맛보게 함으로써 헤프너가 새로 시작한 유명인사 라이프스타일을 더욱 돋보이게 해주었다.

헤프너가 그 생각을 품은 것은 그의 클럽 친구들이 자신들만의 놀이장소가 있으면 좋겠다는 말을 했을 때였다. 그리고 잡지에 시카고 가스라이트 클럽을 소개하는 기사가 나가고 수천 명의 독자가 그 클럽의 회원이 될 방법을 물어오자, 그 계획을 실행할 힘을 얻었다. 헤프너와 로니스는 예쁜 여자, 좋은 음식과 술, 세련된 엔터테인먼트라

사진36 헤프너가 1960년에 문을 연 시카고 플레이보이클럽에서 버니들을 살펴보고 있다

는 〈플레이보이〉 아이디어를 중심으로 하는 나이트클럽에 큰 시장이 있을 거라는 걸 깨닫고 계획을 구체화했다.

그들은 야간 산책 때 자주 들르는 클럽의 주인인 오랜 친구 아널드 모턴과 접촉했다. 그가 사업에 참여하기로 했고, 세 사람은 책임을 나누어 맡았다. 헤프너와 로니스가 기획과 전체 관리를 맡고, 모턴은 실무를 떠맡았다.

5층짜리 클럽은 헤프너의 잡지와 텔레비전 쇼에 나온 주제를 한데 끌어모았다. 좋은 음식과 넘치는 술, 최신 엔터테인먼트와 고급스러운 분위기가 있었다. 클럽은 독신자 아파트의 환상에 의존해서, 식당의 이름을 리빙룸, 플레이메이트바라고 붙였고, 음악과 코미디 쇼를 위한 큰 방은 펜트하우스 및 라이브러리라고 이름 붙였다. 카툰 센터에는 〈플레이보이〉에 나온 만화를 액자에 넣어 전시했고, 고급 스테레오가 건물 전체에 재즈 음악을 틀었다. 나무널 벽, 풍성한 색채, 가죽 가구들이 고급스러운 분위기를 만들었다. 라이프스타일의 중요한 원칙 하나는 배타성의 환상이었다. 회원은 가입비 50달러를 내고 평생회원이 되면 익숙한 토끼 머리 로고가 찍힌 플레이보이 열쇠를 받았다. "플레이보이클럽은 일대에서 가장 중요하고 깨어 있고 여유로운 사람들의 모임 장소다."라고 잡지는 말했다. 〈VIP:플레이보이클럽 매거진〉이라는 회원 전용 잡지가 사람들과 엔터테이너, 예정된 행사를 소개했다. 이런 전략은 회원에게 자신이 세련된 도시 엘리트라는 믿음을 심어주었다. 〈다이아몬드는 영원히〉를 보면 제임스 본드마저 플레이보이클럽의 회원이다.

물론 클럽은 처음부터 아름다운 여자들과 해방된 성의 이미지를 강조했다. 클럽에서 가장 유명해진 건 버니, 즉 웨이트리스와 그밖의 접대 업무를 수행하는 여자들이었다. 예쁜 외모와 발랄한 성격을 중심으로 뽑는 이 여자들은 모델도 있고, 직장 여성도 있고, 플레이메이트도 있었다. 버니들은 잡지의 이미지를 실제로 보고자 하는 많은 사람을 클럽으로 끌어모았다. 그들의 복장도 실망스럽지 않았다. 처음에 헤프너는 버니들에게 짧은 잠옷이나 특별 제작한 속옷을 입힐 생각이었다. 하지만 로니스와 의논한 끝에 토끼 로고를 반영하기로 했다. 한 재봉사가 버니 복장의 원형을 만들었다. 공단으로 만든 원피스 수영복 스타일의 옷으로 가슴이 깊이 패고, 양옆은 다리가 길어 보이도록 위로 가파르게 패어 올라간 디자인이었다. 여기에 나중에 토끼 귀와 복슬복슬한 꼬리, 나비넥타이, 커프스가 더해졌다.

버니들은 금세 다각화하는 〈플레이보이〉 제국의 주요한 상징이 되었다. 플레이보이맨션의 4층은 버니 숙소로 만들어서, 많은 버니가 거기 묵으며 매주 열리는 파티를 수놓았다. 헤프너의 동생 키스가 여기 결합해서 여성 인력을 관리했다. 그는 〈플레이보이클럽 버니 매뉴얼〉이라는 방대한 행동규칙을 만들어서, 유명한 '버니 딥'을 만들었다. 버니 딥은 웨이트리스가 테이블에서 고개를 돌리고 허리와 무릎을 굽힌 채 우아한 팔 동작으로 술을 서빙하는 것을 말한다. 버니들은 플레이메이트의 이웃집 여자 개념과 비슷하게 건강한 섹시함을 발휘할 것을 권장 받았지만, 일과 후에 손님을 따로 만나거나 심지어 전화번호를 주는 것도 금지되었다. 헤프너는 성적 부적절 행위의 오점이 없도록 극도로 주의를 기울였다. 스캔들이 생기면 곧장 외설행위나 더 나아가 매춘으로 고발당할 수 있었다. 헤프너는 〈미니애폴리스 선데이 트리뷴〉에 말했다. "손님과 데이트한 버니는 해고된다. 그렇게 하지 않으면 모든 게 무너져 내릴 수 있다."

시카고 플레이보이클럽은 금세 큰 인기를 끌었다. 입장을 기다리는 손님들의 줄이 건물을 빙 돌아 감쌌고, 1년 안에 등록회원이 5만 명을 넘었다. 그 후 몇 년 동안 클럽은 미국 내 15개 도시로 퍼져서 50만 명의 회원을 모았다. 이런 인기는 〈플레이보이〉 라이프스타일, 특히 그것의 3차원적이고 실제적인 형태가 도시 남자들에게 호소력이 커졌다는 사실을 일러 주었다. 또한 플레이보이클럽은 당연하게 헤프너의 위상을 높였다. 미스터 플레이보이는 한편으로 멋진 인생에 대한 〈플레이보이〉 환상을 구현하면서 또 한편으로는 그것을 실현한 남자를 찬양하는 이 유명 나이트클럽에 대한 기사에 계속 등장했다.

하지만 스스로를 미스터 플레이보이로 세우는 헤프너의 시도가 모두 성공한 건 아니다. 자신을 중심에 둔 라이프스타일 왕국의 확장은 두 건의 두드러진 실패를 겪었다. 위의 세 사업과 거의 같은 시기에 그는 엔터테인먼트에 집중한 잡지 〈쇼 비즈니스 일러스트레이티드〉를 창간했다. 영화, 연극, 음반, 나이트클럽 공연, 텔레비전, 책과 스타 이야기를 다루는 이 잡지는 미국 대중문화에 대한 헤프너의 오랜 매혹을 담았다. 하지만 잡지는 거의 시작하자마자 실패했다. 연예계 뉴스, 세상 모든 공연에 대한 짤막한 평, 아름다운 여자들의 섹시하지만 누드는 아닌 사진이 뒤섞인 잡지는 백과사전 같았지만 개성도 없고 특별한 관점도 없어 이렇다 할 매력이 없었다. 6개월 동안 8호만을 낸 뒤 그는 150만 달러의 손해를 감수하고 잡지를 경쟁사에 팔았다.

두 번째 실패는 헤프너의 성격과 열망을 더 잘 드러내준다. 1961년에 그는 자신의 인생과 〈플레이보이〉의 눈부신 성공을 다룬 할리우드 영화를 기획했다. 그는 배우 토니 커티스와 친구가 되었고, 그와 대화를 나누던 중 그런 생각을 품게 되었다. 커티스는 그 생각을 적극적으로 지지했고, 헤프너는 들떴다. 여러 차례 예비 접촉 후에 〈플레이보이〉는 영화가 1961년 11월에 개봉될 거라고 발표했다.

하지만 오래지 않아서 사람들 생각이 다 다르다는 것이 드러났다. 커티스와 제작사가 생각한 건 6명의 여자 친구와 데이트를 하며 난처한 상황을 피하려고 땀을 흘리는 남자의 가벼운 코미디였다. 좀더 심각한 주제를 담기 원한 헤프너는 커티스와 작가, 제작자에게 제안서를 끊임없이 보내기 시작했다. 그의 방대한 메모에 익숙하지 않은 사람들은 30쪽짜리 문서가 규칙적으로 전달되자 놀라움을 금치 못했다. 커티스는 그가 누드의 도스토옙스키가 되려고 한다고 비꼬았다. 커티스는 말했다. "그는 6시간짜리 영화를 만들려고 하는 것 같았다. 그걸 읽지 않고 무게만 달아 봐도 그건 안 되는 영화라는 걸 알 수 있었다."

그 메모들은 헤프너가 자신을 어떻게 보는지를 잘 말해준다. 그는 영화를 통해 자기 인생을 낭만적으로 표현하려고 했다. 소박한 출신의 남자가 온갖 난관을 극복하고 미국사회를 숨 막히는 위선에서 해방시키고 석양 속으로 사라지는 모습.

하지만 함께 영화를 계획한 동료들은 그런 생각을 받아들이지 않았다. 그들은 독자적으로 먼저 대본 작업을 했다. 헤프너가 반대했다. 두 명의 작가가 새로 결합해서 대본을 수정했지만, 헤프너는 그것도 거절하고 기나긴 메모를 퍼부으며 자신의 견해를 설명했다. 1963년 초 대본의 최종 초안이 나왔고, 제작에 들어갈 준비가 시작되었다. 하지만 헤프너가 자기 생각이 반영되지 않았다며 다시 대본에 반대했다. 몇 차례 감정적인 논쟁이 오간 뒤 헤프너와 제작사는 촬영을 연기하기로 합의했고, 영화 계획은 조용히 사라졌다.

영화는 실패했지만, 헤프너의 미스터 플레이보이 변신은 1960년대로 넘어가던 시절 일종의 환상을 충족했다. 자신을 〈플레이보이〉 잡지에서 튀어나온 이상적인 남자로 재창조함으로써, 그는 청소년기부터 천천히 형성된 인생의 꿈을 실현했다. 하지만 대중적인 파급력은 더욱 컸다. 자신의 성과를 널리 광고함으로써 그는 많은 대중에게 그런 인생이 가능하다는 환상을 퍼뜨렸다. 허구 속의 영국 첩보원, 할리우드 연예인, 카리스마 넘치는 젊은 대통령처럼, 헤프너는 미국 남자들 사이에 커가는 인생에서 섹스, 물질적 풍요, 스타일, 성공 등을 움켜쥐려는 욕망의 상징이 되었다. 그리고 그런 남자를 잡으려는 여자들의 욕망을 부추겼다.

헤프너는 행복의 정점이었다. 그는 1961년 12월의 편지에 이렇게 썼다. "살아 있는 전설이 된 기분이 어떠냐고? 아주 좋지!"

# 3
# 승리

# 1 플레이보이 철학

검은 머리, 강렬한 표정의 젊은 남자가 깔끔한 흑백 영화에 나와서 흰색 메르세데스 컨버터블을 타고 비 오는 시카고 거리를 달린다. 와이퍼가 앞유리를 닦고 머리 위 비닐 덮개가 비를 막아 주는 화면 위로 그의 목소리가 흐른다. 자신은 서른다섯이고, 〈플레이보이〉 잡지를 비롯한 2천만 달러 제국의 창립자라고 말하며 그는 감탄한다. "나는 이 세상 누구와도 자리를 바꾸지 않을 것이다." 그리고 인생은 한 번 사는 것이고, 거기서 최상의 것을 얻지 못한다면 자기밖에는 나무랄 사람이 없으니 누구나 열심히 일하고 열심히 놀아야 한다고 주장한다.

그 뒤로 20분 동안 영화는 비슷한 이미지를 반복 병치한다. 한편으로는 시끄러운 음악, 값비싼 음식, 춤추는 사람들, 실내수영장의 비키니 여자들을 배경으로 한 플레이보이맨션의 파티, 다른 한편으로는 〈플레이보이〉 회사 내부와 헤프너의 업무 일과, 또 동료의 짧은 인터뷰였다. 헤프너는 성해방, 계몽된 자기 이익 추구와 멋진 인생의 가치,

그리고 자신이 맡은 활동적인 새 세대의 대변자라는 역할에 대한 견해를 밝혔다. 그는 더없이 만족한 표정으로 결론 내렸다. "아마도 나는 이 세상에서 가장 운 좋은 사람이 아닌가 합니다."

캐나다 그룹이 1961년에 제작한 이 다큐멘터리《더 모스트》는 휴 헤프너를 경박하고 약간 풍자적으로 다루었고, 상도 몇 개 받았다. 영화는 헤프너의 에너지, 집중력, 감성을 보여주는 한편 완벽한 인생의 공허함을 다양하고 미묘한 방식으로 암시했다. 그의 여자 친구는 인터뷰할 때마다 '지성적'이라는 말을 제대로 발음하지 못했고, 따분해 보이는 남자들 대여섯 명은 파티에서 꾸벅꾸벅 졸았다. 하지만 가장 강력한 인상을 남긴 건 헤프너의 거대한 자신감이다. 자신을 미국사회를 선도하는 세련되고 유쾌하고 멋진 인생의 본보기로 여기면서 그는 단언했다. "나는 1960년대의 상징이 되기 위해 왔다."

모든 사람이 이에 감명받은 것은 아니다. 〈뉴스위크〉는 독설을 실었다. "허장성세와 거짓 포즈와 헛소리에 둘러싸인 그는 새로운 종류의 애니메이션이다… 플레이메이트 군단을 거느린 왕자는 수영장이 딸리고 사시사철 파티가 열리는 말할 수 없이 저속한 집에서 산다." 하지만 감명을 받았건 안 받았건 사람들은 그를 보았다. 신문·잡지, 텔레비전에 무수한 화제를 일으키면서, 헤프너는 1960년대 초 내내 대중적 스포트라이트 속에 살았다.

이렇게 미디어에 나올 때마다 헤프너는 1950년대부터 주장한 성적 쾌락, 물질적 풍요, 성실한 노동과 레저의 메시지를 공들여 설명했다. 하지만 1960년대 초에 그는 잡지 방향의 새로운 변화를 시도해서, 논쟁적인 사회·문화·정치 문제를 많이 다루었다. 자신과 〈플레이보이〉가 미국사회 가치관에 중요한 영향을 미친다는 사실을 진지하게 받아들여서 그는 자신의 세계관을 장문의 연재 기사로 설명했고, 그것은 종교 집단을 비롯한 많은 분야에서 큰 반향을 일으켰다. 아늑한 플레이보이맨션, 그 쾌락의 장소에 깊이 은둔해서 1960년대 초 젊은 편집자는 일종의 철인왕哲人王이 되었다.

I

〈플레이보이〉와 〈플레이보이의 펜트하우스〉가 성공하고, 플레이보이맨션과 플레이보이클럽이 도약대 역할을 하면서 헤프너는 전국적인 관심을 끌었고, 주요 언론이 그의 성공을 설명하고 분석하려 달려들었다. 이렇게 대중 노출이 빈번해지면서 그의 견해에 대한 논쟁이 불붙었고, 그를 지지 또는 반대하는 평자들이 줄을 섰다. 헤프너는 온 나라의 화제가 되었다.

대형 전국지들이 앞장섰다. 대부분은 〈플레이보이〉를 경멸하면서도 그 인기를 마지못해 인정했다. 1961년 3월, 〈타임〉의 특집기사는 헤프너의 잡지, 클럽, 라이선스 상품의 성공을 훑으면서 동시에 〈플레이보이〉를 미숙하고 "들떠 날뛰는 잡지"로, 헤프너를 "자기 홍보에 몸 바치는 사람"으로 깎아내렸다. 〈새터데이 이브닝 포스트〉의 「버니 제국의 차르」는 더 가혹했다. 이 심층 기사는 헤프너의 명성이 커지는 건 인정했지만, 그를 저질스러운 여자 누드사진을 팔면서 높은 이상을 주장하고, 얼치기 같은 취향을 감추기 위해 유쾌한 이미지를 만들고, 사적 공간에서는 발끈하는 성미면서도 공적 자리에서는 매력적이고 재치 있는 사람인 척하는 사기꾼으로 그렸다.

〈월스트리트 저널〉은 좀더 냉정하게 분석했다. 그들은 섹스와 세련미의 결합이 젊은 독자에게 점점 공감을 얻으면서 헤프너의 2천만 달러 제국을 건설했다고 결론을 내렸다. 소규모 잡지들도 뒤를 이었고, 그의 이야기는 국제적으로도 뻗어서 이탈리아의 〈레스프레〉, 〈레우로페오〉, 독일의 〈ER〉, 영국의 〈퀸〉, 남아메리카의 잡지 〈비시온〉 등에 실렸다.

헤프너의 유명세는 〈플레이보이〉의 패러디가 나타난 데서도 알 수 있었다. 유머 작가 아트 부크월드는 전국 신디케이트 칼럼에서 버니 제국의 팽창을 검토했고, 〈매드〉 잡지는 〈플레이키드〉라는 패러디 호를 내놓았다. 〈플레이키드〉에는 「독신 소년들이 숨을 수 있는 클럽하우스」라는 기사가 실리고, "멋을 아는 1학년~4학년들이 방과 후 필수 아이템으로 삼고 싶어 할 우주 헬멧과 야구 카드의 최신 패션"을 조사했으며, 미래의 플레이메이트가 "금빛 머리, 다갈색 눈, 루비 빛 입술, 위 아랫니 모두에 반짝이는 은색 보철"이라는 말로 자신을 소개했다.

헤프너는 방송에도 자주 나타났다. 다양한 다큐멘터리, 인물 단편, NBC의 아침 프로그램 〈투데이〉, CBS의 시카고 토크쇼 〈앤 랜덤, 잭 파 쇼〉, 마이크 월러스의 인기 쇼인 〈PM 이스트〉 등에 나타났다.

1960년대 초에 이르면, 더 많은 시청자가 〈플레이보이〉와 헤프너에 대한 소식을 접했다. 일부 보도는 적대적이었지만 이런 호의적이지 않은 노출도 장점이 있었다. 사실 이런 기사의 홍수 속에서 금기의 매혹은 올바른 훈계보다 호소력이 강한 것 같았다. 개인의 자기충족 메시지가 가득한 현대사회에서 완고한 문화적 심판들이 〈플레이보이〉의 외설성을 비난하는 것은 흔히 그들이 비난하는 행위를 부추기는 아이러니한 결과를 낳았다.

이렇게 소용돌이치는 관심의 중심에 헤프너는 혼자 서 있었다. 그는 기사와 인터뷰에서 현대 미국사회에서 상향 지향성과 레저, 자유로운 개인주의와 활기찬 쾌락 윤리에 대한 업비트세대의 욕망을 강조했다. 그가 CBS에 출연해서 한 말이 대표적이다. "우리가 마음만 먹는다면 인생은 멋지고 짜릿한 모험이 될 수 있습니다. 우리가 하루하루를 충분히 향유한다면… 문제는 우리가 인생에서 진정한 만족과 행복을 얻을 기회를 스스로 버리는 일이 너무나 많다는 것입니다. 우리 사회는 언제나 내일을 위해 살려는 경향이 있죠. 하지만 그런 내일은 절대 오지 않습니다."

헤프너는 건강한 성규범을 주장했다. 〈플레이보이〉와 플레이보이 클럽은 저속한 누드사진을 돌려보고 불법 밀통과 수치스러운 악덕을 저지르는 대신 건강한 섹스를 공개적으로 끌어안자고 촉구했다. 헤프너는 영국 잡지 〈퀸〉의 기자에게 말했다. "깨끗한 섹스는 저속한 섹스보다 호소력이 크다." 또 1962년 CBS에 출연해서 요약해 말했듯이, "섹스를 깨끗하고 건강하며 바람직하고 아름답게 만드는 건 어떤 것이든 좋은 것이다."

하지만 이런 익숙한 광고에는 오만에 잇닿은 자신감이라는 새 요소가 포함되어 있었다. 미스터 플레이보이는 다양한 기회에 걸쳐 자신을 "내가 만난 사람 중에 가장 성공한 사람", "살아 있는 전설", 그리고 "현 세대의 전형인" 현대적인 F. 스콧 피츠제럴드라고 말했다. 그 가운데 가장 놀라운 발언은 아마 《더 모스트》에 나온 말일 것이다. 그는 자신의 영향력과 성취를 생각하며 결론을 내렸다. "천재라는 말은 약간 재미있다. 나는 당연히 내가 천재라고 생각한다. 지성과 창조성의 면에서."

〈플레이보이〉의 증대하는 명성은 부정적 반격도 불렀다. 보수 논객 러셀 커크가 물었다. "미국 남성은 정서적으로 지체되고 영원히 킬킬거리는 청소년인가? 성적 이미지와 유혹을 남용하는 건 미국사회 퇴락의 증상이다." 앰허스트대학의 영문학과 교수 벤저민 드못은 〈플레이보이〉의 온전한 인간에 대한 비전은 성기에 국한한 것이라며 비난했다.

헤프너는 이런 비난이 거슬렸다. 그리고 비판자들이 자신의 견해를 오해하고 있다고 생각하며 그에 반격을 시도했다. 그는 자신이 미국사회에서 맡았다고 생각하는 임무를 더 깊이 숙고하기 시작했다. 찬사에서 영감을, 공격에서 힘을 받아서 그는 〈플레이보이〉 사업의 배경이 되는 철학을 설명하기로 했다.

## II

1962년 12월 〈플레이보이〉 독자는 새로운 연재 특집에 맞닥뜨렸다. 잡지의 토끼 머리 로고가 「플레이보이 철학」이라는 제목 위에 얹히고, 그 밑에는 글쓴이의 이름 휴 M. 헤프너가 적혀 있었다. 헤프너는 최근 잡지가 논란의 대상이 되면서, 견해와 이미지가 왜곡되었다고 했다. 그리고 "우리의 편집 방침을 여기서 진술하고 오늘날 우리 사회와 플레이보이의 역할에 대한 몇 가지 개인적인 발언을 더하겠다."고 했다.

「플레이보이 철학」이라는 글은 그 후로 수천 쪽의 글로 이어졌다. 처음에는 상당히 가벼운 기술을 의도했지만, 그는 곧 이 기획에 집착해서 어이없을 만큼 과도하게 매달렸다. 헤프너는 플레이보이맨션에 틀어박혀 연구 자료가 가득한 수십 개의 서류철을 들이 파며 미국의 사회, 문화, 정치, 법, 그리고 성적 문제에 대한 자신의 견해를 쓰고 또 썼다. 작업이 모두 끝났을 때, 헤프너의 발언은 3년이라는 기간 동안 25회분의 연재를 낳았다.

이 작업을 시작한 계기는 진정성과 이상주의로 그는 주류 미국의 가치를 재검토하고 개혁해야 한다고 믿으며 대화와 토론을 추구했다. 그가 어느 편지에 썼듯이, "자신의 인생 원칙을 설명하려고 시도하는 건 상당히 큰 기쁨이다… 나는 우리가 도덕적 책임, 윤리, 개인적인 것의 중요성, 인생의 따뜻한 측면을 더욱 강조할 필요를 설명해서 사람들이 함께 생각해 보기를 희망한다."

하지만 이후에 이것은 강박적 집착처럼 되어서 헤프너는 자기 방에 틀어박힌 채 며칠씩 잠도 자지 않고 글을 썼다. 그는 모든 면을 탐구하고, 모든 것을 다 캐내고, 당면한 사회적·성적 문제에 대해 모든 생각을 표현해야 한다는 강박에 빠졌다. 글은 부풀어 올랐다. 그는 책상에 앉아 로열 스탠더드 타자기를 치거나 서류철에 둘러싸인 채 원형 침대에 앉아 산아제한, 호색행위, 법과 외설 표현물, 이혼, 낙태 등 연관되는 여러 주제에 대해 정선된 자료를 살폈다. 조수 몇 명을 채용하여 책들을 훑으며 토론과 인용에 적절한 내용을 찾았다. 헤프너는 그 악명 높은 메모를 날리며 불가해하거나 끝없이 방대한 주제에 대한 정보를 요구했다.

헤프너의 이런 수고로운 노력은 〈플레이보이〉에 여러 문제를 일으켰다. 그는 맨션에 틀어박혀 글 쓰는 데 몰두한 나머지 잡지사에 필요한 중요한 의사 결정을 게을리했다. 철학 원고는 늘 너무 늦게 나와서, 잡지 제작 시한을 넘겨 편집자를 고통스럽게 했다. 그런 어려움을 특히 많이 감당했던 A. C. 스펙터스키는 불만에 차서 맨션을 '벙커'라

1960년대 초 「플레이보이 철학」을 작성하는 헤프너

고 부르고, 철학 원고를 "가혹하고 지루한 노역"이라고 일컬었다. 시어 스펙터스키의 말에 따르면, 헤프너는 2년 동안 같은 말을 반복하면서 거북이걸음으로 나가고, 쉼표 하나하나에 벌벌 떨면서, 거의 매달 마감을 몇 주일이나 어겼다."

이런 엄청난 노동이 낳은 결과는 무엇인가? 헤프너는 대부분 지난 수년 동안 여러 매체를 통해 인터뷰한 주제를 정교하게 갈고 닦았다. 예를 들면, 해방된 개인이 물질적 풍요, 경제적 기회, 레저 활동, 성적 자유를 누려야 한다는 것, 이런 일을 갈망하는 활기찬 업비트세대가 출현했다는 것, 〈플레이보이〉는 이런 논제를 촉진할 임무가 있다는 것 등이다. 그러는 내내 헤프너는 역사 속 사례를 제시했고, 자신의 의견을 뒷받침할 철학자와 사회 사상가의 발언을 잔뜩 인용했다.

처음 몇 회분에서는 미국 역사와 '보통 사람'에 대한 숭배, 종교가 현대 가치관에 미치는 영향력, 자본주의와 공산주의, 서구 문명에서 성의 역사, 외설성 논란, 포르노그라피, 검열 논의 등을 주제로 이리저리 왔다갔다했다. 그러고 나서는 개인과 사회, 이성의 역할과 자기 이익, 종교적 도덕의 역사, 성도덕의 역사에 대한 더욱 큰 질문들로 눈을 돌렸다.

최종 결과물은 다소 단조롭고 비체계적이긴 했지만, 현대 인본 자유주의에 공통되는 사고의 재활용이었다. 헤프너는 많은 사람이 간 길을 걸어서, 개인에게 좋은 건 대부분의 사회적 고려보다 앞선다는 것, 세속의 일은 사후의 일보다 중요하다는 것, 그리고 개인의 표현을 부당하게 속박하는 전통과 제도는 해체되어야 한다는 것을 주장했다. 개인의 이익을 옹호하는 강한 자유주의적 태도와 성적 자유에 대한 대담한 강조가 그의 글의 가장 참신한 특징이었다. 헤프너의 신조는 존 스튜어트 밀에게서 일부, 애덤 스미스에게서 일부, 아인 랜드에게서 일부, 그리고 유명한 프로이트주의에서 일부를 취한 것이었다.

헤프너 글이 내용적으로는 그저 그랬다 하더라도 문체는 답답했다. 장식 없는 산문은 생생한 통찰과 열정을 보여주기도 했지만, 과장되고 반복적인 경우가 더 많았으며 문체는 인용이 과도하게 많았고, 과도한 일반화가 넘쳤다.

「플레이보이 철학」은 광범위한 평을 이끌어냈다. 〈플레이보이〉 독자는 현대적 라이프스타일에 도덕적 기초를 놓으려는 발행인의 시도에 지지 편지를 물밀듯이 보냈다. 한 독자는 섹스는 악이고 쾌락도 악, 육체적 안락과 부의 축적도 악이라는 견해를 부정하는 헤프너의 인생 예찬을 칭찬했다. 다른 독자는 「플레이보이 철학」을 토머스 페인의 「이성의 시대」를 20세기 버전으로 다시 쓴 것이라고 했다. 또 다른 독자는 헤프너의 견해에서 성혁명의 동기만큼이나 강력하고 새로운 철학에 대한 허기를 보았다고 했다. 저명한 평자들도 긍정적인 평을 보냈다. 심리학과 성도덕 작가인 앨버트 엘리스는 헤프너의 의미 있고 깊이 있는 견해를 칭찬했고, 〈에로스〉의 편집자 랠프 긴즈버그도 그 장문의 연재물이 간행물 검열에 미국 역사상 가장 강력한 타격을 가했다고 축하했다.

하지만 헤프너의 논쟁적인 견해는 비난도 많이 일으켰다. 어떤 평자들은 「플레이보이 철학」에 위선이 만연했다고 보며, 그가 섹스와 돈 사업을 하면서 그것의 진지한 합리화를 시도한다고 했다. 로버트 윌슨은 〈리얼리스트〉에서 헤프너의 그런 호소력 있는 시도도 미국인들이 여자의 젖꼭지를 보려고 많은 돈을 낸다는 사실을 가릴 수는 없다고 비꼬았다. 또 게리 걸라크는 〈아이오아 시티 아이오안〉에서 〈플레이보이〉는 정말로 교묘한 상업주의의 기념비라며, 그가 그 사실을 직시하지 않는 한 헤프너의 철학은 "반半 사기"라고 평했다.

좀더 철학적으로 접근하는 평자도 있었다. 그들은 헤프너의 자기충족에 대한 강조가 사회적 의무와 책임을 간과하고 있으며, 스타일과 소유의 강조는 사랑과 존경과 영혼이라는 중요한 가치를 무시한다고 했다. 한 평자는 필연적인 공허를 언급하면서, 헤프너가 내세운 건 공허한 물질주의와 얄팍한 쾌락주의라고 썼다. 또 어떤 이들은 그의 사회적 이상을 일그러진 가치관의 환상 세계로, 그의 쾌락 추구를 유치증과 나르시시즘의 한 형태라고 혹평했다. 영문학 교수 J. A. 워드는 〈앤티옥 리뷰〉에서 「플레이보이 철학」을 어설프게 주워섬긴 사상들과 심리학, 경제학, 도덕, 교육, 종교, 사회학에 대한 미성숙한 좌충우돌 모음집이라고 일축했다.

하비 메이어슨이 〈시카고 선-타임스〉의 일요판에 쓴 깊이 있는 장문의 글도 이런 의혹을 많이 공유했다. 「겉치레 사상촌의 버니들」은 헤프너가 행복을 이해하는 데 필수적인 고통과 절망을 무시하고 인생을 마냥 화창한 봄날로 여기게 한다고 지탄했다. 섹스에 대해서도 경직된 위선과 여흥적 유혹이라는 두 가지 잘못된 선택지를 제시했다고 주장했다. "헤프너가 말한 두 가지 방식 어느 쪽도 건강하고 자연스럽고 올바르지 않다. 남자들은 섹스를 좋아하지만 헤프너표 섹스는 싫어할 수 있다." 그는 사랑과 명예와 동정과 긍지와 연민과 희생을 고려하지 않는 인생관은 생명이 길지 않다는 윌리엄 포크너의 말을 인용하면서 말했다. "「플레이보이 철학」이 이 중 어떤 것도 논의하지 않았다는 건 흥미롭다."

또 많은 평론가가 「플레이보이 철학」의 문체에 실망했다. 반복적이고 과장된 글의 구조는 헤프너가 몇 안 되는 견해를 많은 말로 증폭하는 데 놀랍게 성공했다는 비난을 촉발했다. 〈플레이보이〉의 오랜 맞수 〈에스콰이어〉는 1963년에 헤프너에게 '의심이 가는 성취상'을 주며, 부상으로 구석마다 '입 다물라'는 말이 적히고 주변에 따뜻하고 소박한 상징들을 새긴 섬세한 자수 장식을 주었다.

헤프너는 이런 공격을 그답게 진지한 태도로 응대했다. 그는 〈플레이보이〉에 비판자와 지지자들이 서로의 견해를 토론할 새로운 자리를 만들어서 「플레이보이 포럼」이라고 이름을 붙였다. 「플레이보이 포럼」은 1963년 7월에 처음 등장해서 곧 독자의 지지 편지와 헤프너의 답변으로 가득 찼다. 1965년 봄에는 수많은 대학생과 교수가 관심을 보여, 헤프너는 대학 캠퍼스를 돌며 자신의 철학적인 견해를 설명했다. 그는 코넬, 존스홉킨스, 노스웨스턴, 노스캐롤라이나대학의 강당을 꽉 채운 청중 앞에서 「플레이보이 철학」을 논의했고, 그 형식은 대개 지역의 교수, 작가, 도덕가가 포함된 패널토론 방식이었다. 헤프너는 1965년에는 마침내 플레이보이 철학을 실행에 옮기는 플레이보이재단을 세웠다. 재단은 오럴섹스를 했다는 이유로 투옥된 웨스트버지니아 주의 남자를 석방하고, 킨제이 연구소와 매스터스 앤드 존스 연구소에 '성 연구' 기금 수십만 달러를 기부하고, 여자의 낙태 권리를 인정한 '로 대對 웨이드' 사건 판결을 돕는 등 몇 가지 혁혁한 활약을 펼쳐서 헤프너의 철학이 수사에 그치는 게 아니라 사회 개혁을 위한 진정한 선언이라는 것을 증명했다.

헤프너는 또 한편 강력한 적수인 종교계와 오랜 논쟁에 들어갔다. 「플레이보이 철학」은 현대사회가 겪는 정서적, 사회적 고통의 근원은 바로 기독교라고 지목했고, 많은 종교인 역시 같은 방법으로 대응했다. 〈플레이보이〉와 설교자들 사이의 논쟁은 1960년대 미국사회에 끓어오르기 시작한 문화적 격동의 일면이 되었다.

III

「플레이보이 철학」 첫 번째 글에서 헤프너는 두 명의 종교 저술가 하비 코크스와 로이 라슨 목사를 집중적으로 언급했다. 유명 신학자이자 작가인 하비 코크스는 〈기독교와 위기〉에 〈플레이보이〉의 여흥적인 섹스를 비난했고, 로이 라슨은 감리교 잡지 〈모티브〉에서 〈플레이보이〉가 젊은이들의 목표와 인격, 가치관을 오도한다고 공격했다. 2년 뒤 연재를 끝낸 헤프너는 몇 차례 라디오 토론에 나가 사제, 목사, 랍비와 토론했다. 종교인들과 이토록 집요하게 토론을 나눈 건 헤프너의 종교관이 그의 논리와 거기서 비롯하는 논쟁의 핵심에 놓였다는 것을 분명히 밝혀 주었다.

「플레이보이 철학」은 가톨릭과 개신교 모두 육체의 요구를 부정하고 정서적 건강을 해치는 억압과 속박과 위선의 태도를 배양한다고 비난했다. 헤프너는 기독교가 때로 연민과 이해와 자선을 낳기도 하지만, 그보다는 유혈 전쟁을 낳고, 수백만 명을 극한 빈곤에 몰아넣으며 인간학대를 촉진할 때가 더 많다고 주장했다.

헤프너는 기독교가 구원이라는 궁극의 목표를 위해 세속의 일(소유, 돈, 성공)에 반대함으로써 물질적 축적과 번영에 편견을 조장한다고 했다. 그런 원칙은 물질적 결핍의 시대에는 호소력이 있었을지 몰라도 모든 사람에게 자기 인생을 개선할 기회를 충분히 주는 오늘날의 미국사회에서는 조리에 닿지 않는다고 했다.

더구나 헤프너는 기독교가 성에 대해 해로운 적의를 키운다고 주장했다. 기독교는 육체를 악으로 보고 영혼을 선으로 보는 이원론에 뿌리를 두고 있다. 성 바울의 시대 이후 섹스는 생식을 위해서만 용인되는 죄악인 육체 행위였다. "섹스를 죄와 연결해 사회에 죄의식이 만연한 나머지 우리는 이 주제를 객관적으로 보기 어려운 지경이다."라고 그는 기독교문화에 대해 언급했다.

기독교의 육체에 대한 혐오는 더욱더 나쁜 것을 낳았다. 바로 억압과 검열이다. 중세 가톨릭도 엄격했지만, 미국에서 억압을 정교화한 건 캘빈주의라고 그는 주장했다. 이 청교도의 유산이 국가와 괴물 같은 결합을 이루어서, '안식일엄수법', '진화론교육금지법', '금주법'같은 반反쾌락 폭거를 일으켰다고 헤프너는 생각했다. 섹스는 특별한 과녁이 되어서 열성 기독교인들은 혼외정사, 동거, 간통, 동성애와 성애문학, 이혼, 낙태, 피임에 엄혹한 법적 제한을 가했다. 그가 볼 때, 성 관련 법률에서 개인적 자유를 가장 크게 침범하는 건 교회와 국가다.

궁극적으로 헤프너는 이성적으로 종교에 대항했다. 그는 인본주의자이자 합리주의자로서 기독교 원리의 동력이 되는 맹신과 미신을 경멸했다. "우리는 도덕적이고 법을 준수하는 사회를 지지한다. 하지만 도덕과 법은 신비주의나 종교적 도그마보다는 논리와 이성을 토대로 삼아야 한다." 섹스는 아주 좋은 예가 된다. 교회는 성행위를 결혼 관계에만 엄격하게 제한해야 한다는 비이성적인 주장을 펼쳐서 결혼하지 않은 사람에게도 성적 욕망과 필요가 명백하게 존재한다는 사실을 간과했다. "모든 사람에게 섹스가 잘못이고 금기라는 건 종교가 실재하는 문제를 다룰 능력이 없다는 뜻이다." 그는 적었다.

기독교는 헤프너가 볼 때 민주주의와 자립, 성공을 지향하는 미국적 생활방식과 어긋났다.

기독교에 대한 그의 반감에는 어린 시절 그가 받은 종교적 교육에 대한 거부도 한 가지 역할을 했다. 하지만 그의 공격은 더욱 넓게 1960년대 미국 기독교의 격동을 반영하는 것이기도 했다. 제2차 세계대전 이후 레저문화가 성장하고 풍요가 증대하면서 주류 개신교와 가톨릭 신자들은 물질적, 성적 쾌락에 전통적 종교적 반대에 의문을 던지기 시작했다. 게다가 인권운동과 진보 정치로 말미암은 비판적 정서가 교회 내에서 사회적 실천의 압력을 낳았다. 그 결과 많은 신자가 현대사회에 전통적 기독교 가치가 유효한지 의문을 품었다. 이런 논란은 1960년대 중반의 "신은 죽었다" 운동에서 정점을 이루었다. 이런 혼돈 속에서 기독교의 열혈 옹호자들은 세력을 모아 비판자에게 맹공을 퍼부었다.

헤프너는 그들의 주요 과녁이 되었다. 어떤 종교 평론가들은 헤프너를 그저 "천박한 도덕"의 잡상인이라고 했지만, 어떤 이들은 좀더 사려 깊은 비판을 전개했다.

그들은 헤프너에게 간단한 신학 원리를 일러 주었다. 그들은 그가 중세 기독교의 신플라톤주의를 이해하지 못하고, 마르틴 루터가 말한 "인간의 성적 본성에 대한 지상의 평가"를 전혀 모르는 것 같다고 말했다. 신약 성서에는 "육신의 삶"이 좋은 것이며 심지어 섹스가 결혼 제도 안에서 일어나는 한 기쁜 일이라고 긍정했다는 걸 헤프너는 인식하지 못했다고 했다. 하지만 평자들이 가장 분노한 건 청교도주의에 대한 헤프너의 태도였다. 미국의 기독교는 1800년대 초에 이미 모든 주류 교파에서 청교도적 사고를 버린 지금 헤프너는 신학의 풍차에 칼을 찌르는 돈키호테라며 그들은 상당히 격앙해서 주장했다.

어떤 전통주의자는 헤프너가 젊은 도시 독자에게 "대체 종교"를 만들려고 한다고 주장했다. 〈플레이보이〉가 그 경전이고, 토끼 로고는 신성상징이며, 플레이보이클럽은 "신전", 버니는 "여사제"라는 것이다.

비판자들은 헤프너의 세속 종교가 경박한 쾌락주의를 조장한다고 했다. 〈플레이보이〉의 도덕적 우주에서는 좋은 건 오직 쾌락과 여흥뿐이라고 그들은 말했다. 섹스는 엔터테인먼트로 기능하고, 여자들은 최상의 소비 상품에 그친다. J. 클로드 에번스 목사는 〈가톨릭월드〉에 「플레이보이 철학」은 "육체와 물질을 목적으로 끌어올린 것, 다시 말해 이 시대의 우상숭배다."고 요약했다.

많은 종교 평자는 「플레이보이 철학」이 사람을 비인간화한다고 비판했다. 물질주의와 육체를 숭배하고 영혼과 정신을 무시함으로써 헤프너는 사람을 온전치 못한 존재로 격하시켰다. 게다가 그의 철학은 개인을 고립시키고, 타인과 진정하고 의미 있는 관계를 이루기 어렵게 한다. 대럴 구더는 진정한 섹스는 "에로스(상대가 지닌 가치를 사랑하는 것)와 아가페(상대의 '진정한 존재'를 사랑하는 것)"가 연결한 정서적 결합의 열망을 담는다고 말했다. 반대로 헤프너의 섹스관은 육체적 욕망으로 추동된 건조하고 이기적인 개인주의만을 반영한 것이었다. 프랭크 하우저는 날카롭게 물었다. "섹스에 그토록 관심이 많은 잡지가 가족에 대해 그토록 침묵하는 게 신기하지 않은가?"

헤프너를 열렬히 옹호한 종교 평론가들도 있다. 「플레이보이 포럼」에 글을 쓴 성직자 가운데 절반가량은 「플레이보이 철학」을 지지했다. 그중에는 특히 자유주의적인 소규모 교파인 유니테리언교가 두드러졌다. 감리교의 한 대학 목사는 목소리를 높였다. "플레이보이의 주장은 오늘날 교회 설교단에서 들리는 많은 이야기보다 더욱 기독교 정신에 가깝다." 존 그레이엄 목사는 1964년 설교 중 헤프너를 칭찬하며, 그가 서구 사회의 전통이 된 '인생을 거부하는 철학'에 용기 있게 질문을 던졌다고 말했다. 그가 볼 때, 「플레이보이 철학」은 "자유로운 종교적 이상과 결합해서 인생의 주요 목적이 영원한 영광과 즐거움을 주는 것이라는 사고를 긍정하는 것"이었다.

종교계의 반응은 긍정적이건 부정적이건 헤프너를 기쁘게 했다. 그는 자신이 진지하게 받아들여진다고 결론 내리고, 자신의 글이 신학, 철학, 의학, 심리학, 사회학의 새로운 통찰을 끌어안은 새로운 토론과 미국의 사회적, 성적 관념의 검토를 촉발했다고 말했다. 이에 대한 보답으로 성직자들에게는 〈플레이보이〉 구독료를 대폭 깎아 주었다. 또 앤슨 마운트를 테네시 주 스와니에 있는 감독 신학교에 보내 신학 공부를 시키기도 했다. 마운트는 많은 공적 자리에 나가서 「플레이보이 철학」의 신학적 함의를 옹호하는 공식 대변인 역할을 했다.

1960년대 중반에 이르러 종교계와 헤프너 및 「플레이보이 철학」 사이의 적대감은 활발해진 사회 운동 속에서 자유주의적 개신교가 헤프너와 가까워지면서 차츰 누그러들었다. 1964년 뉴욕에서 벌어진 라디오 토론에서는 양쪽이 공통점을 찾으려고 노력하는 모습을 보였다. 지역 성직자 세 명이 헤프너와 함께 혼전 섹스, 간통, 피임의 종교적 도덕성을 토론했다. 헤프너는 성직자들에게 도덕적 확신이 모자란 것을 기뻐했다. "여러분이 각자의 종교에 따른 절대적 성 기준이나 행동 규범을 설명하는 데 어려움을 겪는 건 종교와 세속 양쪽에서 영혼 탐색과 재평가가 이루어지고 있다는 사실을 반영하는 긍정적인 일입니다."

〈플레이보이〉에도 이런 자유주의적 기독교와의 화해가 담겼다. 1966년 윌리엄 해밀턴 목사는 「신의 죽음」이라는 글에서 이 해방적 사건은 인간이 나사렛 예수의 모범을 따라 자신의 문제를 직접 해결하게 해주었다고 평했다. 다음 해에 잡지는 "플레이보이 패널: 종교와 새로운 도덕"이라는 행사를 열어 저명한 진보적 성직자들을 불러 모았다.

하지만 1960년대에 진보적 기독교가 〈플레이보이〉를 수용했다는 사실을 가장 잘 보여주는 건 하비 코크스일 것이다. 1961년의 유명 에세이 「플레이보이의 남성 원칙」으로 잡지를 비판했던 코크스는 1967년에는 타협적 성격을 지닌 플레이보이 패널에 나왔다. 그러는 동안 몇 차례에 걸친 공개 토론에서 헤프너와 우호적인 논쟁을 나누었으며, 코넬대학교의 행사에서는 잡지가 최근 도덕적 질문에 힘을 쏟는 모습에서 잡지의 팬이 되었다고 말했다. 그러고 나서 코크스는 〈플레이보이〉에 기고도 해서, 과거에서 물려받은 신학적 원칙과 종교 형식이 이제 유용성을 잃었다고 주장하는 교회 내의 반역과 기독교인에게 예수의 혁명적인 의미를 끌어안을 것을 촉구하는 「예수를 위해」를 썼다.

헤프너가 「플레이보이 철학」을 쓰고 기독교 지도자들과 계속해서 만난 일은 1960년대에 그와 잡지가 미국사회에서 진지한 역할을 맡았다는 걸 보여주었다. 잡지는 이제 남성을 위한 엔터테인먼트를 제공하고 미국 레저문화를 안내하는 데 그치지 않고, 더 깊은 곳에서 전후 미국사회의 토대를 흔드는 진동을 측정하는 언론계의 지진계가 되어 갔다. 〈플레이보이〉는 짧은 기간 동안 수많은 사회적 정치적 문제와 부딪혔고 지진계의 바늘은 크게 요동쳤다.

## 2 폭발하는 행복

글은 우아했다가 삐걱거리기도 했고 어조는 약간 초현실적이었으며 구두점은 제멋대로에 문장은 스타카토처럼 딱딱 끊어졌다. 신新저널리즘의 실현자인 톰 울프는 휴 헤프너의 남다른 세계를 탐구하고자 1965년 시카고에 왔다. 그는 플레이보이맨션에서 지내면서 헤프너가 침실에서 잡지를 감독하는 모습을 지켜보고, 그 자신이 표현한 현대 미국의 "저편의 새로운 인생"을 눈부시게 구현한 사람의 정수를 포착하려고 했다. 그 결과는 〈뉴욕헤럴드 트리뷴〉의 일요판 잡지에 실렸다.

울프의 말에 따르면, 미국인은 1950년대와 1960년대 초 경제 급성장기에 낡은 지위 게임을 버리기 전부터 이미 몇 세대 동안 부와 사회적 출세를 지향했다. "그들은 미국 전후사회의 대량 사치품(시간, 돈, 기술)을 결합해서 뉴욕의 교양인과 패션인을 19세기 루마니아 민속춤의 잔존물처럼 만드는 전위적인 스타일의 삶을 창조했다." 그들은 가정을 소비 천국으로 만들고 놀라운 전자제품 세계를 창조했다.

휴 헤프너는 이런 새로운 라이프스타일을 대표했다. 그는 거대한 회전침대에 잠옷과 슬리퍼와 가운 차림으로 앉아서, 침대맡에 부착된 수많은 다이얼과 스위치로 침대를 움직이고 텔레비전을 작동시키며 하이파이 전축을 조종하고 조명을 낮추며 비디오를 작동시켰다. 울프는 이렇게 말한다.

> 헤프너의 천재성은 전통적인 지위 경쟁에서 빠져나간 것, 돈과 기술을 사용하는 것, 자신의 서식처를 무대로 만든 것, 객석이 아니라 무대에 오른 것, 그리고 그 자신을 논쟁의 여지가 없는 주인공으로 만든 것이다. 정교한 기계의 사용으로 헤프너와 그보다는 약하지만 수백만 명에 이르는… 뉴욕 바깥의 주부들은 자신의 집을 원더랜드로, 자신만의 완벽한 지위영역으로 변화시켰다….
>
> 헤프너는 권력가의 성적 충족이라는 환상뿐 아니라 권력가의 환경 지배라는 환상도 제공하고 있다.

헤프너는 일종의 새로운 왕족으로서(울프는 그를 "탈락자의 왕", "소비왕"이라고 불렀다) 새로운 미국인을 대표했다. 전통적 행동규범을 거부하고 개인적 만족을 위해 풍요를 추구하면서 그는 다른 많은 시민처럼 "폭발하는 행복"을 누렸다.

다른 사람들도 헤프너가 미국사회의 커지는 반항정신을 대표한다는 데 동의했다. "헤프너는 미국인에게 지금껏 인상을 쓰고 보던 것들을 이제는 즐기라고 유혹했다. 쾌락주의… 혼외정사… 유쾌한 허위지성주의."라고 〈라이프〉는 썼다. 〈룩〉지는 "〈플레이보이〉를 발행하는 건 독재 치하에서 '혁명'을 외치는 것과도 같은 자유의 추구"라는 선

시카고맨션의 유명한 회전침대에서 일하는 헤프너

언을 비판적으로 인용했다. 문화평론가 맬컴 머거리지는 헤프너가 유대-기독교 섹스관의 추방을 추구했다고 결론 내렸다. 다른 말로 하면, 헤프너는 점점 음란 사진 조달업자를 뛰어넘는 사회 전복자顚覆者로 나타났다.

헤프너의 변화하고 발전하는 이미지는 미국사회 전체의 불만을 일찌감치 보여주었다. 1960년대 중반에는 전통적 속박에 대한 불만과 오랜 위계질서에 대한 반대와 자기충족의 욕망이 결합한 반항정신이 점증했다. 역사가 데이비드 파버에 따르면, 미국의 넘치는 풍요는 "결핍의 낡은 규칙들, 검약의 전통적 가치, 내일을 기약하는 행동은 더는 의미가 없다는 믿음을 가져왔다… 누구나 문화적 권위(적절한 행동과 행위의 규칙을 세우는 힘)를 얻을 수 있었다." 1960년대 미국은 들끓는 소요에 휩싸이기 시작했고, 누구도 그 결과가 도취적일지 폭발적

일지, 둘 다 일지 모르는 것 같았다. 헤프너 역시 모르기는 마찬가지였지만 〈플레이보이〉가 가장 치열한 현장에 있을 거라는 사실은 감지했다.

I

1960년대 초 내내 〈플레이보이〉는 섹스, 소비, 엔터테인먼트와 같은 익숙한 관심사를 추구했다. 에로틱한 주제는 계속 중앙무대에 있었고, 독자는 「이달의 플레이메이트」, 「외설적인 고전」, 「플레이보이 파티농담」, 「바가스걸」 같은 오랜 아이템을 만났다. 「뉴욕의 여자들」, 「리비에라의 여자들」 같은 특집은 냉전 화해 분위기에서 「러시아의 여자들」로도 이어졌다. 「비키니에 축배」는 여성의 몸매를 전시했고, 「제인 맨스필드 누드」, 「브리지트 바르도: 어른이 되는 섹시 귀염둥이」 등의 스타 화보도 마찬가지였다. 1962년 10월에는 「리틀 애니 패니」라는 성인 만화가 처음 등장했고, 1965년 4월에는 영화평론가 아서 나이트와 홀리스 앨퍼트가 1년간의 에로틱한 영화 장면을 모아 정리한 「영화 속의 섹스」를 시작했다.

잡지는 비슷한 방식으로 세련된 소비와 멋진 생활도 계속 옹호했다. 프랑스 요리, 스테레오 장비, 현대미술품 구매방법 등을 알려주는 기사가 로버트 L. 그린의 「옷」, 토머스 마리오의 「음식」, 리로이 니먼의 「레저 시간의 남자」 같은 오랜 인기 기사들과 함께 나타났다. 1960년에는 「플레이보이 상담」이 도시 남자의 관심을 끄는 다양한 문제에 대답할 것을 약속하면서 등장했다. 〈플레이보이〉 광고는 발렌타인 위스키, 웸블리 넥타이, 르노 선글라스 등으로, 지난 여러 해 동안 그랬듯이 풍요로운 삶의 환상을 높여주었다.

엔터테인먼트 분야에서는 「일과 후의 플레이보이」가 여전히 영화, 연극, 음악을 소개했고, 토니 커티스, 엘리자베스 테일러, 리처드 버튼 같은 인물 기사가 스타들의 최신 동정을 알려주었다. 「현장에서」는 장-폴 벨몽도, 스탠리 큐브릭, 밥 딜런 같은 신예 엔터테이너를 소개했다.

1960년대 초 내내 〈플레이보이〉는 문학적 명성을 높이는 뛰어난 단편소설을 실었다. 아서 C. 클라크, 레이 브래드베리 같은 기존 작가에 브루스 제이 프리드먼, 어윈 쇼, 필립 로스, 존 르 카레 같은 신예 작가들이 결합했다. 헨리 밀러, 파블로 피카소, 버트런드 러셀 같은 저명 예술가와 작가들도 잡지의 지면을 장식했고, 앨프레드 캐진과 레슬리 필더 등이 도발적인 문화비평을 제공했다.

그러는 동안 〈플레이보이〉의 전통적 구성은 1960년에서 1965년 사이에 크게 확장되었다. 1960년에 「플레이보이 패널」이 출범해서 논쟁적 사회 문제를 토론했다. 그 공간에서 랠프 긴즈버그, 노먼 메일러, 오토 프리밍거가 문학과 예술에서 섹스와 검열을 탐구하고, 마키스 차일즈, 상원의원 제이콥 재비츠, 밴스 패커드가 기업 윤리와 도덕성에 대해 의견을 교환했다.

유명한 「플레이보이 인터뷰」는 1962년 9월에 데뷔해서 장문의 문답으로 엔터테이너 마일스 데이비스, 빌리 와일더, 프랭크 시나트라, 리처드 버튼 뿐 아니라 정치, 문학예술, 언론, 철학계 인물도 다루었다. 인도 총리 자와할랄 네루, 철학자 장-폴 사르트르, 노동 지도자 지미 호파, 팝 스타 비틀스가 모두 「플레이보이 인터뷰」에 나왔다. 1963년 7월에는 헤프너가 연재한 「플레이보이 철학」을 토론할 공간으로 「플레이보이 포럼」을 시작해서 〈플레이보이〉가 당대 사회 문제에 참여하고 있음을 강조했다.

잡지가 성장하면서 회사도 계속 팽창했다. 마이애미에 두 번째 플레이보이클럽이, 뉴올리언스에 세 번째 클럽이 문을 열었고, 1965년에는 피닉스, 뉴욕, 로스앤젤레스, 샌프란시스코, 디트로이트, 볼티모어, 보스턴, 애틀랜타, 캔자스시티가 그 뒤를 이었다.

뉴욕 클럽은 여러 가지 문제를 일으켰다. 열혈 가톨릭 신자가 주도하는 뉴욕 시의 한 위원회가 웨이트리스의 복장을 문제 삼아서 카바레 면허를 내주지 않으려 했다. 플레이보이사는 법에 호소했고, 주 대법원은 면허 발급을 명령했다. 몇 달 뒤에는 〈라이프〉 잡지가 뉴욕 주류酒類 관리 당국이 바, 클럽, 주류 판매점에서 조직적으로 돈을 갈취했다는 기사를 터뜨렸다. 플레이보이클럽은 주류 판매면허를 얻기 위해 7만 9천 달러를 지급한 것으로 드러났다. 주 공무원들의 부패 행위를 두고 재판이 열렸을 때 〈플레이보이〉는 금품 강요와 협박에 어쩔 수 없이 그랬다는 점을 밝혀 무죄 판정을 받았다. 클럽은 1962년 12월 8일에 개업 파티를 열었다.

다른 플레이보이 사업도 번창했다. '플레이보이 투어'가 휴가 패키지여행을 판매했고, 『플레이보이 구르메』라는 음식과 술 가이드북도 출판했다. 토끼 로고는 장신구, 옷, 달력, 바 장식품, 열쇠고리, 라이터, 골프 장비 등 수많은 물품에 새겨졌다. 잡지 최고의 기사를 모은 『베드사이드 플레이보이』와 두 예술가가 잡지에 실은 그림을 모은 『리로이 니먼 포트폴리오』와 『앨버토 바가스 포트폴리오』가 출간되었다. 1964년 9월 28일에는 시카고의 서프 극장을 전면 수리한 플레이보이 극장이 문을 열었다. 다음 해 봄, 헤프너는 시카고 미시간 애비뉴에 있는 유명 건물 파몰리브 빌딩의 임차권을 270만 달러에 구매해서 전면 수리를 거쳐 37층 건물의 25퍼센트가량을 〈플레이보이〉 사무실로 쓰고, 건물 이름을 플레이보이빌딩으로 바꾸었으며, 시카고 시 위로 우뚝 솟은 건물 꼭대기의 거대한 조명탑을 잡지의 상징으로 만들었다.

이렇게 서로 상승작용을 일으키며 팽창하는 헤프너의 제국은 수익도 약진해서 1964년 보고는 잡지 판매가 240만 달러, 1965년 초에는 3백만 달러로 예상했다. 광고 판매는 굿이어 타이어, 폴스타프 주류, 애드미럴 TV, 파베르제, 쉬크 면도기 등의 광고주를 끌어들이면서 극적으로 상승했다. 잡지와 광고 관련 제품 판매로 얻은 전체 수입이 약 2천 1백만 달러에 이르렀다. 플레이보이클럽 수입이 1천 2백만 달러를 넘었고, 플레이보이 제품들은 1백만 달러를 약간 웃돌았다. 전년 대비 43퍼센트가 늘어난 수치다.

헤프너는 〈플레이보이〉 위계의 꼭대기를 굳게 지켰다. 발행인 겸 편집인 겸 경영자로서 그는 잡지의 모든 것, 편집 방침에서 시각적 이미지, 회사 운영의 모든 세부 사항까지 통제했다. 〈플레이보이〉와 관련된 어떤 것도 그의 관심을 빠져나갈 수 없었고, 그가 끊임없이 날려 보내는 장문의 메모는 강박에 가까운 완벽주의를 보여주었다.

헤프너의 관심은 플레이보이제국 전 영역에 뻗어 플레이보이클럽의 운영을 주시했고, 플레이보이 상품과 도서 기획을 한 건 한 건 직접 승인했다. 플레이메이트 달력 같은 작은 사업에서도 그는 좀더 체계적이고 신중하게 일하지 못한다고 사진부와 미술부를 꾸짖었다.

헤프너는 아무리 작은 일에도 관심을 쏟았다. 어느 메모를 보면 "플레이보이 관련 건물에서 전 층의 안내 직원은 업무 중에 껌을 씹어서는 안 된다."고 되어 있다. 그는 맨션의 사무실을 모조리 훑으면서, 장식과 가구와 그림과 수건과 목욕 수건과 재떨이와 열쇠와 임대료에 대해 지시를 내렸다.

1960년대 초에 〈플레이보이〉는 헤프너의 지도로 규모도 영향력도 수익도 계속 커졌다. 그런 성장은 남성을 위한 엔터테인먼트를 제공하는 익숙한 여러 요소에 의지한 것이었지만, 잡지는 전통적 논제에 중대한 수정을 가하기 시작했다. 그것을 예견한 사람은 거의 없었지만, 헤프너는 천천히 공적 세계로 들어섰다.

II

1960년대가 새롭게 펼쳐지면서 헤프너는 잡지가 성장하려면 사람들이 잡지가 주장하는 인생을 누리지 못하게 가로막는 사회적 문제에 관심을 기울여야 한다는 결론을 내렸다. 「플레이보이 철학」은 유혹의 기술, 식사 예절, 최신 이브닝웨어보다 더 진지한 이런 새로운 경향에 관심을 표했다. 그리고 헤프너와 잡지는 1960년대 초에 미국사회에 불어온 전통의 빗장을 흔든 자유주의적 기운 또한 포착했다. 잡지는 사회 제도의 근본적 개조가 아니라 자유의 증진을 위해 장벽을 허무는 자유주의적 행동주의를 끌어안았다. 〈플레이보이〉의 주장은 식견 있고 세련되고 풍요로운 사람들의 공식 대항문화를 대표했다.

젊고 새로운 편집자들이 〈플레이보이〉의 새로운 활동에 도움을 주었다. 1960년대 초에 스펙터스키는 참신한 관점과 에너지를 위해 셸던 왁스, 머리 피셔, 냇 레먼을 고용했다. 레먼은 나중에 회고했다. "우리는 아주 흥미로운 일을 했다. 특히 60년대 초의 성性과 시민자유, 인권 영역에서… 여러 가지 일이 있었고 아이디어가 샘솟았다. 〈플레이보이〉는 언제나 이런 아이디어에서 한발 앞서 있었다."

새로운 기사가 등장했다. 폴 굿먼은 미국의 학교 제도를 비난하는 글을 썼고, J. 폴 게티는 기업을 주제로 연재기사를 썼다. 두 사람 다 경제적 안정 추구가 미국의 자발성과 창조성을 질식시키는 순응주의를 낳았다고 보았다.

문화 분야에서는 논쟁적 작가 테리 서던이 영화가 감각적 우월함과 당대의 문제에 대한 열린 태도로 소설의 지위를 대체할 거라고 했다. 싹 트는 약물 문화도 주목을 받아서 댄 웨이크필드가 마리화나의 역사를 살피며 마리화나에는 좋은 점도 있다고 지적했다.

〈플레이보이〉는 정치에 관심을 돌렸다. 1963년에 윌리엄 F. 버클리와 노먼 메일러는 "현재 미국에서 우익의 역할"을 두고 논전을 벌였다. 「자유주의의 딜레마」라는 기사에서는 유명 평론가 마키스 차일즈가 현대의 진보주의자들이 오늘날의 문제에 대응하려면 뉴딜 전통의 안락한 한계를 넘어야 한다고 지적했다.

〈플레이보이〉의 높아진 사회의식이 가장 놀랍게 드러난 분야는 아마도 인종 문제일 것이다. 인종 평등과 인권운동에 대한 헤프너의 오랜 믿음이 그 토대가 되었다. 그는 자신이 진행하는 텔레비전 프로그램 〈플레이보이의 펜트하우스〉에 계속 흑인 초대 손님을 불렀다. 백인 남자 셋과 흑인 여자 한 명으로 이루어진 음악 그룹 '게이트웨이 싱어스'를 방송에 초대해서 그들이 인종 혼합 그룹이라는 이유로 방송에 좀처럼 나오지 못하는 상황을 이야기했다. 남부 지역의 몇몇 방송국이 그의 쇼 방영을 거부하자 빅터 로니스는 언론에 말했다. "우리는 이 문제에서 물러설 생각이 없다. 텔레비전은 이 어처구니없는 인종차별을 끝내는 데 중요한 힘을 보탤 수 있다."

1960년대 초에 헤프너는 뉴욕에서 열린 마틴 루서 킹 목사의 자선 행사에 참가해서 큰돈을 기부했다. 플레이보이클럽을 개업할 때마다 헤프너는 인종통합 정책을 굳건하게 실행했다. 흑인 회원도 환영했고, 딕 그레고리, 조지 커비, 슬래피 화이트, 플립 윌슨 같은 흑인 코미디언이 정기적으로 클럽에 출연했다.

흑인들, 특히 시카고의 흑인들은 고마움을 표현했다. 흑인 언론은 〈플레이보이〉의 인종 비차별 고용 정책을 칭찬하며 헤프너의 말을 인용했다. "나는 사적이든 공적이든 사람을 고용할 때 각자 장점에 따라 받아들이지 인종이나 피부색, 국적, 종교에는 신경 쓰지 않는다." 1962년에 헤프너는 시카고의 한 단체에서 '브라더후드상'을, 또 다른 단체에서 '굿 아메리칸상'을 받았다.

헤프너가 논쟁적인 흑인 코미디언 딕 그레고리와 나눈 관계는 그의 인종적 자세를 잘 보여주었다. 시카고 플레이보이클럽은 1961년에 당시 무명 코미디언인 그레고리를 고용했고, 그는 미국의 인종 갈등을 다룬 불경한 코미디로 금세 인기를 얻었다. 그레고리가 공개적인 인권 활동가로 변모했을 때, 헤프너는 우정과 격려를 보냈고, 그가 『버스 뒤편에서』(1962)라는 책을 냈을 때 서문을 써 주었다.

헤프너의 인권관은 1960년대 초에 〈플레이보이〉 지면에서도 반복되었다. 그는 직원에게 흑인 플레이메이트를 구할 것을 독려했다. "예쁜 여자라면 인종에 관계없이 인기를 끌 것이다."라는 게 그의 주장이다. 최초의 흑인 플레이메이트는 제니퍼 잭슨으로, 1965년 3월에 등장했다. 「플레이보이 인터뷰」는 그레고리, 킹, 캐시어스 클레이(권투선수 무하마드 알리 - 옮긴이) 등 유명한 인권운동가들을 다루었다.

가장 극단적인 인터뷰는 인종 문제에서 이념적 양극단에 선 두 인물을 다룰 때였다. 1963년 5월에 맬컴 엑스는 전투적인 흑인 분리주의 메시지를 보냈다. "나는 아마겟돈이 언제일지 모른다. 내가 아는 건 백인이 끝날 때가 가깝다는 것뿐이다. 징후는 사방에 있다." 그런 뒤 아메리칸 나치당 지도자 조지 링컨 로크웰은 지독한 백인우월주의를 내세웠다. 흑인 작가 알렉스 헤일리가 찾아가서 인터뷰할 때 그는 손잡이에 진주가 박힌 리볼버 권총을 옆 탁자에 놓고 흑인과 유대인을 비난했다. 그들의 대화는 섬뜩하고도 인상적이었다.

로크웰 : 나는 당신에게 개인감정은 없지만, 당신네 무리하고는 어울리지 않고 당신네 인종을 '깜둥이'라 부른다는 사실을 알길 바라오.

헤일리 : 지금까지 깜둥이라는 말을 많이 들었습니다. 하지만 그런 말을 들어서 돈을 받는 건 이번이 처음이네요. 그러니 계속 말씀해 보시죠. 우리 '깜둥이'에게 무슨 원한이 있나요?

로크웰 : 나는 당신네가 고향 아프리카로 가야 한다고 생각해요… 인권운동가들은 목표가 평등이라고 선언할 수 있을지는 몰라도 그것의 실천적 결론은 흑백 통합입니다. 당신들이 그것을 강하게 추진할수록 백인들의 분노는 커질 거요.

1960년대 초 헤프너와 〈플레이보이〉의 사회적 정치적 경향은 케네디의 감성을 반영했다. 에너지와 젊음, 대담함을 높이 사고 새로운 세대를 강조하며, 자유주의 신조를 긍정했다. 인간 자유에 대한 공감은 세련된 현대 남성의 또 다른 징표라고 〈플레이보이〉는 말했다. 하지만 아이러닉하게도 헤프너의 공적 활동은 개인적인 칩거를 동반했다.

그는 플레이보이맨션의 통제된 공간을 거의 떠나지 않았고, 시간 개념도 없이 며칠씩 일에 빠져 바깥사람을 좀처럼 만나지 않았다. 헤프너의 환상은 여전히 세상에 생생하게 펼쳐지면서도 그 개인에게는 내면으로 방향을 돌린 은밀한 꿈이 되는 것 같았다.

III

플레이보이맨션의 사교계는 그가 그 곳으로 이주하면서 꿈꾼 모든 것을 실현했다. 그는 그 유서 깊은 주택을 엔터테인먼트 중심으로 재설계했고, 1960년대 초에 그 집에는 호화 파티와 영화 시사회, 유명 손님이 끊이지 않았다. 노먼 메일러의 묘사에 따르면, 참석자들은 "시간도 공간도 없는 감각"에 빨려 들어갔다. 해저를 여행하는 원양 여객선을 탄 느낌, 우주선을 타고 밤이 1년 동안 지속하는 은하를 돌아다니는 느낌이었다.

파티 분위기는 커다란 댄스홀에서, 실내수영장에서, 지하 바에서 벌어지는 젊은 남녀의 거침없는 성적 행위로 더욱 뜨거워졌다. "우리는 남녀 불문하고 모두 방탕을 즐겼다. 어떤 통제도 없었다." 키스 헤프너가 말했다.

하지만 이런 환락의 풍경은 정작 헤프너가 이런 쾌락의 현장에서 점점 자취를 감추면서 기묘하게 힘을 잃었다. 그는 플레이보이맨션의 개인 거처에 틀어박혀 지내다가 영화 시사회에 참석하고 파티에 깜짝 등장했다. 하지만 아예 눈 밖으로 사라지는 일도 잦았다. 「플레이보이 철학」을 시작했을 무렵 그는 회사 집무실을 떠나 맨션 침실에서 잠옷 차림으로 일하고, 인스턴트식품을 먹고, 펩시콜라를 스무 병씩 마시고, 창문에는 두꺼운 커튼을 쳐서 햇빛을 막았다. 그는 낮이건 밤이

건 원할 때 자고 먹었다. 그는 은둔자가 되었다. 헤프너는 그런 비상식적인 생활방식에 대해 이렇게 말했다. "나는 외출을 거의 하지 않았다. 그럴 필요가 없었다. 필요한 건 다 곁에 있었다."

하지만 그뿐이 아니었다. 헤프너의 육체적, 정신적 칩거에는 약물과 관련한 이유도 있었다. 그는 1950년대 말에 10년 동안 그의 역량을 손상한 좋지 않은 습관을 키웠다. 1957년에 그가 가혹한 업무 일정 때문에 자꾸 책상에 앉아 졸게 된다고 하소연하자, 빅터 로니스가 잠을 쫓고 정신을 긴장시키는 식욕 억제제 덱세드린을 추천했다. 헤프너는 덱세드린의 에너지와 집중력 증대 효과에 만족했다. 그래서 계속 덱세드린을 먹었고, 로니스의 말에 따르면, "사나흘 동안 자지도 먹지도 않고, 눈도 거의 깜박이지 않고 미친 듯이 일에 몰두했다."

1958년이 되자 헤프너는 약물 의존증이 생겼다. 덱세드린은 어쩌면 당연하게도 헤프너의 직업적 판단력을 비틀었다. 스펙터스키는 헤프너에게 덱세드린 때문에 일정이 엉망이 되어서 직원들이 그와 아무 의논도 할 수 없고, 그가 점점 더 선정적인 문장을 선호했다고 불평했다. 스펙터스키는 메모에 이렇게 썼다. "좀더 관습적으로 살아가는 우리는 당신이 어디에 어떻게 반응할지 알 수가 없다."

1960년대 초에 헤프너의 덱세드린 의존은 심각한 문제를 일으켰다. 레이 러셀은 1960년에 프리랜서로 일하기 위해 퇴사했는데, 그때 이미 헤프너의 "뒤틀린 지각과 판단에 완전히 지쳤다… 예전에 헤프너는 좋은 상사였지만, 지금은 내가 사람의 지시를 받는 건지 덱세드린의 지시를 받는 건지 모르겠다."고 말했다. 1963년에 헤프너의 실무비서가 된 딕 로젠스와이그는 그를 보고 깜짝 놀랐다. 그의 모습이 마치 나치 수용소에서 나온 것 같았기 때문이다. 그는 무엇보다 덱세드린 때문에 식욕을 잃어서 완전히 뼈와 가죽만 남았다.

덱세드린의 영향은 모든 것에 미쳤다. 헤프너는 밤새도록 녹음기에 어마어마한 분량의 구두 메모를 남겼고, 그러면 가엾은 직원들은 그것을 필사해서 사내에 회람시켜야 했다. "헤프너는 열 단어로 축약해서 말할 수 있는 것을 기어이 백 단어로 풀어서 얘기했고, 말을 시작하면 언제나 같은 말을 서너 번 반복해서 말하기 일쑤였다." 로니스가 말했다. 편집 회의는 불규칙하게 소집되고 자주 취소되었으며, 언제나 예정보다 늦게 시작했다. 간부들은 약속을 정하기 전에 로젠스와 이그에게 헤프너의 약물 주기에 대해 묻곤 했다. 그가 약 기운이 떨어지면 성미가 폭발한다는 것을 알았기 때문이다. 덱세드린은 「플레이보이 철학」의 광적인 문장도 만들었다.

덱세드린과 관련된 가장 지독한 시련은 1965년 기사 「시카고맨션」을 둘러싸고 벌어졌다. 헤프너는 원래 그 기획을 중시한데다 약물의 힘이 더해져 크게 집착했다. 그는 초고가 나올 때마다 기나긴 메모를 날렸고, 원고를 고치면 더 많은 메모가 나왔다. 그렇게 몇 주가 지난 뒤 스펙터스키는 포기하기에 이르러서 헤프너에게 써 보냈다. "이것은 편집부 전체가 당신이 보낸 57쪽 분량 메모의 도움을 받아 주말과 월요일 내내 일한 결과입니다. 나는 모든 판단력을 잃었습니다… 내 평생 며칠 동안 밤낮없이 하던 일에 이토록 패배감을 느끼기는 처음입니다."

마감이 일주일 앞으로 다가와서야 헤프너는 머리 피셔를 조수로 삼고 글을 쓰기 시작했다. 며칠 밤낮을 헤프너 옆에 붙어 앉아서 샌드위치를 먹으며 하루 두어 시간 취침 속에 쉴 새 없이 일한 건 피셔에게는 잊을 수 없는 고난이었다. 훗날 피셔는 말했다. "그가 펩시를 먹으면 나도 먹고, 그가 덱세드린을 먹으면 나도 같이 먹었다. 덱세드린 섭취량이 늘수록 그 사람이 합리적으로 보였다." 그들은 추수감사절 해가 떠오를 때 기사를 마쳤고, 피셔는 "정말로 고마웠다. 어쨌건 나는 살아남았다."고 고백했다.

아이러닉하게도 헤프너의 은둔 습관은 그의 이미지를 해치지 않았다. 역설적으로 그의 칩거는 그를 둘러싼 신비감을 더욱 높였다. 논쟁도 마찬가지였다. 1963년 11월 그를 외설죄로 시카고 법정에 세운 화제의 재판도 그랬다. 가톨릭 단체 '건전문학을 위한 시카고 시민모임'이 고소하자, 시카고 경찰은 헤프너가 〈플레이보이〉에 실은 제인 맨스필드 화보를 문제 삼아 그를 체포했다. 그 재판은 신문, 라디오, 텔레비전에 대대적으로 보도되고, 방청객이 가득 들어차서 재미있는 구경거리가 되었다. 헤프너는 아름다운 플레이메이트 도나 미셸을 대동하고 와서, 잡지 내용의 5퍼센트만이 여자의 누드 및 세미누드 사진을 싣는다고 증언했다. 배심원들이 헤프너의 유죄 인정을 거부하자 고소는 취하되었고, 헤프너는 표현 자유의 옹호자라는 이미지를 더욱 높인 채 법정을 나섰다.

1960년대 헤프너의 연애 생활도 대중의 관심을 사로잡았다. 그는 에로틱한 생활을 열심히 추구하며 이렇게 말했다. "어느 날 보니 내가 매주 다른 여자와 자고 있었다. 흥분되고 기묘하고 멋지다…." 맨션은 그의 환상을 충족시켜 주는 독신자의 천국이었다. "내가 불을 발견하거나 바퀴를 발명했어도 이보다 더 기쁘지는 않았을 것이다." 그가 말했다.

헤프너는 수많은 플레이메이트와 가벼운 성적 관계를 맺었다. 조니 매티스에 따르면, 그는 1961년 12월호의 「플레이메이트 휴가 파티」

를 촬영하는 동안 플레이메이트 12명 가운데 11명과 관계를 맺었다. 헤프너는 자신의 돈 후안 이미지를 기뻐하며, 남자의 명성은 여자들에게 인기를 높여 준다고 말했다.

이 시기 동안 헤프너가 꾸준히 데이트한 여자는 두 사람이다. 신시아 매덕스는 1961년에서 1963년까지, 메리 워런은 1963년부터 1968년까지였다. 헤프너는 두 사람 모두와 매우 친밀해졌고, 그들과의 관계는 헤프너 심리 상태의 많은 것을 일러 준다. 성해방 분위기에 고무되고 자신의 로맨스를 지배하려는 결심을 확고히 한 헤프너는 이 여자들의 생활을 자신의 삶과 업무에 완전히 맞추게 했다.

신시아 매덕스는 1959년에 접수부 직원으로 〈플레이보이〉에서 일하기 시작했고, 차츰 승진해서 만화부 편집자가 되었다. 그녀의 아름다움을 두고 헤프너는 고등학생들이 책상에 앉아 꿈꿀 금발에 파란 눈, 분홍빛 피부에 완벽한 몸매라고 칭찬했다. 매덕스는 처음에는 빅터 로니스의 눈길을 사로잡았고, 로니스는 열심히 그녀를 쫓아다녔다.

그런 뒤 헤프너가 그녀에게 눈길을 주었다. 그는 그녀가 로니스를 끈질기게 거절한 걸 높이 샀고, 그녀가 "회사의 대표 처녀"라는 사실 때문에 야릇한 도전감도 품었다. 두 사람은 데이트를 시작하면서 달콤한 로맨스를 키웠다. 매덕스가 마침내 그와 잠자리를 하기로 하자, 그는 서부 해안 여행을 계획 베벌리힐스 호텔에 방갈로를 예약했다. 시카고로 돌아온 뒤 그녀는 플레이보이맨션의 아파트 한 곳으로 들어왔다.

두 사람은 업무 관계가 좋았다. 보조 만화 편집자로서 매덕스는 매주 헤프너 옆에서 오랜 시간 함께 일했고, 그녀의 말에 따르면, 두 사람은 만화에 대해 생각이 똑같았다. 그는 주말 시간과 주중에 하루나

헤프너와 여자친구 신시아 매덕스, 1960년 12월 뉴욕 플레이보이클럽 개업식에서

이틀 밤을 매덕스와 함께 보냈고, 두 사람은 뉴욕에서 열린 플레이보이 재즈상 시상식에 함께 갔다. 매덕스의 미모는 잡지에 실리기에 부족함이 없었기에, 그녀는 1962년에서 1966년 사이에 〈플레이보이〉 표지에 다섯 번이나 나왔다.

두 사람은 여러 면에서 관심사가 비슷했다. 하지만 매덕스의 강한 질투는 헤프너를 불편하게 했다. 1962년 뉴욕 플레이보이클럽 개업식 때 갈색 머리의 미녀가 멋대로 헤프너의 방에 들어갔다. 그가 그녀를 조용히 내보내려고 하는데 매덕스가 들어왔고 그가 바람을 피운다고 생각한 그녀는 분노를 터뜨렸다. 헤프너는 말했다. "화가 나자 그녀는 물건을 던졌다. 처음에는 책이었고 램프를 잡으려 할 때 전화가 울렸다… 그녀는 한동안 화장실에 틀어박혀 있다가 그게 내 잘못이 아니라는 걸 인정하고 화해했다."

매덕스는 헤프너의 다정하고 재미있는 면을 좋아했고, 음악과 파티, 스타와 유명인이 가득한 맨션 생활을 즐거워했다. "꼭 영화배우가 된 것 같다." 그녀는 말했다. 하지만 동시에 유명한 남자 친구의 인생에 갇힌 듯한 느낌도 갈수록 커졌다. 그녀는 〈위켄드〉 인터뷰에서 말했다. "때로는 내 정체성이 없는 것 같다. 나를 정말로 인정하는 사람, 나를 존중하고 내 일을 기억하는 사람, 내가 곁에 없을 때도 나를 생각하는 사람이면 좋겠다."

헤프너의 바람기도 갈수록 심해졌다. "헤프너와 데이트한 지 1년 정도인데도 그 사람은 다른 여자하고도 데이트한다. 나는 그게 싫다. 내가 싫어하는 걸 그 사람도 안다." 그녀는 〈모스트〉지에 하소연했다. 또한 매덕스는 다른 여자들과 데이트하면서 자신에게는 정절을 요구하는 그의 이중 잣대에 분개했다. 공개적인 자리에서는 아무렇지도 않은 척했지만, "내면의 나는 죽을 듯이 괴로웠다."

좌절한 그녀는 마침내 다른 사람들과 외도를 했고, 1963년 여름이 되자 헤프너와의 로맨스는 천천히 식었다. 그녀는 자존감을 찾으려고 정신과 치료까지 받았다. 두 사람은 그렇게 천천히 멀어졌으나 나중에 우호적으로 재회했다.

1963년 늦여름에 헤프너는 메리 워런을 만났다. 큰 키와 당당한 체격에 몸매가 빼어난 녹색 눈동자의 스무 살 아가씨였다. 그들은 금세 서로 매혹되었고, 헤프너는 도나 미셸과의 짧은 연애가 끝나자 그녀와 장기적 관계로 들어갔다. 워런은 잡지사의 접수부 직원으로 일했고, 얼마 후부터는 시카고 플레이보이클럽의 버니가 되었다. 매덕스처럼 그녀도 헤프너를 만났을 때 동정이었다.

보기 드물게 다정하고 조용하고 따뜻하고 순수한 워런의 성품은 많은 사람에게 깊은 인상을 남겼다.

워런은 맨션으로 이주하고서 자신을 완전히 헤프너에게 바쳤다. 그녀의 헌신은 전설이 되었다. 셸 실버스타인이 말했다. "집, 일, TV, 일상이 모두 자신의 요구에 맞추어져 있으면 여자 또한 자기 삶에 맞출 사람으로 구하는 게 당연할지 모른다. 워런이 바로 그런 여자였다." 그녀는 그와 함께 맨션에 틀어박혀 살면서 이따금 있는 동반 외출을 즐겼다. 헤프너는 그녀의 헌신에 감사했고, 그녀를 가리켜 "내가 만난 가장 다정하고 헌신적인 여성 중의 한 명"이라고 했다.

워런의 헌신에는 상당한 희생이 뒤따랐다. 불안에 휩싸인 그녀는 헤프너에게 모든 관심을 집중하고 있다 보니 자기 가치감을 세우는 일이 어려웠다. 그와 함께 하는 인생이 행복하냐는 질문에 그녀는 의무적으로 대답했다. "저는 이것을 명예이자 기쁨이자 멋진 경험으로 생각합니다."

거듭되는 노력에도 그녀는 헤프너의 거듭된 외도를 받아들이는 데 어려움을 겪었다. 헤프너는 언제나처럼 외도 사실을 전혀 감추지 않았다. 그는 1965년에 〈룩〉 잡지에 말했다. "지금 내 특별한 여자는 워런이다. 우리 관계는 3년 반 되었다. 하지만 나는 사소한 관계도 많이 맺었다." 사실 그는 그런 사소한 성적 관계를 즐겼다. 1964년 연말 휴가를 앞두고 들뜬 그는 다른 여자들을 찾았고, "세 여자와 한 침대에서 크리스마스를 보내는 일은 달콤한 퇴폐였다."고 고백했다.

워런은 점점 슬픈 분위기를 띠었다. 사진 속의 그녀는 유명인 남자 친구의 팔짱을 끼고 행복한 미모를 빛내지만, 가까이서 보면 미소는 공허하고 두 눈은 슬펐다.

워런은 1965년 가을에 마침내 맨션을 떠났다. 하지만 거기서 한 블록도 떨어지지 않은 아파트에 살면서 그 뒤로도 2년 이상 헤프너를 만나 맨션파티에 함께 참가하고 플레이보이클럽 개업식에도 가고, 때로는 스키도 타러 갔다. 관계가 시들자 그녀는 1967년에 〈플레이보이〉를 그만두고 마이클 리스 병원 연구소의 비서가 되었다.

1960년대 초에 헤프너가 보인 연애 생활은 평생의 패턴이 되었다. 한 여자와 몇 년 동안 주요한 관계를 맺으면서, 다른 미녀들을 계속 만나는 식으로. 사랑은 하되 헌신은 하지 않았고, 공개적으로 솔직하게 자신은 다른 사람과 데이트할 수 있지만 여자 친구는 그러면 안 된다는 이중 잣대에 충실했다. 잡지가 논하는 사회 문제처럼 헤프너의 연애 생활도 점잖은 중간계급 미국인의 규준을 벗어났고, 그는 자기 욕망에 맞춘 라이프스타일을 창조했다. 하지만 톰 울프가 지적했듯이, 평균적인 미국인도 전통적인 속박에 도전해서 행복과 충족을 추구하고 있었다. 헤프너는 다시 한번 사회 변화의 첨단에 서 있었다.

하지만 1960년대 초, 헤프너와 〈플레이보이〉 잡지와 미국사회에 활기를 불어넣은 맹렬한 정신은 이내 상대적으로 온순해 보인다. 이 시절의 기운찬 반항의 바람은 얼마 지나지 않아 허리케인으로 부풀어 올라 미국의 사회와 정치조직을 근본적으로 뒤흔들어 놓았다. 많은 미국인처럼 헤프너는 모든 상상을 뛰어넘는 엄청난 변화에 휩쓸린다. 하지만 특유의 영민함으로 그는 잡지와 함께 폭풍 한가운데로 뛰어든다.

## 3 전쟁이 아닌 사랑을 하라

1966년 여름, 휴 헤프너는 흥분에 싸여 미국에 돌아왔다. 런던 플레이보이클럽과 카지노 개업식차 영국에 간 그는 런던의 꿈틀대는 창조적 에너지에 자극을 받았다. 실제로 '역동하는 런던'은 1960년대 중반 비틀스의 음악, 메리 퀀트의 대담한 '모드' 패션, 토니 리처드슨의 영화, 테렌스 스탬프의 연극, 데이비드 베일리의 사진, 존 오스본의 실험극장, 비달 사순의 헤어스타일링 등을 통해 대중문화 르네상스의 중심지로, 전 세계의 상상력을 사로잡았다. 또한 도시 전체에 성해방 정신이 넘쳤다. "오늘날 런던은 윌리엄 셰익스피어 시대와도 비슷하게 명랑하고 격렬하고 욕망이 들끓는 도시다." 〈타임〉은 적었다. 헤프너는 런던의 문화 격변 정신이 미국에도 곧 나타나리라고 믿었다.

그가 미처 몰랐던 건 그의 비행기가 시카고에 닿는 순간에도 전통적 가치에 대한 불만이 폭발적으로 증대하고 있었다는 것이다. 베트남전 참전 반대 운동이 끓어올랐고, 인권운동은 점점 전투적으로 변했으며, 패기 넘치는 대학생들은 현대사회를 지배하는 관료주의에 의문을 던졌다. 그뿐 아니라 풍요로운 중간계급 중에도 많은 사람이 개인의 자유와 성취의 이름으로 반항정신을 키웠다. 자제, 경건, 존경을 중시하는 미국의 낡은 가치에 대한 도전이 모든 전선에서 구체화하는 것 같았다.

주류 미디어가 사회적 불만에 동참하기 시작했다. 〈뉴스위크〉는 1967년의 표지 기사 「수용적 사회」에서 미국의 커지는 동요를 탐구했다. 기사는 새로운 시대정신을 탐색하면서, "미국의 영화, 소설, 연극, 노래가사, 광고가 대대적으로 솔직한 언어와 성적 이미지를 택하고 있어 옛 금기들은 이제 죽었거나 죽어간다."고 했다. 외설성, 혼전 섹스, 누드에 대한 속박의 대폭 붕괴는 많은 미국인을 혼란에 빠뜨렸다. "언어, 패션, 태도의 금기 파괴는 사회적인 도덕적 합의가 해체되는 더 큰 현상 일부다." 〈뉴스위크〉는 결론 내렸다. 헤프너는 기사에 새로운 성적 개방성을 상징하는 인물로 등장해서 말했다. "웃음, 분노, 연민은 모두 어른이 보일 수 있는 정당한 반응인데, 왜 성적 흥분은 안 되는가?"

저널리스트 겸 역사가인 맥스 러너도 비슷한 의견을 표명했다. 그는 1967년 신문 칼럼에서 미국은 생산 사회를 떠나 풍성한 소비재와 개인적 자유, 충만한 경험, 생생한 인생에 대한 고동치는 욕망을 특징으로 하는 역동적 쾌락 사회로 발전했다고 주장했다. 러너도 헤프너의 말을 인용해서, 그가 쾌락주의적 인생의 틀(합리적으로 추론한 원칙의 틀)을 제공하려 한다고 했다.

그 뒤로 몇 년 동안 헤프너는 미국사회를 붕괴 직전까지 밀고 간 동요 속에서 전보다 훨씬 중요한 역할을 떠맡았다. 인종 폭동, 정치적 혼란, 대규모 시민 불복종, 문화적 가치에 대한 충돌이 일상적 소식이 될 때, 그와 잡지는 그런 행동의 중심에 서 있었다. 실제로 1966년에서 1971년까지의 5년은 〈플레이보이〉 성장의 정점이었다. 성혁명이 문화적 격변의 일부로 폭발하면서 헤프너는 그 가장 두드러진 옹호자 겸 상징의 자리를 유지했다. 동시에 그는 정치적으로 좌경화되어 핵무장 해제, 인종화해, 개인의 해방, 복지 확대를 주장했다.

하지만 〈플레이보이〉의 새로운 사회 정치적 행동주의 방침에는 내적인 긴장도 있었다. 일부 관측자가 보았듯이, 헤프너의 잡지가 옹호하는 쾌락주의 및 물질적 풍요와 대기업의 사익 추구, '기성 질서'에 대한 비난 및 피억압자의 지위 향상 요구라는 정치적 에토스 사이에는 불편한 갈등이 있었다. 그의 좌파동맹 일부가 볼 때 헤프너는 한 손으로는 체제를 공격하면서 다른 손으로 바로 그 체제를 떠받들고 있는 것 같았다. 톰 울프의 잊지 못할 문장에 따르면, 그는 체제 내에 확고히 자리 잡은 사회적 엘리트가 번지르르한 구호로 정치적 급진주의를 포용하는 1960년대의 "급진적 멋쟁이"의 한 종이었다.

하지만 그런 긴장은 한동안은 현실화되지 않았다. 그때까지 헤프너는 예전부터 꿈꾸던 존재가 되었다. 대중적 유명인사에 그치지 않고, 현대 미국사회의 가치를 형성하는 어엿한 주요 인물이 된 것이다. 그는 전에 없이 커다란 주목을 받으며 1960년대의 쾌락주의 왕자로 떠올랐다.

I

헤프너의 유명세를 명확히 보여준 건 1967년 3월 3일 〈타임〉 표지다. "쾌락주의의 추구"라는 문구가 박힌 사선의 노란 띠 아래 유명 아방

가르드 미술가 매리솔이 헤프너를 너무도 미국적인 남자로 표현한 적, 백, 청색의 나무 조각품이 있었다. 그에 딸린 특집기사는 표지만큼 그를 멋지게 다루지는 않았지만 그 못지않게 도발적이었다.

〈타임〉은 경멸 어조를 감추지 않고 헤프너를 "통속적 쾌락주의의 예언자"라고 소개했다. 기사는 그를 관람 섹스의 연출자로, 거짓된 세련미를 갖고 싶은 대학생들에게 호소력을 갖는 미숙아라고 말했다. 그런데도 〈타임〉은 그가 현대사회의 중요한 측면을 반영한다는 건 인정해야 했다. 〈플레이보이〉의 인기는 청교도적 윤리가 죽어가면서 쾌락과 레저가 미국사회에서 긍정적이고 보편적으로 찬양받는 가치가 되고 있다는 걸 암시한다고 했다.

그 뒤로 몇 달 동안 헤프너는 안 나오는 데가 없는 것 같았다. 그는 많은 신문 잡지와 인터뷰를 했으며, 조니 카슨의 〈투나잇 쇼〉, ABC의 〈조이 비숍 쇼〉, 신디케이트 쇼인 〈빌 대나 쇼〉에 나왔다. NBC 뉴스는 1967년 5월 8일 황금 시간대에 편성한 특집 〈쾌락의 추구〉에 그를 출연시켜 평범한 미국인 사이에 커지는 풍요와 레저, 자기충족의 갈망을 살펴보았다. 사회자 샌더스 배노커는 그가 도덕적 게릴라전을 이끄는 성혁명의 마오쩌둥이라고 했다. 쇼에서 헤프너는 플레이보이 맨션 서재에 유명 보수 논객 윌리엄 F. 버클리와 하버드대학 신학자 하비 코크스와 함께 앉아 토론했다. 그는 트레이드마크가 된 파이프를 피우면서 종교에 토대한 낡은 도덕은 희미해졌고, 이제는 새로운 토대가 필요하다고 주장했다.

헤프너의 사업도 번창했다. 1968년에 잡지의 판매 부수는 550만 부에 이르렀고, 클럽과 상품 부서도 승승장구했으며, 새로운 신디케이트 텔레비전 쇼 계획도 진행되었다. 1963년부터 1969년간 통계를 따

하비 코크스, 윌리엄 F. 버클리, 헤프너가 시카고맨션에서 1967년 NBC 텔레비전의 특별 프로그램 〈쾌락의 추구〉를 촬영하고 있다

르면, 연간 매출은 2,600만 달러에서 9,600만 달러로 솟았다. 미국 경제계가 주목했고, 〈비즈니스 위크〉, 〈제너레이션〉, 〈배런스〉 같은 잡지가 플레이보이 제국의 놀라운 성장을 칭찬하는 기사를 실었다.

헤프너는 두 가지 일을 통해서 증대하는 부와 영향력을 과시했다. 하나는 1967년에 플레이보이빌딩이라고 이름을 바꾼 건물을 장기간에 걸쳐 보수해 그리로 회사를 옮긴 것이다. 두 번째는 1967년 여름에 450만 달러짜리 더글러스 DC-9를 개인 전용기로 구매한 것이다. 그는 '빅버니'라고 이름을 지은 이 비행기 전체를 검은색으로 칠하고 꼬리 부분에 흰색으로 잡지의 토끼 로고를 그렸다. 그리고 1백만 달러를 더 들여 내부를 전면 개조했다. 비행기 뒤쪽에 있는 그의 개인 영역에는 타원형 침대와 특별 안전벨트, 태즈메이니아산 주머니쥐 털로 만든 침대커버, 스테레오. 비디오테이프, 전동 회전의자, 노즐이

DC-9 제트기를 헤프너의 전용기로 특별 개조한 '빅버니'가 날고 있다

두 개인 샤워기가 있었다. 검은 미니스커트를 입고 무릎 높이 부츠를 신은 '제트 버니' 여덟 명이 스튜어디스로 일했다. 〈룩〉지의 표현대로 "날개 단 플레이보이의 집"은 헤프너의 쾌락 가득한 라이프스타일의 드높은 상징이 되었다.

헤프너와 사업이 모두 번창하면서 〈플레이보이〉는 영역을 더욱 넓혔다. 잡지의 상당 부분은 여전히 제인 폰더의 프랑스 영화 촬영 누드사진이나 「미주리의 버니들」 같은 에로틱한 화보에 바쳐졌다. 문학 부문에서는 점점 더 많은 유명 작가가 〈플레이보이〉로 몰려 왔다. 1966년에서 1970년까지 장-폴 사르트르, 아이작 싱어, 솔 벨로, 커트 보니게트, 존 업다이크, 그레이엄 그린, 조이스 캐럴 오츠 같은 굵직한 작가들이 글을 실었다.

멋진 소비의 쾌락 교본인 〈플레이보이〉는 1960년대 소비 경제의 급성장에 맞추어 팽창했다. 잡지는 음악, 영화, 코미디 같은 엔터테인먼트 세계도 계속 다루고, 「플레이보이 인터뷰」에는 페데리코 펠리니, 밥 딜런, 우디 앨런, 미켈란젤로 안토니오니, 스탠리 큐브릭 같은 유명 인사가 나왔다.

하지만 가장 중요한 것은 〈플레이보이〉가 정치에 적극적으로 뛰어들었다는 것이다. 잡지는 1960년대 초에 시험적 시도를 거친 뒤, 1960년대 중반에는 격렬해진 공공 영역으로 전면 투신했다. 길고 뜨거웠던 여름에 미국 여러 도시에서 인종 폭동이 일어나고, 거기에 백인들이 강한 반격을 가하면서 인종 갈등이 폭발했다. 미국의 베트남전 참전은 반전 시위를 촉발시켰다. 사회적 경제적 권력구조에 대한 불만이 대학 캠퍼스를 휩쓸었다. 헤프너의 잡지는 자유주의 대의의 기수가 되어 그에 응답했다.

「플레이보이 인터뷰」는 특히 정치적 성향을 강하게 띠었다. 1966년에 역사가이자 정치 자문가인 아서 슐레싱어 2세의 인터뷰는 베트남전, 국내 정책, 인권운동에 대한 그의 견해를 살펴보았다. 피델 카스트로 인터뷰는 미국과 쿠바의 불화 및 냉전의 이념적 문제에 집중했다. 그러는 동안 잡지는 문화적 논평을 통해 중간계급 가치를 더욱 강하게 공격했다. 약물 전문가 티모시 리어리는 해박한 글로 LSD, 환각제와 약물 사용의 법적 제한 문제를 집중적으로 설명했다. "지하 언론"에 대한 장문의 분석은 저항의 매체로 여기저기 생겨난 솔직하고 격렬하고 때로 이해하기 어려운 반체제 신문들을 조사했다.

1967년 12월 〈플레이보이〉는 몸집이 두꺼워졌다. 320쪽 분량에 자주, 연두, 주황색을 배경으로 어지러운 글씨들이 춤을 추는 12월호 표지는 당대 미국에서 일어나는 모든 일을 담은 것 같았다. 독자는 이달의 플레이메이트 린 윈첼에서 아르누보 에로티카 같은 에로틱 아이템, 아이작 싱어, P. G. 우드하우스, 어윈 쇼의 소설, 텔레비전 쇼 진행자 조니 카슨, 배우 월터 매소 같은 유명인에 대한 기사, 프랑스의 그르노블에서 열리는 동계올림픽 여행 상품, 크리스마스를 위한 하이테크 선물과 장치 같은 고급 상품 기사를 만났다. 그리고 다양한 정치 기사도 있었다. 한 기사는 하버드대학의 학장 한 명이 앨라배마 주 버밍엄 근처의 비인가 소규모 흑인 대학인 마일스대학의 교양학부장이 되기 위해 하버드대학을 떠난 내용을 다루었다. 존 케네스 갤브레이스는 정부에 베트남전 참전 중단을 요구했고, 윌리엄 O. 더글러스 판사는 '빅브라더'정부가 미국인의 개인적 삶에 끼어드는 사례를 검토했다.

1967년 12월호에서 〈플레이보이〉는 그 시대의 감성을 포착했다. 정치 활동을 열심히 하나 낙관적이고 개방적이며, '평화와 사랑'에 대한 새 시대의 가능성에 들뜬 감성이 그것이다. 1967년 「사랑의 여름」과 「국방부를 향한 행진」처럼 그런 감성은 합리적이고 개방적이고 선량한 사람들이 힘을 합해서 긴급한 문제 해결에 나설 수 있다는 희망을 담았다. 하지만 이런 낙관적인 분위기는 미국에서도 〈플레이보이〉에서도 오래가지 않았다. 몇 주 지나지 않아 미국은 폭발 직전의 상황으로 들어섰다.

## II

1968년 8월 27일 자정 직후 헤프너는 맥스 러너, 줄스 파이퍼, 존 댄티, 보비 아른스타인과 함께 플레이보이맨션을 나서 링컨 파크 쪽으로 걸어갔다. 그들은 시카고에서 열린 민주국민대회에서 경찰과 시위대의 대치 광경을 직접 보고자 했다. 수천 명의 반전 시위대가 시카고에 집결하고 경찰이 구타와 대량 체포로 맞서면서 격렬한 충돌이 일

1968년 시카고맨션에서 베트남전에 반대하는 대통령 후보 유진 매카시 후원 행사를 여는 헤프너

어났다. 유혈 대결이 전국 텔레비전 뉴스를 덮었고, 독한 최루탄 냄새는 도심을 떠돌았다. 헤프너는 정치에 점점 관심이 높아지면서 이런 논란을 주시했다.

실제로 민주당 소속의 일부 반정부 활동가들은 플레이보이맨션을 국민대회의 비공식 기지로 삼았다. 대회가 열리기 며칠 전에 헤프너는 존 케네스 갤브레이스, 조지 플림프턴과 함께 반정부 평화 후보인 상원의원 유진 매카시의 점잖은 기금 모금 파티를 공동 후원했다. 이어서 그는 〈뉴욕타임스〉가 민주당의 "아름다운 이들을 위한 일 주일간의 파티"라고 부른 것을 주최했다. 클리블랜드 시장 칼 스톡스, 보스턴 시장 케빈 화이트, 시민운동가 제시 잭슨, 캘리포니아 사업가 에드 폴리 2세, 배우 워런 비티 같은 자유주의 활동가들이 맨션을 드나들면서 전략을 구상하고 우정을 나누었다.

하지만 상황은 금세 심각해졌다. 그와 친구들은 거대한 시위대가 성난 경찰의 호위 속에 다가오는 모습에 위험을 느끼고 맨션을 향해 돌아섰다. 그때 경찰차가 오더니 경찰관들이 나와서 총을 쏘며 집으로 돌아가라고 소리쳤다. 헤프너가 바로 그렇게 하려고 한다고 말했을 때, 경찰관 한 명이 경찰봉으로 그의 엉덩이를 쳐서 커다란 멍을 남겼다. 이 사건이 전해지자, 한 익살꾼이 경찰이 잠옷 바람의 헤프너를 베트콩으로 오해했을 거라고 농담했지만, 헤프너는 그 농담이 재미있지 않았다. 그는 이유 없는 경찰의 폭력에 대해 맨션에서 기자 회견을 열었다. 그리고 그런 경험을 통해 정치에 더욱 긴밀하게 관여할 것을 맹세했다. "어젯밤에 나는 정의와 민주주의에 아무런 관심이 없는 이른바 법과 질서라는 것을 보았다. 그런 폭력은 전체주의 사회에서나 있을 법한 일이다."

시카고 소요는 남북전쟁 이후 최대 규모였을 몇 달에 걸친 정치적 분열 끝에 터져 나온 것이었다. 젊은이들은 미국 전역에서 대항문화의 기치와 '섹스, 약물, 로큰롤'의 에토스 아래 몰려들었다. 베트남 공산군의 구정舊正 대공세로 군사적 교착이 드러나면서 대규모 반전 시위와 학생 폭동이 일어났다. 여당인 민주당은 두 명의 평화 후보가 강력하게 도전하면서, 린든 존슨 대통령이 출마 포기를 선언했다. 한편 공화당의 리처드 닉슨이 '법과 질서'를 강조하는 선거전으로 지지를 얻으면서 보수 진영의 반격 또한 거세어졌다. 1968년 초여름에 몇 주 간격으로 마틴 루서 킹과 로버트 케네디가 암살되자, 분노와 절망과 폭동이 전국을 휩쓸었다. 온 나라가 급진적 변화를 옹호하는 집단과 공고한 권위와 안정을 옹호하는 집단으로 갈라졌고, 중간에 있는 많은 사람이 혼돈과 분노와 공포에 빠졌다.

이런 정치적 혼란 속에서 헤프너는 자유주의 좌파의 목소리로 확고히 자리 잡았다. 그가 〈새터데이 이브닝 포스트〉에 말했듯이 "이 나라에 성혁명을 일으키는 요소들이 인권 혁명과 베트남 반전운동과 학생 시위를 일으킨다." 성 자유는 인종 자유, 사회 자유, 정치 자유, 관용과 연결되는 폭넓은 운동의 일면이었다. 개인적 향유를 위한 성적 표현물의 금지를 문제 삼는 건 그가 1969년에 말했듯이, "우리가 민주주의를 원하는지, 아니면 인간은 약한 존재이므로 정치적, 사회적, 성적인 통제능력이 없다고 전제하는 권위주의적 사회에 살고 싶은지"에 대한 문제다.

헤프너는 정치적으로 좌경화하면서, 미국의 반공 외교 정책과 베트남전 참전을 비난하고, 미국 핵무기에 대한 UN 통제를 지지했다. 또한 마리화나와 LSD 같은 기분전환 약물의 사용을 옹호하며, 민주 사회에서는 자기 몸과 마음에 대해 스스로 결정을 내릴 자유가 있어야 한다고 주장했다. 1969년에 맬컴 보이드와 연속해서 한 인터뷰에서는 개인의 권리, 정부가 시장경제를 규제하는 사회주의 자본주의, 세계 정부의 건설이라는 정치적 신념을 강조했다.

1960년대 말, 〈플레이보이〉는 창업자의 높아진 정치의식과 미국사회의 저항 분위기를 담았다. 1968년에서 1970년까지 잡지는 부르주아 가치와 냉전의 가치에 도전하는 사회비평 기사들을 쏟아냈다. 이런 캠페인은 몇 개의 분야에서 이루어졌다.

〈플레이보이〉 잡지는 완전한 성혁명의 문화정치를 옹호하며, '자유로운 성 연맹'과 파트너 '스와핑'을 긍정하는 기사를 냈다. 잡지는 대학을 탐사하며 그들이 인생과 자유, 이성애적 행복 추구를 가로막는 속박을 철폐하는 데 앞장서고 있는지 수수방관하고 있는지를 살폈다.

윌리엄 매스터스와 『인간의 성 반응』이라는 대형 베스트셀러를 쓴 버지니아 존슨 박사, 성교육의 선구자 메리 콜더론 박사와의 의학 연구 관련 심층 인터뷰도 실었다.

〈플레이보이〉는 연예계에 나타난 새로운 성적 자유도 면밀히 검토했다. 전위예술 '누드극'에 대한 깊은 관찰을 통해 〈헤어〉, 〈69의 디오니소스〉, 〈푸츠!〉 같은 최근 작품들을 분석한 후 뉴욕의 무대가 할리우드마저 앞질러 날아오르기 시작했다고 결론 내렸다. 그리고 현대 성도덕과 그 문제, 유희를 뻔뻔하게 조롱하고 축하하는 논쟁적 오프브로드웨이(브로드웨이 밖에서 비상업적 연극을 상연하는 극장 또는 그 연극-옮긴이) 누드 법석극 〈오! 콜카타!〉를 사진과 함께 소개했다.

편집부는 성적 표현물에 대한 검열을 비난하고 피임을 옹호했으며 이혼을 쉽게 하는 법 개정을 주장했다. 또한 동성애에도 열린 자세를 보여서, 「플레이보이 포럼」에 자유주의 성직자들이 진정한 기독교 정신은 도덕적 단죄가 아니라 관용과 구원을 요구한다고 주장한 편지들을 실었다. 〈플레이보이〉는 동성애를 병이 아니라 이상 행동으로 봐야 한다는 좀더 과학적이고 진보적 견해를 채택했다.

〈플레이보이〉는 더 넓게는 전통적 속박을 버리고 개인적 자유를 선호하는 선도적 문화정책을 옹호했다. 패션 기사는 젊은이에게 코트와 넥타이 대신 네루 재킷, 펜던트, 레저복을 입어 새로운 의복의 자유를 추구할 것을 촉구했다.

잡지는 팽창하는 약물문화도 자기 탐색의 영역으로 온정적으로 묘사했다. 그들은 약물과 성적 환희의 연관성을 탐구하고, 마리화나의 오명을 벗기려는 시도를 하고, 모든 종류의 약물에 대한 법적 규제를 늦추라고 요구했다. 「약물 혁명」이라는 기사에서 말했듯이, 약물은 자유와 억압, 젊은이와 연장자, 비권력자와 권력자간의 전쟁 맨 앞에 자리했다.

〈플레이보이〉는 정치적으로 좌파 자유주의의 요새였다. 저명한 자유주의 공직자나 공적 인물이 〈플레이보이〉에 모여들었다. 상원의원 J. 윌리엄스 풀브라이트, 제이콥 재비츠, 프랭크 처치가 총기 규제, 선거연령 하향, 미국 외교정책 재검토 등에 대해 잡지에 글을 기고했다. 1967년 10월에 공공문제를 의논하러 맨션을 찾았던 마틴 루서 킹은 생전의 마지막 글을 〈플레이보이〉에 발표했다.

「플레이보이 인터뷰」는 많은 자유주의 행동가의 우호적인 활동 공간이었다. 전쟁 평론가이자 징병 문제 전문가인 윌리엄 슬론 코핀, 소비자 운동가 랠프 네이더, 인권운동가 제시 잭슨, 급진주의 변호사 윌리엄 컨슬러 등이 이런 사람 가운데 일부였다. 잡지는 심지어 마르크스주의자인 헤르베르트 마르쿠제 같은 지성인도 끌어안아서, 그가 젊은 추종자를 구름처럼 이끌고 미국 대학을 돌며 강연할 때 그를 70대 노익장의 슈퍼스타"라고 설명했다.

〈플레이보이〉의 센터폴드도 새로운 정치적 감성을 보였다. 플레이메이트 데비 후퍼는 상원의원 매카시의 선거전에 뛰어들어, 경직된 사회의 속박을 푸는 데 도움을 보탰다. 플레이메이트 글로리아 루트는 베트남전 반대에 몰두한 전업 운동가였다.

〈플레이보이〉의 정치적 행동주의는 1960년대 말 절정에 달했다. 그들은 1969년에 최근에 암살당한 로버트 케네디와 마틴 루서 킹에게 헌정 기사를 써서, 자유주의 신조에 바친 희생을 기렸다. 그리고 사회, 정치 변화를 위한 장문의 청사진도 실었다. 그것은 저명한 자유주의 인사들이 집단적으로 모여 쓴 것으로, 전쟁, 불의, 빈곤, 공해의 해결을 목표로 했다. 1970년 가을에는 선거를 앞두고「플레이보이 정치 선호표」라는 기사가 등장해서, 전국 주요 선거구 후보들의 자유주의적 견해에 등급을 매겼다.

하지만 이런 무수한 급진적인 발언에도 〈플레이보이〉가 정치적으로 혁명적인 건 아니었다. 잡지와 헤프너는 개인의 자유와 사회 정의를 추구했지만, 미국의 기본적 사회·경제 체제를 문제 삼지는 않았다. 실제로 많은 비평가가 지적했듯이, 헤프너가 한편으로 주장하는 전면적 사회·정치 개혁은 다른 한편으로 주장하는 쾌락주의, 물질적 풍요, 사회적 성공과 마찰을 일으켰다.

예를 들어 〈디트로이트 프리프레스〉는 〈플레이보이〉가 주로 리처드 닉슨이 말한 침묵하는 다수에게 호소한다고 말했다. 모턴 로스는 〈계간 콜로라도〉에 논문을 발표해서, 〈플레이보이〉가 기존 질서에 도전하기는커녕 현대 미국 자본주의의 핵심 정신을 대표한다고 주장했다.

어떤 젊은 급진주의자는 라디오 인터뷰에서 말했다. "〈플레이보이〉는 사실 기성 질서의 목소리이다. 오늘날 젊은이들은 자동차, 하이파이 세트, 풍선 같은 가슴의 버니 사진에만 관심 있는 게 아니기 때문이다."

이런 갈등은「플레이보이 포럼」에서 충돌했다. 1969년에 한 독자는 잡지가 자유주의적 변화와 사회적 진보를 옹호하면서 다른 한편으로는 미국 중상계급의 삶을 영속화하고자 한다며 그 이중적 태도를 비난했다. 〈플레이보이〉는 거기에 분노해서 답했다. "우리가 소개하는 사치품은 지금은 세계에서 극히 일부만 향유하고 있지만, 진정한 사회 진보는 이런 사치품을 없애는 게 아니라 그것이 모두에게 돌아가게 하는 것이다. 우리는 멋진 인생과 사회 진보가 기본적으로 같은 정신을 공유한다고 본다."

〈플레이보이〉의 거짓 급진주의를 비난하는 사람들은 잡지 자체에서 증거를 찾았다. 1960년대 말 내내 잡지는 기성 질서에 대한 공격과 소비적 풍요의 찬양을 불편하게 병존시켰다. 세자르 차베스, 제시 잭슨, 톰 헤이든이 억압적 체제를 성토하는 글 바로 옆에서 석유 왕 J. 폴 게티가 독자에게 기업 세계에서 성공하는 법을 훈수했다. 이런 갈등으로 어색한 상황이 여럿 벌어졌다. 예를 들어 1970년 11월호에는 히피 공동체를 우호적으로 다룬 「에덴의 서쪽」이라는 기사 바로 다음에 「완벽한 현재」라는 기사가 부유한 소비자들을 위한 최신 생활 편의 제품을 소개했다. 공동생활체와 퀴진아트 제품, 세자르 차베스와 J. 폴 게티가 어떻게 공존할 수 있는지는 답을 주지 않았다.

헤프너는 이런 비판에 점점 예민해졌다. 물질적 부와 급진적 정치의 공존에 대해 질문을 받자 그는 대답했다. "나는 자유주의자고 기성 질서에 반대하면서도 성공할 수 있다는 것을 직접 보여주었다." 게다가 그는 젊은이들이 반물질주의 분위기로 가는 건 잘못된 방향이라고 주장했다. "그들 중 많은 수가 물질주의의 미덕 때문에 〈플레이보이〉를 읽는다. 진짜 문제는 물질주의 혜택을 가능한 한 많은 사람에게 주는 것이다." 그는 물질주의는 더러운 말이 아닐 뿐더러 강한 사회의식을 키우는 데 장애가 되지 않는다고 주장했다.

하지만 또 다른 의미로 헤프너의 물질적 풍요 옹호와 기성 질서 공격 사이의 갈등은 비평가들의 생각만큼 크지 않았다. 1960년대 인종차별은 상당 부분 겉보기만큼 급진적이지 않았다. 크리스토퍼 래시가 말했듯이, 이 운동은 정치를 일종의 거리 공연, 공공 퍼포먼스로 보는 경향이 있었다. 내용보다 스타일을 중시하고 극적인 제스처, 미디어 조작, 자기 계발을 채택했다. 또 하나 중요한 점은 이 시기 젊은 급진주의자들은 이미 전후 풍요의 자식으로 그들이 공격하는 기성 질서 못지않게 자기만족을 추구했다는 것이다. "개인적인 것이 정치적인 것"이라는 급진적 슬로건은 그들이 추구하는 의식 향상이 스스로 반대하는 현대 소비 자본주의와도 비슷하게 자기충족을 목표로 한다는 걸 보여주었다. 저항자들도 그들의 대립자와 마찬가지로, 자기 억제, 의무, 공공선을 위한 희생, 이상에 대한 충성처럼 시대에 뒤진, 그리고 개인적 변신의 요구 앞에 빛을 잃은 전통을 거절했다.

이렇게 양쪽을 잇는 자기충족의 욕망이 1960년대 말 헤프너와 잡지가 행한 정치 행동의 많은 부분을 촉진했다. 그는 1969년에 미국인들은 이제 일이 아니라 여가와 레크리에이션을 통해서 자신을 실현한다고 주장했다. 그래서 현대의 가장 긴급한 과제는 쾌락에서 죄의식을 빼고, 놀이와 욕망 충족에 토대한 행복을 만드는 것이었다. 하비 코크스는 일이 인간의 유일한 자기실현 수단이라는 낡은 생각을 거부하고 새로운 레저 라이프스타일을 만들고자하는 대항문화 저항자들을 칭찬했다. 1960년대가 끝나갈 무렵 〈플레이보이〉는 「70년대의 레저」라는 기사에서 자기충족을 더욱 강조했다. 기사는 지난 10년은 과학 기술 덕분에 대부분 사람이 여가가 더 풍족해진 새로운 세계에 적응하는 고투의 기간이었다고 했다. 그런 사회에서는 우리가 시간을 더욱 창조적으로 사용하고, 저마다 자신의 직업만큼이나 정체성에 중요한 역할을 할 개인적 활동을 추구하는 새로운 방식이 필요하다고 했다.

그래서 헤프너는 여러모로 1960년대의 저항에 꼭 들어맞는 상징이었지만, 그 사실을 헤프너 자신도 그의 비판자들도 제대로 이해하

1970년 9월호에서 〈플레이보이〉는 아름다운 외모의 평화 운동가와 다양한 사회적 문제에 대한 기사로 대항문화와 만났다.

지 못했다. 정치 분야에서도 문화 분야에서도 이 혼돈 시대의 적대자들(정치적 급진주의자와 야심 찬 기업 간부, 정서적 경험을 추구하는 사람과 물질적 부를 추구하는 사람, 기성 질서에 속한 사람과 그 비판자)은 모두 자신을 더욱 강력하게 주장했다. 자기실현의 요구가 모든 것에 스며든 현대 미국사회에서 개인적 요구 이상의 것에 전념하는 개념은 들어서지 못했다. 헤프너가 누구보다도 잘 알았듯이, 내면 욕망의 충족이 현대 미국사회의 논리가 되었다. 이 강력하고 증대하는 자기충족의 충동은 1960년대라는 반역의 시대에 헤프너의 정치 행동뿐 아니라 개인 생활에도 큰 활력을 불어넣었다.

## III

헤프너의 전설적인 은둔은 계속되었다. 그가 맨션에 몇 달, 때로는 그 이상 칩거한다는 사실에 많은 언론 보도가 잇따랐다. 덱세드린을 복용하고, 파티만큼이나 일에 중독되고, 기이한 식습관을 유지하고, 태양과 운동을 기를 쓰고 피하는 헤프너는 위험할 만큼 살이 빠졌고, 과도한 청량음료 때문에 치아도 상했다. 이런 특이한 은둔을 가장 선명하게 보여주는 건 그가 플레이보이빌딩을 처음 방문했을 때의 일화다. 그가 〈마이 펠로 아메리칸스〉에 서글프게 말했다. "비 오는 밤이었다. 나는 밖으로 나갔다. 그 건물에 수백만 달러를 들이고도 나는 거기 한 번도 가보지 않았다. 맨션에서 겨우 몇 블록 거리였는데 말이다. 그랬더니 경비원이 나를 못 알아보는 게 아닌가. 하지만 그는 결국 나를 들여보내 주었다."

1967년 초에 42세가 된 창백하고 수척한 헤프너는(체중이 62킬로그램으로 줄었다) 생활에 변화를 주었다. 1966년의 런던 여행과 그 직후 미국을 휩쓰는 해방주의 윤리를 보고 습관을 바꿀 것을 다짐했다. 40대는 사람이 인생을 정리해서 재평가하고 무언가를 바꿀 때이다." 그는 〈시카고 트리뷴〉에 말했다. 〈타임〉에는 이렇게 말했다. "어느 날 깨어 보니 나는 세상의 꼬리를 잡고 있었다. 세상을 즐기기 원한다면 나 자신을 돌볼 필요가 있었다."

그는 행동에 나섰다. 지금까지 주기적으로 대담하게 변모했던 대로 헤프너는 자신을 재창조했다. 그는 규칙적으로 자고 건강하게 먹기 시작했다. 덱세드린을 끊고 얼마간 운동을 하니 몸무게가 천천히 14킬로그램이 붙었다.

그는 또한 잡지 편집 책임을 다른 사람에게 더 넘기기로 했다. 〈플레이보이〉가 확장하면서 그것을 총괄하는 업무는 어마어마해졌고, 헤프너가 떠맡은 짐은 혹독할 만큼 무거웠다. 그는 미술 책임자 아트 폴, 사진 책임자 빈스 타지리, 편집장 A. C. 스펙터스키와 젊은 부하 편집자에게 더 많은 권한을 넘겼다.

이렇게 해서 헤프너는 육체적, 심리적으로 맨션이라는 고치를 떠나 1960년대 말의 활기차고 실험적인 공간으로 들어섰다. 세상을 향한 이런 새로운 참여에는 개인적 성혁명이 중심 역할을 했다. 그는 1960년대 중반에 전처럼 계속 플레이메이트를 비롯해 버니들과 섹스를 했지만 이제 그 수가 급속히 늘었다. 1968년 말에는 10대 딸 크리스티의 친구와도 짧은 관계를 맺었다. 그는 나중에 말했다. "내 맨션 은둔 생활은 요란한 소리와 함께 끝났다. 내가 이 관능의 세계에 열정적으로 참여하면서, 그 해(1968년) 내 섹스 파트너는 4명에서 40명으로 10배가 되었다."

맨션에는 생기 넘치는 사교가 꽃피었다. 물론 1960년대 내내 요란한 파티가 계속되었지만 이제 헤프너가 실제로 거기 참여하면서 새로운 해방의 분위기가 넘쳤다. 사회 각 분야의 유명인사가 파티를 즐겨 찾았다. 어느 파티에 찾아가더라도, 파이프 주교, 데이비드 서스킨드, 조니 카슨, 우디 앨런, 앨리스테어 쿡, 대니 케이, 빅 데이먼, 마이클 케인, 멜 토메, 윌트 체임벌린, 스티브 매퀸 같은 사람을 만날 수 있었다.

친구들과의 교류도 헤프너의 새 생활에 활력을 더했다. 옛 친구 셸 실버스타인과 존 댄티에 코미디언 겸 배우 빌 코스비가 결합했다. 이들 네 명은 맨션에서 많은 시간을 보내며 이야기와 농담을 즐기고 여자들을 좇고 새벽이 될 때까지 게임을 했다. 그들은 1968년 5월, 플레이보이가 위스콘신 주의 저니바 호숫가에 세운 호화로운 리조트로 놀러가기도 했다.

세상으로 다시 나가면서 헤프너는 새로운 텔레비전 프로그램 〈플레이보이 애프터다크〉를 시작했다. 로스앤젤레스의 CBS 스튜디오에서 촬영해서 전국에 방송한 이 쇼는 1968년 여름에 첫 녹화를 했다.

10년 전의 첫 텔레비전 쇼와 마찬가지로, 〈플레이보이 애프터다크〉도 헤프너가 주최하는 아파트 파티의 형식을 띠었다. 다양한 가수, 코미디언, 댄서, 유명인사가 출연해서 편안하고도 사적인 분위기를 만들었고, 헤프너는 카메라를 파티의 제삼자로 여겼다. 현재 성해방의 문제를 보여주고 싶었던 헤프너는 〈버라이어티〉에 말했다. "좀더 너그러운 태도를 요구하는 플레이보이 철학을 쇼에서 분명히 보여주겠다. 하지만 안목 있고 고급스럽게 할 것이다."

그리고 헤프너는 사랑에 빠졌다. 〈플레이보이 애프터다크〉의 3회분을 녹화할 때 보조 출연자로 나온 18세의 UCLA 대학생 바버라 클라인이었다. 그는 그녀의 귀여운 코, 크고 검은 눈, 길고 검은 머리, 눈부신 미소와 보라색 미니스커트에 바로 매혹되었다. 그들은 다음날 다음 회분을 찍었고, 그는 마침내 그녀와 이야기할 기회를 얻었다. 그가 그녀에게 자기 친구들과 함께 로스앤젤레스 디스코클럽에 가자고 제안했을 때의 이야기는 아직도 유명하다. 클라인이 말했다. "저는 지금껏 스물다섯 살 넘는 사람하고 데이트해본 적이 없는데요." 그러자 헤프너가 대답했다. "괜찮아요. 나도 마찬가지니까."

그날 밤 이후 헤프너는 그녀에게 깊이 빠져들었다. 클라인 또한 그가 명석하고 재미있고 매력적이라고 느꼈지만, 아버지뻘이라는 사실에 주저했다. 그들은 그 뒤로 며칠 동안 식사를 하고 춤을 추면서 데이트한 뒤 마지막에는 클럽의 어두운 모퉁이에서 10대 애인들처럼 끌어안고 키스를 했다. "갑자기 이 사람이 그렇게 나이 많아 보이지 않았다." 클라인이 말했다.

그 뒤로 몇 달 동안 사랑에 빠진 헤프너는 로스앤젤레스에 갈 때마다 클라인과 열렬한 데이트를 했다. 처음에는 플레이보이 리무진이 기숙사로 그녀를 데리러 갔지만, 학생들 사이에 말이 떠돌자 그녀가 차로 그를 만나러 왔다. 클라인은 〈플레이보이 애프터다크〉의 고정출연자가 되었고, 점점 헤프너와 가까운 자리에 앉았으며, 쉬는 시간마다 그와 손을 잡고 있었다. 그녀가 말했다. "우리 둘 다 정말로 들떠 있었다. 그가 기숙사로 꽃을 보냈는데 얼마나 많이 보냈는지 기숙사의 여학생 모두에게 한 송이씩 나눠주었다. 여자를 다룰 줄 아는 사람과 함께 있는 건 새로운 경험이었다. 그는 정말로 여자에게 특별하다는 느낌을 안겨준다."

9월에 클라인은 헤프너의 제안에 따라 시카고맨션에 들어와 함께 지내고 저니바 호수에도 따라갔다. 그들은 키스와 애무를 많이 나누었지만, 클라인은 동정을 잃는 건 거부했다. 그녀에게 그것은 헌신하는 관계를 의미했는데, 아직도 나이 차이로 불안이 있었기 때문이다. 헤프너는 그런 상황을 몹시 괴로워했지만, 애정이 안겨준 인내력으로 욕망을 이겼다. 헤프너의 친구들은 그의 뜨거우면서도 절제하는 연애에 놀라움을 금치 못했다.

그런 생활이 몇 달 동안 이어진 뒤 1969년 밸런타인데이에 마침내 두 사람은 시카고맨션의 원형 회전침대에서 섹스를 했다. 금기를 극복한 클라인은 관계 속으로 적극적으로 뛰어들어 헤프너 인생의 주요 인물이 되었다.

그녀 때문에 헤프너는 여기저기 여행을 다녀 친구와 동료를 놀라게 했다. 2월에 그들은 다른 세 쌍의 커플과 함께 아카풀코 해변으로 놀러 갔고, 거기서 헤프너는 수영을 전혀 못해 물을 싫어하는데도 패러세일링을 했다. 다음 달에 두 사람은 하와이로 갔고 초여름에는 푸에르토리코에 갔다. 클라인이 영화《당신처럼 좋은 여자가 어쩌다 이런 일에 끼어든 거지?》에 주연으로 출연했을 때는 로마를 비롯한 몬테카를로, 파리, 런던으로 몇 주일 동안 영화 촬영지를 따라다녔다. 헤프너의 제안에 따라 그녀는 바비 벤턴이라는 예명으로 바꾸었다. 헤프너는 기자회견에서도 자신의 행복을 공개했다. "내가 생전 처음으로 사랑에 빠진 것 같다."

헤프너의 호화로운 라이프스타일은 벤턴에게 큰 매력이었다. 의사의 딸로 고급스러운 것에 익숙한 그녀는 플레이보이맨션의 하우스와인이 샤토 라피트 로스차일드인 것을 기뻐했다. 그녀는 〈플레이보이〉 궤도로도 들어와 1970년에 「바비 인형」이라는 제목의 9쪽짜리 화보에 등장했다. 처음에는 누드사진에 주저했지만, 곧 잡지의 취향이 아주 훌륭하기 때문이라며 수줍음을 극복했다. 모델 일을 하며 가수의 꿈도 만지작거리고 유명한 남자 친구의 정성 어린 대접을 받으며 벤턴은 순간을 살았다. "솔직히 내가 그의 곁에 머무는 기간은 우리가 재미있게 지내는 동안뿐일 거라고 생각했다." 그녀가 말했다.

그렇게 휴 헤프너는 1960년대에 행복과 영향력의 정점에 이르렀다. 〈플레이보이〉는 전에 없이 넓어진 독자층을 토대로 여론을 형성했고, 회사는 돈을 긁어모았다. 헤프너의 유명세는 미국인들이 성해방과 소비향유를 통한 쾌락 추구로 그를 따라와 기쁨을 누리며 정상에 이르렀다. 그의 거침없는 자유주의적 정치 행동은 혼란스러운 시대정신을 체현한 것 같았다. 그리고 그 못지않게 중요하게 그는 꿈에 그리던 여자를 찾은 것 같았다.

헤프너와 바비 벤턴. 1968년 둘이 만난 직후

하지만 그런 뒤 헤프너는 오만을 경고 받은 그리스 비극의 주인공처럼 눈이 멀었고, 최고 승리의 순간에 연단에서 떨어져 내렸다. 그의 자유주의 동맹군 중 일부가 1960년대 후반 점점 급진화하는 사회에서 상당한 문제에 시달리게 되었다. 많은 여자가 〈플레이보이〉와 거기 표현되는 여자의 모습에 처음부터 불편함을 느꼈고, 이제 그들이 무기를 갈아들고서 헤프너에게 달려들었다. 그러고 나서 예전 같은 시절은 완전히 사라졌다.

# 4 여자는 무엇을 원하는가?

1960년대가 끝날 무렵, 지난 수년을 달군 사회적 행동주의는 〈플레이보이〉의 면전에서 폭발했다. 1969년 2월, 잡지의 대학 마케팅 담당자 브루스 드레이퍼가 아이오아 주의 그리넬 대학에서 강연하던 중 시위대가 강연장으로 밀고 들어왔다. 놀랍게도 시위대원 10명은 대부분 여자로 전신 나체로 들어와서 소리를 지르면서 "여성해방이 더 즐겁다." "이달의 플레이미트playmeat" 같은 문구가 적힌 피켓을 흔들었다. 그들은 청중 속을 누비며 "우리는 〈플레이보이〉에 실린 애완 여성들과 그들을 소유한 장래 기업 간부 이미지에 항의한다."고 적힌 전단지를 돌렸다. 시위대는 자신들을 그리넬 여성해방 집단과 게릴라 시어터 회원이라고 밝혔다.

이 사건은 빠르게 닥쳐오는 전쟁의 개전 예포였다. 오하이오 주의 앤티옥대학에서는 〈플레이보이〉 사진작가들이 남성 패션 사진을 찍으려고 갔다가 항의자들에게 가로막혔다. 시위대 3백 명가량이 구호를 외치면서 사진가들에게 욕을 했고, 옷을 벗어 던지며 잡지의 여성

신체의 무개념적인 전시를 비난했다. 플레이보이맨션도 안전하지 않았다. 같은 해에 헤프너가 주최한 ACLU(전국농업협동조합) 자선 파티에서 ACLU 일리노이 지부장인 웨인 파슨스 부인이 〈플레이보이〉에 대한 불만을 표현하고자 벽에 걸린 귀중한 예술 작품에 정치 전단을 붙였다. 경비원들에 의해 밖으로 인도되어 나가면서 그녀는 헤프너의 잡지는 여자를 오직 성적 대상으로만 그린다고 소리쳤다.

이런 격렬한 방식으로 터져 나온 감정적이면서도 분열적인 논란은 절정의 성공을 구가하는 휴 헤프너에게 족쇄가 되었다. 1960년대의 정치 격동 속에서 자유주의자 가운데 일부인 여성해방 운동가들은 헤프너와 잡지에 이념의 조준경을 맞추고 방아쇠를 당겼다. 그들은 헤프너가 여성을 비윤리적으로 착취한다고 비난했다. 자신을 대단한 해방가로 여기던 헤프너는 점점 더 많은 좌파 활동가가 그를 억압의 주체로 몰아가는 데 깊은 배신감을 느꼈다. 논쟁은 전면적 갈등으로 불거졌고, 이따금 숨이 가라앉기는 했지만 완전히 사라지지는 않았고 그의 활동 내내 괴롭혔다.

그때까지 헤프너는 제2차 세계대전 후 미국을 새롭게 만든 대규모 사회 변화인 성혁명, 소비혁명, 미디어혁명의 중심에 있었다. 그런데 이제 또 하나의 거대한 변화의 물결, 여성 인권운동이 플레이보이호를 집어삼키고 전복하려고 넘실거렸다. 하지만 이 문제는 감정적인 만큼 복잡하기도 했다. 여성 인권 투쟁에 대한 헤프너와 〈플레이보이〉의 태도, 거기서 그들이 행한 역할은 헤프너가 인정하기 싫을 만큼 대단치 않았으나 그렇다고 여성 비판자들이 주장하는 것만큼 고약하지도 않았다. 상황은 단순한 공격과 방어를 집어삼켰고, 그의 경력 대개가 그러했듯 성 문제에 집중되었다. 그리고 성은 여성의 사회 속

역할에 대한 사고와 태도 변화와 관련 있었다. 이것은 1950년대에서 1970년대에 이르는 동안 헤프너와 잡지 역시 마찬가지였고, 미국사회의 다수 대중도 마찬가지였다. 그래서 헤프너의 이야기는 그들 이야기와 마찬가지로, 현대의 사회 문화적 가치에 닥친 힘겨운 대변화를 잘 보여주었다.

## I

1950년대 여자들은 미국사회에서 중요한 역할을 부여받았다. 대공황과 제2차 세계대전으로 개인적 삶에 대혼란을 겪은 이후, 전후시대 여자들은 되살아난 가정적 이상의 중심에 위치했다. 전통적 가족이 새로운 활기를 띠고 재등장했고, 여자는 '베이비붐 세대' 대가족의 집사이자 풍요로운 가정의 관리자라는 역할을 떠맡았다. 도시와 교외의 가족들은 풍요로운 소비에 빠져서 역사학자 일레인 타일러 메이가 "가정 봉쇄"라고 이름 붙인 것(건전한 가치관을 키우고 안전을 냉전적 이념 투쟁의 일부로 육성하는 안정된 실체들)의 중심이 되었다. 전후 여성성을 규정하는 데서, 공산주의 적과의 싸움에서 가정을 미국적 생활방식의 보루로 지탱하는 것이 여자의 공적 의무가 되었다.

하지만 사회와 경제의 발전은 여성의 가정생활에 압박이 되었다. 첫째로 여자는 미국의 커지는 소비 취향을 떠받치기 위해 전에 없이 큰 규모로 노동 시장에 들어갔고, 1960년에 이르면 미국 주부의 30퍼센트가량이 임금 노동자가 되었다. 하지만 그들은 급여의 불평등에 맞닥뜨렸고, 결혼한 경우 직장 일과 가사 일의 이중 부담을 겪었다. 둘째로 제2차 세계대전 이후 대학에 진학하는 여학생의 숫자가 계속 늘었고, 가정 바깥에서 직업을 구하는 일이 보편화되기 시작했다. 셋

째로 1953년에 『인간 여성의 성 행동에 대한 킨제이 보고서』가 명백하게 밝혔듯이, 전후사회에서 여성의 성적 억압이 느슨해졌고, 그 경향은 1960년에 피임이 소개되면서 속도가 붙었다. 그러면서 이상화된 미국 가정 안에서 끝없는 육아, 자모회, 쇼핑, 청소에 시달리며 갇힌 느낌에 사로잡혀 있던 여성 사이에 천천히 불만이 끓어오르기 시작했다. 베티 프리단은 『여성의 신비*The Feminine Mystique*』(1963)에서 이런 좌절감을 "이름 없는 문제"로 설명한 것으로 유명하다.

〈플레이보이〉는 정확히 이 시기에 나타났다. 1960년대 초부터 10년 동안 잡지는 전후 미국사회 여성의 지위와 관련해서 지배적인 태도와 새로운 불만을 모두 담았다. 헤프너는 남자와 여자에 대한 낡은 관념 몇 가지는 버리지 않았지만, 나머지는 모두 던져버렸다. 그는 일부는 의도했지만 주로 우연으로 여성관의 혁명적 변화에 도움을 주었다.

〈플레이보이〉는 1950년대의 가정적 이상을 목소리 높여 반대했다. 잡지는 젊은 여자(그리고 젊은 남자)를 얽어매는 중산층 순응주의를 반대했고, 결혼에 앞서 얼마간 일을 하며, 어머니가 되고 가정에 안주하기 전에 세계를 탐구하는 것을 찬양했다. 잡지는 여성도 청교도주의에서 풀려나 남자와 마찬가지로 에로틱한 즐거움을 경험해야 한다고 주장했다. 다시 말해 여자 또한 성해방을 누려야 한다는 것이었다.

〈플레이보이〉의 이달의 플레이메이트는 이런 메시지를 전형적으로 표현했다. 플레이메이트는 헤프너가 자주 표현한 대로 얌전한 여자도 섹스를 즐긴다는 것을 보여주어, 이웃집 처녀뿐 아니라 고장을 떠나 세계를 누비는 모험적인 여자도 등장했다. 플레이메이트는 학생, 스튜어디스, 모델, 비서, 사서 등, 결혼과 어머니 역할 바깥에 서 있는 말 그대로 해방된 젊은 여자들을 소개했다. 유명한 만화 시리즈 「배브스와 셜리」도 마찬가지였다. 이 만화는 룸메이트로 살며 일하는 두 여자의 걱정 없는 성적 자유를 유머러스하게 그렸다.

헤프너는 공개적인 자리에서 여러 차례 건강한 사회는 건강한 여성의 성을 장려한다고 말했다. 〈플레이보이〉의 "풍만한 몸, 참신한 얼굴… 자연스러운 여성미"라는 이상은 "무성적無性的 사회"의 정체성 혼란을 막아 주었다. 더구나 잡지는 조건 없는 성 관념을 권장했다. 이런 환상을 받아들이는 과정에서 많은 남자가 여자를 주로 성적 먹이로 보는 경향이 커졌다. 〈플레이보이〉가 창간되고 10년이 지나는 동안 여자들은 대개 유혹의 간계에 노출된 매력적인 사냥감으로 묘사되었다. 물론 이런 시나리오는 인류의 역사만큼이나 오랜 유혹의 게임과 남녀 간의 작업을 시대에 맞게 갱신한 것이기도 했다. 하지만 남자들이 여자를 주로 침대에 눕히고 계속 갈아치우며 즐기는 성적 대상으로 보게 만든 것도 분명하다.

여자를 향한 이런 태도는 〈플레이보이〉 초기 시절에 한결같이 나타났다. 힘들이지 않고 여자에게 접근하는 방법을 일러주는 장난스러운 연재기사 「셰퍼드미드」는 남자들에게 상대를 바꿔가며 교제하고 결혼을 서두르지 말라고 조언한다. "아내는 한 번에 한 명밖에 둘 수 없지만, 독신자는 수많은 여자를 병풍처럼 두를 수 있다. 둘러라." 「플레이보이 색칠 그림」도 마찬가지였다. 기사는 이렇게 말한다. "플레이보이가 가장 좋아하는 장난감이 두 개 있다. 왼쪽에 있는 건 스포츠카다. 빠르게 색칠하라. 오른쪽에 있는 건 플레이메이트다. 예쁘게 색칠해라." 또 다른 페이지에서는 말한다. "여기는 플레이보이의 사무실… 플레이보이의 비서는 타자도 못 치고, 맞춤법도 틀리고, 속기도 못한다. 머리는 노랗게, 눈은 녹색으로, 입술은 빨갛게 칠하되, 머릿속은 백지 상태로 두어라." 다른 페이지에서도 말한다. "여기 플레이메이트가 더 있다… 누가 누구인지는 중요하지 않다. 여자들 머리 색깔은 아무렇게나 바꿔도 된다. 여자들도 마찬가지다."

〈플레이보이〉는 1950년대 미국 남성의 우월적 지위를 지지했다. 그들은 남성이 직장을 지배하는 것을 옹호했고, 독신 여성은 일을 하되 남자들과 좋은 자리를 놓고 경쟁하는 일은 피해야 한다고 했다. 젊은 여자의 자리가 꼭 가정일 필요는 없지만 그렇다고 기업 간부 자리도 아니었다. 빅터 로니스는 1962년에 〈새터데이 이브닝 포스트〉에 말했다. "우리는 반페미니즘적 관점을 표명하고 있으며, 우리가 뛰어난 여자들을 인정하지 않는 건 어쩌면 실수인지도 모른다. 하지만 우리는 여자와 남자는 동등하지 않다고 믿는다."

헤프너 역시 성 역할은 태초부터 비롯된 것이라고 생각했다. "남자가 나가서 검치호랑이를 잡는 동안 여자는 집에서 그릇을 닦는다. 그게 공정하건 부당하건, 좋건 나쁘건 아무렇지도 않건 역할은 분명히 규정되어 있다. 제정신이 있는 여자라면 평등을 주장하지 않는다." 그리고 또 친구에게 이렇게 말했다. "플레이보이가 때로 여자는 침실의 존재일 뿐 사무실의 존재가 아니라는 것처럼 말하는 건 너무 많은 간행물이 여자들의 자연스러운 여성미를 박탈하고 그들을 남자와 경쟁시키고 남자와 구별이 되지 않게 만들기 때문이다."

사실 〈플레이보이〉와 헤프너는 여성의 힘이 커지는 데 자주 경고를 보냈다. 1950년대 내내 잡지는 여자들이 가정에서 힘을 얻고 소비 시장에서 세력이 커지면서 탐욕스럽고 경쟁적이며 위압적인 모습을 보인다고 묘사했다.

드센 여자를 반대하는 초기 〈플레이보이〉의 태도는 필립 와일리의 격렬한 연재 글에서 절정을 이루었다. 논쟁적 저널리스트 겸 소설가 와일리는 헤프너의 잡지에 현대 여성의 영향력 전체를 비난하는 글을 연재했다. 「양위하는 남성」(1956)에서는 여성이 미국 내 구매량의 80퍼센트 이상을 장악했는데, 이는 메디슨 애비뉴(뉴욕 광고업계-옮긴이)의 조작에 의한 것인데도 억눌린 남자들이 수치스럽게 받아들였다고 주장했다. 「미국의 여성화」(1958)에서는 현대사회에서 사교클럽, 교육, 엔터테인먼트, 예술 분야로 밀려드는 여성의 물결을 비난했다. "여자들에게 평등이란 폭군의 옥좌를 의미하기 때문에 남자가 여자에게 권리와 해방을 안겨주면 여자들은 그것을 이용한다고 주장했다. 「직장 여성」(1963)은 기업 관리직과 전문직 영역에 침입하는 여자들을 비난했다. 이런 여자들은 남자들과 경쟁해야 하고, 필요하면 남자들과 남성성을 불구로 만들어야 한다는 외설스러운 강박을 대표한다고 말했다.

1962년 〈플레이보이〉는 와일리의 「미국의 여성화」를 변호하기 위해 플레이보이 패널 여덟 명을 배치했다. "여성 지위의 급격한 상승은 전적으로 바람직한 일이다. 우리는 남성 우월주의자가 아니다."라고 〈플레이보이〉는 서두에 고백했다. 하지만 또한 "여자가 남성화되는 속도는 이 나라가 여성화되는 속도보다 훨씬 빠르다. 남자들이 나약해지는 것인가?" 대부분의 패널은 이 견해에 동의했다. 두 사람은 여성의 영향력 증가는 평등을 향한 건강한 움직임이라고 보았지만, 다른 사람들은 여자들이 이기심과 탐욕은 늘고, 낭만과 온정은 사라지고, 혈기와 증오가 많아졌다고 주장한 노먼 메일러에게 동의했다. 극작가이자 〈라이프〉지 편집자인 알렉산더 킹은 말했다. "여성의 절대적이고도 확실한 평등이란 큰 잘못이며 모든 자연 법칙을 거역하는 것이라는 데 나는 전혀 의구심이 없다. 그것이 실수인 이유는 민주주의는 정치적으로는 좋지만 가정에서는 소용이 없기 때문이다."

헤프너도 패널들과 마찬가지로 '여성화' 논지를 지지했다. 그는 현대사회에서 여자의 권위가 커지면서 남성이 침수하는 상황을 개탄했고, 〈플레이보이〉의 성공은 여성 지향적 사회의 위협에 대한 남자들 반격의 일환이라고 했다. 그는 여성이 잡지, 영화, 텔레비전에 여성이 거세된 여성적 인생관으로 영향력을 미친다며, 이것은 미국이 여성화하는 많은 사례 가운데 하나라고 비난했다. 그의 구호는 "이 세상은 남자의 것이고 그것이 옳다."였다.

그렇게 해서 1950년대부터 1960년대 초까지 〈플레이보이〉는 여성과 관련해서는 두 가지 상반되는 충동이 다투었다. 첫째로 헤프너와 잡지는 여성을 미국사회에서 보조 역할에 국한하려고 하면서, 남성의 직무와 위엄을 위협하지 않는다는 전제 아래서 여성의 직장 생활을 환영했다.

물론 이런 입장은 페미니즘 이전 시대에 사회의 주류 견해였다. 둘째로 〈플레이보이〉는 여성에게 가정의 속박을 벗어나 전통적 도덕에 의해 오래도록 금지당하던 성적 쾌락을 즐길 것을 독려했다. 이 대목에서 〈플레이보이〉의 입장은 전통적 가치관을 광범위하게 흔들어 놓았다. 이런 이중성은 헤프너와 사회 전체가 여성 역할에 대한 견해가 크게 변화하는 낯선 영토로 들어서면서 그에 따르는 갈등을 반영한 것이었다.

하지만 현대 미국사회 여성의 적절한 위치에 대한 점잖은 토론은 곧 무너졌다. 1960년대가 펼쳐지면서 〈플레이보이〉의 반대자들은 잡지가 표현하는 여성 이미지들에 갈수록 거센 공격을 가했다. 비난과 반격의 소음 속에 의견 교환은 사라졌다.

## II

1970년 봄, 헤프너는 전국에 방영되는 〈딕 캐빗 쇼〉에 2회에 걸쳐 출연했을 때 페미니스트들의 분노에 정면으로 부닥쳤다. 첫 출연에서 그는 여성운동가 수잔 브라운밀러와 샐리 켐프턴과 함께 여성해방을 위한 새로운 운동을 논했다. 켐프턴은 "남자는 우리 여자를 억압하고, 휴 헤프너는 내 적"이라고 단도직입적으로 말했다. 그는 분위기를 우호적으로 만들려고 하며, 여성 억압의 근원으로 종교를 비난하고, 〈플레이보이〉는 여성에게 평등한 직업 기회와 낙태 권리를 주장하는 등 여성의 권리를 옹호한다고 했다. 진보의 진정한 목적은 남녀 모두의 인권을 확장하는 것이라고 그는 주장했다. 브라운밀러는 "당신이 엉덩이에 토끼 꼬리를 달고 올 수 있다면 그 말을 믿겠다."고 경멸조로 반박했다.

몇 주 뒤에 이어진 두 번째 촬영에서는 논쟁이 소동의 수준에 이르렀다. 이번에 헤프너는 페미니스트 홀리 태넌과 다이앤 크로서스와 맞닥뜨렸다. 그는 전투적 여성해방주의자들은 반여성적이고 반성적anti-sexual이라고 비난했다. 그러자 적들이 반격의 불을 뿜었다. 크로서스와 태넌은 〈플레이보이〉가 여성을 남성에게 봉사하는 "생각 없는 성적 대상"이며 "언제나 열아홉 살의 외모"를 지닌 존재로 표현한다고 말했다. 헤프너는 급진적 페미니스트들은 "예쁜 여자는 머리가 나쁘다"는 오랜 편견에 물들어 있다고 말했다. 그는 〈플레이보이〉가 성을 이용하는 건 〈스포츠 일러스트레이티드〉가 스포츠를 이용하는 것과 같다고 했다. 그러고 나서 상황은 폭발했다. 객석에 있던 페미니스트 수십 명이 "우리는 억압받는다." "이 나라는 파시스트 국가다." "우리는 보상을 요구하러 여기 왔다."하고 소리쳤다. 그들 중 두 명이 무대로 뛰어 올라가 "파시스트 물러가라." 등의 구호를 외치다가 안전요원에게 끌려 나갔다.

이런 충돌은 1960년대 말까지 〈플레이보이〉와 여성 인권 진영 사이에 퍼진 격렬한 감정을 보여주었다. 헤프너가 끌어안았던 1960년대의 해방 운동은 판도라의 상자를 연 것처럼 이제 자신의 후원자를 공격하기 시작했다. 페미니스트들이 기회가 될 때마다 갇혔던 울분을 퍼부우면서 양쪽은 충돌이 더 잦아졌다. 하지만 이런 운동은 이미 몇 년 전부터 커져 온 것이다. 그 첫 시작은 1960년대 초 한 젊은 여성 저널리스트가 플레이보이클럽에 침투해서 생활한 뒤 그에 대한 폭로 기사를 쓴 사건이었다.

명석하고 야심 찬 뉴욕의 프리랜스 저널리스트 글로리아 스타이넘은 1963년 문화예술 잡지인 〈쇼〉지의 의뢰로 뉴욕 플레이보이클럽에 잠입해서 그 경험을 기사로 쓰기로 했다. 그녀는 버니로 뽑혀서 몇 주 동안 클럽에서 일했다. 「버니 이야기」는 그 해 5월호와 6월호에 나뉘어 실렸고, 〈플레이보이〉 세계의 여성에 대한 통렬한 묘사는 그 후로 오랫동안 페미니스트들의 공격 주제가 되었다.

일기 형식으로 쓴 스타이넘의 글은 놀라운 발견이나 플레이보이클럽 내부의 스캔들은 다루지 않았다. 대신 차분하고 상세한 문체로 버니의 일이 초라한 중노동임을 밝혔다. 스타이넘은 버니들이 지나치게 몸에 끼는 의상을 서로 잡아당겨주고, 〈플레이보이〉 기준에 맞추기 위해 의상의 거대한 가슴 부분에 양말, 비닐 봉투, 고무, 실크 스카프, 솜 등 손에 닿는 것 무엇이나 집어넣는 모습을 설명했다. 버니들은 날마다 자기 돈으로 의상을 세탁하고 유지하며, 자리에 앉지도 못했고, 머리가 단정치 않거나 짧은 휴식에서 늦거나 관리자의 직함을 제대로 부르지 않으면 벌점을 받았다. 그녀는 '플레이보이클럽 버니 행동수칙'이 모멸적이라고 비난했다. 그 규칙은 "고객의 의견이 매우 중요하다는 인상을 보여야 한다." "버니의 최고 물품은 토끼 꼬리라는 것을 잊지 마라. 항상 하얗고 복슬복슬하게 관리해야 한다." 등이었다. 하지만 떠오르는 페미니즘 비평가로서 스타이넘이 가장 중요하게 지적한 건 버니들이 과다 노동과 저임금에 시달린다는 것이었다. 광고에는 주급이 200달러라고 되어 있지만, 버니들은 제대로 식사도 못하고 쉬는 시간도 없이 장시간 노동을 하면서 주급 108달러에서 145달러밖에 받지 못한다고 했다. 여성노동자의 불평등 임금과 부당 대우, 기회 차단에 대해 분노가 일기 시작한 때였기 때문에 이런 비난은 사람들의 신경을 자극했다.

스타이넘은 떠오르는 페미니즘 비평의 핵심적인 또 하나의 문제도 제기했다. 바로 성적 대상화와 성희롱이었다. 플레이보이클럽에서 일하는 동안 자신은 끝없는 성적 모욕을 당했다고 주장했다. 클럽 매니저들은 1번 회원(플레이보이사 임원, VIP, 중요 미디어 관계자)이 클럽에 오면 그녀가 자리에 동석하고, 요청을 받으면 데이트하는 것을 당연시했다고 했다. 또한 남자 손님들은 외설적 언사와 성적 조롱과 음란한 제안을 퍼부었다. 손님들은 그녀에게 자신이 묵는 호텔 방 열쇠를 건네주며 '사적인'파티에 술을 서빙해 달라고 조롱 섞어 부탁하고 또 "아가씨가 내 버니라면 내가 데리고 가도 되나?"하고 물었다. 한 버니는 어느 손님이 "그와 잤건 안 잤건 자신을 똑같이 대한다."고 칭찬했다며, 많은 버니가 스스로 그런 착취에 뛰어든다고 했다. 스타이넘은 글을 신파적으로 마무리했다. 근무를 마치고 클럽을 나가다가 그녀는 자동차에 앉은 매춘부를 보았다. "그녀가 나를 보고 웃었다. 나도 미소로 답했다. 그녀는 구매 가능해 보였고 실제로도 그랬다. 우리 둘 중에 그녀 쪽이 더 정직해 보였다."

많은 버니가 자신의 일을 천한 저임금 노역으로 묘사한 스타이넘의 글에 반박했다. 그들은 플레이보이클럽의 일이 야심 찬 젊은 여성에게 훌륭한 보수와 화려한 경험을 제공할 뿐 아니라, 장래에 사업가나 연예인, 의사로 성공할 토대가 된다고 주장했다. 많은 버니는 스타이넘을 정치적 의도를 지닌 엘리트주의자로 보았다. 버니 출신으로 나중에 록 스타가 된 블론디의 데보라 해리는 클럽 생활을 "아름다움, 여성성, 성적 관심, 동시에 야심과 지성, 이런 것이 모두 결합한 건 매우 드문 일"이라고 말했다. 나중에 슈퍼모델이 된 로렌 허턴은 동료 버니들을 "페미니즘 이전의 선구자이자 시대를 훌쩍 앞서간… 우리는 자매처럼 자기 인생을 책임지는 법을 함께 배웠다."

게다가 이 시기에 스타이넘은 페미니즘 문제와 관련해서 상당히 이중적인 태도를 보였다. 그녀는 〈보그〉, 〈글래머〉, 〈레이디스홈저널〉처럼 딱히 여성들의 진보적인 등대라고 하기 어려운 잡지에도 글을 썼고, 바로 얼마 전에는 캐리 그랜트와 마티니, 오나시스의 요트, 일광욕 등의 해변 환상을 찬양한 『비치 북*The Beach Book*』을 발간하기도 했다. 흥미롭게도 그녀와 휴 헤프너 사이에 가벼운 연애 시도도 있었다. 두 사람은 아는 사람의 주선으로 뉴욕에서 만나기로 했지만 그 일은 불발했고, 헤프너는 그녀에게 그 일이 안타깝다는 편지를 보냈다.

1960년대 중반에 이르면, 여성이 미국사회 내에서 이류 시민의 지위를 갖는 데 저항하는 목소리가 더욱 커졌다. 직장 내 차별과 불평등, 기회 제한, 성적 착취에 대한 불만이 쌓였다. 비평가들은 〈플레이보이〉가 여성을 1차원적 놀이도구로 묘사한다는 비난을 퍼붓기 시작했다. 〈코스모폴리탄〉은 헤프너의 잡지가 여자를 "옷 잘 입은 독신 남성의 장식품으로 그린다. 물론 여자는 스물다섯 살이 되거나 그 전에라도 지성의 기미가 보이면 버려진다."라고 비난했다. 〈라이프〉지도 비슷한 태도를 취했다. "헤프너의 세계에서 여자는 〈플레이보이〉 지면을 가득 채운 지위 상징 강박의 한 측면일 뿐이다. 여자는 최신 스포츠카나 최고가의 스카치위스키보다 가치가 더하지도 덜하지도 않다."

헤프너는 그런 비난에 일견 방어적이면서도 대체로 차분하게 대응했다. 그는 초기의 견해를 고쳐서 여성화에 대한 비난을 그치고, 〈플레이보이〉 성해방 운동이 여성을 진정한 억압(여성의 성을 억압하고 여성을 가재도구로 만든 종교적 유산)에서 해방시켰다고 강조했다. 1966년에 그는 설명했다. "많은 페미니스트가 여성해방과 성해방의 깊은 연관성을 모른다는 건 의아하다. 역사적으로 여자가 순결을 지키는 반면 남자는 멋대로 엽색 행각을 한 건 여자가 가재도구이고 남이 쓰던 도구는 새것만큼 좋지 않다는 개념에서 나온 것이다. 플레이보이는 그런 개념에 강하게 반대한다."

하지만 1968년에 헤프너는 커지는 공격에 심기가 사나워졌다. 그는 어떤 여자들은 불만에 빠져서 남녀가 "각자 상대가 원하는 모든 것을 가지고 있다"는 사실을 잊었다고 불평했다. 자신보다 똑똑한 여자에게 매력을 느낀 적이 있느냐는 질문을 받자, 그는 "나는 나보다 지적으로 우월한 여자를 만난 적이 없다. 지적 자극을 더욱 활발하게 주는 사람은 여자가 아니라 남자이다."라고 잘라 말했다. 그는 〈플레이보이〉에 대한 항의를 "어리석다"고 말하며, "성해방은 여성해방의 주요 요소"라고 주장했다. "나는 〈플레이보이〉가 그것을 위해 누구 못지않게 많은 일을 했다고 생각한다."

〈플레이보이〉는 한편 페미니즘 평론가를 대하는 데 두 가지 전략을 채택했다. 첫째로 그들은 페미니스트들을 무시하고, 현대 여성을 자유와 놀이에 기초한 새로운 삶을 찾는 사람들이라고 규정했다. 예를 들어 「뉴 걸」 기사는 "성적 자유와 환각제, 스킨다이빙과 수영, 로버트 케네디와 밥 딜런, 신좌파, 시민권"을 끌어안는 활동적인 "페미니즘 이후"의 새로운 젊은 여성을 그렸다.

둘째로 여성 인권을 옹호하되 급진적 여성해방에는 반대하는 입장이다. 1970년에 발표한 장문의 글에서 잡지는 태도를 분명히 밝혔다.

> 우리는 전투적 페미니즘 극단파의 파괴적 급진주의와 성적 억압을 반대하지만, 여성 인권에 대해서는 모든 인권에 대해 그러듯이 자유주의적인 태도를 견지한다. 우리는 오래전부터 피임 정보를 보급하고 '제한적 낙태법'의 폐지를 주장했다. 우리는 여성이 성과 생식과 관련해서 자기 몸을 통제하는 권리는 개인적 자유를 확장하는 중요한 걸음이라고 믿는다. 마찬가지로 우리는 남자의 성경험은 칭송하고 여자의 성경험은 죄악시하는 빅토리아시대적 이중 잣대를 거부한다. 우리는 또한 여자를 가사 일에 국한하는 전통적 편견에 반대한다. 가정주부의 역할을 거부하고 직업을 택하거나 두 가지를 함께 하고자 하는 여성에게 기회가 주어져야 한다. 동일 가치의 일에 대해 동일 임금을 받아야 한다는 것은 두말할 필요도 없다.

하지만 목청 높인 페미니스트들은 〈플레이보이〉를 남성에 의한 여성 억압의 최고 상징으로 낙인찍었다. 대학 시위가 타올랐고, 1970년 4월 서던 캘리포니아대학에서는 한 활동가 집단이 "플레이보이에 힘없이 당하지만은 않겠다"라는 피켓을 들고, 강연하던 잡지 측 사람을 야유했으며 결국은 무대 위로 달려 올라가서 마이크를 빼앗으려고 했다. 저명 페미니스트 티그레이스 앳킨슨이 〈플레이보이〉는 "중산층의 포르노그라피"이며, "우리는 모두 휴 헤프너가 악당이라는 걸 안다."고 연설했다. 전투적 시위자들은 보스턴 플레이보이클럽을 둘러싸고 버니들에게 여성 문제를 토론하자고 요구했다. 매니저는 그 요구를 거절하며 이렇게 말했다. "지금 버니들 옷차림이 그런 일에 적절하지 않아 보입니다."

글로리아 스타이넘이 1970년 〈매콜〉의 의뢰를 받고 헤프너와 인터뷰차 시카고맨션에 온 극적인 순간도 있었다. 그 기사 「플레이보이가 여자에 대해 모르는 것을 책 한 권으로 쓸 수도 있다」는 〈플레이보이〉를 1960년대 진보주의 모조품을 파는 1950년대의 유물로 조롱했다. 이제 페미니즘의 지도자가 된 스타이넘은 최상의 신좌파 방식으로 헤프너가 장려하는 천박하고 퇴행적인 소비주의는 여성을 술, 하이파이 세트, 스포츠카 같은 소비 제품의 하나로 전락시킨다고 비난했다. 헤프너는 그 말을 강력하게 부인하면서 자신은 "사회적 의식이 있는 자본주의", 여성 인권, 남녀 모두의 성적 자유를 옹호한다고 역설했다. 두 사람이 〈플레이보이〉의 여성 이미지를 놓고 갑론을박할 때 스타이넘이 선언했다. "여자가 〈플레이보이〉를 읽는 건 유대인이 〈나치〉 교본을 읽는 것과 비슷할 때가 있다." 그러자 그는 격앙되어 반격했다. "전투적 페미니스트들은 남자가 되려는 것 같다."

마침내 헤프너는 정적들에게 반격을 하기로 했다. 그의 지시에 따라 〈플레이보이〉는 페미니즘을 다루기로 하고 프리랜스 작가 수잔 브로디에게 접근했다. 그녀는 〈플레이보이〉 편집자들이 "잡지 이름을 〈플레이피플〉로 바꾸게 될" 만큼 매력적인 기사를 쓰고 싶다고 농담했다. 초고는 여성해방운동을 분석하고 페미니즘의 영향으로 남녀에 대한 편견이 무너지고 있다는 것이었다. 잡지는 기사를 승인했지만 "급진적 과격파와 온건주의자"의 차이를 강조해서 다시 써 달라고 부탁했다. 그러고 나서 헤프너는 전투적 페미니즘을 더욱 강력하게 비판해 줄 것을 요구했다. 브로디가 그를 거부하자 〈플레이보이〉는 원고료를 지불하고 원고를 버렸다. 그런 뒤 그 일을 모턴 헌트에게 맡겼고, 그녀는 1970년 5월호에 「남성 우월주의의 벽에 맞서서!」를 기고했다. 그 글은 헤프너의 주요 논점을 그대로 반복했다. 진보주의자들은 법적 권리, 직장의 평등, 성의 자유 측면에서 차별을 철폐하는 데 동의하지만, 이런 개혁은 "남자와 여자의 차이를 왜곡하고 미국 여성의 합당한 불만을 폄하하려고 애쓰는 전투적 남성 혐오자"에 의해 빛을 잃고 있다는 것이었다.

헌트의 글이 나올 무렵 논쟁은 폭발했다. 1970년 4월 15일에 베트남 정전위원회가 플레이보이맨션에서 후원 행사를 열었는데, 거기 도착한 손님들을 맞은 건 시카고여성해방연합이 조직한 300명가량의 반 〈플레이보이〉 시위대였다. 시위자들은 "기부는 하고 들어가지는 말라"는 피켓을 흔들며 "성 착취"의 집에 들어가는 손님들을 비난했다. 경찰 수십 명이 도착해서 입구에 줄을 치고 시위자들을 체포했다. 안에서 반전反戰 연설이 이어지는 동안 놀란 자유주의자들은 밖에서 당한 고초를 서로 이야기했다. 로드 실링은 "이전까지 많은 피켓 앞을 지났지만 이토록 지독한 건 처음이다."고 했다. 그때 〈플레이보이〉의

1960년대 후반, 상징적 조명탑이 서 있는 시카고 미시간 애비뉴의 37층짜리 플레이보이빌딩

비서 셸리 슐리커가 큰 소리로 잡지와 잡지의 여성관을 비난했다. 모여드는 기자들 앞에서 그녀는 잡지에 실릴 헌트의 기사가 "여성해방주의자들을 비난"하고, 비서 두 명이 기사의 타이핑을 거부한 이유로 해고되었다고 말했다. 그리고 "나도 이 발언 때문에 해고될 겁니다."라고 덧붙였다.

슐리커는 며칠 후 헤프너의 내부 메모를 몰래 복사해서 언론에 뿌렸고, 그것은 헌트의 기사에 불길을 당겼다. 브로디가 처음에 제출한 글에 대한 헤프너의 격앙된 반응은 그의 정신을 그대로 드러냈다.

> 우리 손에 들어온 건 균형 잡히고 객관적인 글이다. 하지만 내가 원하는 건 전투적 페미니스트를 갈라놓는 파괴적인 글이다… 내가 관심 있는 건 두어 해 전부터 생겨난 페미니즘의 비합리적이고 감정적이고 정신 나간 경향이다… 이 여자들은 우리의 적이다. 그들과 싸워야 한다…….
>
> 우리는 여자의 자리가 가정이 아니라는 것과 여자도 직업적 경력을 추구할 수 있다는 것에 분명히 동의한다… 하지만 전투적 페미니스트들은 그 이상을 원한다. 그들은 본질적으로 남자에 필적하는 역할을 하고, 직업 생활뿐 아니라 정서 생활, 그밖의 모든 영역에서 남자와 겨루고자 한다. 페미니즘과 관련해서 우리가 다룰 만한 주제는 이런 전투적 현상뿐이고, 플레이보이의 알맞은 접근 방식은 그것을 파괴하는 것뿐이다.

소동이 잇따랐다. 〈플레이보이〉는 회사 기밀문서를 공개했다는 이유로 슐리커를 해고했고, 그녀는 그에 대한 응답으로 페미니즘 집단에 들어가 플레이보이빌딩 바깥에서 함께 시위를 했다. 그녀는 텔레비전 카메라를 향해 주먹을 들고 소리쳤다. "나는 자매들과 함께 휴 헤프너와 〈플레이보이〉, 그리고 그들이 상징하는 모든 것에 맞서 싸울 것입니다… 우리는 더는 토끼 귀와 꼬리, 엉덩이 토닥임에 우리를 팔지 않을 것입니다."〈뉴스위크〉가 말했듯이, 헤프너는 아무것도 철회하지 않고 버텼지만 "분명히 더 큰 문제가 닥칠 것을 예상하고 몸을 낮추고"있었다.

이 악명 높은 메모로 인해 그는 여성해방주의자들에게 적敵그리스도 이미지를 굳혔다. 〈플레이보이〉가 나중에 저메인 그리어, 베티 프리단 같은 페미니즘 평론가에게 포럼을 제공한 뒤에도 적대는 계속되었다. 헤프너는 상처를 입었고 이런 비난에 배신감도 느꼈다. 〈플레이보이〉가 인권, 베트남전 종전, 성해방을 위한 진보적 개혁 운동에 열렬히 동참했는데도 왜 많은 자유주의자가 자신에게 악당의 낙인을 찍는지 그는 이해하지 못했다. "〈플레이보이〉는 중요한 모든 문제에서 인류와 이성의 편이었다. 그래서 여성해방 운동도 친구와 적을 구별해 줄 거라 생각했다." 그는 1969년에 말했다.

하지만 페미니즘에 대한 공개적 주장은 그가 지닌 여성관의 일면을 보여줄 뿐이었다. 또 다른 면을 보여준 건 그의 개인 경험이었다. 그가 마흔 살이 될 때까지 여자들과 맺은 친밀한 관계는 공적인 토론 못지않게 그의 여성관과 여성의 사회적 지위에 대한 태도를 드러냈다.

III

헤프너의 여성에 대한 이해는 유년 시절의 약간 메마른 정서적 토양에 뿌리를 내렸다. 그는 온갖 변덕을 받아주면서도 애정 표현을 자제한 어머니 그레이스에게서 정서적 억압을 흡입했다. 동시에 영화와 대중음악에 대한 몰두로 여성미에 대한 과장된 개념과 극도로 감상적인 로맨스 개념을 흡수했다. 그런 뒤 청년기에 약혼녀 밀리 윌리엄스의 외도에 큰 상처를 받았다. 헤프너는 이런 유년기와 청년기의 경험을 완전히 극복하지 못했다. 그는 여자와 그들의 동기와 성향에 대해 복잡하고 이중적인 견해를 지니고 성인이 되었다. 그것은 찬탄과 의심, 사랑과 술책, 탐욕과 분노가 골고루 섞인 것이었다. 그가 지닌 따뜻한 성품은 그가 자주 말하듯이 노래가사와 같은 진실을 찾아 끊임없이 여자를 쫓고 동침했지만, 통제적 성품은 그런 감정적인 면을 누르려고 했다.

이런 이중적 감수성은 헤프너가 자신보다 훨씬 어린 여자들과 관계를 갖는 평생의 습관을 만들어주었다. 1950년대의 베티 주지악과 조이스 니자리에서 1960년대의 신시아 매덕스, 메리 워런, 1960년대 말의 바비 벤턴까지 그가 이끌린 여자는(훨씬 짧은 관계에 그친 수많은 다른 여자는 말할 것도 없고) 모두 20대 초반의 아름다운 여자였다. 어떤 면에서 이런 현상은 남성 성욕의 불가해한 강박과 〈플레이보이〉 세계에 나타난 독특한 분출 기회를 표현했다. 하지만 젊은 여자에 대한 매혹은 더욱 깊은 정서적 욕구도 만족시켰다. 그들은 헤프너에게 온기와 안전감은 있되 위협은 없는 애정을 듬뿍 안겨주었다. 또 한편으로 그들의 젊은 미숙함은 그가 정서적 통제권을 유지할 수 있게 해주었다. 헤프너는 이런 이중적 충동을 1966년 인터뷰에서 확실하게 설명했다. "내가 젊고 아름다운 여자들을 선택하는 건 그 수준에 존재하는 순수함과 다정함이 좋기 때문이다." 이렇게 인정하고 나서 그는 더욱 많은 함축을 담아 다음과 같이 덧붙였다. "내가 데이트한 여자들은 많은 것을 얻었다. 내가 그들에게 주체성을 주기 때문에 그들은 이전보다 더 좋아진 상태로 나를 떠난다."

이런 경향 때문에 헤프너는 사람들이 비난하듯이 똑똑한 여자가 아니라 자기 성취가 있는 여자를 피했다. "나는 똑똑한 여자는 불편하지 않다. 다만 그런 여자하고 어떻게 할지를 모른다."고 했다. 헤프너는 남자는 지적 자극과 성취 경쟁의 상대로 보고, 여자는 애정과 사랑의 근원으로 보며 어느 쪽이건 익숙한 영역에서 벗어나는 것을 싫어했다. 그래서 남자와 같아지려는 여자들(그가 볼 때 전투적인 페미니스트들)은 그의 정서 세계를 혼란하게 했다.

헤프너는 이런 내적 충동 때문인지 이중 잣대를 굳건하게 신봉했다. 그는 성혁명이 남성뿐 아니라 여성도 해방시켰다고 주장했지만, 실제 행동은 자신의 말에 못 미쳤다. 신시아 매덕스가 말했다. "나는 이론적으로는 늘 원하는 대로 행동할 수 있었지만, 실제로는 헤프너의 규칙에 매여 있었다. 내가 다른 남자랑 데이트하고 그 남자랑 키스라도 했다간 어떻게 되었을지 상상도 할 수 없다." 그는 이런 위선을 자신의 성장 배경 탓으로 돌렸다. "내게는 아직도 어린 시절에 배운 청교도적 유산이 남아 있다. 내가 이성적으로 믿는 것과 내 실제 행동과는 차이가 있다." 그는 1960년대 후반에 인정했다.

이것은 물론 페미니즘이 대두하기 이전 시대에 남자들이 지닌 여성관(여자는 남자를 도와주는 '보충물'이라는)이 새롭게 강화된 버전이었다. 헤프너는 미국 남자 대부분과 마찬가지로 새로운 여성 평등 개념을 수용하는 데 어려움을 겪었다.

하지만 반항아 헤프너는 성을 중앙 무대로 이동시켰다. 여성의 '성적 대상화' 문제는 페미니즘 평자들이 〈플레이보이〉가 여성을 육체적 욕망의 대상으로 격하하고 여성의 지성과 인격, 성취를 폄하한다고 주장하면서 가장 중요한 기준이 되었다. 헤프너는 이를 격렬히 반대했다. "〈플레이보이〉는 여자를(그리고 남자도) 성적 존재로 여길 뿐 성적 대상물로 대하지 않는다." 그는 여자를 스포츠카나 훌륭한 와인 같은 소비품의 하나로 그린다는 것도 인정하지 않았다. "여자는 멋진 인생의 장신구가 아니다. 여자와 우리 남성 독자의 로맨틱한 관계는 〈플레이보이〉가 인생의 지침으로 삼는 핵심 목적이다." 그는 주장했다.

헤프너와 페미니스트들은 서로 공통된 이해의 토대가 없는 것 같았다. 하지만 더 넓은 역사의 시각에서 보면 양상은 달라진다. 양편은 지위, 생물학, 정체성, 사회 조직의 근본적 문제에까지 가 닿은 심대한 변모의 한복판에서 이런 상전벽해를 이끌고 파악하려고 노력하는 동안 생각보다 더 많은 것을 공유했다. 그들은 몇 가지 역사적 문제를 놓고 공통된 투쟁을 펼쳤다.

첫째로 〈플레이보이〉와 페미니즘 운동은 1950년대 미국사회가 가진 교외의 '단란한 가족'모델을 허무는 데 서로 힘을 보탰다. 저명한 페미니스트 바바라 에렌라이크는 헤프너가 성혁명의 수사학으로 원하는 진정한 목적은 남자들이 결혼생활과 가족을 버리고 의무에서 도망치게 하는 것이라고 비난했다. 하지만 이런 주장은 베티 프리단 등 많은 페미니스트가 비슷한 목적에 집중했다는 사실을 간과한다. 그녀의 저서 『여성의 신비』는 미국에서 여성은 자녀 양육과 가사, 결혼의 의무로 가정에 갇혀 있다고 주장했다. 이에 따르는 불만족과 불안, 심지어 우울증으로 그들은 이런 "안락의 포로수용소"에서 탈출하고자 했다. 이 목적에서 〈플레이보이〉와 페미니즘은 서로 인정하는 것보다 공유하는 것이 많았다.

게다가 〈플레이보이〉와 현대 페미니즘은 모두 현대 미국사회에서 자기 충족의 에토스를 권장하는 운동의 일부였다. 주류문화는 20세기 초부터 꾸준히 자기 통제와 부정의 빅토리아시대적 가치를 버렸으며, 욕구를 억누르는 대신 충족해서 행복을 찾는다는 새로운 방침을 채택했다. 『여성의 신비』는 페미니즘은 여성이 '자기실현' 또는 '자기충족', '자아정체 회복'을 이루고… 주부의 덫을 깨고 나와 개별적 인간으로 고유한 가능성을 실현하도록 돕는 데 집중해야 한다고 말한다.

이런 넓은 역사 발전의 관점에서 헤프너와 여성해방론은 다시 한번 각자의 생각보다 많은 것을 공유했다.

덧붙여 〈플레이보이〉와 페미니즘 비평가들은 모두 성적 이미지의 힘을 과도하게 강조했다. 여성 신체의 에로틱한 표현은 헤프너에게는 자유와 행복의 길을 가리키는 표지였고, 페미니스트에게는 여성 노예화의 일부였다. 둘 다 과장된 주장이었다. 성이 인생에 매우 중요한 것이기는 하지만 가장 중요한 건 아니다. 그것을 그렇게 만들려고 하면서 양측은 에로틱한 시각적 이미지처럼 실제 삶을 왜곡했다. 양쪽의 극단적인 입장은 인간 행동의 한 가지 측면에 부당한 힘을 부여했다.

마지막으로 헤프너와 페미니즘 평자들 모두 여성 인권 투쟁을 둘러싸고 점차 변화 발전했다. 헤프너는 1950년대에는 낭만적 부권주의자이자 '여성화'반대자였지만 1970년대에는 남녀평등을 지지하는 자유주의자로 변해서, 베티 프리단과 전국여성기구NOW의 주장과 비슷한 주류 의제인 여성의 공적 영역 참여, 동일 노동 동일 임금, 낙태권리 등을 지지했다. 페미니즘도 발전해서 1970년대에는 여러 분파로 갈라졌다. 마침내 헤프너의 지지를 받게 된 '균등 페미니즘'은 문화와 법 제도 개선에서 꾸준한 성과를 이루었다. 1970년대 중반에 이르면 헤프너는 많은 균등 페미니스트들과 자유주의 주류 속에 불편하게나마 함께 섰고, 오랜 시간이 지난 뒤에는 크리스티나 호프 서머스, 캐밀 팰리아, 그리고 베티 프리단마저 헤프너를 옹호한다.

결국 성적 대상화라는 뜨거운 문제는 헤프너와 초기 여성해방주의 양쪽의 단점을 드러냈다. 문제는 여자를 성적 대상으로 삼는 것이 아니었다. 어떤 의미로 보면 여자는 남자의 성적 대상이고, 남자 또한 정도는 약할지언정 여자의 성적 대상이다. 문제는 그들을 오직 이런 관점으로만 보는 것이다. 초기 페미니스트들은 〈플레이보이〉의 피상적 성 묘사에 집중했지만 그 의도와 효과를 모두 과장했다. 헤프너 또한 잡지에 실리는 여성의 에로틱한 모습이 성혁명의 합당한 측면이라고 옹호했지만, 〈플레이보이〉가 여성의 다른 측면을 외면한다는 점은 인정하지 않았다. 이런 경향은 1972년 3월호 표지에서 보였다. 거기에는 술병 모양을 한 여자가 나오고 그 옆에 플레이보이 로고가 찍힌 코르크 나사가 놓여 있었다.

가장 합리적인 결론은 아마도 작가 조이스 캐럴 오츠의 결론일지도 모른다. NOW 측에서 그녀에게 앞으로 〈플레이보이〉에 글을 기고하지 말라는 호소를 하자, 이 저명한 작가는 그 요청에 일리가 있다는 것을 인정하면서도 결국 이런 웅변으로 그것을 거절했다.

> 내가 플레이보이 화보에 큰 관심이 있다고 할 수는 없지만, 몇몇 부분에 집중해서 일부러 다른 것을 무시할 이유도 없다고 생각한다. 플레이보이는 최근 몇 년 동안 뛰어난 인터뷰(저메인 그리어 인터뷰에서 그리어는 플레이보이에 대해 솔직하고 통렬하고 비판적인 말을 자유롭게 했다)와 중요한 기사, 그리고 흥미로운 소설을 실었다. 플레이보이에 실린 내 작품은 남녀 갈등을 다루었고, 거의 모든 작품이 계속되는 남성 우월주의 신화의 가혹함을 표현해서 독자의 성별에 상관없이 여성에 대해 공감과 이해를 하도록 했다.
>
> 지금껏 내가 작품을 실은 잡지 가운데 잡지의 내용 전체에 동의하는 경우는 하나도 없다. 민주주의 사회에서는 다양한 사람에게 다가가는 잡지 통로가 있어야 한다. 그렇지 않으면 특정 신념을 지닌 작가는 같은 신념을 지닌 사람들에게만 읽히고, 변화와 성장은

> 없을 것이다. 플레이보이는 놀라울 만큼 자유주의적이고, 어떤 점에서는 혁명적이다.

실제로 〈플레이보이〉에 대한 항의는 점차 줄어들었다. 하지만 여성 해방 진영의 적개심은 계속 유지되었고, 10년 뒤 레이건 행정부의 보수파들과 기이한 연합을 이루어 다시 나타난다. 하지만 1970년대가 시작될 때 더욱 긴급한 문제가 헤프너의 관심을 요구함에 따라 페미니즘에 대한 〈플레이보이〉의 게릴라전은 옆으로 밀려난다. 그리고 그 문제들은 그의 개인적 안녕과 직업적 생존을 모두 위협하게 된다.

# 5 토끼 구멍 아래로

1970년대가 시작될 때 휴 헤프너는 자신의 말대로 세상을 멋대로 주물렀다. 헤프너는 개인적 자유와 물질적 풍요의 복음을 수많은 신도에게 전파했고, 그가 지닌 물병자리 시대(서양 점성술에서 서기 2000년 이후의 시대를 가리키는 말. 물병자리 시대에는 과거의 인습이나 모순과 결별하고 자유롭고 창의적인 새로운 인류로 다시 태어난다고 함-옮긴이)의 많은 꿈이 대부분 실현되는 것 같았다. 1972년에 〈플레이보이〉는 판매 부수 700만 부로 절정의 인기를 누렸고, 플레이보이사는 플레이보이클럽뿐 아니라 호텔, 리조트, 영화, 서적, 음반 사업으로도 확장했다. 헤프너는 자신의 라이프스타일을 구현했다. 시카고맨션에서 아름다운 여자와 유명 인사에 둘러싸여 살면서, 이제 로스앤젤레스도 규칙적으로 방문했으며, 베벌리힐스에도 곧 두 번째 영지를 구입할 예정이다. 그리고 그는 아름다운 여자와 사랑에 빠져 있었다. 개인적 행복과 직업적 성공을 상상 이상으로 성취한 그는 1970년대 초에 디즈니식 레저 제국의 황제로 등극할 대관식을 기다렸다.

하지만 오래지 않아 헤프너와 〈플레이보이〉는 1970년대의 복잡한 문화적 정치적 소용돌이에 휘말렸다. 혁명적인 1960년대와 로널드 레이건에 의해 시작한 보수적 1980년대 사이에 끼인 1970년대는 점진적이지만 가혹한 양극화의 시절이었다. 이 시기는 한편으로는 성혁명과 문화 혁명 지지자들의 꾸준한 활동으로 1960년대의 해방 운동이 성취되었다. 하지만 다른 한편으로는 미들 아메리카(미국 내 보수적인 중산층-옮긴이)가 과도한 급진주의에서 발을 빼고 사회 정치적으로 전통적인 가치를 받아들이면서 반격의 힘을 모았다.

거기다 워터게이트, 러스트벨트(미국 중서부와 북동부의 산업 지대-옮긴이)의 산업 축소, 베트남전 패배에 따른 국제적 위신 추락, 권력이 북동부 도시 지역에서 남서부 선벨트로 이동한 데 따른 사회 혼란으로 평범한 시민이 공공의 장을 떠나면서 문제는 더욱 복잡해졌다. 새로운 한계 인식과 낙관주의의 상실로 많은 사람(복음주의 기독교인에서 치유적 자유주의자, 뉴에이지 개혁가까지)이 개인 경험과 자기 탐구를 위해 내면으로 눈을 돌렸다. 세상을 개혁하는 데 회의를 느낀 미국인들은 역사가 브루스 J. 슐만의 말에 따르자면 "새로운 과거, 새로운 미래, 새로운 신을 좇되, 각자 따로따로 좇았다."

헤프너와 잡지는 이런 경향의 수렴 지점에 있었다. 그들은 해방을 상징하고 반역을 추동하고 자기 몰두를 권장하면서 시대의 강력한 역류를 담아냈다.

헤프너는 이런 역동하는 70년대 해방주의 분출을 탐닉하면서도 그 긍정과 부정 양면의 결과에 맞닥뜨려야 했다. 새로 등장한 경쟁 잡지, 한 치 앞을 알 수 없는 기업 환경, 그리고 약물 스캔들이 그와 회사를 치명적인 위험에 몰아넣었다. 하지만 이런 양면적 가능성과 문제의 첫 징후를 보인 건 아마도 사사로운 로맨스의 혼란일 것이다.

I

휴 헤프너는 1968년 중반 바비 벤턴에게 마음을 사로잡히면서 최고의 행복을 맛보았다. 그는 젊은 UCLA 학생 곁에 있고자 시카고를 떠나 캘리포니아 남부를 자주 찾아갔다. 그는 여행을 싫어하는 습성에도 1969년과 1970년에는 벤턴과 그녀의 친구들과 몇 주씩 유럽과 아프리카로 여행을 갔으며, 1971년에 이르렀을 때는 1년의 절반 가까운 시간을 로스앤젤레스의 최상류층 지역의 두 번째 집에서 보냈다.

하지만 1971년 봄에 그는 모든 것을 위험에 빠뜨렸다. 시카고에서 육감적인 금발 미녀에게 로맨틱한 열정을 느꼈고, 몇 주 지나지 않아 감정과 에너지의 아슬아슬한 조절을 요구하는 삼각관계에 휘말렸다. 상황은 결국 해소되었지만, 그러기 전에 몇 년 동안 그는 많은 기쁨과 괴로움 속에 여러 사건을 겪으며 혼란스러운 나날을 보내야 했다.

바비 벤턴은 여러 가지 면에서 그가 꿈꾸던 여자였다. 치어리더 출신에 미스 틴에이지 아메리카 출전 경력이 있는 그녀는 귀엽고 열정적이고 사랑스러운 매력으로 그가 청년 시절에 품은 여성성의 환상을 구현했다.

게다가 벤턴의 또 다른 성격도 헤프너를 은근히 사로잡았다. 이 발랄한 갈색 머리 아가씨는 그의 야심에 맞먹을 만한 야심을 갖고 있었다. 그녀는 주목받는 것을 좋아해서 세간의 유명세를 얻은 데 기뻐했고, 그것을 도약대 삼아 영화와 텔레비전에 잠시 진출했으며 가수로서는 좀더 성공했다. 몇 년 안에 몇 차례 투어 공연을 하고 몇 편의 텔레비전 프로그램에 고정 출연했다. 이 커플이 어느 공개 행사에 갔을 때

팬들이 다가와서 “나보다 그녀에게 사인을 더 많이 해달라고 하자” 그녀가 아주 기뻐했다고 헤프너는 말했다. 그녀는 플레이보이의 호사로운 라이프스타일도 즐겼다. 한번은 어느 손님에게 헤프너의 집을 구경시켜주다가 손님이 커다란 샹들리에의 재료를 묻자 “청동인지 놋쇠인지 어쨌건 더 좋은 거요.”하고 대답했다.

하지만 두 사람의 관계는 벤턴이 헤프너의 그늘을 벗어나 자신만의 경력을 쌓으려고 하면서 삐걱거렸다. 두 사람은 벤턴의 가수 지망에 대해 의견이 갈렸다. 그는 그녀의 노래 연습을 듣고서 절대 가수가 될 수 없을 거라고 말해서 그녀를 울렸다. 하지만 벤턴은 “분발하라는 말로 알겠다.”고 대답했고, 실제로 약한 성량임에도 몇 년 안에 컨트리 가수로 상당한 인기를 끌었고, 결국 헤프너도 그녀를 지지했다. 그녀는 텔레비전 배우로도 활동해서 인기 코미디 프로그램인 〈히호〉와 〈사랑의 유람선〉에 출연했다.

헤프너의 끊임없는 농탕도 문제가 되었다. 벤턴이 특별한 여자이기는 했지만 헤프너는 결코 한 사람에게 충실한 사람이 아니었다. 그는 1970년대 초에 많은 플레이메이트와 관계를 가졌고, 그 외에도 헤아릴 수 없이 많은 가벼운 성적 접촉을 즐겼다. 벤턴은 그런 상황을 참고 견디려고 애쓰며, 〈코스모폴리탄〉 기자에게 말했다. “반대는 하지만 그 일로 들볶지는 않는다. 여자는 그런 일을 받아들여야 한다. 남자들은 그러기 마련이다. 그렇다고 그가 다른 여자들을 사랑하는 건 아니다.”

하지만 벤턴은 헤프너가 한 여자와 깊은 관계에 빠진 것을 몰랐다. 1971년 5월 헤프너는 시카고맨션에 온 스무 살의 캐런 크리스티를 만났다. 텍사스 주 애빌린 출신인 그녀는 댈러스에서 모델과 회사 비

1970년대 바비 벤턴과 함께 삼각관계를 이룬 캐런 크리스티

서로 일하다가 댈러스에서 열린 플레이보이 버니 선발대회에서 입상했다. 그녀는 남부를 떠나 시카고 플레이보이클럽에서 일하기로 했다. 그녀의 꿈이 시카고 미술대학에 가는 것이었기 때문이다. 그녀는 맨션의 버니 숙소에 들어갔고, 파티에서 처음 헤프너를 만나서 그의 편안하고 다정한 태도와 유머감각에 매혹되었다.

헤프너는 이 금발 미녀에게 깊이 빠졌다. 크리스티는 아이 같은 얼굴에 큰 눈과 귀여운 들창코, 도톰한 입술, 그리고 눈부신 몸매를 지녔다. 야하고 몸을 드러내는 옷을 좋아한 그녀는 분홍색 핫팬츠 원피스를 입어 육감적인 몸매를 강조했다. 그들은 그날 저녁 함께 웃고 즐기다가 맨션의 수중 바에 내려가서 술을 마시고, 마지막에는 그의 침실에서 영화를 보고 원형 침대에서 서로를 안았다.

헤프너는 이 텍사스 미녀의 육체적 매력에 감탄했다. "내가 육체적으로 캐런 크리스티보다 더 끌린 사람은 없었던 것 같다. 그녀는 다정하고 부드럽고, 그러면서도 매우 관능적이었으며 에로틱한 장난기로 내 성적 열정을 자극했다." 훗날 그가 말했다. 바비 벤턴이 그의 고교 시절 치어리더 환상을 구현했다면, 크리스티는 또 다른 환상인 젊은 시절 영화 속 이미지를 구현했다. 그들의 섹스는 그의 기준으로 볼 때도 놀라울 만큼 열정적이었다.

그녀 역시 헤프너처럼 영화와 게임을 좋아했고, 두 사람은 함께 맨션 댄스홀에서 영화를 보거나 맨션 단골손님과 백거먼, 모노폴리, 리스크 같은 보드게임과 핀볼게임을 하며 지냈다.

그녀는 헤프너의 요청에 따라 곧 맨션 1층으로 거처를 옮겼다. 관계가 깊어지면서 헤프너는 엄청난 선물 공세를 폈다. 전신 길이의 흰색 밍크코트, 흰색 마크 IV 링컨자동차, 티파니 보석 상점의 5캐럿 다이아몬드 칵테일반지 등. 1971년 12월에는 그녀를 플레이메이트로 뽑았다. 크리스티는 시카고에서 그의 곁을 꾸준히 지키고, 디즈니월드, 카리브 해, 뉴욕 시의 백거먼 대회에도 동행함으로써 이런 애정에 보답했다. 해프너가 로스앤젤레스에 가면 참을성 있게 그를 기다렸고, 한번은 시카고맨션의 나무들에 노란 리본을 달아서 히트곡 「노란 리본Tie a Yellow Ribbon」속 이야기처럼 돌아오는 애인을 환영했다. 헤프너는 이런 감상적인 행동을 좋아했고, 1972년 말에는 "크리스티를 향한 사랑은 바비 벤턴에게 느꼈던 사랑과 모든 면에서 동등해졌다."고 고백했다.

그렇게 해서 1972년 한 해 전체와 1973년 전반기 동안 헤프너는 아름다운 두 여자와 완전한 삼각관계에 빠져들었다. 양쪽의 균형을 맞추기 위해 그는 중서부의 시카고와 서부 해안의 로스앤젤레스 사이를 격주로 날아가서 벤턴 또는 크리스티와 시간을 보내며 반대편에 장거리 통화를 했다.

삼각관계의 지점마다 시각이 달랐다. 벤턴은 유명한 남자 친구가 다른 여자들을 만나는 건 알았지만, 새로운 경쟁자에 대해서는 오래도록 몰랐다. 크리스티는 물론 벤턴을 알았기 때문에 사태에 좀더 현실적으로 대처했다. 그녀는 벤턴과의 관계가 끝나간다는 헤프너의 말을 받아들였지만, "남자가 다른 여자에 대해 하는 말을 그대로 믿는다면 바보다. 나는 순진했지만 바보는 아니었다."고 고백했다. 헤프너는 자신의 일을 공적 영역의 안락하고 조화로운 관계와 사적 영역의 짜릿한 불법 관계를 동시에 유지하는 오래된 처첩 환상의 변형으로 합리화했다.

상황은 1973년 여름에 마침내 폭발했다. 벤턴은 헤프너의 목욕가운에서 흰색 머리핀을 발견하고, 비서 한 명이 "캐런 크리스티에게 줄 밍크코트"라고 적힌 노트를 들고 지나가는 것을 보고 그에게 의심을 품었다. 하지만 벤턴이 물으면 헤프너는 별일 아니라고 "내가 사랑하는 사람은 너"라고 안심시켰다. 하지만 그러고 나서 배신이 명백하게 드러났다. 남성잡지를 다룬 〈타임〉의 기사는 이런 글로 그의 비밀을 폭로했다. "오래 전부터 모든 것을 두 배로 누린 소비자 헤프너는 최근 그 원칙을 로맨스에도 확대했다. 플레이메이트 출신의 오랜 애인 바비 벤턴은 캘리포니아맨션에 산다. 시카고 플레이보이클럽의 버니 출신인 캐런 크리스티는 시카고맨션에 있다. 어떻게 해서인지 이런 구조는 잘 유지되고 있다." 기사에는 헤프너가 크리스티에게 팔을 두르고 시카고맨션에서 영화를 보는 사진이 실려 있었다. 성난 벤턴은 헤프너에게 따졌고, 분노 속에 플레이보이맨션 웨스트를 나가 따로 아파트를 구했다. 헤프너의 부탁에 따라 몇 주 뒤에 다시 맨션에 돌아오기는 했지만, 만약에 대비해서 아파트를 팔지는 않았다.

벤턴과 크리스티가 언론에서 서로와 헤프너에게 독설을 날리면서 상황은 악화되었다. 〈피플〉지에서 벤턴은 크리스티를 "버니 숙소의 수많은 여자 중 하나"라고 말했다. 크리스티는 벤턴을 무시했다. "내가 왜 질투를 해야 하나? 벤턴은 예전에 맨션에 살았지만 지금은 아니다."라고 〈시카고 데일리뉴스〉지에 말했다. 1973년 추수감사절에는 벤턴과 크리스티가 모두 헤프너와 함께 지내려고 하면서 긴장이 더없이 고조되었다. 이때부터 벤턴은 다른 남자들을 만나기 시작했다.

먼저 무너진 건 크리스티였다. 그녀는 헤프너의 잦은 부재로 외로움을 이기지 못하고 빅터 로니스의 아들 밸 로니스와 외도했음을 고백했다. 둘은 화해했지만 상황은 달라졌다. 다툼이 시작되었고 크리스티는 당당하게 자기주장을 했다. 그녀는 동등한 관계를 요구했고 헤프너는 분노했다. 그녀가 말했다. "그는 발을 구르고 탁자에 파이프를 두드리고 얼굴이 붉으락푸르락해졌다. 그는 완전히 응석받이 어린애였다. 오랫동안 원하는 걸 다 가졌기 때문에 양보가 뭔지 잊었다."

금발 미녀에 대한 편견과 달리 크리스티는 바보가 아니었다. 나이 많은 애인과 맨션 라이프스타일에 깊이 애착했지만, 그녀는 전부터 둘의 관계가 일시적이라는 걸 알았고 그의 지배적인 태도와 다른 여자들과의 농탕에 지치기 시작했다. 한번은 격렬한 싸움 중에 크리스티가 자신의 사랑이 헤프너의 사랑보다 더 크다고 말했다. 그가 그건 당연한 일이라고 하자 그녀는 분개해서 소리쳤다. "왜 그게 당연하죠? 당신이 부자고 유명해서? 당신은 늘 사람들이 돈과 유명세만 보고 알랑대는 걸 원하지 않는다고 말하지만, 당신을 나보다 더 사랑스럽게 만들어 주는 건 그것뿐이에요." 그리고 바로 맨션을 나갔다. 헤프너는 그녀가 친구 집에 간 것을 알아내고 자정이 넘은 시각에도 아파트 전체의 초인종을 눌러가며 그녀를 찾아냈다. 문밖에 서서 돌아오라고 간청하는 그를 보고 그녀는 깊이 뉘우친다고 판단하고 돌아왔다.

그러나 1974년 초에 크리스티는 자기 인생에서 헤프너와의 시절은 끝났다고 결론을 내렸다. 그는 자신에게 방해가 되지 않는 한도 내에서는 내게 무슨 일이건 해줄 것이다, 다시 말해서 그의 요구가 우선이고 상대의 요구는 두 번째라는 걸 깨달았다. 3월에 그녀는 영원히 맨션을 떠났다. 공공장소에서 그녀를 수행하는 경호원들을 피하기 위해서 단골 드레스점으로 간 뒤 뒷문으로 빠져 나가 택시를 타고 친구 집으로 갔다. 친구는 바로 전날 그녀의 흰색 링컨 차를 '빌렸'고, 크리스티는 그 차를 몰고 텍사스로 갔다. 헤프너가 몇 차례 돌아오라고 전화했지만 거절했다. 그 후 세월이 지나는 동안 두 사람은 몇 차례 짧게 만났지만, 관계는 거기서 끝이었다.

벤턴과 헤프너는 화해하고 그 뒤로 몇 년을 더 함께 했지만, 로맨스는 이미 시들어갔다. 그녀가 연예 활동 때문에 오래도록 집을 떠나 있는 일도 잦은 게 원인이기 했지만 결혼과 아이 문제도 그들을 불편하게 했다. 벤턴은 결혼해서 아이를 갖고 싶었지만 헤프너는 응답하지 않았다. 그들의 관계가 마침내 무너진 건 1976년 그녀가 헤프너에게 자신의 친한 친구와 바람을 피웠다고 비난하면서였다. 당황한 그가 누구에게 들었냐고 물었고 벤턴이 대답하자 그가 말했다. "아, 그 여자한테 들었군? 난 그 여자하고도 잤어." 벤턴은 더 견디지 못하고 그의 곁을 영원히 떠났다. 하지만 그녀는 헤프너를 완전히 잊지 못했다.

오랜 세월이 지나서도 그녀는 그 시절을 따뜻하게 회고했다. "내가 어디를 가건 누구와 만나건 그 기억을 잊지는 못할 것이다. 헤프너는 내 인생의 사랑이었다."

1970년대 초 헤프너의 복잡한 연애 생활은 그의 인생에 불길한 전조가 되었다. 그가 두 여자 친구를 동시에 유지하려고 애쓰던 바로 그 시점에 훨씬 더 심각한 일이 발생했다. 헤프너 세계의 심장부인 시카고맨션에서 약물 스캔들이 터졌고, 연방정부 요원들이 그를 압박해 왔다. 고발, 체포, 자살, 신문 1면 헤드라인이 잇따르면서 그가 창조한 환상의 세계를 파멸시킬 듯 협박했다.

## II

1974년 12월 9일, 〈시카고 트리뷴〉 1면은 「연방 마약 수사국 헤프너를 겨냥하다」 라는 헤드라인 기사를 크게 실었다. 이 독점기사는 헤프너가 연방 마약 수사국의 주요 표적이 되었고, 맨션에서 불법으로 마약 행위를 방조하고 수사망이 좁혀오자 은폐를 명령한 혐의를 받고 있다고 전했다. 다음 날 〈시카고 선-타임스〉는 할리우드 연예인이 플레이보이 약물 수사와 연결되었다는 보도로 소동에 불을 지폈다. 특히 한 유명 영화배우가 불법 약물을 헤프너의 로스앤젤레스 맨션으로 운송한 혐의를 받고 있다고 했다.

일반 대중에게는 충격적이었지만 주변 사람들에게는 그다지 놀라운 이야기가 아니었다. 연방 마약 수사원들은 2년 전부터 헤프너를 캐고 있었다. 수사는 연방 마약 수사국DEA이 1972년 9월에 보비 아른스타인을 주시하면서 시작되었다. 보비 아른스타인은 시카고맨션의 실무 비서로 헤프너의 절친한 친구이기도 했다. 수사국은 1년 전에 그녀가 남자친구 론 샤프와 마이애미로 갈 때 코카인을 소지했다고 했다. 그 뒤로 두 달 동안 수사국은 그녀를 세 차례 더 조사했다. 12월에 DEA는 샤프와 다른 남자 두 명을 체포해서, 코카인을 시카고로 운송했다는 혐의로 기소했다. 그러는 동안 그들은 아른스타인에게 그녀가 이 마약 조직에 참여했음을 자백하고 샤프에게 불리한 증언을 하라고 강하게 심문했고, 더욱 중요하게는 불법 마약의 최종 수령자를 지목하라고 압박했다. 처음부터 그들은 최종 사냥감이 더 큰 상대, 그러니까 그녀의 상관임을 분명히 했고, 그녀가 협력하면 대가로 방면해주겠다는 암시도 했다. 하지만 그녀는 끝까지 헤프너는 아무 상관이 없다고 버텼다.

그러고 나서 15개월이 지나는 동안 검찰은 사건을 구성했다. 마침내 1974년 3월 21일, DEA는 플레이보이맨션을 나서는 아른스타인을 코카인 유통 및 판매 공범 혐의로 체포했다. 몰려든 사진 기자들 앞에서 수사관들은 그녀에게 수갑을 채우고 가방을 뒤져 코카인 병을 찾아냈다.

아른스타인이 보석으로 풀려나자 헤프너를 사건에 연루시키려는 정부의 압력은 더욱 거세졌다. 수사는 〈플레이보이〉 발행인을 겨냥한 동시에 넓은 의미로는 1960년대의 반란에 반격을 가하는 의미였다. 정부 내 마약 소탕 열심당원들은 미국 중서부의 보수적 반격을 떠맡아서 헤프너를 1960년대 반항적 라이프스타일의 떠들썩한 상징으로 보았다. 많은 대항문화 인사의 섹스와 약물에 대한 평가, 연예계에 커지는 코카인의 인기를 생각하면 플레이보이맨션이 수사 대상인 건 그리 놀라운 일이 아니었다. 헤프너와 가까운 여성이 마약 밀거래에 걸리자 침묵하는 다수는 이 기회에 그를 몰락시킬 수 있다고 여겼다.

비극적으로 생을 마감한 보비 아른스타인이 헤프너와 함께 빅버니에서 모노폴리를 하고 있다.

하지만 이런 시나리오에는 한 가지 문제가 있었다. 검사들이 아무리 혐의를 두었어도 헤프너는 약물 신봉자가 아니었다. 물론 오래 전부터 잠을 줄이며 마라톤 업무를 소화하기 위해 암페타민류의 약물을 상용했다. 1960년대 말에는 주로 섹스의 감흥을 높이기 위해 마리화나도 피웠다. 하지만 엑스터시나 헤로인, 코카인 같은 중약물은 절대로 건드리지 않았다. 헤프너가 나중에 설명했듯이 "나와 가까운 사람들은 내가 중약물에 관한 한 주변의 많은 친구보다 보수적이라는 걸 알았다. 나는 코카인을 사용한 적이 없다… 다른 사람이 사용하는 걸 본 적도 없다. 내가 약물을 싫어하는 걸 친구들이 알기 때문이다."

그렇지만 DEA와 연방 검찰은 플레이보이맨션이 코카인 유통 본부라고 확신했다. 그리고 그의 친구가 이 새로운 유행 약물에 탐닉했다는 사실은 그에게 혐의를 걸기에 충분했다. 아른스타인은 이런 범사회적 갈등의 한가운데 걸려들었다. 당국은 헤프너와 연결된 마약 유통망의 증거를 대라고 그녀를 압박했다. 그녀는 헤프너가 무관하다는 것을 알았고, 자신 때문에 그가 고통받는다는 사실 때문에 죄책감에 사로잡혀서 끈질기게 저항했다. 그녀는 몇 차례 심각한 정신적 문제를 겪었고, 체포되고 2주일이 지나서 수면제를 과용했지만 친구들이 병원으로 급송해서 목숨을 구했다.

아른스타인의 불안정한 성격은 불행한 어린 시절에 뿌리를 내리고 있었다. 열 살 때 아버지가 세상을 떠나고 나서 그녀는 친척 집을 전전하며 살았다.

고등학교를 졸업하고는 저임금 직장을 전전하다가 1960년에 〈플레이보이〉의 접수부 직원이 되었다. 그녀는 새로운 환경에 잘 적응했고, 1962년에는 헤프너의 실무 비서가 되었다. 헤프너와 가까워진 끝에 잠시 애인 사이로 지내기도 했지만 이후로는 절친한 친구가 되었다.

그 후에 참사가 있었다. 아른스타인은 빅터 로니스의 동생 톰 로니스와 사랑에 빠졌다. 그들은 몇 달 동안의 데이트 끝에 결혼 이야기를 했고, 1963년 여름에 로니스의 폴크스바겐을 타고 그의 어머니를 만나러 갔다. 인디애나 주 남부에서 아른스타인이 운전을 했는데, 어느 순간 실수로 차가 도로 밖으로 미끄러져 나갔다. 사고가 났을 때 그녀는 차에서 튕겨져 나가 약간의 열상과 팔에 골절을 당했지만 로니스는 죽었다. 엄청난 죄책감에 빠진 아른스타인은 과음하기 시작했고 자살 시도도 했지만 시간이 지나면서 천천히 평정을 되찾았다.

하지만 아른스타인은 헤프너의 실무 비서로 창조력을 발휘했고 열정적이고 효율적인 솜씨로 엄청난 작업량을 소화해 냈다. 헤프너는 그녀 인생의 중심이 되었다. 그녀는 한시도 그에 대한 연심을 버리지 않았고, 그의 단점을 잘 알면서도 그를 우상화했다. 두 사람의 관계를 지탱한 것은 유머와 그의 기분을 귀신같이 파악하는 그녀의 능력이었다. 아른스타인과 헤프너 두 사람 다 재치가 뛰어났기에 그들이 주고받는 입담은 맨션의 전설이 되었다.

하지만 친구들이 이후에야 깨달았듯이, 아른스타인이 발휘한 외면의 강인함과 재치는 혼란스러운 내면을 가리는 방어막이었다. 그녀는 친구들의 권유에 정신과 치료를 받기도 했고, 변덕스러운 기분을 조절하기 위해 갈수록 필로폰과 수면제에 깊이 의존했다.

1970년대 초에 아른스타인의 행동은 더욱 혼란스러워졌다. 때로 그녀는 헤프너의 시카고 핵심 집단의 일원으로 세상의 꼭대기에 있는 것 같았다. 하지만 때로는 우울증에 사로잡혀서 약물에 의존하는 옛 습관으로 돌아갔다.

그런 뒤 아른스타인은 한 남자를 만나 지독한 인생 수업을 받았다. 그녀보다 일곱 살 연하에 잘 생기고 매력적인 젊은이 로니 샤프는 하급 마약업자로 일했다. 그에게 빠져들면서 그녀는 코카인, 퀘일루드, 플래시딜, 그리고 마침내는 헤로인까지 복용했다. 그녀는 샤프의 마음을 잡아두려고 애썼고, 그는 많은 밤을 맨션에서 그녀와 지내면서 새벽까지 마약에 취해 있었다. 1971년에 그녀는 샤프와 그의 룸메이트 아이라 샙스타인과 운명의 마이애미 여행을 떠났다. 그녀가 수영장가에 누워 열대 햇빛 아래 일광욕을 즐기는 동안 샤프와 샙스타인은 중개업자에게 코카인을 샀고 그것을 시카고로 가져왔다.

이후 벌어진 사건들은 그녀를 계속 더 깊은 나락으로 떨어뜨렸다. 1972년 가을 DEA 수사관과의 최초의 접촉, 그해 연말 샤프와 샙스타인의 기소, 수개월에 걸친 수사와 압박, 1974년 3월 아른스타인 자신의 기소와 체포, 마약 수사관과 검사들이 그녀에게 헤프너를 지목할 것을 강요하자 그녀는 압박을 견디지 못하고 자살을 시도했다. 그녀는 아무런 잘못도 없는데다 자신이 우상처럼 여기는 헤프너가 자신 때문에 곤경에 처했다는 사실에 절망했다. 냉혹한 검사들은 그녀가 헤프너를 위해 죄를 뒤집어쓴다고 조롱하며 창녀라고 모욕했고, 그를 연루시키지 않으면 장기 실형을 선고할 거라고 협박했다. 아른스타인은 우울증에 더 깊이 빠졌고 약물 사용도 더욱더 늘었다.

그러는 사이 헤프너와 〈플레이보이〉는 마약 수사의 수렁 속으로 깊이 빠져 들어갔다. 타격 부대가 헤프너 주변을 배회하며 치고 들어갈 지점을 찾았다. 그들은 여자를 맨션에 침투시켜서 헤프너와 손님들을 감시시켰고, 맨션의 보안 감독 앨런 크로퍼드와 헤프너의 개인 시종 윌리엄스 노얼을 정보원으로 확보했다. DEA는 헤프너의 덱세드린 확보 경로를 파고들어 인근 약국이 맨션 고용인에게 판매한 약물이 그의 손에 들어간 부정행위를 포착했다. 하지만 그건 사소한 일이었다. 헤프너가 '마녀 재판'이라 이름 붙인 이런 노력에도, 정부는 그가 중독성 마약을 입수하고 사용하고 판매한 증거를 찾지 못했다.

1974년 10월 22일에 보비 아른스타인의 재판이 시작되었다. 결과는 참담했다. 검사들은 며칠 사이에 조지 매슈스를 스타 증인으로 확보해서 그녀도 마약 거래에 연루시켰다. 마이애미 주에서 마약 거래로 유죄 선고를 받은 매슈스는 아른스타인 일행이 그곳을 떠날 때 그녀의 가방에서 시카고로 운송할 코카인을 보았다고 했다. 이건 샤프와 샙스타인만이 마약 거래에 연루되었다고 한 최초의 증언에서 바뀐 것이었고, 매슈스는 검찰이 수사에 협력하면 형량을 줄여주겠다고 약속했음을 인정했다. 매슈스는 형기를 15년에서 3개월로 줄이기 위해 위증을 한 것으로 보였다. 하지만 아른스타인 변호인 측은 그녀의 증언을 가로막았다. 반대 심문에 부딪히면 그녀가 이성을 잃을 거라고 보았기 때문이다. 그들은 또한 아른스타인의 날카로운 성품과 값비싼 옷차림(무릎까지 오는 부츠, 번쩍이는 조끼, 요란한 프린트의 스커트와 블라우스)이 시카고의 노동자 계급 배심원에게 좋지 않은 영향을 미칠 거라고 판단했고 그 판단은 옳았다. 그녀는 법정에서 샤프와 쪽지를 주고받으며 키득거리는 등 자해에 가까운 행동을 했다. 그녀의 친구이자 변호사인 키스 스트룹은 접힌 쪽지 안쪽에 소량의 마약이 든 것을 보고 노발대발했다. 배심원은 샤프와 아른스타인에게 모두 코카인 거래로 유죄 평결을 내렸고, 판사는 샤프에게 징역 6년을 선고했다. 놀랍게도 아른스타인에게는 조건부 15년 형이 선고되었는데, 거기에는 숨겨진 목적이 있었다. 그녀는 몇 주 동안 정신 감정을 받은 뒤에 재선고를 받기로 했다. 이것은 검사들이 징역형을 피하려면 헤프너에게 마약을 공급했다는 자백을 하라고 협박할 시간을 주는 것이었다.

아른스타인이 유죄 판결을 받을 때까지 〈플레이보이〉와 헤프너는 부정적인 보도의 홍수에 휩싸였다. 신문 1면 헤드라인은 연방 수사가 헤프너에게 집중하고 있으며 밝혀지지 않은 할리우드 스타(나중에 피터 로퍼드로 밝혀진)도 연루되었다고 대대적으로 보도했다. 〈플레이보이〉 직원들을 소환해 시카고 대배심(20여명으로 구성된 배심원) 앞에서 증언을 했다는 기사, 맨션의 전직 보안 감독이 플레이보이맨션에서 마리화나와 코카인이 흔히 쓰였다고 말했다는 기사가 뒤를 이었다. 그런 뒤 한 검사가 1973년 알코올과 퀘일루드 과용으로 죽은 전직 버니 에이드리언 폴록의 죽음을 재수사하기로 결정했다.

헤프너의 고충은 전국적 관심사가 되었다. 〈로스앤젤레스 타임스〉

는 그가 마약 수사 표적으로 그의 등장을 자세히 보도했고, 〈뉴스위크〉는 「플레이보이 커넥션」을 탐구했다. 알렉산더 콕번은 〈빌리지 보이스〉의 기사 「누가 헤프너를 쫓는가?」에서 수많은 파티와 접대의 세월이 지나고 방명록에 그렇게 많은 유명인사의 이름이 적힌 뒤, 이제 그는 자신의 친구가 얼마나 적은지 알게 될 것이라고 경고했다.

헤프너와 〈플레이보이〉 직원들의 개인적인 중대과실도 사태를 악화시켰다. 아른스타인의 재판 몇 주 전에 헤프너는 NORML(마리화나 법 개정을 위한 전국 조직) 기금 모금행사를 열었고, 음주운전 혐의로 걸린 로스앤젤레스 플레이보이클럽 매니저의 차에서는 코카인이 발각되었다. 그리고 플레이보이 재단의 책임 비서가 시카고에서 자동차 트렁크에 100그램의 마리화나를 소지한 죄로 체포되었다. 그런 뒤 놀랍게도 〈플레이보이〉는 1975년 1월호에 「코카인의 진실」이라는 기사를 실었다. 기사에서는 코카인의 폭풍이 우리에게 불어오고 있는데, 그 이유는 코카인이 빈민가와 저택에서 흘러나와 번영하는 미국 중산층에게 마리화나 다음으로 선택되는 불법 약물이 되었기 때문이라고 했다. 기사는 코카인의 매력과 위험을 객관적으로 분석한 것이었지만, 〈플레이보이〉를 마약 문화의 상징 자리에 가져다 놓는 역할을 하고 말았다.

그러는 동안 아른스타인은 징역형에 대한 우려와 우상인 헤프너를 스캔들에 연루시킬 일에 겁을 먹고 무너졌다. 그녀는 시카고맨션에 틀어박혀 공황감과 우울을 넘나들었다. 헤프너는 난처했다. 그는 그녀의 법률 비용을 전부 대주었으며 그녀를 비난하지 않고 기회가 될 때마다 개인적으로 격려했다. 하지만 그녀와 거리를 두는 게 신변에 좋다는 변호사의 조언에 따라 공적인 언급은 전혀 하지 않았다. 그때 캘리포니아에 있던 그는 그녀에게 서부로 와서 일을 계속하라고 권했지만, 플레이보이맨션 웨스트에는 들이지 않았다. 아른스타인의 우울감은 더욱 곤두박질쳤다.

마침내 아른스타인은 무너졌다. 1975년 1월 12일 새벽, 그녀는 맨션을 떠나 몇 블록 거리인 러시 스트리트의 호텔 메릴랜드로 들어가서 '방해하지 마시오'라는 안내판을 걸고 문을 잠갔다. 다음날 오후 방문이 열리지 않는다는 청소부의 보고에 호텔 매니저들이 자물쇠를 부수고 들어갔다. 아른스타인은 침대에 죽어 있었다. 수면제 과용이었다. 길고 장황한 유서에는 이런 내용이 있었다.

> 이 일에 관련한 사람은 나 하나다… 나는 기소된 내용에 대해서는 무고하다. 검찰이 제시한 '스타'증인이 위증했지만, 나는 혐의 받은 마약의 운송과 유통에 참여한 적이 없다… 내가 이런 말을 한다고 도움이 되지는 않겠지만, 휴 헤프너는(사람들은 잘 모르겠지만) 아주 강직하고 도덕적으로 엄격한 사람이다. 나는 그를 잘 알고, 그는 지금 검찰이 추정하는 범죄 행위에 전혀 관계하지 않았다.

헤프너는 로스앤젤레스에서 전화로 아른스타인의 자살 소식을 들었다. 처음에는 경악했지만 충격이 누그러들자 분노가 일었고, 그는 사태를 지켜보며 발언을 자제하라는 변호사의 조언을 무시했다. 그는 비서에게 다음 날 오후 시카고맨션에서 기자회견을 알리고 전용비행기 빅버니를 준비하라고 지시했다. 그는 당장 성명서를 준비했고 시카고까지 야간 장거리 비행을 하면서 글을 완성했다. 리무진을 타고 맨션에 도착한 헤프너는 1월 15일 오후 1시에 기자단 150명과 수많은 마이크, 텔레비전 카메라 앞에 섰다. "제가 좀 흥분 상태인 것을 이해하리라 생각합니다." 그가 머뭇거리며 입을 열었다. "화가 많이 났습니다." 하지만 감정을 다스리고, 당국의 수사는 합법적인 마약 수사가 아니라 플레이보이를 음해하려는 정치적 동기에서 비롯된 마녀 사냥이라고 공격했다. 그는 약물과 아무런 관련이 없다는 것을 역설하고, 보비 아른스타인에 대한 정부의 집요한 압박을 비난했다. 마약 수사국과 법원이 "나에게 거짓 죄를 씌우기 위해" 보비 아른스타인에게 어처구니없는 중형을 선고했고, 정부가 블랙리스트나 만드는 워터게이트 시대의 사고를 갖고 있다고 공격하면서, 권위주의적 억압이 아직도 자유로운 사회를 위협하고 있다고 말했다. 아른스타인은 내가 알고 지낸 가장 뛰어나고 명석하고 보배로운 여자 중 한 명이었다고 헤프너는 갈라진 목소리로 말했다. "나를 비롯한 많은 사람이 그녀를 그리워할 것이다."

헤프너의 공격은 통했다. 그 후 며칠 동안 제임스 톰슨은 그의 비난을 무시하려고 했다. 하지만 검찰에게 박해받은 헤프너에 대한 온정 여론이 높아졌다. 〈시카고 선-타임스〉, 〈워싱턴 포스트〉에 지지 기사가 나타났고, 〈뉴스위크〉와 〈타임〉은 모두 헤프너의 비난을 충분히 전달했다.

그리고 몇 달이 지나면서 헤프너의 마약 사건은 완전히 사라졌다. 시카고 타격 부대가 보낸 최종 보고는 헤프너의 혐의를 입증할 증거가 전혀 없다는 것이었고, 검찰은 그를 기소하지 않았다. 그러는 동안 DEA가 비윤리적이고 심지어 불법적인 방법을 쓴 데 대한 공격이 일었고, 새로 구성된 제럴드 포드 행정부의 검찰총장은 관리 부실과 부패 가능성에 대해 내부수사를 시작했다. 1975년 5월 DEA 국장은 권고사직 당했다. 그해 여름 제임스 톰슨은 일리노이 주지사 출마를 위해 연방 검사직을 사임했고, 후임 새뮤얼 K. 스키너는 이 사건 수사를 중단하기로 결정했다. "헤프너 씨와 플레이보이사, 또 그 직원이 불법으로 코카인 등의 중약물을 불법 취득하고 유통했다는 증거가 제시되지 않았다"고 그는 사건 종결에 따른 담화를 발표했다. 그리고 헤프너에게 보낸 개인 편지에서 사과 비슷한 표현을 했다. "지난 한 해 헤프너 씨와 동료 분께 힘든 일이 많았다는 걸 잘 알고 있고, 그런 일에 대해 진심으로 안타깝게 생각합니다. 이전부터 나는 모든 수사는 개인의 보호를 위해 비밀을 지키면서 수행해야 한다고 생각했습니다."

그래서 헤프너는 마약 사건에서 무죄를 입증했다. 하지만 이미 많은 피해가 났다. 가장 고통스러운 건 사람이 죽었다는 것이다. 〈플레이보이〉의 이미지는 어떤 면으로는 훼손되었고 헤프너의 승리는 상처투성이였다. 2년 동안 그의 라이프스타일을 마약과 비행의 온상으로 묘사한 기사 탓에 이름도 더럽혀졌다. 이런 이미지는 심각하고 지속적인 피해를 낳았다. 관용적 분위기가 미국의 도덕적 부패를 키웠다는 미국 중서부의 염려는 더욱 커졌다. 의미심장하게도 1976년 선거에서 제임스 톰슨은 65퍼센트 지지로 일리노이 주지사에 뽑혔고, 이후 세 번을 연임한다.

이와 동시에 경제적인 문제도 부상했다. 회사의 성장에 들뜨고 다면적 엔터테인먼트 제국을 건설하겠다는 열의에 불타서 헤프너와 임원들은 과도한 팽창에 몰두했다. 그들은 사방에 뻗은 사업을 경영할 적절한 체계를 만들지 못했고, 1970년대 중반에는 하나둘 문제점이

드러났다. 잡지는 계속 수익을 냈지만, 많은 플레이보이클럽이 적자로 돌아섰고, 호텔과 리조트 사업도 허우적거렸다. 1972년에 문을 연 뉴저지 주의 그레이트 고지 리조트는 처음부터 악몽이었다. 객실이 600개가 넘는 이 대규모 호화 호텔은 3천만 달러가 넘는 건축비가 들었는데, 대실률이 손익분기점을 넘는 데 필요한 60퍼센트 근처에도 간 적이 없다. 플레이보이의 영화 사업도 시원치 않았다. 로만 폴란스키의 1971년 작 《맥베스》는 평론가들의 호평을 받았지만 흥행은 기대에 못 미쳤으며, 차기 작품 《벌거벗은 원숭이》는 예술과 흥행 양면에서 모두 실패했다.

플레이보이사의 문제는 널뛰는 주가로도 알 수 있었다. 회사는 1971년에 열광적 반응 속에 상장되었지만, 그 후 몇 년간 주가는 추락했다. 약물 스캔들의 부정적인 영향 속에 이사 두 명이 개인의 평판을 지키기 위해 사임했고 일부 광고주는 광고 게재를 중단했다. 플레이보이사의 20주년인 1974년에 유수의 경제 잡지 〈던스 리뷰〉는 암울한 결론을 내렸다. "최근의 성과로 보면 스무 살 플레이보이의 족적은 암담한 미래를 약속하는 부주의한 낭비의 기록으로 보인다."

헤프너에게도 문제는 있었다. 그는 회사의 재정에 관심을 잃고 1960년대 말부터 1970년대 초까지 기업 활동에서 물러났다. 그는 더 큰 목표를 만드는 데 몰두해서 제국의 운영은 동료에게 넘겼다. 하지만 강력한 조타수가 없다 보니 회사는 항로를 벗어나 헤매기 시작했다. 헤프너의 부재에 대한 비판이 커졌고, 기업 전문가들은 그가 제국의 사업적 측면에서 너무 떨어져 있다고 비판했다. 플레이보이사 간부들도 일부 동의했다. 약물 스캔들이 정점에 이르렀을 때 마케팅 부사장과 플레이보이사 회장 로버트 프루스는 헤프너에게 수사가 끝날 때까지 물러나 있으라는 놀라운 요청까지 했다. 1975년 초가 되자 마침내 행동할 필요를 느낀 헤프너는 자신과 임원 여섯 명으로 이루어진 임시 대표 체제를 꾸리고, 숙련된 경제계 인물을 대표 겸 COO(최고 운영책임자)로 영입한다는 계획을 세웠다.

이렇게 1970년대 초반에 헤프너는 혼란스러운 로맨스, 약물 스캔들, 회사의 재정적 어려움을 겪었다. 하지만 그러는 가운데 그는 다른 많은 미국 사람처럼 공적 문제에서 물러나서 자신의 내면에 집중했다. 그리고 이 시절에 그는 그가 자라고 경력을 시작한 중서부를 떠나 아주 먼 곳에 개인 안식처를 마련했다. 성공을 얻자 새로운 자기충족 소망이 생겼고, 캘리포니아는 그것을 실현할 풍요로운 환경으로 보였다. 거기서 헤프너는 그가 꿈꿀 수 있는 가장 정교하고 이단적인 환상을 키웠다.

## 6 성인들의 디즈니랜드

1972년 6월 중순, 롤링스톤스가 북아메리카 투어 중 짬을 내어 플레이보이맨션에 들렀다. 플레이보이맨션의 기준으로 보아도 그때 나흘 동안 믹 재거, 키스 리차즈와 친구들이 벌인 섹스와 약물, 파티의 법석은 강렬한 것이었다. 흥분한 여자가 믹 재거에게 "네 엉덩이를 깨물고 싶어."하고 소리치자 믹 재거가 수영장 가장자리로 목욕가운을 벗어 던지며 "먹어 봐." 했다는 이야기, 키스 리차즈가 식탁 밑에서 난교의 중심을 차지했다는 이야기, 헤프너의 거대한 목욕탕에서 주지육림이 벌어졌다는 이야기 등 많은 사건이 전설이 되었다. 롤링스톤스가 다음 콘서트 예정지로 떠나자 헤프너의 핵심 비서인 메리 오코너가 피해 상황을 정리한 긴 메모를 작성했다. 담뱃불 자국이 난 수건, 침대시트, 깔개 한 무더기, 회복할 수 없이 더러워진 의자, 소파, 침대커버, 찌그러진 욕실 설비, 잡아당겨 찢어진 커튼과 휘장, 어느 방에서는 배관시설이 완전히 막혀서 배관공들이 벽을 부수고 들어가 관을 뚫어야 했다. 하지만 헤프너는 밴드와의 우정을 자랑스럽게 여겨 그런 피해에 괘념치 않았다.

이런 사건들이 맨션에서 벌어지는 환락의 인생을 전형적으로 보여주었지만, 헤프너는 점점 시카고에서 지내는 게 불편해졌다. 그는 텔레비전 쇼 〈플레이보이 애프터다크〉의 촬영을 위해 계속 로스앤젤레스로 가야 했고, 바비 벤턴과의 관계도 그를 그 도시에 붙들었다. 게다가 보비 아른스타인이 자살하고 캐런 크리스티와 결별하면서 그는 시카고에서 더 멀어졌다. 하지만 가장 강력한 요소는 할리우드 매력에 저항할 수 없었다는 것이다. 그는 로스앤젤레스에 장기 체류하기 위해서 선셋 애비뉴 근처에 영지를 샀고, 남부 캘리포니아의 햇빛 밝은 기후와 화려한 연예계에 끌리게 되었다. 1975년에는 아예 그곳에 정착했고, 소수 직원만 남은 시카고맨션은 서서히 역사의 유물이 되었다.

플레이보이맨션 웨스트는 웅장한 저택과 아름다운 정원으로 헤프너의 새로운 낙원이자 그와 친구들이 뛰어노는 샹그릴라가 되었다. 그는 그곳을 "성인들의 디즈니랜드"라고 불렀다. 이 새로운 환경은 단순한 지리적 변화에 그치지 않고 그의 심리적 변화도 나타냈다. 그에게 캘리포니아는 이 나라에서 일어나는 모든 일의 전위 지대였다. 그곳은 헤프너 세계의 새로운 중심이 되어 집 이상의 역할을 했다. 그의 명성을 키워나가는 일종의 사회적 문화적 온실이 된 것이다. 헤프너는 개인적 열정을 전보다 더 열심히 추구해서 한 무리의 여자 친구와 그룹 섹스를 하고 남자 친구들과 장시간 게임을 했다. 워터게이트 시대의 정치적 냉소주의, 경제 침체, 사회 운동의 피로를 특징으로 하는 공적 환경에서 그는 사적인 영역으로 물러가서 전보다도 더 열심히 놀았다. 이 시대의 많은 미국인처럼 헤프너는 1960년대 대중 운동의 폭풍과 스트레스에서 벗어나 내면으로 눈을 돌렸다.

I

1970년대 초에 헤프너는 인생을 바꾸는 결심을 했다. 1960년대에 로스앤젤레스에서 텔레비전 프로그램을 찍는 동안 그는 아파트 생활이 지겨워져서 집을 사기로 했다. 그리고 1970년 말에 바비 벤턴이 찾은 희귀한 영지에 마음을 빼앗겼다. 로스앤젤레스 상류층 거주 지역인 홈비힐스 중심부의 2만 4천 제곱미터 대지에 자리 잡은 방 서른 개짜리 저택은 전설적인 선셋 애비뉴와 한 블록 거리였다. 헤프너는 벤턴과 함께 그곳을 방문했다가 한눈에 반해서 1971년 2월 3일 105만 달러에 그 집을 샀다.

저택 주변의 2만 4천 제곱미터 대지에는 온실, 게임장, 손님 숙소, 앞뒤에 넓은 잔디밭, 그리고 남부 캘리포니아 최대 규모의 미국삼나무 입목이 있었다. 하지만 헤프너는 바로 영지를 전면 개조해서 그곳을 개인적 환상의 공간으로 만들기로 했다. 그는 수영장과 테니스코트와 더불어 폭포와 고기가 있는 연못, 다양한 새와 동물이 자유롭게 뛰노는 진정한 에덴을 만들려고 했다. 헤프너의 환상을 현실로 옮겨준 조경사 론 더스미스는 뒷마당 가장자리에 언덕을 지어서 외부의 시선을 차단하고 그 앞에 폭포, 시내, 잉어 연못, 구불구불한 수영장을 모두 연결되게 배치했다. 수영장에는 바위 석굴을 만들고, 주변에는 바와 자연석 욕실이 딸린 판석 파티오를 설치했다. 더스미스의 설계는 자연의 풍경을 유지하고 "한 뼘의 낙원"을 만들고자 한 헤프너의 욕망을 반영했다. 거기다 플라밍고, 공작, 학, 마코앵무새, 원숭이, 토끼, 라마, 개를 들여와 잔디와 나무들 사이에 풀어놓자 그 효과는 더

헤프너가 1971년에 사서 리뉴얼한 플레이보이맨션 웨스트

욱 커졌다.

헤프너는 최고의 독신자 거주 공간을 창조하기 위해 집도 새로 장식했다. 석조 벽난로에는 여자들의 나신상이 새겨졌고, 방의 중심부에는 영화와 텔레비전 스크린, 전자 장치에 둘러싸인 거대한 침대가 놓였다.

헤프너는 새로운 거처에 정서적으로 강렬한 일치감을 느꼈다. 시카고 시절 햇빛을 피해 살던 남자가 이제는 마당의 아름다운 진달래, 철쭉, 고사리, 소나무와 식물에 매혹되었다고 더스미스가 말했다.

플레이보이맨션 웨스트 개소식은 1971년 11월 20일 ACLU 기금 모금행사로 열렸다. 버트 랭커스터, 앤서니 퀸, 베벌리 실스, 월터 매소, 앤지 디킨슨, 리처드 위드마크, 율 브리너, 조지 맥거번, 아서 슐레싱어 2세 같은 스타들이 이 행사에 참여했다.

플레이보이맨션 웨스트를 방문한 손님들은 이 집이 그의 환상을 실현했다고 보았다. 베벌리힐스와 벨레어의 아름다운 집들을 자주 본 〈로스앤젤레스 헤럴드 이그재미너〉의 노련한 기자도 귀족 출신이 아니면서 그만한 화려함 속에 사는 사람은 드물다고 인정했다.

배우 피터 오툴은 헤프너, 폴 뉴먼, 조앤 우드워드와 함께 맨션 뜰을 산책하고 나서 더 짧게 요약했다. "신이 돈이 있었다면 아마 이렇게 만들었을 것이다."

헤프너는 새집을 매우 사랑했다. 외면의 아름다움도 좋아했지만, 새집이 에로틱한 자유, 물질적 풍요, 옛 할리우드의 매력을 골고루 뽐어낸다고 생각했다. 그 집은 그에게 쾌락의 성소일 뿐 아니라 어린 시절부터 우상화했던 영화배우의 세계에 들어가는 입장권이었다. 그는 새 거처의 널찍한 뜰과 호화로운 저택을 미국 영화 황금시대의 매력을 되찾는 장소로 만들 계획이었다. 실제로 헤프너는 호화 파티를 통해 은막의 스타들과 교류하면서 스스로 할리우드의 확고한 일원이 되었다.

캘리포니아의 새집에 더없이 만족한 그는 1975년에 〈플레이보이〉에 「플레이보이맨션 웨스트」라는 장문의 기사를 실었다. 기사는 이 집을 태평양가의 새 낙원, 일과 놀이를 위한 현대판 샹그릴라로 설명하면서, 저택과 대지를 구석구석 꼼꼼하게 살폈다. 기사의 유려한 글과 수십 장의 사진은 헤프너가 새집에 가진 정서적 청사진을 담아냈다. 기사는 그 집이 가진 해방과 환상이라는 주제와 신묘하고 꿈결 같은 분위기를 강조했다. 또 헤프너의 친구들이 형식에 구애받지 않고 자유롭게 부유하는 가족을 이룬다. 30~40명의 단골손님이 다양한 조합을 이루어 어울리며, 그 집을 "제2의 집"으로 삼았다고 설명했다. 기사는 헤프너가 자연과 햇빛 그리고 주간 근무와 친해졌다는 것을 전하며, 태양의 습관을 고칠 수 없다는 것을 깨닫고 타협하기로 했다고 농담했다. 그리고 맨션에 많은 영화배우와 연예인이 드나든다는 사실을 조명하며 새미 데이비스 2세, 피터 로퍼드, 레이켈 웰치, 토니 커티스, 짐 브라운, 잭 니콜슨, 그루초 막스, 제임스 케인, 클린트 이스트우드 등의 이름을 언급했다. 마지막으로 기사는 맨션 곳곳에 넘쳐나는 아름답고 거침없는 벌거숭이 여자들에 대한 묘사로 헤프너의 환상을 정리하며, 플레이보이맨션 웨스트의 손님들은 그저 쉬면서 성인 디즈니랜드의 경이를 즐기기만 하면 된다고 결론 내렸다.

헤프너는 실제로 1970년대 내내 맨션에서 요란한 사교 모임을 수도 없이 열었다. 헤프너의 생일도 연례파티가 되었다. 50세 생일에는 뒷마당에 정교한 세트를 세우고 아카데미 시상식을 풍자한 참변상 시상식을 열어서 맨션 인사들의 어리석은 행동이나 실패에 상을 주었다. 로만 폴란스키는 최근 영화로 '흥행 참패상'을 받았다. 폴란스키는 미성년 소녀와 스캔들로 미국을 떠나 있었기 때문에 상은 제임스 케인의 11세 딸이 받았는데, 그 소녀는 마이크 앞으로 나가 "안타깝게도 남편은 오늘 여기 못 왔습니다."라고 말해서 폭소를 일으켰다.

헤프너의 맨션에서는 수많은 파티와 사교 모임이 계속 이어졌다. 신년 전야, 밸런타인데이, 핼러윈, 올해의 플레이메이트 발표는 기본 프로그램이 되었고, 파자마파티, 한여름 밤의 꿈 파티는 많은 맨션 인사들의 각별한 선호를 받았다. 헤프너가 특히 기뻐했던 건 1979년 11월에 잡지 창간 25주년을 기념해서 136명의 플레이메이트 센터폴드 모델이 재회한 파티였다. 매주 열리는 영화의 밤에는 수십 명이 참석

플레이보이맨션 웨스트의 수영장에서 ABC 텔레비전의 〈플레이보이의 플레이메이트 파티〉를 촬영하는 모습

했고 수많은 후원 행사가 맨션의 사교 일정을 채웠다. 헤프너는 로스 앤젤레스 북쪽 언덕에 세워진 대형 할리우드 글씨를 복구하기 위한 1978년 여름의 행사를 특히 즐거워했다.

이 집의 매력이 널리 알려지면서 플레이보이맨션 웨스트는 헤프너와 플레이보이 라이프스타일을 탐구한 몇몇 ABC-TV 프로그램의 무대가 되기도 했다. 1977년 4월에 ABC가 코미디언 딕 마틴 사회로 방송한 〈플레이보이의 플레이메이트 하우스파티〉에는 빌 코스비, 로버트 컬프, 제임스 케인, 아널드 슈워제네거와 헤프너, 그리고 여러 플레이메이트가 출연했다. 2년 뒤인 1979년 11월에는 역시 ABC에서 리처드 도슨의 사회로 〈플레이보이 롤러 디스코와 파자마파티〉를 방송했다. 이런 프로그램은 높은 시청률을 올렸지만, 많은 평자는 그것이 헤프너와 〈플레이보이〉의 광고에 지나지 않는다고 보았다.

맨션에서는 헤프너의 자유주의적 경향을 반영한 정치적 행사도 많이 열렸다. 1976년 봄 캘리포니아 주지사 제리 브라운이 민주당 예비선거에 출마했을 때 헤프너는 그의 후원 행사를 열었다. 다음 해에는 로스앤젤레스 시장 톰 브래들리의 후원 행사를 열었고, 그는 압도적인 지지로 재선에 성공했다. 전국 마리화나 법 개정 조직(NORML)도 계속 헤프너의 지지 속에 몇 차례 모금행사를 열었고, 그는 1970년대 후반에 전국 흑인 지위향상 협회 이미지 상을 받았다.

그렇게 해서 플레이보이맨션 웨스트는 할리우드 스타들이 모이는 장소이자 헤프너와 친구들과 아름다운 여자들이 어울리는 사적인 놀이터의 이미지를 만들어 갔다. 하지만 헤프너가 남부 캘리포니아에 세운 쾌락의 에덴동산이 대중에게 아무리 요란한 이미지를 심었어도, 그 안에서 실제로 벌어지는 일은 그것을 훨씬 뛰어넘었다. 1970년대 미스터 플레이보이의 사적 영토는 이전까지 그가 경험한 어떤 것과도 비교할 수 없는 관능적 탐닉과 열렬한 놀이로 채워졌다.

## II

1977년 12월호 〈플레이보이〉는 「플레이보이의 플레이메이트 하우스 파티」라는 기사를 실어서, 최근 방영된 ABC 텔레비전 쇼에 이어 열린 흥미로운 '파티 후 파티'를 전했다. 기사는 일곱 명의 플레이메이트가 맨션을(때로는 나신으로) 누비며 베개 싸움, 일광욕, 사우나, 포켓볼을 하다가 마지막에 헤프너와 만나서 바닷가재와 포도주 뷔페 식사를 했다고 전했다. 하지만 하이라이트는 그다음이었다. 석굴 거품탕에서 헤프너와 나체의 여자들이 차가운 샴페인을 들고 휴식하는 '샴페인파티'였다. 기사는 헤프너와 여자들이 멋진 하루를 촛불 속에서 황홀하게 마무리 한다고 설명했다. 헤프너가 그룹 섹스에 탐닉한다는 사실을 독자에게 암시하는 내용이다.

헤프너는 지난 20년 동안 수많은 여자와 섹스를 했고, 한 번에 여러 여자를 만난 적도 많았지만 섹스 자체를 함께 한 적은 별로 없었다. '진지한' 여자 친구는 다른 여자들과 침대를 공유하지 않았다. 하지만 이제 그의 서부 해안 샹그릴라에서는 그룹 섹스가 기본이다. 동시에 헤프너는 예전부터 좋아한 카드게임, 보드게임, 핀볼, 비디오게임을 열렬한 취미로 발전시켰다. 나중에 이 시기를 두고 그는 설명했다. "보비 아른스타인이 죽고 나서 생겨난 '세상사 이게 다라면 계속 춤이나 추자'는 태도의 일부였다. 이런 현실도피 시절에 나는 무엇보다 내 생존을 축하하고 있었다."

1970년대 맨션의 거침없는 성적 분위기는 그곳 사정에 밝은 사람들에게 금세 전설이 되었다. 1973년 무렵 바비 벤턴은 텔레비전 출연과 공연 투어로 여러 차례 장기간 맨션을 비웠다. "그때마다 내 시간을 채워주기 원하는 플레이메이트와 버니가 넘쳐났다."헤프너는 나중에 말했다. 워런 비티, 잭 니콜슨, 제임스 케인 같은 악명 높은 바람둥이들과 수많은 플레이메이트, 야심찬 모델, 신인 여배우들이 맨션을 드나들면서 성적 방종의 분위기가 맨션을 감쌌다.

이런 쾌락의 성전 중심에 자리한 석굴은 색정의 성소로 그곳의 관능적인 분위기는 야외에 나온 듯한 분위기와 동굴에 들어간 것 같은 아늑함을 동시에 주었다. 바깥 수영장과는 폭포로 차단된 이 석굴은 상쾌하게 솟구치는 물과 사방에 흩어진 쿠션, 부드러운 촛불, 유선방송 음악으로 로맨스 영화의 세트 같은 분위기를 연출했다. 손님들은

맨션에서 촬영한 1979년 ABC 텔레비전 특별 프로그램 〈플레이보이 롤러디스코와 파자마파티〉

그곳의 마술에 반응했고, 1970년대에 사람들이 그곳에서 시간에 상관없이 다양한 조합을 이루어 섹스하는 건 그리 드문 일이 아니었다.

하지만 맨션의 진정한 색정적 에너지를 보여준 건 1970년대 말에 헤프너가 한 무리의 여자들과 함께 이룬 비관습적인 관계였다. 헤프너가 '맨션 처녀들'이라고 부른 그들은 석굴과 그의 2층 주 침실에서 규칙적으로 그룹 섹스에 참여했다. 헤프너는 말했다. "오늘은 어떤 여자를 고를까 고민하지 않고 모두를 선택하게 된 상황은 흥분과 해방감을 안겨주었다. 많을수록 좋았다." 파트너들도 동의했다.

모니크 생피에르는 이 점을 특히 잘 설명했다. 헤프너의 침대에서 처음으로 다른 여자들과 함께하고 난 뒤 그녀는 경험에 압도되었다고 말했다.

> 우리는 손을 잡고… 서로를 안았다. 천천히 온기가 차올라서 거대한 성적 에너지가 되고, 그것은 점점 빠르게 우리를 휩쓸어서 마침내 선을 넘어가 버렸다. 내가 무얼 하는지 몰랐고, 나와 다른 사람들을 구별하지도 못했다… 내가 평생 해본 가장 놀라운 섹스였다. 하지만 더욱 놀라운 건 거기서는 섹스가 중심이 아니었다는 것이다. 그것은 생명이었다.

이런 독특한 성애 경험에 함께 참여한 여자들은 특별한 유대감을 느껴서 서로 질투 없이 친밀한 관계를 이루었다. 아무런 제약 없이 이루어지는 이런 육체적 쾌락의 실험에서 그들은 서로 친구가 되어 누구도 헤프너에 대해 특별한 권리를 주장하지 않고 협력하며 지냈다.

하지만 헤프너의 성생활은 맨션 처녀들에 국한하지 않았다. 1970년대 말 내내 그는 "개인적 플레이메이트"와 산발적인 성적 교류를 맺었다. 이 집단에는 그가 단기간이나마 진지하게 데이트한 릴리안 무엘러(1976년 올해의 플레이메이트가 된 노르웨이 출신의 관능적 미인)도 있었고, 〈플레이보이〉에 모델로 나온 여자도 많았고, 그저 맨션의 성적 분위기에 매혹된 여자들도 있었다. 더구나 그는 간헐적으로 당시 가장 아끼는 여자 친구를 오슨 모지스 부부 같은 커플과 교환하기도 했다. 헤프너가 말했듯이 바비 벤턴과 헤어지고 그는 훨씬 더 열린 라이프스타일을 채택해서 한 사람이 아니라 많은 사람에게 몰두했다. "달콤한 가능성이 너무 많아서 한두 사람에게 나를 한정할 수가 없었다."

하지만 이런 제약 없던 시기에도 헤프너에게는 약간 진지한 관계가 하나 있었다. 1976년 가을, 벤턴이 마침내 떠난 직후 그는 19세의 수줍은 금발 소녀 손드라 시어도어를 만났다. 그녀는 대학 1학년을 마치고 나서 배우가 되려고 로스앤젤레스에 왔다가 친구를 따라 플레이보이맨션의 파티에 참석했다. 어색하고 초조하게 바에서 술잔을 만지작거리던 그녀에게 헤프너가 나타나서 침착하고도 장난기 넘치는 태도로 긴장을 풀어주었다. 그들은 함께 뜰을 산책한 뒤 한동안 핀볼게임을 하고 느린 노래에 맞추어 춤을 추었다. 그러고 나서 헤프너는 다시 돌아오겠다며 그녀의 곁을 떠났다. 그리고 돌아온 그는 "다 둘러보았지만, 오늘 밤을 함께 보낼 상대로 당신만 한 사람은 보이지 않는군요."라고 말해서 그녀를 감격하게 했다. 시어도어는 그날 밤 바로 헤프너와 함께 했고, 몇 주 지나지 않아 두 사람은 그 후로 5년을 이어진 로맨틱한 관계에 들어갔다.

시어도어는 맨션의 붙박이가 되었다. 이 생기 넘치는 아가씨는 헤프너에게 대책 없이 빠져서 할 수 있는 모든 방법으로 그의 바람과 요

왼쪽에서 오른쪽으로 헤프너의 여자 친구 손드라 시어도어, 올해의 플레이메이트 모니크 생피에르, 헤프너가 새로 나온 〈플레이보이〉 핀볼 기계로 핀볼을 하고 있다.

구를 채워주려고 했다. 옛날 영화와 빅밴드 음악에 대한 취미를 키웠고, 그를 충실히 따라 사교 모임과 공적 모임에도 참석했고, 거실에 있는 커다란 스타인웨이 피아노로 그가 좋아하는 노래를 연주했다. 그는 둘이 처음 만난 날 함께 춤을 춘 배리 화이트의 노래 제목 "베이비블루"를 다이아몬드로 새긴 값비싼 목걸이를 그녀에게 선물로 주었다. 그리고 그녀를 1977년 7월의 플레이메이트로 뽑았다.

하지만 헤프너는 다른 여자들을 포기할 생각은 없었다. "내가 헌신하는 건 헌신하지 않는 관계다."라고 그는 말했고, 시어도어를 아낀다고 해도 그건 진지한 장기 연애로 이어질 만큼 깊지 않았다. "그녀는 특별한 여자지만 유일한 여자는 아니다." 헤프너는 냉정하게 말했다. 그는 누구하고도 일대일 헌신 관계에 들어갈 생각이 없었고, 그건 독점적 관계에 동반되는 의무를 피하고 싶은 소망 때문이었다. "그것은 결혼과 비슷한 것이었다. 그러고 나서는 자신이 원하는 게 아니라 남들의 기대에 따라 결정을 내려야 한다." 그는 설명했다.

시어도어는 이런 일을 대범하게 받아들이려고 했다. 헤프너를 있는 그대로 받아들이고 그가 다른 여자와 어울리는 걸 눈감으려 했다. 하지만 쉽지 않았다. 그녀는 사람들에게(그리고 스스로에게도) 자신은 이미 알고서 그 관계에 들어섰다고, 많은 여자와 섹스하는 건 헤프너의 라이프스타일이자 그의 정체성이라고 말했다. "나는 많은 눈물을 흘렸고 때로는 매우 힘들었다." 그녀는 고백했지만 기본적 사실을 꿋꿋하게 받아들였다. "나는 내가 그를 변화시킬 수 없다는 걸 알았다. 그런 남자를 사랑하려면 그의 모든 것을 그대로 받아들여야 했다."

그녀는 헤프너에게 어찌나 헌신적이었는지 그를 즐겁게 하려고 스스로 그룹 섹스를 조직하기 시작했다. 섹스 그룹의 일원이었던 리앤 모언에 따르면, "그녀는 거의 그의 심부름꾼이었다. 그가 아무개를 원하면 그녀가 가서 데리고 왔다."

마침내 다른 여자들과 함께 헤프너를 공유하는 고통이 시어도어를 마모시키기 시작했다. 그가 아름다운 금발 미녀 히서 웨이트와 각별한 사이가 된 1978년부터 1980년까지는 특히 더 고통스러웠다. 두 여자는 번갈아 맨션에 오는 날과 오지 않는 날을 정했다. 시어도어는 눈물짓는 날이 많아졌고 헤프너와 다투는 일도 잦아졌으며 쾌활한 성품이 알코올과 약물 속에 시들었다.

그런 정서적인 문제가 있는데도 헤프너는 1970년대 후반 내내 모든 문제를 압도하는 듯한 활기차고 강렬한 성적 열기를 내뿜었다. 그는 섹스에 관한 한 욕망의 휴식과 심리적 제약이 전혀 없는 남자로 보였다. 동시에 그런 육체적 강렬함에 부드럽고 로맨틱한 성질이 동반

되어 섹스를 육체적 쾌락 이상의 것으로 만들었다. 모니크 생피에르는 말했다. "헤프너는 촉매였다. 그는 모든 에너지의 근원이었다. 그는 그것을 내뿜고 만들고 쌓고 조직했다. 그는 믿을 수 없을 만큼 다정하고 애정적이었지만, 그러면서 또 믿을 수 없을 만큼 거칠었다." 메리 핸슨이 말했다. "섹스에 관한 한 그는 크리스마스트리 앞의 아이 같았다. 장난기와 모험심이 넘쳐나서 우리가 침대에서 생각해 내는 창조적인 일들에 아주 열광했다."

헤프너는 이런 성적 무용武勇의 아우라를 통해 모든 기회를 활용해서 대중적 이미지를 높였다. 그는 자신의 전설이 커지는 것을 기뻐하며 말했다. "내가 가장 성공적으로 만들어 낸 성적 대상이 나라는 건 분명했다. 나는 그 역할이 아주 편했다." 언론에 비친 카사노바 역할에 대해 언급할 때면 그의 자부심은 허영심을 넘어 천박함까지 보였다. 1978년 〈시카고 트리뷴〉 인터뷰에서는 "나는 여자에 관한 영구기계가 되었다."고 말했다.

헤프너의 요란한 성해방 실험은 1970년대 맨션 생활의 일면에 지나지 않았다. 또 하나의 열정인 게임이 집착의 수준까지 높아졌다. 그는 한 익살꾼이 "토끼 무리"라고 이름 붙인 남자 친구들과 함께 몇 시간이고 며칠이고 계속해서 게임을 했다. 애호 게임은 모노폴리였지만, 나중에는 핀볼 중독이 그보다도 더 커졌다. 맨션 영지의 게임하우스는 곧 최신 핀볼게임기로 가득 찼고(밸리는 심지어 헤프너와 시어도어, 패티 맥과이어의 사진이 든 특별모델을 내놓기도 했다), 기나긴 게임이 수시로 벌어졌다. 치열한 경쟁과 활기찬 즐거움이 뒤섞였다.

하지만 1970년대 헤프너의 여흥 서열에서 마침내 꼭대기로 올라간 건 백거먼 게임이었다. 그는 이 유서 깊은 게임을 1970년대 초에 알게 되었고, 그 관심은 1973년 〈플레이보이〉 3월호에 게임의 역사, 현대사회에서 갖는 매력, 게임 작전, 가장 멋진 보드와 장비를 탐험하는 4부 기사로 이어졌다. 헤프너가 백거먼 게임에 빨려든 건 1972년 라스베이거스에서 열린 세계 선수권 대회를 관람하고부터였다. 백거먼은 거의 늘 벌어지는 다양한 게임과 함께 맨션 생활의 중요 요소가 되었다. 유명 스타, 친구, 손 큰 도박꾼, 직업 선수들이 헤프너와 함께 이 게임을 했고 큰돈이 오갔다.

1970년대에 헤프너가 게임에 몰두한 건 물론 쾌락 추구라는 〈플레이보이〉의 넓은 사회적 철학을 반영한 것이었다. 하지만 거기에는 좀 더 개인적인 충동들도 작용했다. 첫째로 그것은 20년 동안 일에 빠져 살아온 헤프너에게 가벼운 여흥이 되었다. "그렇게 가벼운 여흥을 즐기는 능력은 인생의 바람직한 요소다." 그는 1974년에 말했다. 하지만 핀볼과 백거먼은 수줍은 성품으로 자연스럽게 유쾌함을 발휘하지 못하는 헤프너에게 사교 활동의 장을 마련했다. 마지막으로 게임은 헤프너의 타오르는 에너지의 출구가 되었다. 그는 〈플레이보이〉 기업을 운영하는 매일의 일과에서 벗어나 백거먼을 통해 "상상력과 지성을 펼치고… 권태에서 도망간다."고 말했다.

그렇게 1970년대 헤프너의 개인적 쾌락 추구는 강도와 종류 양면에서 그의 인생 스타일이 변했음을 보여주었다. 1960년대 시카고맨션의 환락이 미국사회에 새로운 생기를 불어넣고자 했다면, 1970년대 캘리포니아 샹그릴라의 쾌락주의는 탈출구였다. 개인적 인생은 공적 인생을 고양하는 역할이 아니라 그 대안이 되었다. 하지만 이번에도 역시 헤프너의 개인적 열정에 대한 몰두와 마음 상태는 전체 사회와 공명하는 바가 있었다. 많은 평자가 말했듯이, 헤프너뿐 아니라 미국사회의 대규모 인구 집단이 내면으로 향하는 듯 보였기 때문이다.

## III

1976년에 톰 울프는 새로운 시대의 핵심적 충동을 포착한 글을 발표했다. 1970년대가 미 데케이드Me Dacade(나 중심 시대 - 옮긴이)라고 불릴 것이라는 내용이었다. 1960년대의 사회 변혁 이후 많은 미국인이 개인적인 자기실현을 권장하는 새로운 문화 속에서 영적 소생, 민간 치료, 육체적 건강, 자조 운동, 히피 공동체, 성해방을 끌어안았다. 이런 강력한 내향 물결은 "인성 변화(개인 자신을 개조하고 고양하고 가다듬기와 그것을 관찰하고 연구하고 사랑하기)"와 관련있다고 톰 울프는 썼다. 종교 담론의 확산, 카운슬링, 신체 운동, 그밖의 많은 노력이 이 시대의 특징을 이루었다. "나에 대해 이야기하자… 진정한 나를 찾자… 진정한 나를 가로막는 위선과 방해물과 거짓 겸손을 떨쳐 버리자." 자기만족이 시대의 명령이 되었다.

헤프너와 그의 탐닉적인 플레이보이 라이프스타일은 '미 데케이드'의 상징이 되었다. 헤프너는 「플레이보이 철학」 기사를 쓰거나 〈플레이보이〉의 도덕적 함의에 대해 공적인 발언을 하는 대신 이제 끝도 없이 백거먼 게임을 하고 그룹 섹스를 꾸리고 할리우드의 화려한 스타들이 참석하는 후원 행사를 열었다. 윌리엄 F. 버클리나 하비 코크스와 함께 방송에 출연해 변화하는 사회적 가치를 논하는 대신, 이제는 자신의 라이프스타일을 자랑하는 플레이보이파티 텔레비전 쇼의 주역이 되었다. 많은 사람에게 그는 개인적 자기실현이라는 현대 문화를 체현한 사람이었다.

헤프너가 1970년대를 두고 한 발언들도 그런 관련을 명확히 했다.

그는 한 인터뷰에서 "나를 이야기하자"는 진언을 읊으며 "내가 영위하는 인생에 대해 대중들이 커다란 매혹과 투사와 환상을 느낀다는 걸 잘 안다."고 말했다. 그는 물질적 부와 육체적 쾌락은 정말로 만족을 가져다준다고 주장했다. "진정한 행복을 낳는 건 자기충족, 자기가 정말로 좋아하는 일을 하는 것이다." 그러고 나서 "자신의 개인적 열망을 나처럼 충족시킨 사람을 본 적이 없다"고 덧붙였다. 1974년 「플레이보이 인터뷰」에서 그는 개인적 욕구가 사회적 기대를 뛰어넘는다고 말했다. "내가 말하는 건 우리가 사회에서 만족하게 기능하기 위해서는 스스로 자기 정체성과 가치를 인식해야 한다는 것이다." 그러고 나서 그의 라이프스타일을 비난하는 사람들에게 잘라 말했다. "내 느낌은 솔직히, 이 모든 건 내가 성취한 것이고 나는 내가 원하는 대로 할 권리가 있다는 것이다."

언론도 개인적 쾌락에 바친 그의 삶을 꾸준히 보도했다. 1972년 〈뉴욕타임스 매거진〉은 그가 새 할리우드 맨션의 호화로운 삶에 대해 한 말을 인용했다. "내 집은 나 자신과 내 개성의 연장선에 있다. 그곳은 내가 하고 싶은 것을 할 수 있게 통제된 공간이다." 〈뉴스위크〉는 헤프너가 그의 잡지를 미 데케이드에 잘 사는 법을 알려주는 주요 안내서로 만들었다고 말했다.

〈플레이보이〉 지면에도 헤프너의 개인 생활을 소개하는 기사가 갈수록 늘었다. 1974년 1월의 20주년 기념호는 그를 당대의 걸출한 인물로 소개하는 「플레이보이 인터뷰」를 실었다. 「플레이보이맨션 웨스트」, 「플레이보이의 플레이메이트 하우스파티」 등 그의 사생활을 다룬 기사도 더욱 늘었다. 가장 놀라운 것은 1977년 7월호부터 「플레이보이의 세계」라는 코너가 신설되어서, 헤프너와 그의 활동(유명인을 만나고 언론에 출연하고 맨션파티를 하는)을 보도했다는 것이다. 예를 들어 1978년 9월호는 그가 새 플레이보이 카지노를 열기 위해 바하마 제도에 간 것과 52세 생일 파티를 연 것을 화려한 글과 풍부한 사진으로 보여주었다.

요컨대 1970년대에 헤프너는 자기만족의 당당한 아이콘으로 〈플레이보이〉 지면에서 걸어 나왔다. 그 자신의 말을 빌리면 그는 예전보다 더 사람들이 환상을 품고 멋진 인생의 대표로 바라볼 수 있는 사람이 되었다.

헤프너의 개인적 이미지가 새로운 정점에 도달한 것은 그가 1977년 10월 15일 NBC의 최신 풍자 코미디 프로그램 〈새터데이나이트 라이브〉의 사회를 보았을 때다. 도입부에서 빨간색 실크 파자마를 입고 옛 히트곡 "소녀들을 주셔서 고맙습니다, 하느님"을 엉큼하게 개사해서 부른 걸로 시작해서 여러 코너를 거치는 동안 헤프너는 자신이 미국 대중문화 중심부에 있다는 것을 거듭 확인했다. 그가 출연한 방영분은 프로그램 역사상 손꼽히는 시청률을 올렸고, 프로그램도 그에게 한 차원 높은 유명세를 안겨주었다.

하지만 헤프너표 개인적 쾌락주의에 대한 반응은 1970년대 중반 미국사회처럼 양극화되었다. 〈플레이보이〉의 인기가 지속하고 헤프너가 〈새터데이나이트 라이브〉와 여러 시상식에 출연하는 건 그가 상당한 대중적 지지를 받는다는 것을 보여주었다. 1978년 말과 1979년의 〈플레이보이〉 25주년 기념호도 그 인기를 반영했다. 광고가 가득해서 400쪽이 넘은 화려한 기념호는 존 업다이크, 고어 비달 같은 중량급 인사의 작품이 실리고, 말론 브랜도의 인터뷰도 있었다. ABC는 황금 시간대에 〈플레이보이〉 관련 특집을 두 편 방송해 둘 다 높은 시

1979년 〈플레이보이〉 25주년 기념 올해의 플레이메이트 재상봉 행사 때의 헤프너

청률을 올렸다. 하나는 헤프너와 〈플레이보이〉의 역사에 대한 것이었고, 또 하나는 〈플레이보이의 롤러코스터와 파자마파티〉였다. 맨션에서 벌어진 플레이메이트 재회 행사에는 언론의 관심이 집중되었고, 할리우드 상공회의소는 스타의 거리에 헤프너의 이름을 새겨 넣기로 했다.

거기다 평자들도 〈플레이보이〉의 유산에 긍정적인 평가를 했다. 그들은 헤프너를 엘비스 프레슬리와 함께 현대 대중문화의 거인으로 여겼고, 아메리칸드림을 구현했다고 칭송했으며, 그가 현대 성혁명에서 수행한 지도적 역할을 상찬했다. 〈뉴스위크〉는 〈플레이보이〉가 오랜 세월 섹스와 멋진 인생의 치어리더 역할을 한끝에 하나의 기관이 되었다고 설명했다. 심지어 시카고 시장 마이클 A. 빌랜딕은 헤프너의 아이디어와 결단력, 기업계에 대한 공헌을 기려 '휴 M. 헤프너의 날'

을 선포하기까지 했다.

하지만 한편으로 헤프너의 화려한 1970년대 이미지는 이전 시대보다 더 차가운 대접을 받기도 했다. 수많은 사람이 경제 침체와 인플레이션 속에 생활을 유지하기 위해 고투하는 시대에 미스터 플레이보이의 풍요로운 라이프스타일은 잔혹한 사기라는 평자가 늘었다. 앨턴 슬래글에 따르면, 일자리 감소, 물가 상승, 에너지 위기를 겪는 많은 미국인에게 헤프너의 쾌락주의는 "오늘날의 현실을 벗어난 것, 쉬운 시대와 쉬운 돈의 퇴폐적이고 방종한 유산"이었다. 〈플레이보이〉의 비전은 과거에는 매력적이었을지 모르지만, 기아, 전쟁, 테러, 실업, 경제적 곤란, 지구의 약탈이 만연한 시대에는 아니라고 그는 썼다. "〈플레이보이〉와 그것이 파는 물질적 아메리칸드림은 점점 시대착오적 허상이 되고 있다." 헤프너의 오랜 친구인 〈시카고 선-타임스〉의 밥 그린마저 헤프너의 라이프스타일이 증명하는 건 사람은 원하지 않으면 철이 들지 않아도 된다는 사실뿐이라고 했다.

이념적인 비평도 그를 겨냥했다. 1970년대에 미국 전역에 걸쳐 기층 민중 차원에서 조직된 보수주의자들이 특히 거친 공격을 했다. 그들은 인격과 도덕성이라는 해묵은 기준을 높이 들고서 헤프너가 도덕적 타락, 사회적 퇴보, 개인적 방탕을 조장한다고 비난했다. M. J. 소브란은 〈내셔널 리뷰〉에서 헤프너가 옳고 그름의 확고한 개념을 허무는 경박한 나르시시즘과 음험한 도덕적 상대주의를 조장한다고 맹공했다. 조지 윌은 그가 천박한 "미성년기 환상"의 조달업자라고 비난했다. 이 보수주의 칼럼니스트는 1975년의 어느 긴 인터뷰에서 성적 표현 문제를 놓고 헤프너와 맞섰다. 윌이 물었다. 제한이라는 게 있는가? 〈플레이보이〉는 동물과의 성행위를 그리는가? 헤프너가 그런 건 퇴폐적이라고 대답하자 윌은 그를 압박했다. "객관적으로 퇴폐적인 것이 있는가? 나는 헤프너가 단호히 반대할 것을 찾고자 한다. 그리고 그 근거가 무엇인지도 알고 싶다."

다른 보수주의자들도 이런 비난에 동참했다. 그들은 〈플레이보이〉가 독자에게 헤프너가 누리는 기막히게 방탕한 쾌락을 상상하도록 촉구한다며 공격했다. 그들은 현대사회에 만연한 이혼, 사생아, 알코올 중독, 복지수당 유용, 성병, 마약 남용에 분노하며, 그 근원은 〈플레이보이〉가 전하는 "즉각적 만족: 기분이 좋으면 하라"는 메시지로 거슬러 올라간다고 주장했다. 더욱 나쁜 건 그가 동성애자 인권, 낙태 합법화, 마리화나 합법화, 그밖의 수많은 사회적 병폐를 촉진하면서 돈을 번다는 것이었다. 헤프너는 이런 공격에 그저 한탄할 뿐이었다. "전통적 가치관을 지닌 일부 사람에게 나는 뿔만 안 달렸지 악마 같은 존재일 것이다."

하지만 일부 진보적 분석가들도 1970년대 중반에 헤프너의 섹스와 게임 몰두가 공허하고 물질주의적이며 남성 우월주의라고 비난했다. 대항문화의 기수인 〈롤링스톤〉은 헤프너의 "미성년기 환상"의 세계를 비웃었고, 다른 자유주의 신문들도 〈플레이보이〉의 탐욕스러운 세련과 날뛰는 물질주의를 비웃었다. 여성운동의 진출로 헤프너의 성윤리는 부조리하고 민망하고 부적절한 것이 되었다고 〈배링턴 타임스〉 논설은 말했다. 〈플레이보이〉가 이끈 성혁명도 "매스미디어의 매춘 사업"과 경박한 즐거움의 추구로 타락했다고 〈크리스천 사이언스 모니터〉는 결론 내렸다.

이렇게 1970년대 헤프너의 자기충족 탐구에는 대가가 있었다. 지난 20년 동안 미스터 플레이보이의 라이프스타일은 규모와 풍요와 낙관주의가 커지는 미국사회에서 주류적인 희망과 열망을 담아냈다. 개인적 경험에 대한 그의 몰두는 확실히 '미 데케이드'의 정신을 반영했지만, 그의 과도한 성적 급진주의와 과시적 소비는 점점 엘리트주의적인 모습을 띠었다. 어떤 사람들은 그것을 흥미진진하게 여겼지만, 실업과 인플레이션, 미디어 속의 과도한 섹스, 사생아의 급증, 가족 구조의 와해에 맞닥뜨린 많은 노동계급과 중간계급 사람들은 〈플레이보이〉 윤리에 반감을 품게 되었다. 평범한 시민은 악명 높은 쾌락주의의 상징에게 존경 대신 삐딱한 시선을 보냈다. 샹그릴라 고치 안의 헤프너는 이런 외부의 곤란을 제대로 몰랐다. 그의 친구 한 명은 1970년대의 그에 대해 이런 말을 남겼다. "사치는 부패한다. 절대 사치는 절대 부패한다."이 농담은 본래 의도보다 더 많은 것을 드러냈다.

게다가 헤프너가 1970년대에 전력을 기울여 노는 동안 잡지와 회사에 여러 가지 문제가 전면으로 부상했다. 플레이보이사는 재정적인 침체에 맞닥뜨렸고, 헤프너의 직업이자 그의 인생의 닻인 〈플레이보이〉는 스스로 이바지한 해방된 문화 속에서 자신을 재규정하는 과제에 직면했다. 헤프너는 자기만의 환상 세계에서 육체적, 정신적 유희에 몰두해 있느라 회사를 지휘 감독하는 일에서 벗어나 있었다. 그것을 제자리에 돌려놓는 건 어려운 일임이 드러났다.

# 4
# 병폐

# 1 갈라진 토끼우리

1970년대에 헤프너가 남부 캘리포니아 샹그릴라에서 사치와 방탕에 빠져 있는 동안 그의 사업의 중핵인 〈플레이보이〉는 전에 없던 어려움에 부닥쳤다. 잡지는 1972년에 월간 700만 부 판매로 정점에 올랐으나 그 후 아류 잡지들이 쏟아져 나오면서 점점 판매 부수가 감소했다. 이 사태는 수익 감소뿐 아니라 정체성의 위기도 불러왔다. 이제 성혁명 개척자 자리에서 물러나면서 잡지는 이제 그들의 시절은 지나갔다는 인식과 맞서 싸웠다. 아이러닉하게, 역동하는 70년대에 성혁명의 성공 탓에 〈플레이보이〉는 성 개방의 새로운 참여자들에게 구식이라는 느낌이 들었다.

더구나 이 시대에 날마다 경기 침체 속에 씨름하며 사는 수많은 미국인에게 잡지의 거침없는 소비주의 옹호는 좋았던 지난 날을 조롱하며 상기시키는 것 같았다. 이념적 양극화도 〈플레이보이〉를 흔들었다. 여성해방과 경제 재분배를 주장하는 진보주의자는 벌거벗은 여자와 과시적 소비 이미지를 퇴행적이라고 보았고, 보수주의자는 가족 가치, 사회 안정, 도덕적 확신을 위협하는 1960년대 혼란의 상징으로 여겼다.

헤프너와 동료는 새롭게 떠오른 성해방과 사회 정치 혼란, 경제 위축의 분위기 속에서 〈플레이보이〉의 위치를 재정비 하려고 노력했다. 그 과제는 결코 만만한 것이 아니었다. 핵심적 문제가 떠올랐다. 이것은 경제 추락과 '미 데케이드'의 개인적 몰두 풍조, 성해방을 누리는 동부와 서부 도시 지역의 엘리트들과 나라의 타락을 걱정하는 가족 중심적이고 종교적인 중부 지역 사이의 간격이 커지는 1960년대 이후 사회에서 "〈플레이보이〉는 무엇인가?" 하는 것이었다. 헤프너와 잡지가 계속 성공할지는 그 대답에 달려 있었다.

I

1970년대가 밝았을 때 〈플레이보이〉가 영향력 있는 미국 잡지 가운데 높은 자리를 차지했다는 것은 작가 목록을 보면 알 수 있다. 헤프너와 A. C. 스펙터스키가 1971년 10월 6일에서 8일까지 시카고의 플레이보이 타워호텔에서 개최한 플레이보이 국제 작가대회에는 〈플레이보이〉에 작품을 발표한 미국 문단의 유명한 작가들이 모였다. 데이비드 홀버스탐, 앨런 워츠, 스터즈 터켈, 아서 슐레싱어 2세, 아서 C. 클라크, 존 케네스 갤브레이스, 하비 코크스, 아트 우크발드, 제임스 디키, 존 치버, 알렉스 헤일리, V. S. 프리쳇, 게이 털리즈, 캘빈 트릴린, 톰 위커, 개리 윌스 등이 그들이었다. 이 뛰어난 작가들은 사흘 동안 〈플레이보이〉 편집자들과 함께 어울리며 잡지를 비평하고 "새로운 저널리즘" 같은 주제의 토론에 참가했으며, 호화로운 연회를 즐겼다. 작가대회를 통해 그렇게 많은 저명작가를 한데 모은 건 〈플레이보이〉

가 미국 문단에서 높은 지위를 갖고 있다는 것을 확인시켰다.

대회는 〈플레이보이〉 역사의 전환점이 되었다. 그 뒤로 불과 몇 달 만인 1972년 1월 17일에 편집장 스펙터스키가 버진 아일랜드의 겨울 별장에서 뇌졸중으로 죽었다. 이 온화한 뉴욕 신사는 몇 년 전부터 건강이 좋지 않았고, 1970년에 여러 차례 심각한 심장 발작을 일으켜서 몇 주 동안 일을 쉬기도 했다. 후임자에 대한 논의가 막연하게나마 있었지만, 1950년대 중반부터 강력한 리더십을 발휘하던 편집장의 갑작스러운 사망은 조직 전체에 충격적인 불확실성을 안겨주었다.

1960년대 중반에 잡지에 온 아서 크레치머, 셸던 왁스, 냇 레먼, 머리 피셔 같은 젊고 활기찬 편집자들이 지도적 자리에 오를 준비를 하고 있었다. 지성과 열성과 야심, 자유롭고 독립적인 기질이 있고 정치적으로는 좌파 성향인 이들은 저마다의 영역을 구축하고 있었다. 스펙터스키가 죽자 헤프너는 크레치머를 새 편집장으로 뽑고 왁스와 레먼을 부편집자로 임명했다.

31세의 아서 크레치머는 펜실베이니아대학과 뉴욕시립대학을 졸업하고 〈플레이보이〉의 아류 잡지인 〈카발리에〉에서 근무한 뒤 잠시 〈빌리지 보이스〉 같은 매체에 자유기고가로 활동하다가 〈플레이보이〉에 온 지 5년 정도 되었다. 뉴욕 출신인 그는 키 크고 여윈 몸에 숱 많고 긴 검은 머리와 턱수염을 기른 데다 두꺼운 철테 안경을 쓰고 불만스럽고 우울한 지성인 같은 표정을 자주 지었다. 크레치머는 자신을 보헤미안 급진파로 여겼고, 즐겨 입는 청바지, 부츠, '트로츠키 청년단' 같은 글귀를 새긴 티셔츠는 이런 인상을 강화시켰다. 우아하고 도시적인 스펙터스키와는 더할 나위 없이 대조되었다. "시대와 장소가 달랐다면, 스펙터스키는 귀족이 되고 크레치머는 혁명가가 되었을 것이다." 헤프너는 말했다. 실제로 크레치머는 자신을 대항문화 급진주의자로 여겼고 잡지에는 2년 정도만 있을 생각이었다. 하지만 스펙터스키는 이 젊은이에게서 무언가(날카로운 지성, 균형 잡힌 판단력, 강인한 정신, 좋은 글에 대한 안목)를 보고 그를 추정 상속인으로 키웠다. 헤프너는 크레치머가 그 자리에 적임자이며, 새 편집장이 잡지에 젊은 에너지를 불어넣고 있다고 믿었다.

새로운 편집장 체계로 들어서면서 〈플레이보이〉는 자신 있게 밝은 미래를 이야기했다. 편집장이 되고 몇 달 뒤 크레치머는 〈뉴욕타임스〉에 말했다. "우리는 이미 오래전부터 미국 최고의 잡지를 만들고 있다고 생각한다. 스펙터스키는 〈플레이보이〉가 장-폴 사르트르를 인터뷰한 잡지라는 걸 증명해야 했다. 우리는 지금 어떤 것도 증명할 필요가 없다." 그러나 이런 자신감에도 〈플레이보이〉는 역사상 손꼽히는 난제에 직면해 있었다. 남성잡지 분야에 나타난 경쟁자가 헤프너의 잡지에 전면 공격을 펼치며 〈플레이보이〉의 수익과 위상을 잠식하기 시작했다.

문제의 시작은 1969년 여름 새 잡지 〈펜트하우스〉의 대담한 광고가 주요 신문과 광고계 잡지에 연달아 나타나면서였다. 최초의 광고는 〈플레이보이〉의 토끼 로고가 라이플총 조준경 안에 담기고 "우리는 토끼 사냥을 나간다."라는 문구가 달린 것이었다. 이 광고 캠페인은 〈펜트하우스〉의 편집장 로버트 구치오니의 무모한 성품을 반영했다. 브루클린 출신의 이탈리아계 미국인인 구치오니는 1950년대 말에 영국으로 건너가서 몇 년 동안 여러 가지 잡다한 일과 만화가, 편집자 생활을 한 뒤 1965년에 〈펜트하우스〉를 시작했다. 잡지는 금세 수십만 부의 판매를 올렸고, 그는 고향에서 〈펜트하우스〉 미국판으로 헤프너의 자리에 도전장을 내밀었다.

〈펜트하우스〉는 뻔뻔하게도 〈플레이보이〉의 형식을 그대로 따라했다. 접지를 한 「이달의 펫」이나 기사를 개괄적으로 소개하는 「하우스 콜스」, 편집부에 보낸 편지를 싣는 「포럼」, 그리고 똑같은 누드사진, 소설, 만화, 음식, 패션, 인터뷰, 공공 사안에 대한 기사가 실렸다. 더욱 중요한 건 〈펜트하우스〉가 이전 잡지의 한계를 멀찌감치 뛰어넘어서 성을 더욱 노골적이고 '야하게' 다루었다는 것이다. 신체 부위를 많이 드러내는 포즈, 여자들끼리 어루만지는 일, 여성 동성애, 페티시즘, 3인 섹스, 변태적 성행위 체험을 전하는 독자의 편지 등을 적나라하게 실었다. 〈펜트하우스〉는 이런 국제적인 성적 취향을 〈플레이보이〉가 선호하는 신선한 얼굴, 미국적 친근함, 생기 넘치는 치어리더 스타일과 대조시켰다. 그들은 〈플레이보이〉가 성해방 측면에서 시대에 뒤떨어졌다는 충격적인 주장을 했다.

구치오니는 이런 인상을 강화하기 위해 〈플레이보이〉에게 촌스럽고 심지어 시대착오적이라는 비난을 맹렬하게 퍼부었다. 그는 〈플레이보이〉의 사진은 아트 디렉터, 헤어스타일리스트, 패션 사진가들이 만들어낸 "인위적" 이미지라며 〈펜트하우스〉의 사진은 성을 자연스럽고 현실적으로 전달한다고 주장했다. "우리는 독자에게 아무 설교 없이 사진을 보여준다. 핀업 사진에 정신적 금기가 없다. 작가는 환영이지만 철학자는 사양이다." 광고는 이렇게 선언했다. 그는 헤프너의 잡지가 해방된 새 시대에 맞지 않게 경직되었다고 조롱했다. "〈플레이보이〉 독자는 해마다 늙어가지만 우리 독자는 반대로 젊어진다."고 주장했다.

구치오니와 헤프너의 충돌은 점차 고약해지고 인격적인 양상을 띠었다. 꼭 끼는 가죽 바지, 부츠, 가슴을 튼 셔츠, 금반지와 목걸이를 애용하는 화려한 스타일의 구치오니는 헤프너의 스타일과 이미지를 맹공격했다. "〈플레이보이〉는 헤프너의 성 정체성을 반영한다. 그것은 내가 아는 어느 정체를 감춘 동성애자와 가장 비슷하다." 그는 〈롤링 스톤〉에 말했다. 헤프너는 이런 요란스러운 경쟁자를 홍보에 혈안이 된 자라고 일축하며, 자신을 그렇게 비난하면서도 아름다운 여자들이 가득한 뉴욕맨션을 짓고 펜트하우스클럽 계획으로 헤프너식 라이프스타일을 흉내 낸다고 말했다. "나는 그의 원기 왕성한 성격을 나무라지 않는다. 내가 그였다면 나 또한 내가 되고 싶었을 것이다."

〈플레이보이〉와 〈펜트하우스〉는 누드사진의 음모 노출 여부를 놓고 이른바 "음모 전쟁"(Pubic Wars. '포에니 전쟁'을 뜻하는 Punic Wars에 빗대 생겨난 말-옮긴이)이 불붙었다. 〈플레이보이〉는 1969년 8월호에 브로드웨이 댄서인 폴라 켈리의 사진을 실으면서 이런 제한선을 슬쩍 넘어갔지만, 구치오니는 1970년 10월에 미스 네덜란드 출신의 사진으로 좀더 대담한 행동을 취했다. 헤프너는 1971년 1월의 플레이메이트 리브 린들랜드의 사진으로 이런 새로운 노출 기준에 맞추면서 이 결정은 〈펜트하우스〉 화보가 나오기 오래전에 이미 내려진 것이라고 주장했다. 많은 사람이 이런 움직임에 눈썹을 치떴고, 헤프너는 평균적 미국인들이 플레이메이트의 음모 노출 사진을 볼 준비가 되어 있느냐는 질문에 짜증스럽게 대답했다. "그게 궁금하면 신에게 물어보라. 신이 그걸 만들었고, 이제 사회가 순진함을 벗고 세상에 음모라는 게 있다는 걸 인정할 때다." 1972년 1월에 〈플레이보이〉는 영국 출신의 갈색머리 조각 미녀 메릴린 콜을 통해서 플레이메이트 최초의 전체 누드사진을 게재했다.

이런 음모 전쟁 이외의 사안에서는 〈플레이보이〉는 이 갑작스러운 도전자에게 오만한 무관심을 유지했다. 하지만 수치가 경고음을 울리기 시작했다. 1969년에 나온 〈펜트하우스〉 미국판 첫 호는 23만 5천 부가 팔렸다. 그 후 2년 동안 판매가 급증해서, 1971년 8월에는 128만 독자를 끌어모았고 1972년 중반에 200만을 넘어섰다. 〈플레이보이〉가 아직은 월등히 앞서 갔지만(1971년에 월간 650만 부, 1972년에는 정점인 700만 부)차이는 점점 줄어들었다. 1973년 가을에 〈펜트하우스〉는 월간 400만 부로 뛰어올랐고, 〈플레이보이〉 판매 부수는 제자리걸음을 하다가 떨어지기 시작했다. 1976년에 두 잡지는 〈플레이보이〉가 500~600만 부, 〈펜트하우스〉가 450~500만 부로 호각지세였다.

경쟁이 격화하면서 헤프너는 위협에 단호히 대처해야 한다는 것을 깨달았다. 그는 1972년 가을에 프랑스 출판업자 다니엘 필리파키와 제휴해서 표현 수위가 한층 높은 새 잡지 〈위Oui〉를 창간했다. 〈위〉는 〈플레이보이〉와 유럽 대륙 취향을 결합해서 〈펜트하우스〉의 공격을 막아 주리라는 기대를 받았다. 하지만 강력했던 초기 반응에도 〈위〉는 한 번도 수익을 내지 못했고, 시간이 갈수록 〈위〉가 〈펜트하우스〉 대신 〈플레이보이〉의 독자를 더 많이 빼앗아 온다는 당황스러운 사실이 분명해졌다. 몇 년 동안 적자를 쌓은 끝에 플레이보이사는 1981년에 조용히 〈위〉를 매각했다.

거기다 다른 경쟁자들도 〈플레이보이〉의 주도권에 도전하기 시작했다. 1970년대 내내 우후죽순처럼 생겨난 수많은 누드잡지가 신문 가판대에서 사람들의 눈길을 잡기 위해 격렬하게 경쟁했다. 〈갤러리〉, 〈터치〉, 〈부아〉, 〈제너시스〉, 〈듀드〉, 〈카발리에〉, 〈비바〉, 〈콕〉 같은 많은 잡지가 뻔뻔하게 헤프너의 기본 방식을 흉내 내면서 더욱 노골적이고 변태적인 사진을 실었다. 〈스크루〉, 〈허슬러〉 같은 외설 잡지는 여성 성기의 해부학적 구조를 연구하는 것처럼 극단적으로 노골적인 사진에 집중했다.

1970년대 초반에 음모 전쟁이 사방의 전선에서 불붙으면서 헤프너는 〈플레이보이〉가 낡았다는 점증하는 인식과 싸우게 되었다. 그는 경쟁 잡지들은 〈플레이보이〉를 공격하면서도 베낀다고 주장했다. 하지만 어떤 사람들은 "플레이보이는 기성 질서의 일원이 되었다."는 구치오니의 주장에 동의했다. 〈로스앤젤레스 타임스〉는 〈플레이보이〉의 조심스러움이 1950년대 〈에스콰이어〉의 길을 간다."고 설명했고, 〈타임〉은 〈펜트하우스〉 센터폴드는 건강한 인체의 아름다움을 결점까지 그대로 보여주지만, 〈플레이보이〉 플레이메이트들은 성형한 듯 비현실적인 느낌에 방부 처리된 것 같다고 말했다.

어떻게 보면 〈플레이보이〉는 자체의 성공에 희생되었다고도 볼 수 있다. 잡지는 누드사진의 공개 게재를 금지하던 1950년대 미국사회에서 과감히 문을 박차고 나간 뒤, 1960년대에는 아예 그 문을 떼어버렸다. 1970년대에는 성 이미지의 거대한 물결이 잡지뿐 아니라 노골적인 성애 영화, 마사지숍, 성인 서점, 스트립클럽, '누드 쇼', 성생활용품을 파는 섹스숍 등으로 미국 땅에 밀려들어서 대중적 수용의 한계를 넓혀 놓았다. 실제로 1970년대에는 〈뉴욕타임스〉가 "포르노시크"라고 명명한 것이 나타났다. 《목구멍 깊숙이》, 《미스 존스의 악마》, 《녹색 문 뒤에서》 같은 성인등급 영화가 큰 인기를 끌었고, 해리 림스나 린다 러블레이스 같은 포르노 배우가 스타가 되었다. 에로틱쇼 클럽과 극장이 가득 들어찬 섹스 구역은 전국의 대도시에 버섯처럼 피어났고, 성 지침서 『섹스의 기쁨』은 대형 베스트셀러가 되었으며, 플레이토스 리트리트, 샌드스톤 같은 섹스 클럽이 생겨나 성 모험가들의 욕망을 채워주었다. 이런 새로운 성 개방 물결은 동부와 서부 해안의 도시 주민을 주요 표적으로 삼았는데도 중부까지 퍼졌다. 〈타임〉이 1976년에 「포르노 병」이란 표지 기사에서도 말하듯이, 아이오와 주의 메이슨 시(인구 3만 2천 명)에도 누드 댄서가 나오는 바가 다섯 개나 되었다. "느슨하고 공공연하게 개방된 성은 주류 미국사회의 일부가 되었다."칼럼니스트 밥 그린은 1975년에 〈뉴스위크〉에 썼다.

실제로 성 행동에 대한 〈플레이보이〉의 자체 조사도 20년 전 킨제이 보고서 이후 미국인의 관습에 큰 변화가 있다는 것을 강조했다. 「1970년대 성 행동」이라는 제목의 이 연구는 플레이보이 재단의 기금으로 수행되어서 1973년에서 1974년까지 여섯 호에 걸쳐 잡지에 연재되었다. 연구는 다양한 대도시 및 소도시 주민 2천 명의 성 관념과 행동을 조사해서 "수많은 증거가 오늘날 우리는 한 세대 이전 사람들은 생각도 못하거나 적어도 깊은 개인적 비밀로 간직한 일들을 공개적으로 하고 있다는 것을 보여준다."고 보고했다. 조사원들은 미국인이 성 활동에 전보다 더 자주 참가하고, 혼전 섹스, 오럴섹스, 남녀 이중 잣대의 철폐를 지지한다는 것을 알아냈다. 통계 수치에 따르면, 킨제이 보고서 이후에 성 행동의 모든 분야가 다 두드러지게 증가했다. 〈플레이보이〉 조사는 게다가 이런 성적 변혁이 미디어에서 강력하게 다루어지고 대중에게 주요한 이슈가 되었다고 보고했다. 조사 자료는 성해방은 젊은 미국인 대다수 그리고 중년 이상의 상당수가 원하는 새로운 삶의 이상이라고 결론 내렸다.

아이러닉하게도 이런 성혁명의 승리가 헤프너와 그의 잡지에 불확실한 환경을 조성했다. 사방에 성적 표현물이 넘쳐나고, 다양한 형태의 성애 이미지를 어디서나 구할 수 있고, 허용 기준이라는 게 거의 없다시피 하자, 〈플레이보이〉의 역할이 어정쩡해졌다. 더는 비난의 돌을 던질 억압적 기성 질서가 없는 새로운 세계에서 〈플레이보이〉는 어떤 영역을 자신의 것으로 주장할 것인가? 〈펜트하우스〉와 〈허슬러〉 같은 외설성을 피하면서도 성적인 적절성은 유지하기 위해 〈플레이보이〉는 이런 낯선 상황에서 길을 찾아야 했다.

처음에 헤프너와 편집자들은 잡지를 더욱 야하게 만드는 전략을 채택했다. 1974년까지 〈플레이보이〉는 더욱 노골적인 사진과 기사를 내보냈고, 플레이메이트들은 더욱 도발적인 자세를 취했다. 잡지의 표지마저 이런 새로운 기준을 담아냈다. 1975년 10월호는 두 여자가 드레스 끈을 옆으로 끌어내려 한쪽 가슴을 노출하고 서로 끌어안은 사진과 "사포: 사랑하는 여자들의 놀라운 초상"이라는 제목을 달았다. 이런 약간 충격적인 레즈비언 섹스의 도입은 다음 호의 예행연습에 지나지 않았다. 1975년 11월호는 또 하나의 선을 넘어 극장에서 영화를 보는 여자의 사진을 표지에 실었다. 스파이크 힐을 신고 좌석에 널브러져 앉은 여자는 블라우스 앞을 열고 치마를 걷어 올린 채 다리를 벌렸다. 그리고 한 손은 〈뉴스위크〉가 장난스럽게 말했듯이 "좋은 쪽으로 생각하면, 여자는 아마 잘못해서 팬티에 들어간 팝콘을 찾고 있는 것 같다."

이런 전략은 실패했다. 광고주들은 〈플레이보이〉의 노골적 사진, 레즈비언 섹스, 여성 자위 영역 진출에 격분해서 강력한 항의를 퍼부었다. 〈뉴욕타임스〉와 가진 인터뷰에서 아서 크레치머는 〈플레이보이〉는 관능과 저속성을 가르는 선을 넘는 데 좀더 조심할 필요가 있다고 인정했다. 헤프너마저 불편했고, 그는 나중에 이 시기를 회고하며 말했다. "나는 포르노그라피의 출판에는 관심이 없었다. 내 의도는 처음부터 미국사회가 섹스와 누드를 승인하도록 하는 것이었다."

그래서 1975년 11월에 헤프너는 전략적 후퇴를 지시했다. 일련의 회의와 메모를 통해 그는 〈플레이보이〉가 외설적이고 음란한 내용에서 발을 뺀다는 것을 명확히 했다. 그리고 로스앤젤레스 맨션에서 열린 편집부 회의에서 선언했다. "우리는 나침반을 잃었다. 잡지는 자신의 의미를 놓쳤다… 〈플레이보이〉는 관능을 천박하지 않게 전달해야 한다. 그것을 다시 훌륭한 것으로 만들어야 한다."

그래서 이렇게 깊은 상처를 남긴 외설 경쟁이 지나고 〈플레이보이〉는 다시 본래의 품위 있는 에로티시즘 윤리를 세웠다. 하지만 품위라는 것이 딱히 피를 끓게 하는 새로운 주제는 아니었고, 아서 크레치머는 그 딜레마를 알았다. 그는 1974년에 헤프너에게 〈플레이보이〉에 전면 개편이 필요하다고 말했고 헤프너도 동의했다. 2년 뒤 크레치머는 〈시카고 데일리뉴스〉에 더욱 젊고 똑똑하고 세련된 독자층을 겨냥하고, 잡지를 다시금 세련된 젊은이의 필수품으로 만드는 일을 논했다. "우리는 70년대라는 현실에 적응할 것이지만, 그와 더불어 질문도 하고 전제에 도전도 할 것이다."그는 그렇게 약속했지만, 〈플레이보이〉를 새 시대에 맞게 개혁하는 건 곧 명백해졌듯이 말처럼 쉬운 일이 아니었다.

## II

남성잡지 사이의 "누가 누가 더 해부학적으로 노골적인가" 경주(헤프너의 표현)에서 물러나 〈플레이보이〉는 1970년대 후반 내내 새로운 정체성을 모색했다. 하지만 진화 과정은 그렇게 눈에 띄지 않았다. 잡지의 독자는 세련된 옷, 빠른 차, 생활 편의용품, 대중오락 같은 익숙한 기사들을 만났다.

〈플레이보이〉는 뛰어난 문학 작품을 소개하는 전통도 유지했다. 존 업다이크, 블라디미르 나보코프, 커트 보니게트 같은 오랜 친구들의 작품 곁에 도리스 레싱, 가브리엘 가르시아 마르케스, 마이클 크라이턴, 나딘 고디머, 수잔 손탁, 래리 맥머트리, 마리오 푸조, 귄터 그라스 등 유망한 신예들이 선을 보였다. 1976년 10월에 〈플레이보이〉는 머리 피셔의 편집으로 알렉스 헤일리의 신작 『뿌리』의 예고 발췌본을 실었는데, 이후 작품은 대형 베스트셀러가 되었고 나아가 텔레비전 미니시리즈로도 인기를 끌었다. 책, 음반, 영화평이 이어지고, 「플레이보이 포럼」에서는 다양한 시사 토론이 계속되었다. 「플레이보이 인터뷰」는 말론 브랜도에서 저메인 브리어, 잭 니콜슨, 조앤 바에즈, 오먼 리어, 애니타 브라이언트, 앨버트 스피어, 에리카 종에 이르는 인물들과 번득이는 대화를 선사했다.

물론 성은 1970년대에도 계속 〈플레이보이〉 무대의 전면이자 중심 자리를 차지했다. 이달의 플레이메이트가 여전히 주요한 성적 유혹이었지만 사소한 변화도 몇 가지 있었다. 헤프너는 1975년에 센터폴드에 플레이메이트의 서명을 추가했고, 2년 뒤에는 플레이메이트의 야심, '좋아하는 것'과 '싫어하는 것' 등을 담은 개인적 소개를 더했다.

하지만 에로틱한 표현들은 전에 없던 노골성을 보였다. 표지는 점잖아지고, 사진들은 〈펜트하우스〉나 〈허슬러〉 같은 심한 외설성에 이르지 않았지만, 잡지의 성윤리는 전에 없이 노골적이고 과감해졌다. 플레이메이트는 점점 노출 수위가 높아져서 전면 누드가 기본이 되었으며 다리를 벌린 자세도 흔해졌다. 속박 없는 성적 미학은 「플레이보이 상담」에도 영향을 미쳐서 강렬하고 특이한 성경험 묘사가 많아지고 묘사도 세밀해졌으며 오럴섹스나 섹스 기구를 이용한 기술에 대한 논의가 이루어졌다. 1977년에 이르면 〈플레이보이〉의 영화평론 면은 성인등급 영화를 검토하고 있었다. 1976년에 실린 캐시 로리의 양성애 실험 고백을 담은 「나와 여자들」처럼 더 넓은 영역을 탐구하는 기사도 나왔다. 다음 해에는 댄 긴즈버그가 캘리포니아에 있는 유명한 그룹섹스 휴양지 샌드스톤의 체험을 자세히 묘사한 「내가 겪은 번쩍이는 오르가슴의 주말」이 실렸다. 1978년에는 세 커플을 통해서 바이브레이터, 딜도, 마사기기계 같은 여러 성생활용품의 신뢰도와 기능을 시험한 소비자 보고서 「섹스용품 대탐구」가 실렸다.

한편으로는 에로티시즘을 강화하고 한편으로는 오랜 인기 요소들을 유지했는데도, 일부 사람들은 〈플레이보이〉의 기본 구성을 진부하다고 여겼다. 잡지는 실제로 현대 감각을 지닌 게 아니라 중년의 눈에 "현대 감각처럼 보이는 것"을 표현하는 것 같았다. 아서 크레치머는 1960년대 이후의 사회 병폐가 문제라고 보았다. "물병자리 시대의 사회 혼란과 정치개혁 운동이 지나고 〈플레이보이〉는 한동안 우리 사회와 마찬가지로 목표를 잃었다… 사회는 식어 버렸고 솔직히 말하면 우리도 식었다." 그는 나중에 말했다.

헤프너도 이런 문제를 인식했다. 〈플레이보이〉의 시대가 지났느냐는 질문에 25년 동안 하다 보니 잡지가 동어반복적인 경향이 있는 건 사실"이라고 인정했다. 하지만 그는 변화를 약속했다.

1970년대 중반에 헤프너와 임직원들은 유서 깊은 잡지를 재생시키려고 노력했다. 그들은 섹스와 소비주의라는 〈플레이보이〉의 뼈대를 유지하지만, 다른 경쟁자들과 구별되는 여러 특징을 실험했다.

그런 실험 한 가지는 〈플레이보이〉의 성적 주제를 현대 남성의 라이프스타일에 대한 강조 속에 통합해 넣으려고 한 것이다. "우리는 잡지의 기본을 다시 강조할 것이다. 우리 잡지는 섹스가 중요한 일부를 이루는 라이프스타일에 대한 책이다." 헤프너는 선언했다. 크레치머는 〈플레이보이〉가 정신 연령 28세인 도시 남성에게 필수불가결한 잡지가 되는 것을 목표한다고 말했다.

헤프너가 말한 현대적 라이프스타일과 관련한 이런 시도는 좀더 유행 지향적 분위기로 이어졌다. 그건 형식의 수정도 일으켜서, 1977년에 두 개의 새로운 라이프스타일 섹션이 생겼다. 「플레이보이 파이프라인」은 최신 라이프스타일을 유지해 줄 것을 약속하는 유행 사조에 대한 짤막한 글들로 찼고, 「현장의 플레이보이」는 누가 무슨 일을 어디서 벌이는지를 다루기로 했다.

라이프스타일에 대한 새로운 강조는 새로운 홍보 캠페인으로 이어졌다. 잡지는 1977년에 「플레이보이: 생을 향한 열망」이라는 시리즈 광고를 대대적으로 펼쳤다. 이 광고는 〈플레이보이〉가 1960년대의 반항 운동에 동참했지만 이제는 제도 내에서 일하고자 하는 여유로운 35세 이하의 젊은이를 대표한다고 표현했다. 이 캠페인은 세련되고 교육과 소득이 높은 베이비붐 세대를 신중한 소비를 통해 인생의 풍요와 정신적 만족을 추구하는 "새로운 물질주의자"로 묘사했다. 1960년대의 사회적 소요로 빛을 잃었던 멋진 인생은 「생을 향한 열망」 캠페인에서 〈플레이보이〉 라이프스타일의 중심으로 다시 나타났다.

〈플레이보이〉는 1970년대 중반에 탐구 저널리즘도 다시 수용했다. 잡지는 베트남전 패배와 워터게이트 스캔들로 형성된 냉소적 분위기를 유지하며 갈수록 공적 사회를 부패와 무지와 탐욕 덩어리로 묘사

1977년 〈플레이보이〉의 「생을 향한 열망」 캠페인. 이 캠페인은 잡지를 1960년대 정치 운동 이후의 세대와 연결하려고 시도했다.

했다. 1974년에는 칼 번스타인과 밥 우드워드(워터게이트 스캔들을 밝혀낸 기자들-옮긴이)가 닉슨 행정부의 범죄와 종언을 다룬 대형 폭로기사 「대통령의 남자들」을 연재해서 그런 방향을 선도했다. 그 이후에도 잡지는 연방정부의 '빅브라더'식 시민 감찰, 미국 보건제도의 무능과 재정상의 부정, 항공 산업계의 만연한 안전규칙 위반, 사회보장제도의 파산위기, 현대 노동조합의 부패를 다루었다. 특히 충격적이었던 건 1976년의 기사 「꼭두각시와 그 조종자들: 닉스, 휴즈, CIA의 비밀 세계를 파헤친다」로, 하워드 휴즈(비행사, 영화제작자 등으로 활동했으며, 세계 최초의 억만장자로 일컬어지는 거부-옮긴이)가 자신의 거대한 부를 이용해서 닉슨 대통령과 CIA를 불법 행동으로 몰아넣었고 그 결과 워터게이트가 생겼다고 밝힌 것이다.

논픽션에 대한 새로운 강조는 건강한 분량의 뉴저널리즘을 제공했다. 1960년대 말과 1970년 초에 톰 울프, 헌터 S. 톰슨, 존 디디온, 게이 털리즈 같은 저널리스트가 객관적 보도, 균형 잡힌 분석, 설명적 서술에 치우친 전통적 관행 대신 풍부한 대화, 극적 장면, 작가의 참여가 두드러진 새로운 기사를 썼다. 〈플레이보이〉는 이런 화려하고 극적이고 개인화된 방식을 수용하고, 이것을 작가가 객관성을 가장하지 않고 직접 경험한 생생한 이야기라고 설명했다. 리처드 로즈가 이런 방식으로 개발업자들이 미시시피 강을 파괴하는 것에 대해 설명하고, 직접 코카인을 사고, 사용하고 판매 · 유통업자와 접촉하고 경찰을 피하며 현대 코카인 문화를 탐구하는 기사를 썼다. 댄 그린버그의 「내 최초의 난교파티」는 그가 어색하게 참여한 몇 차례의 그룹 섹스 파티를 유머러스하게 다루었다.

〈플레이보이〉는 정치적인 문제에 전에 없이 직접적으로 참여했다.

잡지는 1970년대 내내 좌파적 비판을 멈추지 않았다. 하지만 그런 역할을 수용하는 과정은 고통스러웠다. A. C. 스펙터스키는 1960년대 말 잡지의 정치적 표류와 관련해서 젊고 급진적인 편집자들과 자주 부딪혔다. 그는 그들이 만들어 내는 사회비판 기사를 "공상적 분노"라고 말했다.

스펙터스키의 죽음과 함께 〈플레이보이〉 정치화에 대한 갈등은 끝나고, 잡지는 거침없이 좌파 정치를 옹호했다. 1971년에는 3부 심포지엄 "새로운 국가적 우선순위"를 열고 도시의 퇴락, 환경 파괴, 인구 15퍼센트가 시달리는 지속적 빈곤은 베트남전의 짐을 벗어 던진 미국이 해결해야 하는 3대 과제라고 주장했다. 이런 문제를 토론하기 위해서 상원의원 게일로드 넬슨, 시장 칼 B. 스톡스, 작가 마이클 해링턴 같은 자유주의의 대표적 인사가 대거 모였다.

〈플레이보이〉는 1970년대 내내 좌파적 관점에서 미국의 사회와 정치적 문제를 비판했다. 그들은 복음주의 목사 빌리 그레이엄이 신과 국기와 대통령이 불변의 삼위일체라는 굳건한 믿음을 조장한다고 조롱했다. 그들은 자유주의 상원의원 필립 하트의 현대 기업 범죄 비난 글을 싣고, E. L. 독터로의 미국 핵무기 비판을 소개했으며, 「플레이보이 인터뷰」에서는 급진주의의 아이콘인 톰 헤이든과 제인 폰더에게 공감을 표시했다.

그런데 〈플레이보이〉는 정치적으로 확고한 좌파적 입장을 밝히면서 한편으로는 정치적 냉소주의도 띠었다. 잡지는 체제 전체가 부패했다는 암시를 자주했다. 1972년에 실린 한 회의적 기사는 대통령 후보 조지 맥거번의 지지자들이 "젊은 엘리트 유권자들(대학생)을 계속해서 젊은이 전체와 착각했다. 마이애미비치에서 열린 민주당 전당대회 참석자 가운데 주유소 직원은 거의 없었다."고 말했다. 1960년대 반정부 아이콘 가운데 인디언 종교로 전향한 레니 데이비스와 1970년대에 옛 동료에 대한 정보를 연방 정부에 팔아먹은 티모시 리어리를 비난하는 기사도 있었다.

〈플레이보이〉의 정치적 관여는 1970년대에 손꼽힐 만큼 충격적인 기사 하나를 낳았다. 1976년 가을, 악명 높은 지미 카터 인터뷰는 대통령 선거가 임박한 시점에 정치적 폭발을 일으켰다. 로버트 시어는 그해 여름 내내 〈플레이보이〉 기사를 위해 여러 차례 카터를 인터뷰했다. 그러고 나서 조지아 주 플레인스에 있는 자신의 집에서 마지막 인터뷰를 할 때 카터는 그의 침례교 신앙과 도덕주의가 정치적 판단에 부당한 영향을 미치지 않을까 하는 일부 유권자들의 걱정에 대해 질문을 받았다. 그에 대한 대답으로 카터는 자신의 종교적 신념에 대해 길게 이야기를 했다. "기독교는 모든 사람이 죄인이라고 가르치고, 죄를 심판하는 건 하느님의 역할이다. 올바른 기독교인은 자기 아내를 떠나 다른 여자와 딴살림을 차린 사람을 오만하게 비난해서도 안 되고, 누구는 아내에게 충실한데 누구는 수많은 여자와 잠자리를 한다고 자신이 더 훌륭한 사람이라고 여겨서도 안 된다." 카터는 이어서 한 가지 고백을 했다. "나는 수많은 여자에게 정욕을 느꼈다. 마음의 간음도 여러 차례 저질렀다. 하느님은 내가 앞으로도 그런 일을 할 거고 과거에도 했다는 것을 알지만 용서해 준다."

카터의 발언은 전국적 소동을 일으켰다. 〈뉴스위크〉의 「플레이보이 대소동」은 전국의 신문이 카터의 지나치게 솔직한 고백에 신이 나서 달려들었다고 썼다. 전통주의자들과 종교 보수주의자들은 그의 위선을 비난하고, 기독교 신앙이 신념의 토대라고 주장하면서 여자 누드

잡지와 인터뷰를 하는 이중성을 비난했다. 어떤 목사들은 그의 태도를 옹호했지만, 훨씬 많은 사람이 도덕적 판단을 부정하는 그를 공격했다.

10월 말 카터는 언론과 다시는 인터뷰를 하지 않겠다고 후회했지만, 선거에는 근소한 차이로 이겼다.

1970년대 〈플레이보이〉는 이런 강력한 탐사 및 정치 저널리즘과 함께 부드러운 주제인 로맨스도 북돋았다. 헤프너는 편집자들에게 로맨스를 잡지의 새로운 시금석으로 만들 것을 촉구하며 말했다. "로맨스와 연결되면 섹스는 공격하기 어려워진다. 로맨스는 전통적이며 동시에 현대적이다. 로맨스는 블루칼라도 화이트칼라도 상관없다. 우리는 예전부터 다른 잡지보다 더 로맨틱했고 그래서 더욱 촌스러웠다… 대중이 우리 자신에 대한 우리의 관점을 볼 수 있다면 우리가 겪는 이미지 문제는 없을 것이다." 크레치머는 편집자들에게 패션, 서비스, 여행 기사에 로맨스를 불어넣을 것을 요청했고, 심지어 「플레이보이 상담」에도 로맨틱한 상황이나 문제와 관계되는 편지를 집중적으로 소개하라고 했다.

하지만 가장 뚜렷한 건 헤프너와 편집자들이 1970년대의 '미 데케이드' 정신을 포착하려고 〈플레이보이〉를 개조했다는 것이다. 오랜 세월 성과 소비적 만족을 추구해온 잡지는 "나에 대해 이야기하자, 진정한 나를 찾자"는 경향을 기본 영토의 재등장으로 보았다. 헤프너는 지금 현 세대가 그 어느 때보다 〈플레이보이〉가 지난 25년 동안 이야기한 것에 더욱 가깝다고 했다. "우리가 사는 이 시대를 미 데케이드라고 부른다는 건 흥미롭다… 이것은 자신의 인생을 살고 거기서 최선을 다하는 것을 적절하게 인정하는 표현이다."

1977년 〈플레이보이〉의 「생을 향한 열망」 홍보 캠페인은 이런 새로운 정서를 대표했다. 이 시리즈의 초기 광고는 잡지의 전형적 독자를 묘사하기를, "오늘 하루에 초점을 맞추고 자신이 자신을 위해 무엇을 할 수 있는지에 집중한 사람이며, 자신을 표현하고 세상을 거절하지 않는 사람"이라고 했다. 다른 광고는 어느 독자의 말을 인용해서 "나는 세상의 느낌이 아니라 내 느낌으로 반응한다."고 했다. 또 다른 광고는 전형적인 현대 〈플레이보이〉 독자의 가치 체계란 "무엇보다 먼저, 자기 자신에게 그리고 자신이 자신일 수 있게 도와주는 물건에 대해 강력하게 충성하는 라이프스타일"이라고 설명했다.

언제나 사회적 가치의 거울 역할을 한 플레이메이트도 이런 내향적 경향을 반영했다. 1976년 8월의 플레이메이트 린디 비티가 말했다. "내 인생의 최대 사치는 고독이다. 혼자 있는 날은 나에게 시간을 바친다. 책을 읽고 운동을 하고 명상을 한다. 데이트하는 남자들과 내 차이를 생각하면서 나에 대해 이해하게 된다." 1978년 4월의 플레이메이트 패밀라 진 브라이언트는 자신을 몽상가이자 고독자라고 설명했다. "나는 해변에서 시간을 보내거나 책상 앞에 붙박여서 일기를 쓴다… 이제 남의 이야기를 듣는 대신 내 이야기에 귀를 기울이기 시작했다."

아마도 잡지가 가진 '미 데케이드' 성향을 가장 압축적으로 표현한 건 「미국 남성에 대한 플레이보이 보고」 기사였을 것이다. 1970년대 중반에 헤프너는 루이 해리스 기업에 '미국 남성의 가치와 태도' 조사를 의뢰했다. 1976년 말과 1977년 초의 5주 동안 연구자들은 18세에서 49세의 남자 1,990명에게 질문을 해서 가족, 사랑, 약물 사용, 일, 레저, 종교, 돈, 건강, 친구, 마음의 평화, 여성 역할의 변화, 정치에 대한 견해를 물었다. 1979년에 발표된 이 보고는 미국 남성은 하나의 스펙트럼 위에서 네 가지 집단으로 분류할 수 있다고 결론 내렸다. 오랜 세월을 견디고 살아남은 과거의 가치를 옹호하는 '전통주의자', 새로운 대안이 사회에 수용되면 받아들일 것을 고려하는 '관습주의자', 새로운 가치를 기존 질서의 연속으로 선호하는 '당대주의자', 변화를 환영하고 자발적으로 대안적 라이프스타일을 실험하는 '혁신주의자'가 그것이다.

하지만 「플레이보이 보고」는 이런 네 집단 전체가 개인적 자기충족을 강력하게 지지한다고 주장했다. 남자들이 자기충족, 쾌락, 자신만의 일을 강조하는 건 미국의 전통적 가치 체계를 극적으로 변화시킨다고 연구는 결론지었다. "떠오르는 자기중심적 가치들은 새로운 개인적 자유주의를 대표한다. 이것은 사회 경제 문제에 기초한 전통적인 보수-진보 구별과 다르고 개인 인생의 수행에 관심을 둔다." 연구 발표자는 이것은 이기심이나 탐욕이 아니라 "개인적 연관성"에 대한 요구이자 "자기실현의 탐구"라고 설명했다. 돈과 일과 레저를 활용해서 개인적 의미를 찾는 건 '미 데케이드'의 주요 목적이라고 했다. 이것은 〈플레이보이〉에게는 더없이 반가운 소식이었다. 이 연구가 발표되었을 때 잡지의 대변인 중 한 명인 에이브 펙이 말했다. "이제 나는 나에게 신경 쓴다는 것을 큰 소리로 말해도 문제가 없다." 자기 삶을 풍요롭게 만들려는 충동은 잡지의 기본 개념과 헤프너의 삶에 내재해 있다고 했다.

헤프너와 편집자들의 노력으로 〈플레이보이〉가 1970년대에 적응하면서 잡지는 표류하던 음모 전쟁 시기 이후 안정된 정체성을 얻게 되었다. 하지만 잡지의 성공은 당연히 제품뿐 아니라 수익으로도 평가된다. 1970년대에 플레이보이사의 재정은 1970년대에 독자층이 줄

왼쪽에서 오른쪽으로 헤프너, 아니 모턴(플레이보이클럽 인터내셔널 사장), 빅터 로니스가 뉴저지 주의 그레이트 고지 리조트를 둘러보고 있다.

고 회사의 거의 모든 시도가 적자로 이어지면서 전망이 흐려졌고, 투자자들과 기업계는 이들의 미래를 걱정하기 시작했다. 좀처럼 해소되지 않는 재정 문제 탓에 플레이보이사는 편집 방침의 전환뿐 아니라 재정개혁도 필요하다는 것이 분명해졌다. 그 결과 플레이보이 역사에 손꼽히는 대대적인 개혁을 단행했다.

### III

1976년 초에 플레이보이사는 자사 보유의 대규모 시설 두 곳에서 조용히 '플레이보이'라는 이름을 떼었다. 뉴욕 시 서쪽 뉴저지에 있는 리조트는 '그레이트 고지 리조트호텔'이 되고, 시카고 시내의 호텔은 '타워스'가 되었다. 플레이보이사의 부회장 한 명이 말했다. "우리는 플레이보이 이름과 토끼 로고가 기업에 손해라는 것을 인정했다. 이것은 몇 년 전만 해도 곧 세계를 정복할 줄 알았던 기업으로서는 상당히 솔직한 자백이었다.

이 변화는 많은 것을 드러냈다. 1970년대 중반에 〈플레이보이〉지와 런던의 카지노들은 계속 흑자였지만 다른 문어발 투자(클럽, 호텔, 리조트, 영화, 음반, 서적)는 막대한 손실을 일으켜서 헤프너의 회사는 재정 문제에 부닥쳤다. 1973년에 2천만 달러였던 세전 수익이 1975년에는 200만 달러로 주저앉았고, 1976년에는 500만 달러로 살짝 올랐을 뿐이다.

1975년 여름, 헤프너는 획기적인 조치를 했다. 1960년대 초에 시카고를 떠난 옛 동료 빅터 로니스를 불러서 영국의 수익성 좋은 플레이보이 카지노를 운영하게 했다. 로니스는 회사 최대의 적자 기업인 플레이보이클럽 인터내셔널의 수장이 되어 조직 개혁을 이끌었다. 곧 '조스'라는 별명을 얻게 된 로니스는 시카고에 돌아오자 추종을 불허하는 수완과 악명 높은 잔혹성을 발휘해서 몇 주 안에 직원 수십 명을 해고했다. 하지만 로니스가 "헤프너의 개인적 이미지가 더는 회사 홍보에 도움이 되지 않는다."고 선언하는 등 너무 지나치게 나가자 헤프너는 그를 제지했다. "내가 헤프너가 원하던 것보다 더 빨리 더 멀리 움직였던 것 같다." 혼이 난 로니스는 말했다. 하지만 피해는 돌이킬 수 없었다. 회사의 기강은 무너졌다.

1976년에 〈월스트리트 저널〉은 헤프너 제국에 대해 암울한 평가를 내렸다. 구독자 수와 잡지 광고가 감소하고, 호텔과 리조트와 미국 내 플레이보이클럽이 막대한 적자에 시달리고, 음반과 영화 부문도 수익을 내지 못하며, 주가는 주당 4달러에서 바닥을 쳤다. 아이러닉하게도 기사는 많은 문제가 〈플레이보이〉의 성혁명 시절이 지나갔다는 인식에서 비롯했다고 주장했다. 이제는 아무도 버니를 보고 흥분하지 않지만, 문제는 회사의 유명한 경영 능력 부재와 경영 전문가 경멸 풍조에도 있다고 기사는 썼다. 전체적으로 플레이보이의 급성장 시절은 끝났다는 것이 〈월스트리트 저널〉의 결론이었다.

헤프너는 이렇게 거대하게 떠오르는 문제들을 고통스러울 만큼 잘 알게 되었다. 보통은 사업적 세부 사항을 귀찮아하던 그였지만 1975년 대책팀의 이야기와 기업 재조직 권유는 주의 깊게 들었다. 그는 처음에는 감원과 각종 계획 폐기 제안에 저항했지만, 플레이보이사가 맞닥뜨린 경제적 곤란의 크기를 알게 되자, 냉정한 점검을 마친 후에 어려움에 맞서 조직을 재구성하는 데 전념했다.

1976년 봄에 적극적인 움직임이 이루어졌다. 헤프너는 플레이보이사의 회장 겸 COO 자리에서 물러나고, 회사의 일상적 업무를 담당할 사람을 찾았다. 그는 이사장 겸 최고경영자로 남아서 중요한 정책 결정을 맡기로 했다. 그리고 헤프너는 마침내 자신뿐 아니라 자신이 믿고 맡긴 친구들도 회사를 운영할 사업 역량이 부족하다는 것을 인정했다. 창업자와 임직원 사이의 상호 존경과 커뮤니케이션은 깨져 있었다.

그해 여름에 헤프너는 나이트리더 신문 체인의 부회장인 47세의 데릭 대니얼스를 새 회장으로 뽑았다. 헤드헌터가 처음 접촉했을 때 대니얼스는 전혀 내켜하지 않았다. 하지만 호기심이 생겼고, 헤프너를 만나자 이야기가 잘 통했다. 대여섯 시간을 이야기한 뒤 대니얼스는 헤프너의 지성과 정직성에 끌렸다. "그는 자신이 무엇을 원하는지 아는 사람이었다. 회사의 문제가 무엇인지 알았고, 새로운 조치가 필요하다는 것도 알았으며, 그것을 실행할 준비가 되어 있었다." 대니얼스

주주 총회에서 연설하는 플레이보이사의 회장 데릭 대니얼스

는 나중에 회고했다. 대니얼스는 제안을 받아들이고 1976년 10월 1일에 플레이보이에 결합해서, 특유의 자신감과 재치로 회사의 조타실에 들어섰다.

스타일과 외모가 플레이보이 회장으로 어울리는 대니얼스는 아주 훌륭한 스카우트 사례로 여겨졌다. 그는 작은 체구에 옷차림은 도시적이고 말쑥했으며, 양쪽 눈의 색깔이 달랐다(한쪽은 파란색, 한쪽은 연갈색). 세련되게 자른 머리는 귀와 옷깃을 덮고 내려왔다. 갈색으로 그을리고 주름이 깊이 팬 얼굴은 강렬하고 음울하고 때로 골똘한 표정을 지었다. 담배는 하루에 네 갑을 피웠으며, 사교 공간이나 업무 상황에서 때로 말이 없었지만, 독특하게 연마한 태도로 날카로운 지성, 독특한 스타일, 은근한 강인함을 내비쳤다.

대니얼스는 곧 〈플레이보이〉의 확고한 대변인이 되었다. 그는 밝은 미래를 약속하며 〈플레이보이〉는 인생을 찬미하고 꿈을 전달하는 잡지라고 말했다. "복잡하고 어려운 세상에는 환상이 필요하다. 가능한 일을 꿈꾸지 않는다면 무슨 희망이 있다는 말인가?" 그는 〈플레이보이〉의 독자층은 "고소득층으로, 상향 지향적이고 열린 자세로 새로운 생각과 경험을 받아들이며, 삶에서도 소비에서도 품질을 중요하게 여기는 사람들"이라고 말했다.

하지만 대니얼스는 시작부터 논란을 일으켰다. 플레이보이 입사 후 몇 달 지났을 때 그는 마이애미에서 뒤늦은 송별회를 열었는데 그것은 플레이보이 조직 전체를 경악시켰다. 조각가 친구의 널찍한 집에서 열린 그 모임에서 남자 집사와 바텐더들이 가죽과 호피 옷을 입고 엉덩이를 드러냈으며, 여자 웨이트리스들은 끈 팬티에 상반신 누드였다. 파티 중간에 멋진 몸매의 여자가 스트립쇼를 벌여서 하트 모양으로 깎은 음모를 드러냈다. 그리고 〈마이애미 매거진〉 표지에 실린 대니얼스는 금실을 섞어 짠 상하 일체복의 지퍼를 허리까지 내리고 금 목걸이를 건 채 스물두 살 여자에게 기대 누워 있었다. 플레이보이사의 홍보 책임자 리 고틀리브는 그 기사와 표지 사진을 보고 허겁지겁 대니얼스를 찾아가 더는 언론 노출은 자제해 달라고 부탁했다.

대니얼스가 플레이보이사 회장으로 일하는 동안 그의 개인적 스타일은 투자자와 임원들을 그다지 안심시키지 못했다. 그는 회장 취임 전날 잡지 표지의 여자 M. J. 테일러와 결혼했다. 큰 키에 속이 비치는 블라우스를 자주 입는 이 당당하고 자신감 넘치는 여자는 회사 연회에 맨발로 참석할 만큼 자유로운 정신의 소유자였다. 대니얼스 부부는 금세 요란한 파티로 시카고에서 명성을 얻었으며, 타워스 펜트하우스에 있는 그들의 아파트는 '프리섹스 파티'의 소문을 낳았다.

새 회장의 기행(하루에 커피를 서른 잔까지 마시고 매주 이틀씩 금식하는)

은 그의 요란한 옷차림만큼이나 독특한 분위기를 더해주었다. 그는 우아한 청색 줄무늬 정장 차림, 또는 흰색 양복에 흰 구두 차림, 또는 가죽 바지에 스웨터, 스카프, 맨발 단화 차림, 또는 우주복에 붉은 카우보이 부츠 차림으로 회사에 출근했다. 플레이보이맨션에서 열린 환영 파티에는 헐렁하게 물결치는 흰색 블라우스와 꼭 끼는 흰색 바지를 입고 굽 높은 흰색 부츠에 흰 실크 스카프를 두른 차림으로 나타났다. 대니얼스가 새 동료에게 말한 것처럼 그는 나이트리더 시절에는 "정체를 숨긴 괴짜였지만… 이제는 내가 원하는 대로 살 수 있는 회사에서 일하게 되었다."

많은 회사 임원이 이런 개성이 기업 회장으로는 어울리지 않는다고 보았다. 한 사람은 대니얼스가 "전혀 손을 쓸 수 없는 사람이다. 우리가 미치광이를 고용한 게 아닌가 싶다."고 걱정했다.

하지만 헤프너와 대니얼스는 서로 지지했다. 헤프너는 공개적으로 새 회장의 사업 및 경영 능력을 칭찬했으며, 대니얼스는 기회가 될 때마다 헤프너를 높이 띄웠다. 〈뉴욕타임스〉와의 인터뷰에서는 미국인 다수가 성 충동을 억압하고 살았지만 휴 헤프너가 인간이 성적 존재로 사는 건 건강한 일이라고 가르쳤다고 말했다.

대니얼스는 헤프너의 지지 아래 처음 6개월 동안 플레이보이사를 살릴 기본 전략을 짰다. 회사는 강력한 핵심(잡지와 클럽)으로 시작했지만 무분별한 확장 열망에 사로잡혀 사업에 대해 무지한 상태로… 호텔, 리조트, 영화관, 음반 회사에 손을 댔다고 했다. 대니얼스의 계획은 간단했다. "작동하지 않는 것을 감축하고, 전체 회사의 핵심 역량을 키우는 것"이었다.

1977년 봄에 대니얼스는 수익성 없는 사업체인 자메이카의 플레이보이 리조트호텔과 볼티모어 플레이보이클럽을 정리했다. 곧이어 뉴욕과 시카고의 극장들을 팔고, 신규 플레이보이클럽 몇 곳의 사업권을 팔았으며, 비틀거리는 음반 사업을 위해 컬럼비아 레코드와 협력 계약을 맺었다. 그리고 1977년 9월에는 언론에 대대적으로 보도된 "토끼우리 청소"를 통해서 비대해진 인력 가운데 70명 가까운 직원을 감원했다. 대니얼스는 세월이 지나는 동안 회사의 수익에 직접 이바지하지 않는 기능과 직무가 상당히 늘었기 때문에 감축이 필요하다고 말했다.

회사 안팎의 거의 모든 사람이 이런 개혁이 진작 이루어졌어야 했다고 입을 모았다. 삭감 덕분에 회사는 짧은 시간 내에 재정적 추락을 멈추었고, 회계연도 1977년과 1978년에는 수익도 주가도 약간 상승했다. 재정분석가들도 이에 답해서 〈포브스〉는 「버니가 돌아왔다」는 기사를 냈고, 〈뉴욕타임스〉는 "플레이보이가 일하기 시작했다. 황홀이 떠난 자리에 수익이 살아난다."고 판단했다. 관측자들은 플레이보이사가 방향은 잘 잡았지만 위기를 완전히 벗어나지는 않았다고 보았다. 분석가 N. R. 클라인펠드는 "토끼가 돌아온 건 분명하지만, 그게 코르티손 다량 투여 덕분인지 진정으로 건강을 되찾은 것인지는 아직 분명하지 않다."고 말했다.

그렇게 해서 휴 헤프너와 데릭 대니얼스는 플레이보이사의 재정을 안정시켰다. 하지만 1970년대가 끝나갈 때 〈플레이보이〉의 자리는 10년 전보다 더 불확실했다. 갈수록 좌파와 우파의 반목이 심해지는 미국에서 양쪽 평자가 모두 헤프너의 논지를 비난했다. 잡지 25주년인 1978~1979년 시기에 괴짜 민중주의자이자 〈시카고 선-타임스〉의 오랜 칼럼니스트인 마이크 로이코는 헤프너는 자기 홍보에 열을 올리는 사람일 뿐으로, 그가 말하는 세련이란 고작 "게임장에서 핀볼 기계를 조작하고 하루에 펩시콜라를 한 상자씩 마시고 게임을 할 만한 머리가 있는 친구들과 백거먼 게임을 하는 것"이라며 그를 맹비난했다. 자유주의 평자인 리처드 코언은 헤프너를 자기 삶을 정당화하고 자신을 전설로 가공하려고 필사적인 노력을 기울이는 사람으로 평가절하했다. 급진적 〈가디언〉지는 〈플레이보이〉가 "광포한 소비주의"를 권장한다고 비난했다.

우파 쪽 평자들은 〈플레이보이〉의 남자 화장실 벽의 낙서 같은 관음증적 섹스관과 천박하고 탐욕스러운 물질주의와 개인적 쾌락의 집착을 비난했다. 헤프너와 잡지에는 다양한 비난이 쌓여 갔다. 헤프너가 다닌 대학이 있는 도시의 신문은 특히나 잔인한 공격을 했다. 〈샴페인-어바나 뉴스-가제트〉는 "여성의 해부학적 묘사와 음란한 언어를 갈수록 악화시킨 〈플레이보이〉는 지난 4반세기 동안 자신이 번성한 사회를 타락시킨 것 말고는 별로 한 일이 없다."

하지만 훨씬 더 고약한 일이 다가오고 있었다. 1980년대가 시작되면서, 1970년대 내내 힘을 모은 보수적 정치 문화 혁명이 미국을 급습했다. 〈플레이보이〉가 내세우는 모든 것에 반대하는 이 움직임은 헤프너와 회사를 궁지로 몰아넣었다. 이제는 당황에 그치던 일이 짧은 시간에 공포가 되었고 미스터 플레이보이는 긴 악몽의 시대에 들어섰다.

## 2 암흑의 10년

1980년 8월 15일, 헤프너가 친구들과 함께 맨션 게임하우스에서 놀고 있을 때 전화가 걸려 왔다. 헤프너의 일정 담당 비서 시스 런들이 전화를 받자, 상대방은 헤프너를 바꿔달라고 했다. 시스가 헤프너를 불렀지만 그는 게임을 중단하는 게 싫어서 용건을 적어두라고 했다. 그러자 전화를 건 사람은 "그가 직접 받는 게 좋을 겁니다. 플레이메이트 한 사람이 죽었으니까요." 그리고 그 플레이메이트의 이름을 밝혔다. 런들은 깜짝 놀랐다. 바로 얼마 전에 '올해의 플레이메이트'로 뽑힌 도로시 스트래턴이었다. 그녀는 눈부신 미모와 순수한 성품으로 2년 전에 캐나다의 시골을 떠나 로스앤젤레스에 왔을 때 〈플레이보이〉 조직의 모든 사람을 사로잡은 여자였다.

런들은 헤프너에게 달려가 소식을 전했다. "헤프너는 얼굴에서 핏기가 사라졌다. 그가 기절하는 줄 알았지만 그러지는 않았다. 그저 충격에 빠진 것이었다. 그는 전화기로 가서 잠깐 이야기를 했다. 모두가 얼어붙어 있었다." 런들은 말했다. 형사는 스트래턴이 얼굴에 총을 맞왔으며, 사이가 멀어졌던 남편의 시신도 현장에 있었다고, 아마도 그가 아내를 쏜 뒤 자살한 것 같다고 보고했다. 헤프너는 한동안 멍하니 서 있었다. 하지만 참사가 현실이라고 느껴지자, 정신을 차리고 스트래턴의 지인과 가족에게 전화하라고 지시하고 동시에 잡지의 주요 간부들에게도 전화했다.

도로시 스트래턴의 비극적인 죽음은 그 자체만으로도 비극이지만 그와 더불어 헤프너와 〈플레이보이〉사가 그 후 10년 동안 겪을 깊은 고통을 상징적으로 보여주었다. 정치, 문화, 경제, 개인적으로 수많은 문제가 산사태처럼 헤프너와 그의 엔터테인먼트 제국 위로 쏟아져 내리며 절멸을 협박했다. 1980년에 불거진 세 가지 문제는 헤프너가 직업과 사생활 양면에서 그의 인생의 가장 어두운 시기를 예고했다. 문제가 꼬리에 꼬리를 무는 동안, 그가 그것을 이기고 살아남을지 한 치 앞도 알 수 없었다.

## I

1980년 10월 중순, 시카고 신문과 TV에 새로운 광고가 선을 보였다. 이 광고는 기독교조합인 내셔널 헤리티지 재단이 낸 것으로, 헤프너를 "헌신 없는 섹스, 기분 전환 약물, 이기적 물질주의, 미성숙한 무책임"의 메시지를 파는 포르노업자라고 비난했다. 그들은 〈플레이보이〉 25주년 기념호의 도발적인 특집을 지적하고, 「플레이보이 철학」의 반기독교적 구절을 인용하며, 미국에 만연하는 10대 임신, 이혼, 성병, 편모 가정, 낙태의 증가를 언급했다. "지난 20년 동안 〈플레이보이〉는 그 누구보다 더 강력하게 미국을 전에 없던 자기 탐닉으로 꾀었고, 이제 우리 앞에 그 결과가 나타나는 것 같다."고 광고는 말했다.

광고의 시점은 전혀 우연이 아니었다. 이 광고들은 대통령 선거를 2주일 앞두고 실렸다. 선거에서는 캘리포니아 주지사 출신인 공화당 후보 로널드 레이건이 강력한 보수주의 운동의 새로운 수장으로 떠올랐다. 외교 문제에서 강력한 미국을 내세우고, 복지 예산을 깎고, 가족에 대한 헌신, 종교적 이상, 개인적 책임, 성적 억제를 주창하는 이 운동은 전통적 정치, 도덕, 문화적 가치를 미국 공생활의 중심에 다시금 세우고자 했다. 레이건 혁명은 1960년대 미국의 특징을 이룬 광범위한 정치적 저항, 문화적 반란, 사회적 소요에 대항하여 1970년대에 조용히 뿌리를 내렸다. 많은 미국인이 처음에는 당황했다가 이후 분노 속에 반격의 힘을 키워 이른바 '뉴라이트'라고 하는 기층 정치 조직망이 전국에 걸쳐(교외 지역에도 상당히) 생겨났다. 1960년대 급진주의 도덕의 느슨함에 강렬한 반감을 느낀 전통주의자들은 문화 전선에서도 비슷한 조직을 만들어서, 1979년 제리 팰웰 목사가 창립한 '모럴 머저리티Moral Majority(도덕적 다수)' 같은 집단이 미국 정치에 기독교 도덕을 재정립하기 위해 나타났다.

〈플레이보이〉는 1970년대에 벌어진 일련의 충돌 사건 탓에 보수주의 반격의 주요 표적이 되었다. 예를 들어 일리노이 주 남녀평등헌법수정안ERA 통과를 둘러싸고 벌어진 논쟁으로 헤프너의 잡지는 필리스 슐라플리 같은 보수주의 활동가들과 사이가 나빠졌다. 헤프너가 지역 사회에서 외설 혐의로 비난받는 포르노 배우 해리 림스, 〈스크루〉 잡지 편집자 앨 골드스타인, 〈허슬러〉 발행인 래리 플린트를 옹호한 것도 보수주의자들의 심기를 건드렸다. 헤프너는 수정헌법 제1조를 근거로 검열에 반대했지만, 성난 보수주의자들은 그것을 그가 실제로는 포르노업자라는 증거로 여겼다.

보수주의자들은 1980년 선거에서 개인적 도덕과 책임을 레이건 대통령 선거의 요체로 삼았다. 레이건은 트레이드마크인 부드럽고 진솔한 말투로 건강한 가정, 개인적 책임, 전통적 도덕이 사회 타락을 막는다고 거듭 강조했다. 그는 모럴 머저리티의 활동가 로버트 빌링스를 선거참모로 불렀고, 1980년 8월에는 댈러스에서 보수적 기독교 조직 '릴리저스 라운드테이블'의 1만 5천 명의 회원 앞에서 "나는 이 모든 급진파와 타락자들이… 공공연하게 자신을 밝히고 나오는 데 질렸습니다. 이제 하느님의 사람들이 자신을 밝히고 나올 때입니다."라고 선언했다. 레이건은 〈플레이보이〉를 직접 언급하지는 않았지만, 다른 보수주의 대변자들은 그렇게 했다. 윌러엄 F. 버클리는 선거 운동 중 헤프너가 다른 모든 고려 사항(가족에 대한 충실, 자기 수양, 사생활 또는 정숙함 또는 겸손함에 대한 존중)보다 섹스가 최우선이라고 주장한다고 비난했다.

모럴 머저리티는 1980년 선거전에서 특히 맹활약했다. 이 문화적 보수주의자들은 위협받는 전통적 삶을 지키려고 집결해 포르노그라피, 낙태, ERA, 동성애, 공립학교의 기도시간 부정을 전통적 가정과 평화로운 지역 사회를 노리는 의식적 음모로 보았다. 이렇게 분출하는 보수주의 운동 속에서 헤프너는 부도덕과 전국적 퇴폐화의 한 동인動因으로 여겨졌다. 버클리는 1980년에 발간한 『아메리카여, 들어라!』라는 책에서 플레이보이를 숭배하는 건 가정생활을 위협하는 것이라고 비난했고, 어느 연설에서는 휴 헤프너와 래리 플린트 같은 사람은 감옥에 보내야 한다고 단언했다.

헤프너는 보수주의 재등장에 놀라지 않았지만(1968년 시카고에서 민주당 대회가 열릴 때 사람들이 경찰의 강경 대응을 지지하는 것을 보고 그것을 예견했다) 그 강도에 자극을 받아 반격에 나섰다. 헤프너는 보수파의 비난이 그가 1950년대에 〈플레이보이〉를 창간할 때 맞섰던 1950년대 정서의 재생이라고 보았다. "우리는 낙태와 검열을 둘러싼 똑같은 싸움을 다시 하고 있다." 모럴 머저리티가 학교도서관 소장도서와 텔레비전 프로그램을 규제하려는 것을 두고 그가 한 말이다. 플레이보이사에서 일하기 시작한 헤프너의 딸 크리스티도 자유주의적인 태도를 지지하며, "모럴 머저리티가 여자들을 부엌으로 돌려보내려고 한다… 나는 대다수 사람은 남들이 무얼 읽고 무얼 볼지 선택할 권리를 존중한다고 믿는다."고 말했다.

휴 헤프너는 〈플레이보이〉 지면을 이용해서 모럴 머저리티와 신흥보수주의 운동을 강력하게 공격했다. 「레이건 질문」이라는 제목의 기사는 레이건이 반공주의에 사로잡힌 위선적인 멍청이로 모럴 머저리티에 영합하고 핵전쟁을 조장한다고 맹비난했다. 「새로운 도덕적 우파의 놀라운 잘못」은 팰럴의 추종자들을 미국사회 전체를 경직된 정치, 종교적 믿음에 맞추어 재구성하려는 과격파라고 비난했다.

〈플레이보이〉는 그들을 조롱하는 방법도 채택했다. 「프레이보이Prayboy: 극우월한 사람들의 엔터테인먼트」라는 제목의 패러디 특집에는 「모럴 머저리티의 여자들」이라는 화보가 실리고 「공공도서관에 꼭 책이 있어야 하는가?」라는 기사가 실렸다. 「프레이보이 상담」은 성경에 자주 나오는 '허리께'가 무엇이고 어디인지를 묻는 신앙심 깊은 부부에게 "우리가 말할 수 있는 건 당신들에게도 그것이 있다는 것뿐이다. 각자 한 세트씩 있다. 하지만 불행히도 그 위치는 말할 수 없다."고 대답했다. 이런 조롱의 정점을 이룬 건 센터폴드에 실린 「미세스 12월」 노마 베스 이완이었다. 그녀는 분홍색 실내 원피스를 입고 다섯 아이에게 "스탠드 바이 유어 맨"(태미 와이넷의 노래로, 여자에게 아무리 힘들어도 남자 곁을 지키라고 권하는 내용-옮긴이)이라고 적힌 책을 읽히고 있었다.

하지만 민주당의 작전과 마찬가지로 헤프너의 이런 움직임은 별다른 영향을 미치지 못했고, 1980년 선거에서 레이건은 재선에 도전하는 지미 카터에게 압승을 거두었다. 이런 새로운 정치적 시대는 그 후 25년 동안 미국의 공적 생활을 크게 바꾸었다. 그 과정에서 모든 진영은 헤프너와 〈플레이보이〉를 승리한 보수주의의 적그리스도로 여겼다. 전선이 명확해지면서 이제 전면전이 언제 시작될까 하는 것만이 남았다.

레이건 혁명에 이어 같은 해에 두 번째 당혹스러운 일이 발생했다. 논쟁적인 책이 헤프너와 〈플레이보이〉를 문화적 폭풍의 한복판에 몰아넣은 것이다. 유명한 뉴 저널리스트 게이 털리즈는 출판과 영화 판권으로 380만 달러의 선인세를 받고 수년에 걸쳐 미국의 성혁명을 검토하는 책을 썼다. 언론의 높은 관심 속에 털리즈는 변화하는 성적 지평을 탐구하고자 성인등급 영화, 마사지숍, 성애문학, 외도와 실험, 부부교환, 섹스리조트, 플레이토스 리트리트와 샌드스톤 같은 논쟁적 클럽에 참가해서 심층적인 조사를 했다. 그 결과물인 『네 이웃의 아내 *The Neighbor's Wife*』는 1980년에 대대적 홍보 속에 출간되었다. 책은 풍성하고 세밀한 사례들을 통해서 미국인이 점점 금기를 버리고 성적 자유의 신윤리를 수용했다고 말했다.

헤프너는 『네 이웃의 아내』에 중심적 인물로 등장했다. 시간을 많이 들여 헤프너를 인터뷰하고 플레이보이맨션 생활을 경험한 털리즈는 그의 인생을 1950년대 이후 미국사회를 휩쓴 성해방의 상징으로 묘사했다. 3부로 이루어진 전기 섹션에서 털리즈는 헤프너의 어린 시절과 〈플레이보이〉 초기, 최근의 행보, 특히 바비 벤턴과 캐런 크리스티의 뒤얽힌 삼각관계, 보비 아른스타인의 죽음을 부른 약물 스캔들을 자세히 설명했다. 그는 헤프너의 성공이 전국의 미국인이 다양한 성 표현에 점점 관대해지고 심지어 집착하게 되는 것을 보여준다고 암시했다. 동시에 헤프너는 불안하고 고립되고 미성숙한 데다 여전히 행복 추구의 열망을 충족시키지 못한 신경증적 인물로 묘사했다.

『네 이웃의 아내』는 금세 베스트셀러가 되었지만 평론가들에게는 혹평을 받았다. 평자들은 책이 열혈 성해방주의자가 쓴 장황하고 위선적이고 심지어 음울하기까지 한 기록이라고 했다.

더욱이 평자들은 대부분 이 책이 현대 미국인의 성생활을 왜곡한다고 여겼다. 급진적 이단자들에 집중한 탓에 책은 시대착오적인 "히피와 환각제"시절의 유산처럼 보였다.

이념도 평가에 영향을 미쳤다. 자유주의 평자들은 털리즈가 섹스를 찾는 중년 남성에 집중하고, 여자와 동성애자, 어린이, 그밖에 성혁명의 사회적 변화에 영향받는 다른 많은 사람을 무시했다고 비난했다. 보수주의자들은 『네 이웃의 아내』가 사회적 무절제의 선언이라며 더욱 분노했다. 그들은 털리즈가 성혁명이 일으킨 막대한 사회적 비용(사랑과 결혼, 가족 구조의 훼손, 이혼, 성병, 낙태, 10대 임신, 여성의 성 착취)을 무시했다고 평했다.

헤프너는 비평의 십자포화에 싸였다. 많은 평자가 볼 때 미스터 플레이보이는 이 과장된 책이 묘사한 경박하고 요란한 성 문화의 궁극적 상징이었다. 평자 대부분은 헤프너를 사회 혁명과는 거리가 멀고 오직 자신의 쾌락에 몰두한 미성숙한 성인으로 보았다. 그들은 특히 헤프너의 맨션 생활을 집중적으로 비판하며 그것을 지루한 인생의 초상으로 여겼다. 어니스트 반 덴 헤이그가 조롱 섞어 말했듯이 "덜 자란 어른의 유토피아는 버니와 백거먼과 펩시콜라의 인생이다. 정말로 대단한 인생 아닌가."

헤프너 또한 자신에 대한 털리즈의 묘사가 유쾌하지 않았다. 그는 책이 자신의 로맨틱한 모험을 과도하게 왜곡하고 자신이 성혁명에서 수행한 핵심적인 역할을 과소평가했다고 보았다. 또 털리즈는 그를 좌절하고 불행한 사람으로 그렸지만, 자신은 실제로 자기 인생이 매우 좋다고 헤프너는 불평했다.

어쨌건 1980년 『네 이웃의 아내』가 출간되면서 촉발된 지적 다툼은 헤프너에게 많은 상처를 남겼다. 그와 털리즈는 범죄 문화의 파트너로, 역동하는 70년대가 배양한 해방된 성을 파는 약장수의 이미지를 얻었다. 이념적 스펙트럼 전 영역의 관측자들이 그들의 성해방 메시지는 아무런 의미도 없는 치기 어린 자기도취적 쾌락주의로 해석했다. 『네 이웃의 아내』는 1960년대와 1970년대에 걸친 성 반란 드라마의 상징적인 막을 내린 것 같았다. 관중은 적대감이 아니라 혐오감에 고개를 돌렸다.

그러나 1980년 레이건의 당선과 털리즈의 책 출간이 아무리 거슬렸다 해도, 같은 해에 일어난 도로시 스트래턴의 비극적 살해가 일으킨 소동에는 비교되지 않았다. 이 참사는 헤프너 개인에게 막심한 상처였고, 친구들과 맨션 손님들에게도 정신적 당혹감을 안겨주었다. 그는 그녀를 잘 알았고 그녀의 성공에 큰 기대를 걸었으며, 그 어처구니없는 죽음에 아연했다. 설상가상으로 사건의 진상이 밝혀지면서 더없이 당혹스러운 이야기가 펼쳐졌다.

스트래턴은 1978년 열여덟 살 때 플레이보이맨션 웨스트에 처음

왔다. 비행기를 처음 타 본 순진하고 아름다운 처녀였다. 본명이 도로시 루스 호그스트래턴인 그녀는 캐나다 밴쿠버에서 나고 자랐으며, 어려운 가정환경으로 열네 살부터 생활비를 보태기 위해 패스트푸드점 데어리퀸에서 일했다. 껑충한 키에 어리어리하던 소녀는 네덜란드 후손의 특징이 나타나면서 몇 년 사이에 금발 머리, 파란 눈, 높은 광대뼈, 관능적 몸매를 갖춘 미녀로 자랐다. 고등학교 졸업반 때 그녀는 폴 스나이더를 만났다. 그는 어느 날 데어리퀸에 갔다가 아름다운 금발 종업원에게 반해서 전화번호를 받아내고 몇 차례의 시도 끝에 데이트 약속을 잡았다.

스나이더는 고등학교를 자퇴한 싸구려 남창이었다. 때에 따라 포주, 자동차 전시회 흥행사, 마약 중개상으로도 일하던 그는 스트래턴에게서 로맨틱한 가능성뿐 아니라 미래의 생계 수단도 보았다. 촌스러운 옷과 다정한 성품 아래에서 피어나는 미모를 보고 그는 그녀의 마음을 얻으려는 계획에 착수했다. 그녀의 가족이 반대했지만, 그는 선물 공세를 펼치고 장래 계획을 과장하며 구애를 했다. 또 옷과 화장품을 골라주며, 그녀의 미모를 팔 기회를 찾았다. 기회는 1978년 여름에 왔다.

밴쿠버의 사진가 켄 허니가 〈플레이보이〉 25주년 기념호에 실릴 플레이메이트의 후보를 찾고 있었다. 스나이더는 스트래턴에게 시험 촬영에 가보라고 했고, 허니는 그때 찍은 그녀의 컬러 사진 열두 장을 로스앤젤레스에 있는 〈플레이보이〉 사진 편집자 메릴린 그래버스키에게 보냈다. 그래버스키는 사진을 보자 당장 허니에게 전화를 걸어 스트래턴을 로스앤젤레스로 보내라고 하고, 화보 사진가 마리오 카실리와 촬영을 준비했다.

촬영은 순조롭게 진행되었고 그녀는 며칠 동안 플레이보이맨션의 게스트하우스에 묵었다. 그래버스키는 그녀에게 분명히 플레이메이트가 될 거라는 확신을 주었고, 스트래턴은 밴쿠버로 돌아가 직장을 정리하고 나서 맨션에 좀더 오래 체류할 예정으로 로스앤젤레스로 돌아왔다. 그러자 스나이더는 그녀가 자기 손아귀에서 빠져나간다는 의심에 하루에도 서너 번씩 스트래턴과 그래버스키, 카실리에게 전화를 했다. 그가 스트래턴에게 결혼을 압박하자 그녀는 계속 망설이다가 결국 약혼을 했다. 두 사람은 로스앤젤레스로 이주했다.

스트래턴의 일은 마술처럼 풀려나갔다. 그녀는 아직 경험이 없는 터라 〈플레이보이〉 25주년 플레이메이트 가운데 2위를 했지만 1979년 8월호의 플레이메이트로 뽑혔다. 그리고 그 몇 주 전인 6월에는 스나이더의 압박을 이기지 못하고 라스베이거스에서 결혼했다. 그녀가 이달의 플레이메이트가 된 8월호가 신문 판매대에서 팔려나가는 동안 그녀는 에이전트와 계약을 맺고 영화와 텔레비전의 단역 자리들을 따냈다. 그리고 1979년 10월 ABC 방송의 〈플레이보이 롤러디스코와 파자마파티〉에 출연해서 사람들의 눈을 끌었다. 1980년에 올해의 플레이메이트로 뽑힌 스트래턴은 공상과학 풍자영화 《갤럭시나》에 주연으로 캐스팅되었다.

스트래턴의 전망이 밝게 열리면서 그녀에 대한 스나이더의 지배력이 약해졌다. 그는 그녀의 수입을 멋대로 주무르면서 그 대부분을 자기 주머니에 넣었는데, 그녀는 남편의 이런 강압 행동에 질려 그와 거리를 두면서 개인 재정 매니저 로버트 휴스턴을 고용했다.

이런 갈등은 할리우드의 촉망받는 젊은 감독 피터 보그다노비치가 존 리터, 벤 가자라, 오드리 헵번 주연의 로맨틱 코미디 영화 《뉴욕의

1980년 4월 도로시 스트래턴이 올해의 플레이메이트로 선정됐다고 발표하는 순간의 스트래턴과 헤프너

연인들》에 그녀를 출연시키기로 하면서 위기의 수준으로 치솟았다. 그녀는 1980년 3월 촬영을 위해 몇 주 동안 뉴욕에 머물렀고, 비밀리에 보그나노비치와 애인이 되었다. 두 사람은 사랑에 빠졌고, 스트래턴은 이제 스나이더와 관계를 완전히 끝내기로 했다.

스나이더는 격노했다. 그는 탐정에게 아내와 보그다노비치를 미행시켜, 애정 이간 소송의 증거를 확보하려고 했다. 또 아내의 재정 매니저 휴스턴을 괴롭혀 돈을 요구하고 아내의 장래 수입 절반을 요구하는 소송을 걸겠다고 협박했다. 우호적인 결별을 원한 스트래턴은 7월 말에 이혼을 논의하고자 스나이더를 만났다. 그 사이에 스나이더는 중고 12구경 모스버그 엽총과 탄환을 샀다.

그날 저녁 스나이더가 계속 전화를 받지 않자 찾아온 친구들은 두 사람의 벌거벗은 시신과 사방에 흥건한 피에 맞닥뜨려야 했다. 스나이더는 스트래턴의 얼굴 옆면을 쏘고 이어 자신을 쏘았다. 그는 또한 그녀가 죽기 전과 죽은 후에 각각 그녀를 성폭행했다.

이런 참혹한 소식에 따른 충격의 물결은 헤프너와 플레이보이 제국을 강타했다. 스트래턴을 〈플레이보이〉라는 착취 미디어의 희생자로 묘사하는 비난이 합창을 이루었다. 〈로스앤젤레스 헤럴드 이그재미너〉에는 "이제 휴 헤프너와 플레이보이 조직의 현란한 가면 뒤를 제대로 살펴보아야 할 때"라고 분노한 독자의 편지가 실렸다.

페미니스트들도 헤프너와 〈플레이보이〉가 여성을 착취한다고 비난했다. 살인 사건이 있고 석 달가량이 지나 테레사 카펜터가 〈빌리지 보이스〉에 발표한 「플레이메이트」라는 기사가 다른 많은 신문에 게재되어 1981년 퓰리처상 특집기사 부문상을 받았다. 카펜터는 세 남자(헤프너, 보그다노비치, 스나이더)가 스트래턴을 이용하려 했다면서 방아쇠를 당긴 건 스나이더지만, 세 사람 모두 이 비극에 책임이 있다고 했다. "스트래턴은 사악하다기보다 차라리 한심한 자들의 야심의 고리에 촉매가 되었다."카펜터는 헤프너와 잡지에 대해서 통렬하게 비판했다. "스트래턴은 여태껏 대형 여배우를 배출한 적이 없는 〈플레이보이〉가 가장 크게 키워 낼 수 있으리라 기대한… 회사의 재보財寶였다. 헤프너는 스타를 만들어서 할리우드에 당당히 자리를 잡고자 했고, 스나이더는 플레이보이 에토스의 처량한 산물이 되었다."

헤프너가 인지하지 못하는, 적어도 인정하지는 않는 아이러니는 스트래턴의 살해는 우연이 아니라 〈플레이보이〉 윤리가 키운 병균에 의한 것이라는 점이다. 〈플레이보이〉 철학의 묵시적 조항인 "여자는 소유물이다"라는 폴 스나이더라는 열렬한 신봉자를 만들었다. 그는 무조건부로 그 꿈을 샀고, 아마도 자신이 〈플레이보이〉의 가장 정직한 사도라고 생각했을 것이다. 그는 실현될 수 없던 어두운 환상을 실행했다.

헤프너는 이런 비난에 질겁해서 〈플레이보이〉가 스트래턴을 착취했다는 것을 부인했다. 그는 〈플레이보이〉가 얼마간의 이득을 얻었다 하더라도 스트래턴이 얻은 이득이 훨씬 컸으며, 그것은 더욱더 커질 수 있었다고 주장했다. 또 스나이더가 스트래턴을 줄곧 학대했다는 사실을 상기시켰다. 헤프너는 〈플레이보이〉에 스트래턴의 인생을 다룬 장문의 기사도 썼다. 그 글에서 그는 〈플레이보이〉는 한결같이 여성이 경제적, 사회적, 성적, 예속에서 벗어나야 한다고 주장했으며, 스나이더는 스트래턴이 독립하려는 것을 견디지 못한 병든 남자라고 썼다. 카펜터의 기사는 조작된 사실과 소설적 상상력으로 〈플레이보이〉와 남성 일반을 악의적으로 비방했다고 했다.

스트래턴의 죽음과 그에 대한 대중의 반응은 헤프너에게 깊은 상처를 입혔다. 이것은 그의 인생에서 보비 아른스타인의 자살과 함께 가장 기가 막히고 고통과 공포를 안겨준 사건 가운데 하나라고 그는 훗날 말했다.

그 사건은 레이건의 당선과 털리즈의 책 출간과 더불어 헤프너와 〈플레이보이〉에 암흑 시기가 도래했음을 알렸다. 그는 전체 사회에서 점점 더 고립된 자리로 몰리는 것 같았다. 헤프너와 잡지는 승리한 보수주의 운동 진영에서 비난받는 한편 그가 이끌고자 한 진보 진영에서도 별로 환영을 받지 못했다. 이런 낙심천만한 사건 속에 열린 1980년대는 헤프너에게 기나긴 고난의 시대였다. 곧 드러났듯이, 1980년의 세 가지 혼란스러운 사건은 플레이보이사를 붕괴의 절벽으로 밀고 간 더욱 심각한 재정적 문제를 배경으로 벌어졌다.

II

1980년 10월 14일, 빅터 로니스는 유쾌하게 런던 법원을 나섰다. 막대한 수익을 올리는 플레이보이사 도박 사업부의 수장으로 그는 1년여 전에 런던의 빅토리아 스포팅 클럽을 사들였다. 이 인수로 플레이보이는 영국 최대 도박업체가 되었다. 하지만 영국 당국이 클럽 입구를 임시 봉쇄하고, 이전 소유주의 불법 활동을 문제 삼아 도박 면허를 내주지 않았다. 런던 법원에서 열린 항소 재판에서 플레이보이 측 변호사들은 그동안 플레이보이사가 오점 없는 평판을 얻은 만큼 모든 도박 규칙을 엄격하게 적용할 것이라고 주장해서 승리를 얻었다. 마침내 면허가 나오자 로니스는 들뜬 기분으로 로스앤젤레스의 헤프너에게 전보를 쳐서 이 기쁜 소식을 알렸다.

로니스의 우쭐한 기분은 이유가 있었다. 지난 15년 동안 플레이보이의 악동 로니스가 영국에 건설한 도박 제국은 회사와 그 자신에게 많은 이득을 안겼다. 그는 1950년대에 성장하는 플레이보이사에서 중추적 구실을 하고서, 잠시 회사를 떠났다가 1964년에 다시 돌아왔다. 영국이 1968년 도박 조례로 도박 관련 법률을 정리하자, 로니스는 그것을 최대한으로 활용했다. 그는 몇 년 안에 런던 플레이보이클럽과 호화로운 클러먼트 클럽에 카지노를 열고, 포츠머스와 맨체스터에도 플레이보이 카지노를 열었으며, 영국 전역에 마권 매장과 빙고 복권점을 세웠다.

플레이보이사의 재정 상황은 1970년대 내내 하락의 길을 걸었지만,

영국 도박 부문은 고공행진을 했다. 그 상당 부분은 사우디인을 위시한 아랍인들이 오일 머니를 가지고 런던으로 도박하러 몰려 왔기 때문이다. 회계연도 1980년에 〈월스트리트 저널〉은 영국에 있는 플레이보이 카지노가 회사 소득의 85퍼센트를 차지한다고 산정했다.

이런 눈부신 성공으로 빅터 로니스는 영국 사교계에선 화제였다. 영국 내에서 최고 연봉을 받는 기업 간부로서(그의 연봉 60만 달러는 플레이보이사 회장인 데릭 대니얼스보다 높았다) 그는 부유하고 유명한 많은 영국 인사와 어깨를 나란히 했다. 1972년에는 런던에서 한 시간 거리인 시골 영지 스톡스를 사서 언론의 주목 속에 호화로운 생활을 했다. 여우 사냥에 재미를 붙여서 찰스 왕세자 등과 상류층 사교계의 승마 행사에 참여하기도 했다. 스톡스에서는 주말마다 유명한 배우, 음악가, 작가 등이 참여하는 파티가 끝도 없이 열렸다. 영지는 클럽과 카지노에서 일하는 버니의 훈련 장소로도 쓰였기 때문에, 영지 운영비용은 회사에서도 상당 부분 부담했다. 수십 명의 매력적인 여성이 곁에 상주하다 보니 로니스의 전설적 연애 생활은 더욱 요란해졌다. 1970년대 로니스의 사교 생활은 헤프너의 사교 생활에 맞먹었다.

그 뒤로 로니스는 오만에 발이 걸렸다. 그는 1979년 말에 강력한 사업가 시릴 스타인이 이끄는 영국 도박업계 최대의 경쟁자 래드브로크스사에 정면으로 맞섰다. 한 영국 잡지가 래드브로크스사의 비윤리적이고 불법적인 영업 행위를 고발하는 조사 보고서를 발표하자, 그에 뒤따른 소동 속에서 개혁가 역할을 맡기로 하고 래드브로크스사의 도박 면허 갱신에 공식적으로 이의를 제기한 것이다. 결국 그는 그들을 도박 업계에서 몰아내는 데 성공하긴 했지만, 성난 스타인은 복수를 약속했다. 그리고 그 약속은 지켜졌다. 몇 주 지나 경찰과 도박위원회 조사관이 런던 플레이보이 카지노를 급습해 기록과 서류를 압수했다. 스타인에게 돈을 받은 밀고자들이 플레이보이 조직의 부적절한 행위를 고발한 것이다. 호텔 짐꾼에게 공짜 회원권을 주고 부유한 손님을 플레이보이 카지노로 데려오게 한 것, 부유한 도박꾼의 신용한도를 늘리려고 가짜 수표를 받은 것, 기업 임원들의 개인 공간에 도박시설을 차려준 것 등이었다. 부유한 아랍인들에게 버니를 붙여주었다는 고발도 있었다. 경찰과 도박위원회는 이런 부적절한 행위에 대해 플레이보이의 도박업 면허 갱신을 재고하겠다고 선언했다.

이런 위기가 발생하자 헤프너와 데릭 대니얼스, 그리고 시카고의 임원들은 걱정이 커졌다. 거기다 로니스와 대니얼스가 플레이보이사 내에서 권력투쟁을 하면서 문제는 더 복잡하게 꼬였다. 그들은 3월 말에 로니스를 로스앤젤레스 맨션으로 불러서 특별 회의를 열었다. 로니스는 자신이 쌓은 정직한 경영의 평판으로 문제가 극복될 거라고 장담했다.

결국 몇 주 동안 숙고하고 논의한 끝에 헤프너는 결단을 내렸다. 영국 카지노를 잃으면 플레이보이호가 좌초할 것이라는 판단과 로니스가 계속 있으면 그런 일을 피할 수 없을 거라는 영국 법률자문의 조언에 따라 그는 대니얼스를 런던에 보내 1981년 4월 15일 로니스에게 사직을 권고했다. 격분한 로니스는 자리를 박차고 나갔다. 그리고 자신을 내친 건 어리석고 한심한 일이라며 언론에 플레이보이사의 경영진을 비난했다.

헤프너는 흔들리지 않았다. 오랜 친구 로니스를 해고하는 것은 고통스러운 결정이었지만 해야 할 유일한 행동이었다고 기자회견에서 밝혔다. 영국에서 도박 면허를 잃으면 플레이보이사에 매우 심각한 문제가 될 테지만, 로니스의 반감은 해결할 수 있는 사소한 문제라고 말했다.

헤프너의 낙관주의는 착각이었다. 플레이보이사는 위기 극복을 위해 로니스의 자리에 영국의 사업가이자 전직 해군 제독인 존 트레처경을 고용했다. 이것은 완전한 실패였다. 영국 도박위원회는 그 조처를 미국의 모회사가 영국의 자회사를 통제하는 증거로 보았는데, 도박 조례에 외국인이 영국 내 카지노를 통제하는 건 금지되어 있었다. 결국 영국 당국은 10월 초에 열린 면허 청문회 첫날 플레이보이사가 적절치 않다는 결정을 내렸다. 그로부터 한 달도 지나지 않아 플레이보이사는 영국의 도박 사업부를 불과 3,140만 달러에 매각한다고 발표했다. 전문가들의 추정으로는 실제 가치의 10분의1 수준이다. 모든 것이 완전한 재난이었다고 〈월스트리트 저널〉의 한 분석가는 말했다. "수입의 3분의2를 잃는 것이 유쾌한 소식은 아니다."

하지만 런던의 참화는 플레이보이사가 그 후 부닥친 더 큰 재정 문제의 서막이었을 뿐이다. 회사는 1976년 뉴저지 주 애틀랜틱시티가 주민 투표를 통해 해안 산책로에 도박 산업 운영을 합법화하자, 그곳에 대규모 카지노를 계획하고 그 일에 회사의 운명을 걸었다. 플레이보이사는 엘시노어사와 함께 거대한 호텔카지노를 짓는 데 합의했고, 1979년 초에 총 층수 24층, 객실 규모 5백 실, 건설비용 1조3500만 달러, 건설기간 2년에 이르는 도박 궁전을 건설했다. 〈비즈니스 위크〉에 따르면, 플레이보이사는 이 계획에 자본 총계의 절반을 투자했지만, 헤프너와 데릭 대니얼스 회장, 빅터 로니스는 세후 수익을 연간 3천만 달러로 예상하며 건전한 투자로 여겼다.

하지만 많은 외부인의 눈에 그것은 아슬아슬한 모험이었다. 그들은 광고에 제한이 많고, 애틀랜틱시티의 기존 카지노들 사이에 경쟁이 격심하며, 미국 경제가 침체해 있는 만큼 성공 가능성이 희박하다고 전망했다.

플레이보이 영국 도박 사업부의 붕괴는 문제의 첫 신호였다. 뉴저지 주의 도박 집행부는 임시 허가가 나기 전까지 로니스와 부하 임원 세 명이 애틀랜틱시티의 일에서 물러나 있을 것을 요구했다. 그들은 그렇게 했고 허가는 났으며 플레이보이 호텔과 카지노는 4월 초에 임시 영업을 시작했다. 헤프너는 4월에 직접 시설을 방문하기까지 했다. 그의 모습은 마치 정복 황제 같았다고 지역 신문들은 보도했다. 하지만 영국의 실패가 장래에 먹구름을 드리웠다. "다른 사법 체계에서 부적격 판정을 받은 회사가 뉴저지에서 적격 판정을 받는 일은 매우 어려울 거라고 본다." 〈월스트리트 저널〉의 한 분석가는 지적했다.

1981년 11월에 도박 집행부는 플레이보이의 도박 면허를 영구히 내주지 않기로 했다. 그들은 그 이유로 회사 역사의 몇 가지 불미스러운 사건들(1960년대 초 뉴욕 주 주류 판매 당국에 뇌물을 준 사건, 1970년대 초의 보비 아른스타인의 마약 수사, 런던 면허 상실 등)을 들었다. 무난한 면허 취득을 예상하던 헤프너와 플레이보이사 경영진은 당혹했다. 1982년 1월에 뉴저지 카지노 위원회에서 청문회가 예정되고, 면허는 다섯 명의 위원 가운데 네 명의 찬성을 받아야 나왔다.

플레이보이의 애틀랜틱시티 카지노와 회사의 미래가 극도로 불안해진 상태에서 헤프너는 제일 증인 자격으로 애틀랜틱시티로 갔다. 회사의 공적 상징인 그의 증언이 결정적 역할을 할 것으로 기대했다. 하지만 헤프너의 증언은 대실패였다. 나중에 그는 그 청문회를 "애틀랜틱시티 종교재판"이라고 비난했지만, 문제는 상당 부분 준비 부족에서 왔다. 청문회 내내 헤프너는 드문드문 밖에 기억하지 못했으며, 고위 간부와 회사 역사의 주요 사건들에 대한 무지를 드러냈다. 궁지에 몰린 그는 도박 집행부의 보고조차 읽지 않았다는 것을 인정했다.

헤프너의 서툰 증언은 치명적이었다. 청문회를 흥미롭게 지켜보던 한 사람이 언론에 "이토록 준비가 부족하고 자기 회사의 기본 사실을 그토록 모르는 간부를 본 적이 없다."고 말했다. 위원들의 투표 결과 3대 2로 플레이보이와 헤프너에게 영구 면허를 주지 않기로 결정되었다.

이 결정은 헤프너와 플레이보이사를 휘청거리게 했다. 위원회는 회사가 헤프너와 결별할 계획을 제출하면 면허를 취득할 수도 있다고 했지만, 그런 일은 생각할 수 없었다. 그렇게 해서 플레이보이사는 카지노와 호텔을 엘시노어사에 5,850만 달러에 팔았다. 그 중 현금은 760만 달러뿐이고 나머지는 무담보 어음이었다. 애틀랜틱시티의 치명적 급매 탓에 자금은 마르고 주가는 곤두박질쳤으며 장래 수익은 차단되었다. 많은 외부인이 플레이보이사가 완전히 무너질지도 모른다고 생각했다.

이런 재정적 참화 속에서 헤프너는 회사를 살릴 특별 조처를 단행했다. 애틀랜틱시티 도박 면허 거부 후 3주가 지나서 그는 데릭 대니얼스를 불러 사직을 요청했다. "좋습니다. 그렇게 생각하신다면 그렇게 해야죠." 대니얼스는 대답했다. 대니얼스가 이렇게 쉽게 수락한 건 부분적으로는 47만 달러에 이르는 해직 수당 때문이었지만, 헤프너가 이미 교체 인물을 염두에 두고 있다는 것을 알았기 때문이기도 했다. 그 사람은 스물아홉 살이 된 헤프너의 장녀 크리스티였다. 1982년 4월 28일, 그녀는 플레이보이사 새 회장에 취임했다.

III

크리스티 헤프너는 1975년에 브랜데이스대학을 졸업하고 아버지의 특별비서로 플레이보이에 입사했다. 대학에서는 영문학을 전공해 우등으로 졸업했다. 그녀는 입사 후 몇 년 동안 여러 가지 사업을 했다. 플레이보이빌딩에 입점한 상점 플레이티크를 운영하고, 1년 동안 펼쳐진 〈플레이보이〉 25주년 기념행사의 홍보 업무를 맡았으며, 신규 잡지 창간 전망을 평가하는 사내 위원회 '뉴 퍼블리케이션스 그룹'을 이끌었다. 대니얼스를 따르면, 1976년 그가 회장에 취임했을 때 크리스티를 훈련하는 것도 그의 임무 가운데 하나였다. 그녀는 1978년에 회사 부회장이자 플레이보이 소비자 가이드 두 종의 발행인이 되었다. 이런 초기의 사업이 대단한 성공을 거두지는 않았지만, 크리스티는 회사에서 예리한 지성, 조리 있는 언변, 사업 세목에 대한 꼼꼼한 태도로 칭찬을 받았다. "헤프너와 달리 그녀는 대차대조표와 친하고 낮에 일하며 사교적인 성격이다." 〈포천〉지가 말했다. 이렇게 그녀는 추정 상속인으로 회사를 물려받을 준비를 했고, 1981년과 1982년 사이에 카지노 대란이 그 길을 마련했다.

크리스티에게는 몇 가지 훌륭한 특성이 있었다. 먼저 그녀는 아버지의 완전한 신뢰를 받았다. 헤프너는 1950년대 중반에 아내와 아이들을 떠났다는 점에서 그다지 훌륭한 아버지는 아니었지만, 이혼 후에도 밀리와 우호적 관계를 유지했고 자녀인 크리스티, 데이비드와 지속적으로 만났으며 그들을 경제적으로 후원했다. 밀리의 말에 따르면, 크리스티는 휴를 "자기중심적이지만 감성이 있는 사람"으로 받아들이고, 이따금 시카고맨션으로 아버지를 찾아갔다. 약간 소원한 부녀 관계였지만, 그녀는 아버지의 지성과 친절, 진보적 사회관을 존경했다. 청소년 시절 여러 차례 오랜 대화를 나누면서 두 사람의 유대는 강해졌다. 딸을 회사로 불러들인 뒤 헤프너는 그녀를 점점 자신의 후계자로 보았고, 친구와 동료에게 자주 자랑했다. "크리스티가 없었다면, 〈플레이보이〉 홍보부는 그런 아이를 만들어내었을 것이다."

크리스티 헤프너에게는 또 하나의 뛰어난 장점이 있었다. 재능 있고 야심에 차고 똑똑한 여자로서 그녀는 〈플레이보이〉가 남녀 차별과 여성 비하를 조장한다는 페미니즘 측의 비난을 물리치는 데 도움이 되었다. 실제로 그녀는 플레이보이에 입사하면서 곧바로 여성 인권에 예민한 새 〈플레이보이〉의 주요 대변인이 되었다. 또한 영민한 정치 감각으로 1980년에 열린 민주당 전당 대회에서 지미 카터 측 대의원으로 활동했으며, 연설과 후원 행사를 통해 ERA와 낙태를 공개적으로 지지해서, NOW의 글로리아 올레드는 그녀를 전국에서 손꼽힐 만큼 똑 부러지고 헌신적이고 성실한 페미니스트라고 칭찬했다.

그녀는 〈플레이보이〉가 여성을 착취한다는 비난을 반박했다. "플레이보이는 여성을 고용하고 승진시키고, 또 논설과 재정 후원으로 ERA와 낙태를 지지함으로써 내가 아는 다른 많은 기업보다 페미니즘 정치와 철학을 지지해 왔다. 성적으로 매력 있는 여자들의 사진을 싣는다고 잡지가 여자들이 멍청하다거나 잠자리에서만 쓸모 있다고 여긴다는 생각은 잡지와 아무런 상관없는 '신념의 비약'이다."

1982년 회사의 키를 잡은 이 신임 회장에게는 가능한 모든 능력과 에너지, 부성 지지가 필요했다. 그녀 앞에는 힘겨운 과제가 놓여 있다. 주가 추락, 손실 증대, 암울한 미래 전망으로 회사는 절망적인 난관에 부닥쳐 있었다. 크리스티는 가장 합리적인 전략을 채택했다. 수익성 없는 사업을 정리하고 회사의 토대를 재건하는 것이었다. 플레이

29세의 크리스티가 1982년 플레이보이사의 회장으로 임명되고 얼마 지나지 않아 함께한 헤프너

보이사는 대니얼스 회장 체제이던 1981년에 수익성이 없는 그레이트 고지 리조트와 저니바 호수 리조트를 처분했는데, 크리스티는 그 기조를 따랐다. 플레이보이 서적의 매각을 협상하고 엄격한 비용 절감 조처로 취임 몇 달 만에 연간 800만 달러의 회사 경비를 줄였다. 또한 케이블 텔레비전 영역을 개척하는 계획을 세우고, 현대 여성을 위한 잡지 발간 계획을 연구했다. 크리스티는 공개적으로 플레이보이사를 여기저기 발을 뻗은 회사에서 명확하게 언론 출판에 집중한 기업으로 재건하겠다는 계획을 발표했다.

딸이 아버지가 사랑하는 회사의 재정적 난관을 해쳐나가는 모습은 헤프너에게 기쁨과 안도를 안겨주었다. 그녀의 참여 덕분에 그는 갈수록 손대기 싫은 회사의 사업적 측면을 건너뛸 수 있었다. 헤프너는 딸이 회사 운영의 냉혹한 측면을 다루는 동안 큰 구상에 집중할 수 있어서 기뻤다.

하지만 점증하는 문제는 좀처럼 헤프너를 놓아주지 않았다. 직업 측면에서는 카지노의 문이 닫히고 비평적 저격이 계속 튀어나오는 상황에서 그는 잡지를 새 시대에 걸맞게 재창조하려고 노력했다. 개인 측면에서는 이제 좀더 관습적인 남녀 관계에 정착하고 싶다는 신호를 보였다. 하지만 어느 쪽의 시도도 그다지 성공하지 못했다.

# 3 잔치는 끝났다

1986년 8월에 휴 헤프너는 〈뉴스위크〉 표지에 실렸지만 그 모양새는 별로 좋지 않았다. 「잔치는 끝났다」는 제목의 특집기사는 플레이보이 제국이 지금 대혼란에 빠졌고 붕괴에 직면했다는 내용이었다. 기사는 지난 20여 년 동안 헤프너가 미국과 점점 거리가 멀어지면서 잡지도 현대적 미국문화의 꼭대기에서 추락했다고 말했다. 이제 정치, 경제, 사회 분야에서 다양한 문제가 압박해 들어왔다. 재미와 놀이가 명백히 종언을 고한 지금, "포르노계의 피터팬"은 압도적인 난제 앞에서 그 자신과 비전을 어떻게 현대사회에 적응시킬지 고민하고 있다고 썼다.

〈뉴스위크〉 기사는 괴로운 전형이었다. 1980년대에 헤프너와 잡지가 사면초가에 놓이면서 플레이보이 라이프스타일에 대한 비판은 점점 더 높아졌다. 언론과 평자들, 그리고 갈수록 줄어드는 독자는 헤프너를 한때 문화를 선도한 과거의 인물로 보았다.

하지만 헤프너는 순순히 작별 인사를 하지 않았고, 편집자들과 함께 〈플레이보이〉를 새 시대에 맞게 개편하려고 노력했다. 그리고 사생활의 측면에서 두 번 연속으로 전통적인 일대일 헌신 관계에 정착하려고 시도했다. 하지만 잡지가 헛돌고 손실이 쌓이고 연애 관계가 전에 없는 혼란을 겪으면서 좌절은 커져만 갔다. 헤프너에게 암흑의 10년은 갈수록 어둠이 짙어졌다.

## I

"헤프너 타격의 계절이다." 1986년에 미국 젊은이들의 앞서 가는 잡지 〈롤링스톤〉이 말하며, 플레이보이주의에 대한 환멸이 뿌리를 내렸다고 선언했다. "한참 상승하던 황금 시절에 쏟아지던 찬탄과 부러움이 이제는 혐오감에 자리를 내주었다." 1970년대에 1960년대의 사회 변혁 운동이 시들자 헤프너는 사람들의 비판을 일축하고 미 데케이드의 내성적 에너지를 받아들여 문화적 정당성을 일부 회복했다. 하지만 이제 평자들은 한목소리가 되어 헤프너를 그릇되고 이념이 의심스러운 사람에 그치지 않고 그보다 더 나쁜 것, 그러니까 어울리지 않는 사람으로 그렸다.

비난은 많은 부분 익숙한 것이었다. 레이건의 당선으로 대담해진 보수주의자들은 헤프너와 잡지가 도덕적 타락을 부추긴다고 공격했다. 많은 평자는 남녀 차별의 익숙한 후렴을 읊었다. 보수주의 가족제도의 옹호자와 좌파 여성 인권 옹호자가 모두 여성을 노리개로 삼는 헤프너의 윤리를 비난했다.

1980년대 플레이보이 윤리에 대한 비난은 분개한 보수주의자나 성난 페미니스트에 국한되지 않았다. 자유주의자들도 줄을 서서 헤프너를 '사이비 해방가'라고 공격했다. 1985년 10월 〈뉴 리퍼블릭〉은 「맨션의 사나이」라는 냉소적인 기사에서 "미국 잡지계의 귀재 헤프너"를 평가했다. 기사는 플레이보이 라이프스타일은 한 번도 대단한 의미가 있던 적이 없으며, 이제 잡지는 흔들리고 거기다 회사는 휘청대고 있으며, 그는 로스앤젤레스 맨션에서 공허한 존재로 지내고 있다고 조롱했다.

그 못지않게 공격적인 표현이 자유주의 신문인 〈로스앤젤레스 타임스〉에 나타났다. 베테랑 저널리스트 벨라 스텀보가 쓴 이 3부 기사는 은근한 필치로 헤프너를 재미없고 자기 탐닉적인 인사로 그렸다. 스텀보에 따르면, 헤프너는 역사적 성취로 존경받기를 열망하지만 그런 인정을 받을 근거가 없었다.

이런 공격은 그나마 휴 헤프너와 〈플레이보이〉를 진지하게 받아들였다. 더욱 괴로운 건 그를 현대 미국사회의 특징을 이루는 성 개방에 희생된 폐물로 무시하는 것이었다. 어느 기사는 휴 헤프너가 아직도 공상의 적과 맞서 싸운다며 "그는 이제 지난 연대의 인물이다."라고 썼다.

많은 사람은 헤프너의 개인적 라이프스타일이 그의 퇴락을 구현하는 것이라고 보았다. 많은 평론가가 그의 맨션을 경박하고 방탕한 것으로 그리거나 그보다 더 나쁜 것, 그러니까 반항의 1950년대와 60년대로 퇴행하는 것으로 묘사했다. 헤프너의 은둔 성향은 한때는 미스터리의 원천이 되었지만, 이제는 "말기 우울증 사례와 가장 비슷하다."고 마틴 애미스는 썼다. 헤프너의 요란한 연애 생활마저 이제는 많은 사람에게 혐오를 샀다. 〈월스트리트 저널〉의 한 평자는 잘라 말했다. "생각해 보라. 예순 살 남자가 스무 살 여자랑 까불고 노는 이야기를 누가 읽고 싶겠는가?"

1980년대 중반 많은 플레이보이클럽의 문을 닫으면서 부음이 잇따랐다. 크리스티 헤프너가 수익성 없는 사업을 잘라내기 위해 뉴욕, 로스앤젤레스, 시카고, 그밖의 여러 도시의 클럽을 폐쇄한 일은 플레이보이 에토스의 시절이 지나갔음을 강조하는 것 같았다. "다 큰 여자들이 토끼 옷을 입고, 다 큰 남자들이 잠옷 차림으로 노는 일은 갈수록 우스꽝스러워졌다." 〈로체스터 데모크랫 앤드 크로니클〉이 말했다. 페미니즘 폭풍이 지나간 뒤 클럽들은 남녀 차별적이었던 전후시대, 그러니까 가슴 크기로 아름다움과 성적 매력을 측정하고 성적 자유란 남자의 성적 자유를 의미한 시대의 유물처럼 보였다고 〈클리블랜드 플레인 딜러〉는 썼다. 헤프너조차 "역동하는 60년대를 반영한다고 보이는 것에 생명을 유지해 봐야 소용없다. 사회가 변했다"고 〈로스앤젤레스 타임스〉에 말했다.

한 목소리로 울리는 비판 속에서도 〈플레이보이〉는 계속 남성잡지의 선두를 지켰지만, 플레이보이사의 경제적 곤란은 퇴락의 이미지를 강화시켰다. 크리스티가 회사를 짓어 누르는 짐을 덜어내려고 강건한 노력을 기울이는 데도, 회사는 점점 더 깊이 가라앉았다. 잡지 자체는 약간 흑자였지만, 1980년대 중반에 판매 부수가 400만 부 아래로 떨어진 뒤로는 다양한 의류와 소비자 상품 판매가 주요 수입원이었다. 케이블 텔레비전 진출은 비틀거렸다. 1980년에 첫 방송을 내보낸 플레이보이채널은 소프트코어 성인 등급이었는데, 성혁명의 열성 지지자들에게는 지루함을, 많은 지역 방송국을 퇴출시키는 데 성공한 기독교 전통주의자들에게는 분노를 일으켰다. 1986년에 이르자 피해의 전체 규모가 명백해졌다. 플레이보이사는 연례보고서를 통해 회사가 6,200만 달러라는 막대한 손실을 보았음을 밝혔다. 그 상당 부분은 애틀랜틱시티 카지노 매각 대금이 지급되지 않아 생긴 것이었다.

나쁜 소식의 홍수 속에서 헤프너와 편집자들은 잡지를 돌아보았다. 〈플레이보이〉는 언제나 회사의 심장이었고, 그것을 되살리는 것은 전에 없이 중요해 보였다. 1980년대의 불안한 분위기 속에 헤프너와 동료는 잡지가 냉혹해진 현시대의 독자에게 다가갈 새로운 방식을 찾기 시작했다.

## II

〈플레이보이〉 오랜 독자는 1980년대에도 익숙한 여러 가지를 만났다. 이달의 플레이메이트가 계속 에로틱한 화보의 행렬을 이끌었고, 새로이 유명인을 강조하는 분위기로 수잔 소머스, 마돈나, 배나 화이트, 메리얼 헤밍웨이, 킴 베이싱어, 라토야 잭슨, 신디 크로퍼드 같은 스타들의 누드사진이 실렸다.

〈플레이보이〉는 그밖에도 여러 가지 전통적인 항목을 유지했다. 뛰어난 단편 소설을 계속 게재해서 1985년 전국 잡지상 소설 부문상을 수상한 한편, 스포츠를 더욱 강조해서 권투 선수 마이크 타이슨과 골프 선수 그레그 노먼을 깊이 있게 소개하고 NFL 스카우팅 캠프를 분석했다. 논픽션 가운데는 「플레이보이 인터뷰: 존 레논과 오노 요코」도 있었다. 이 기사가 실린 잡지는 레논이 1981년 살해당한 바로 그날 밤 신문 판매대에 나왔다.

잡지는 늘 대중문화의 첨단에 서 있고자 했다. 그래서 1980년대의 건강과 운동 열풍에 대해 몇 편의 기사를 실었다. 가전 혁명에도 신경을 써서 독자에게 가정용 컴퓨터 시대의 도래, 개인용 컴퓨터 용어와 그 사용법, 새롭고 정교한 비디오 게임, VCR의 등장을 알렸다.

〈플레이보이〉의 정치 성향은 변함없이 확고한 자유주의였다. 헤프너와 잡지는 1980년대 내내 레이건 행정부와 미국 보수주의의 재부상을 공격했다. 이들은 레이건이 카터 대통령을 궁지에 몰고 1980년 선거에서 공화당의 승리를 공고히 하고자 아야톨라 호메이니와 밀약을 맺은 것을 비난했다. 그들은 새 대통령이 노동 빈곤층 지원 프로그램을 없애고 연방 선거법 확대에 반대하고, 인종차별 사립학교에 세금 우대 혜택을 주고, 인권위원회를 무력화해서 인종차별을 부추긴다고 비난했다.

하지만 전통적인 〈플레이보이〉 공식은 전과 같은 힘이 없었고, 편집자들도 그것을 잘 알았다. 편집자 아서 크레치머는 1985년 〈월스트리트 저널〉에 말했다. "우리는 획일적인 아이젠하워시대처럼 더는 우리를 도드라져 보이게 할 수 없다. 이제 우리는 새로운 것을 제시하기가 훨씬 더 어려워졌다." 잡지의 광고 임원으로 여러 해 동안 일한 헨리 마크스는 덧붙였다. "〈플레이보이〉에 대한 일반적인 관점은 잡지가 약간 김이 빠졌다는 것이다." 이 말은 헤프너와 잡지에 닥친 과제를 요약한 것이다. 이것은 해방된 시대에 잡지가 구식이 되었다는 인식을 극복하고 잡지를 현대 미국 남성에게 어울리게 하는 것이었다.

잡지를 변화시키는 계획 앞에는 두 가지 큰 장애물이 있었다. 첫째로 〈플레이보이〉는 잡지를 구식이라고 보는 성혁명 옹호자들과 이들을 만연한 성 문화의 상징으로 여겨 혐오하는 보수주의자 사이를 헤치고 나가야 했다. 헤프너는 찰리 로즈와 가진 인터뷰에서 아이러니하게도 성혁명이 〈플레이보이〉에게 피해를 입혔고, "우리 잡지는 억압된 사회에서 더 인기가 많을 것"이라고 인정했다.

둘째로, 〈플레이보이〉는 미국 주류문화 가치의 심대한 변화에 직면했다. 1980년대 초 '미 데케이드'의 정신적 자기 몰두가 시들고 그 자리에는 '김미 데케이드Gimme Decade'('나에게 달라' 시대-옮긴이)의 물질적 자기 이익 추구가 들어섰다. 레이건 시대의 중간계급은 물질적 풍요와 경제적 안정에 몰두했고, 가족을 중시하며 자유주의적 사회 개혁에 매력을 잃었다. "사람들은 돈이 80년대의 섹스라고 말한다. 어느 정도 사실이라고 생각한다."〈젠틀맨 쿼털리〉의 편집자 아서 쿠퍼가 썼다. 이런 새로운 사회 분위기에서 〈플레이보이〉의 악명 높은 좌파 지향은 문제가 되었다.

헤프너와 동료는 〈플레이보이〉를 변화시켜 새로운 시대정신을 수용하려고 했다. 크레치머는 일부 전략은 섹스에 대한 단조롭고 가열찬 집중에서 남성잡지의 일반적 관심으로 옮기는 것이라고 설명했다. 잡지는 또 정치 기사를 줄이고 서비스 기사나 패션, 여행, 대중음악 같은 라이프스타일 기사를 늘렸다. 외관의 변모도 이런 초점 변화에 동반했다. 중철 제본에서 무선 제본으로 바꾸어서 다른 섹스 잡지들과 차별화하고, 〈배너티 페어〉나 〈아키텍처럴 다이제스트〉처럼 거실 탁자에 놓이는 잡지와 좀더 비슷해졌다. 크리스티 헤프너는 새로운 〈플레이보이〉의 비전을 이렇게 요약했다. "레저가 광기의 세상에 대응하는 한 가지 방법이 되었다. 이제는 사람들이 연례 휴가와 레크리에이션을 필수로 보고, 레저 활동에도 일만큼 많은 에너지를 쏟는다." 더욱이 이혼이 늘고 만혼 경향이 커져서, 〈플레이보이〉는 실내 장식이나 가전제품, 요리, 옷에 대한 실용적 기사를 더 많이 싣고자 했다. 크리스티는 1985년의 한 인터뷰에서 독자는 "아버지가 창간한 것과 아주 다른 잡지"를 보게 될 것이라고 말했다.

〈플레이보이〉는 또한 많은 논의를 일으킨 새로운 집단 '여피'에게도 손을 뻗어 레이건 시대의 미국사회와 평화를 유지하고자 했다. 도시의 젊은 전문직 종사자인 여피들은 정치적 급진주의나 정신적 고뇌를 버리고 대신 좋은 포도주와 롤렉스시계, BMW 스포츠카, 디자이너 옷, 식도락에 관심을 기울여서 1980년대 소비의 표준이 되었다. 〈플레이보이〉는 여피 열풍에 휩쓸리지는 않았다고 해도 민첩하게 한 자리를 확보했다. 이따금 여피의 탐욕을 비난하면서도 잡지는 1980년대의 젊고 풍요롭고 노력하는 기업가와 다시금 연결점을 가지려고 시도했다.

이를 위해 〈플레이보이〉는 미국 기업계와의 연결점을 다시금 강조했다. 그들의 가치관 일부는 비판하되 가능성은 수용하며, 상업적인 현대사회에서 성공하는 법을 다루었다. 잡지는 60년대 사회 활동가 중에 1980년대에 돈과 물질주의를 수용한 사람들을 분석한 장문의 기사도 실었다. 급진파에서 월스트리트 주식 중개인으로 변신한 제리 루빈이 대표적이었다. 다음 해에는 미국 주식회사에서 성공하는 옷차림 같은 주제의 연속 기사를 실었고, 도널드 트럼프 같은 기업계 스타의 등장도 다루었다. 1980년대 후반에는 1960년대의 사회적 정치적 가치를 재평가해서 그 시절을 이상적이고 이타적인 열정의 시대로 보는 전통적 견해와 더불어 파괴적인 세대가 이끈 장구하고 험난한 여로였다는 견해도 함께 실었다.

1980년대에 들어 이렇게 기업계와 화해하려는 노력은 〈플레이보이〉의 성적 표현물에도 영향을 미쳤다. 「매리너의 주식」이라는 기사는 E. F. 허턴에서 주식중개인으로 일하는 금발 미녀 매리나 버롤라를 소개했다. “매리나가 정말 좋아하는 건 돈이다. 돈을 버는 것도 좋아하고 쓰는 것도 좋아하지만, 가장 좋아하는 건 미국뿐 아니라 국외

5개국의 고객을 위해 돈을 관리하는 것이다." 다른 화보에는 매디슨 애비뉴(뉴욕의 광고 회사 밀집 지역 - 옮긴이)에 있는 오길비 매서의 광고 간부 로빈 애브너를 실었고, 미녀 기업가 3인 팸 매칸, 린다 델가도, 다이앤 맥도널드의 화보도 실었다. 1989년에는 PBS의 〈주간 월스트리트〉를 진행하는 루이 루키서의 글과 매혹적인 사진을 담은 「월스트리트의 여자들」이 실렸다. 루키서는 여자들이 기업계에서 꾸준히 상승한 사실을 한참 동안 논한 뒤 덧붙여 말했다. "그러니까 똑똑한 여자들은 이미 알고 있다. 돈은 섹시하다는 것을."

또한 〈플레이보이〉는 성혁명의 신조를 수정해서 전통적인 정서와 제도를 수용하기도 했다. 1980년대가 열릴 때 잡지는 "우리는 로맨스를 수용할 것이다"라는 제목의 감상적인 선언을 하고, "로맨스는 스타일, 타이밍, 자그마한 제스처의 결과물이다. 여자를 좋아한다면 당신은 로맨틱한 사람이다."고 말했다. 〈플레이보이〉는 심지어 결혼을 찬양하기도 했다. 1983년에는 「이 부인들을 소개합니다」라는 화보를 싣고, 자신들을 결혼의 놀라운 힘에 대한 살아 있는 증거라고 말하는 오클라호마 부인과 조지아 부인을 소개했다. 1980년대 중반에는 두 딸의 어머니인 35세의 캐시 샤워를 올해의 플레이메이트로 뽑았다.

남녀 관계의 복잡성에 대한 전에 없던 관심도 1980년대 플레이보이의 새로운 특징이 되었다. 1982년에 나온 「남자와 여자」라는 7부 기사는 "우리의 본질적인 특징을 밝히고자 하는 연구… 인간(남자와 여자)에 대한 과학, 우리 존재의 핵심에 있는 수수께끼의 답을 찾으려는 과학"을 검토했다. 〈플레이보이〉는 여성의 시각도 점점 많이 다루었다. 1983년에는 『여자를 위한 섹스 팁』의 저자 신시아 헤이멜이 「여자들」이라는 칼럼을 연재했다. 그녀는 자신의 글을 성혁명의 여성

전선에서 온 가벼운 보고서라고 말했다. 수잔 스콰이어의 기사 「여자들이 남자에 대해 이야기하는 것」은 여자들이 남자를 어떻게 분석하고 판단하는지를 설명했다. 이렇듯이 관계를 새롭게 강조하는 경향은 잡지의 에로틱한 화보에도 영향을 미쳤다. 1986년에 실린 「뒤늦은 충격」이라는 화보는 배우 부부 돈 존슨과 멜라니 그리피스가 멕시코 해변에서 전라로 키스하고 쓰다듬는 섹시한 모습을 담았다.

크리스티 헤프너는 〈플레이보이〉의 새로운 관점을 설명하는 데 앞장섰다. 그녀는 일군의 새로운 독자층을 '뉴맨'이라고 명명하며, 성혁명과 여성혁명의 합류점에서 나온 그들은 가정생활에 관심이 많다고 했다. 남녀가 함께 일하고 함께 살고 서로 사랑하고 함께 가정을 일구고 함께 아이들을 키우는 건 1980년대에 더 없이 진보적인 일이라고 말했다.

이런 관점은 불가피하게 〈플레이보이〉로 하여금 1980년대에 남자로 산다는 것의 의미를 탐구하게 했다. 에이사 베이버는 「남자들」이라는 신규 연재 칼럼에서 부성에 대한 남자들의 관점, 또는 강력하고 원시적인 성 충동을 조절하는 고투를 분석했다. 「현대 남성의 인생 가이드」(1960년대와 1970년대에 섬세한 뉴맨들이 실패한 원인은 남자가 일터의 고충 때문에 주저앉아 울고, 토요일 밤 데이트 약속에 기뻐 눈물짓는 것은 여자 대부분이 거부감을 느끼기 때문이라고 말하는) 같은 기사도 이때 나타났다.

〈플레이보이〉는 심지어 성과 관련된 태도까지 수정했다. 섹스를 단순한 육체적 쾌락의 도구가 아닌 남녀 사이의 복잡한 요구와 욕망의 문제로 접근한 것이다. 1981년에 남녀 작가가 쓴 「양성 데탕트 시대」는 신경질적인 페미니즘과 완고한 남성 우월주의가 모두 쇠퇴하고 남녀 사이에 휴전이 성립된 것을 기뻐했다. 1989년에 〈플레이보이〉는

1980년대의 성 문화를 요약하는 4부 기사 「불타는 욕망: 아메리카의 성」을 연재했다. 기사는 현대의 성 습속을 개괄한 뒤 성혁명의 열기가 식고 있지만, 미국은 쾌락을 재창조했다고 결론을 내렸다. 그건 헌신하는 커플 관계뿐 아니라 폰섹스, 컴퓨터 섹스, 여성 제작 포르노그라피, "안전한 성관계"등 여러 가지 신기하고 신중한 형태로 성적 충족을 얻을 수 있게 되면서 빚어졌다고 보았다.

하지만 1980년대의 성 행동 분석은 예기치 못한 강력한 복병을 만났다. 1980년대 중반에 에이즈가 미국 전역을 강타한 것이다. 에이즈는 처음에는 동성애자 집단에서 빠르게 번지다가 이어 이성애자 집단으로도 옮겨 붙었다. 사망자 수가 격증하면서 공포도 커졌다. 〈플레이보이〉는 일련의 기사를 통해 아마도 미국 잡지 가운데 처음으로 이에 대한 정확한 정보를 알리고 잘못된 신화와 싸우며 성혁명의 대의를 옹호했다. 에이즈 위기 초반에는 이 질병이 동성애 및 성적 방종에 대한 신이나 자연의 징벌이라고 주장하는 보수주의자를 비난했다. 1986년까지는 바이러스에 대한 과학적 사실을 알리고, 예방 수단(주삿바늘을 함께 쓰지 말 것, 항문 삽입과 매춘을 피할 것, 콘돔을 사용할 것)을 촉구하는 데 집중했다. 하지만 1980년대 말이 되자 〈플레이보이〉는 이 질병이 전국의 젊은 독신 이성애 남녀 사이에 성적 열기를 극적으로 식혀놓은 것을 확인하고 절망했다. 에이즈는 여러 가지 면으로 〈플레이보이〉가 직면한 어려운 환경을 상징했다.

1980년대에 〈플레이보이〉의 자리를 재정립하고 문화적 적합성을 재확보하려는 노력은 길고도 고통스러운 길이었다. 헤프너는 회사 일의 간난신고에 지치자 로맨스와 성적 모험으로 뜨거운 눈을 돌렸다. 그는 언제나 사적 환상 속에서 안식을 찾았지만, 암흑의 시대에는 여자도 피난처가 되지 않았다. 미스터 플레이보이의 연애 생활은 공적 생활보다도 훨씬 더 암담했다.

III

1981년에 헤프너와 손드라 시어도어의 관계는 매듭을 지었다. 함께 한 5년 동안 그녀는 헤프너의 끝없는 성적 유희에 지쳤고, 그는 그녀의 집착과 정신적 나약함에 질렸다. 격심해지는 결별과 화해의 반복 속에 로맨스는 의미를 잃었다. 헤프너의 눈은 다른 곳을 두리번거렸다.

그 눈길은 곧 토론토 출신의 키 큰 금발 미녀 섀넌 트위드에게 가 닿았다. 그녀는 삼수 끝에 1981년 11월에 이달의 플레이메이트가 되었고, 이어 올해의 플레이메이트로도 뽑혔으며, 헤프너의 새 여자친구도 되었다. 두 사람은 촬영 때 맨션에서 만나서 1981년 8월에 열린 한여름 밤의 꿈 파티에서 로맨틱한 사이가 되었으며 그 뒤로 계속 커플 관계를 유지했다.

트위드는 뉴펀들랜드에서 밍크 농장을 하는 대가족 출신이었다. 1957년에 교통사고로 아버지가 장애를 입자 새스케치완으로 이주했으며, 고등학교를 중퇴한 후로는 오타와의 커피숍, 레스토랑, 호텔, 백화점, 나이트클럽 등에서 일했다. 1978년 미스 캐나다 대회에 오타와 대표로 출전했으며, 토론토에서 모델로 성공적인 경력을 쌓아 갔다. 그러다 마침내 로스앤젤레스에 가서 영화와 텔레비전에 진출하겠다는 꿈을 품었고 〈플레이보이〉가 그 수단이 될 거라 여겼다.

트위드는 자신의 야심을 감추지 않았다. "나는 연예계에서 성공할 수 있다고 생각하고, 최선을 다할 것이다." 플레이메이트가 되고나서 지역 신문에 이렇게 말했다. 그녀는 〈플레이보이〉를 디딤돌로 삼겠다는 계획을 솔직히 말했고, 헤프너와의 관계는 그런 계획에 잘 들어맞았다. 헤프너도 환상을 품지 않았다. 〈피플〉지에 "그녀가 나를 그렇게 포획한 점이 매혹적"이라고 말했다.

그러고 나서 헤프너와 트위드는 사랑에 빠졌다. 헤프너는 진정한 애정의 불꽃을 느꼈고, 몇 달 지나지 않아 그녀를 "내 인생의 사랑"이라고 불렀다. 그녀에게 값비싼 선물을 퍼부었으며 놀랍게도 그토록 피해 마지않던 '결혼'이라는 말까지 꺼냈다.

트위드의 직업적 야심은 헤프너에 대한 애정이 커지면서 녹아드는 것 같았다. "나 혼자서 모든 것을 해결할 수는 없다. 내 인생에 사랑이 필요하다."고 말하기 시작했다. 두 사람은 일대일 관계를 유지하려 했고, 트위드는 공개적으로 결혼 이야기를 했다. 하지만 그녀는 장애물이 있다는 것을 깨닫고 〈피플〉지에 "결혼은 헤프너와 맞지 않는다."고 말했다. 런던의 〈미러〉지와의 인터뷰에서는 헤프너가 "사랑이 5년 동안 지속하고 그가 아이를 원하면 나와 결혼하겠다"고 말했다고 밝혔다.

하지만 복잡한 여러 상황이 끼어들면서 사랑은 허물어져 갔다. 가장 먼저 불거진 문제는 트위드의 직업적 약진이었다. 그녀는 새로 시작된 플레이보이 채널의 매거진 쇼 〈현장의 플레이보이〉의 사회를 보게 되었고, 최초 '비디오 플레이메이트'가 되었다. 거기다 CBS의 저녁 연기 연속극 〈팰컨 크레스트〉에도 정기 출연했다. 그녀가 바쁜 일정 때문에 집을 자주 비우자 헤프너는 부글부글 끓었다. 그가 불평하면 트위드는 "나는 일하고 싶어요. 일해야 해요. 가만히 앉아서 플레이보이맨션 안주인 노릇만 할 수는 없어요. 나는 그렇게는 못 살아요."하고 대답했다.

트위드가 플레이보이맨션 안주인 역할에 흥미를 잃게 된 것도 두 사람의 사이를 벌렸다. 최초의 신기함이 사라지자 그녀는 불안하고 무의미하고 속박되었다고 느꼈다. 이것은 그녀의 긍지인 독립심을 갉아먹었다. 끝없는 게임도 지겨웠고, 헤프너의 게임 집착이 자신을 '팩맨 과부'로 만들었다고 불평했다. 거기다 그녀의 떠들썩한 라이프스타일이 약물과 외도로 이어지자 헤프너도 괴로워졌다.

두 사람의 관계는 1983년 봄에 무너졌다. 두 사람 모두 관계에 불만이 커져서 결별을 결정했고, 우호적으로 헤어졌다.

헤프너는 늘 그렇듯이 시간을 낭비하지 않았다. 2주일도 지나지 않아 그는 또 다른 캐나다 여자와 엮였다. 플레이메이트 시험 촬영을 위해 맨션에 온 캐리 리 카마이클(곧 직업을 위해 캐리 리로 짧게 개명한)이 헤프너에게 눈길을 주었다. 처음 이 열아홉 살 미인을 보았을 때 헤프너는 "방 안에 있는 사람들을 둘러보는데 무슨 일이 일어났다."고 〈롤링스톤〉에 말했다. 열네 살부터 모델로 일한 캐리 리는 며칠 뒤 헤프너와 함께 밤을 보냈고, 곧 맨션으로 이주해서 안주인이 되었다.

리는 짧은 시간 안에 헤프너의 세계에 자리를 잡았다. 젊고 대담하고 유쾌한 그녀는 마치 신선한 공기 같았다. 그녀는 많은 플레이메이트와 친구가 되어서 처녀들의 법석과 수다로 가득한 밤샘 파티들을 열었다. 또 헤프너가 매주 여는 카드게임에 규칙적으로(그리고 홍일점으로) 참가했다. 멋진 인생에도 빠른 속도로 적응해서 정오까지 자고 일어나 거품 목욕과 얼굴 마사지를 한 후 뜰을 산책하고 운동하는 일과를 보냈다. 그녀는 매주 열리는 파티와 영화 시사회에서 안주인 노릇을 하며, 옷장에 들어차기 시작한 번쩍거리고 야한 옷으로 사람들의 눈길을 끌었다. 그녀는 또한 자기 생각을 전혀 감추지 않았다. 하지만 두 사람은 서로에게 깊이 빠졌다. 그녀는 1984년 〈로스앤젤레스 타임스〉와 가진 인터뷰에서 헤프너만큼 다정하고 사려 깊은 남자는 세상에 별로 없다고 말했다.

하지만 곧 혼란스러운 여러 가지 특성이 드러났다. 사람들의 주목을 받으려는 노력이 갈수록 극단화되고 도발성을 띠어서 그녀는 목에 뱀을 두르고 맨션 뜰을 걷기도 했다. 한번은 집 뒤쪽 파티오에서 플레이보이 간부 회의를 하는데, 그녀가 전라의 몸에 하이힐과 금 사슬 허리띠만 착용한 채 뜰을 거닐어서 회의가 중단된 일도 있었다. 그녀는 또한 파티 중독자로, 쾌락을 찾아 미친 듯이 폭음하고 기분 전환 약물을 복용했다. 그리고 그녀의 성적 탐욕은 맨션 사람들조차 눈을 찌푸리게 하는 놀라운 위업을 이루었다. 그녀가 남녀 모두와 놀아난 이야기가 맨션에 떠돌았고, 리는 그런 명성을 즐기는 것 같았다. 정서 불안도 눈에 띄었다. 리사 러빙의 보고에 따르면 리는 "일찍부터 그런 기미가 있었다. 어느 날은 술에 취하더니 발코니 밖으로 뛰어내리겠다며 벌거벗은 채 홀을 달려갔다." 메릴린 그래버스키는 리가 "오직 헤프너의 관심을 끌고자 해괴한 일을 하고 소동을 벌였다."고 했다. 헤프너는 그녀가 1985년에 3주 동안 술 마시고 정신없이 섹스하더니 토론토로 떠나 버린 적이 있다고 했다.

리는 필사적으로 유명세를 얻고자 했다. 헤프너에게 자신을 〈플레이보이〉에 실어 달라고 졸랐고, 그는 결국 1986년에 그녀를 표지에 싣고 「플레이보이맨션의 퍼스트레이디」라는 기사를 붙였다. 그러자 그녀는 그 유명세를 이용해서 배우가 되고자 했고, 약간의 연기 교습을 받으며 사람들 눈에 띄고 싶어 안달했다. 이를 위해 성형수술도 수없이 받았다.

헤프너와 리의 관계는 요요처럼 격정과 만족, 로맨틱한 충족과 정서적 고갈 사이를 왕복했다. 그녀의 기행은 잦은 다툼을 일으켰고, 과장된 사과가 잇따랐다. 헤프너는 술이 그녀의 어두운 충동을 자극한다고 생각했다. 1985년 여름에는 그녀는 폭음 후에 자살을 암시하는 횡설수설 편지를 쓰기도 했다. "고마워요, 헤프너, 나는 당신 때문에 죽을 거예요… 사랑은 내 인생의 핵심이고 그 욕망과 목표를 채우지 못하면 나는 살아갈 이유가 없어요." 1986년 9월에는 바브라 스트라이샌드의 집에서 열린 민주당 후보자들의 후원 행사에서 헤프너의 반대에도 노골적으로 노출이 심한 옷을 입어서 물의를 일으켰다.

정서적 연약함으로 리는 끊임없이 애정을 확인하고자 했다. 하루에도 몇 번씩 헤프너에게 "날 사랑해요? 내가 예뻐요?" 하고 물었다. 〈플레이보이〉 표지 기사에서 그녀는 자신이 불안정하고 감정이 기복 있다고 인정하며, "헤프너는 내 감정 상태와 상관없이 나를 다룰 줄 아는 최초의 남자"라고 말했다. 그녀를 위해 헤프너는 수많은 맹세와 재정 지원, 달콤한 이야기와 신용카드, 애정 어린 별명과 모피, 사랑 표현과 보석을 바쳐야 했다. 헤프너는 리에게 날마다 선물을 주며 그것을 '버니 박사' 선물이라고 불렀고, 리는 기분이 내키는 대로 받기도 하고 거절하기도 했다.

둘의 성생활은 더없이 역동적이었다. 헤프너는 어느덧 그룹 섹스에 진력이 나서(이제는 그것이 "의미 없고 한심하다"고 말했다) 꾸준한 관계에 마음을 돌렸으며 진심으로 일대일 관계에 충실했다. 하지만 많은 목격자에 따르면 리는 다양한 성적 모험을 추구했다. 몇몇 플레이메이트는 그녀가 자신들에게 성적인 접근을 했다고 말했다. 헤프너는 리가 남자들과 몇 차례 외도를 한 것을 알았다. 실제로 리가 임신하고 낙태를 했을 때 헤프너는 그 아이가 자기 아이였을 거라고 생각지 않았다. 그는 말했다. "나는 책임감 있고 신중한 사람이다. 이것이 내가 지금껏 친자 확인 소송에 걸리지 않은 이유 중 하나다."

헤프너 친구들은 리의 행동과 그것을 관용하는 헤프너의 태도를 갈수록 이해하지 못했다. 어떤 사람들은 헤프너에게 따지기까지 했다. 그의 두 자녀가 모두 리를 반대했고, 키스 헤프너는 형에게 리와 헤어지라고 했다. 그는 리가 등 뒤에서 그를 놀리고, 사람들 앞에서 그를 조롱거리로 만든다.

하지만 헤프너는 리를 계속 자기 인생 영화의 주인공(팜므 파탈이자 천진한 아가씨)으로 보고 사랑했다. 또한 그녀가 성적으로 열정적이고 비인습적이며 재미있다고도 했다. 여러 인터뷰에서 그는 두 사람의 관계가 특히 만족하다고 했다. 이 시기는 "내 인생 최고의 시기 중 하나"라며, "관계가 빤한 일상이 되면 인생은 따분해진다. 캐리 리는 전혀 지루하지 않다."고 말했다.

실제로 사람들의 관심을 열망하며 맨션을 뛰어다니는 리는 악의적이라기보다는 강렬하고 자극적인 인물이었다. 교육수준이 낮고 불안한 정서로 힘겨운 사교 생활의 소용돌이에 던져진 그녀는 헤프너 곁에서 맡은 역할에 전혀 적합하지 않았다. 그녀는 손쉬운 수단인 노출증과 충격적 행동으로 압박감 높은 환경에서 위안을 얻고자 했다.

하지만 1987년 가을 리의 기행은 마침내 헤프너마저 지치게 했다. "그녀는 점점 더 히스테리컬해져서 소동을 피우고 발작을 하며 물건을 던지고 전라로 집안을 뛰어다니는 등 헤프너를 자극하기 위해서라면 무슨 일이건 했다." 존 댄티는 말했다. 9월 말에 흥분한 리가 손님들 앞에서 값비싼 갈로 조각상을 맨션 대형 홀 발코니 밖으로 떨어뜨려 아래층 대리석 바닥에 박살내는 순간 그의 인내심은 바닥났다. 그 후 그녀는 맨션을 도망쳐 나가서 친구 집에서 닷새를 머물렀다. 몇 주 뒤에는 헤프너 방의 금고 열쇠를 구해서 그가 1970년대에 몇 명의 여자와 함께 찍은 섹스 비디오테이프를 가져갔다. 그리고 친한 친구 제시카 한에게 그걸 대중에게 공개할 생각이라고 밝히고 한의 집에 숨겼다. 하지만 한은 "PTI 스캔들"(제시카 한이 PTI라는 텔레비전 종교 프로그램 진행자들에게 강간당한 사건-옮긴이) 이후 헤프너가 자신을 받아들인 데 감사해서 그에게 테이프를 돌려주고 리의 계획을 전해주었다. 그때 리는 이미 사실혼 위자료 청구를 위해 변호사 마빈 미첼슨을 만났고, 테이프 절취는 헤프너에게서 더 많은 돈을 얻어내기 위한 책략임이 드러났다.

이런 긴장이 깨진 건 1988년 1월에 리가 두 친구와 함께 뉴욕으로 여행을 떠나면서였다. 그녀는 맨션으로 돌아가지 않겠다고 전화했다. 헤프너는 상처와 안도를 동시에 느꼈다. 얼마 지나 리는 미첼슨과 함께 기자회견을 열어 헤프너에게 3,500만 달러의 사실혼 위자료 청구 소송을 걸겠다고 밝혔다. 헤프너가 이것을 "대중의 이목을 끌기 위한 행동"이라 일축하고 맞소송을 제기하자, 리는 역시나 그녀답게 예측할 수 없는 행동으로 대응했다. 소송을 취하하고 뉴욕에서 만난 골동품상과 결혼한 것이다.

1980년대에 헤프너의 사생활은 회사의 재정 상황과 비슷하게 격심한 어려움을 겪었다. 〈플레이보이〉의 대중적 문제의 점증에 부딪혀서 "손상된" 헤프너는 진정한 연애를 열망했다. 하지만 그가 얻은 건 캐리 리와의 혼란스러운 사이코 드라마였다. "나는 정착하려고 했다. 다만 여자를 잘못 골랐을 뿐이다." 그는 나중에 말했다. 하지만 그의 문제는 이제 겨우 시작이었다. 거세지는 정치적 폭풍이 헤프너를 다시 대중의 주목 속에 던져 넣고 파괴를 협박하면서 분위기는 전보다도 훨씬 더 어두워졌다.

# 4 기이한 동참

1980년대 중반에 한 정치적 돌격 세력이 힘을 모아서 헤프너와 〈플레이보이〉가 상징하는 모든 것을 공격했다. '기이한 동침'이라고 불러야 할 이념적 동맹이 헤프너와 그의 잡지, 그의 가치관을 박살내고자 했다. 맨 앞줄에는 레이건 시대에 새로이 힘을 얻은 보수주의자들이 있었지만, 그 바로 뒤에는 급진적 여성운동가의 대대가 따라왔다. 두 집단은 대부분 문제에 의견이 갈렸지만, 여성 비하적인 에로틱 이미지, 성 문란, 여성의 착취라는 악행에 반대하기 위해 그런 차이를 눈감았다. 제리 팰럴 목사에서 레즈비언 운동가 앤드리아 드워킨에 이르는 다양한 인물이 힘을 합해서 헤프너의 사업을 무너뜨리려고 했다. 이런 기이한 정치적 드라마의 마지막 장에는 슬픔에서 깨어난 도로시 스트래턴의 남자 친구 피터 보그다노비치가 공격 대열에 합류했다.

이렇게 거세지는 정치적 맹공에 헤프너는 필사적으로 저항했다. 그 과정에서 그는 명성과 필생의 작업, 원칙을 지키는 데 집착했다. 그스트레스는 강력한 희생을 치렀고, 1980년대라는 암흑 시기의 궁극적 상징처럼 마침내 그의 건강이 무너졌다.

I

1985년 5월 20일, 검찰총장 에드윈 미스가 포르노를 조사하는 특별 연방조사단을 구성한다고 발표했다. 1970년 대통령 직속위원회에서 성 표현물과 성범죄 사이에 관련이 없다는 결론을 내렸지만, 미스 총장은 새로운 연구가 필요하다고 했다. 포르노는 더욱 만연하고 과격해졌다는 것이 그의 주장이었다. "우리는 이제 애써 포르노물을 찾을 필요가 없다. 케이블 텔레비전과 비디오 덕분에 전 연령대의 사람이 집에서 버튼 하나만 누르면 포르노를 손쉽게 접할 수 있다."

11인으로 구성된 이른바 '미스위원회'에는 자유주의자(콜롬비아대학의 주디스 베커, 버지니아대학의 파크 디츠, 〈위민스 데이〉의 엘런 러바인)가 세 명 끼어 있었다. 하지만 조사단을 지배한 건 보수주의자들이었다. 그 가운데는 공화당원도 몇 명 있었고, 포르노 철폐 운동가도 있었다. 의장인 헨리 E. 허드슨은 워싱턴 D. C. 교외 지역인 버지니아 주 알링턴 카운티에서 포르노를 몰아내는 데 큰 성공을 거둔 검사였다. 조사단은 포르노가 미국사회에 미치는 영향을 규명하고, 법무부에 그것의 유포와 관련된 제안을 하는 것이 목적이었다.

이런 발의 배경에는 당연히 레이건 행정부의 정치적인 영향력이 있었다. 종교적 보수파와 모럴 머저리티는 새로 구성된 공화당 정부의 핵심 일부가 되었고, 대통령도 성이 넘쳐나는 미국의 도덕적 타락에 대해 그들과 마찬가지로 반감을 느꼈다. 그는 몇 차례 연설에서 포르노를 "공해의 한 형태"라고 비난했고, 이런 유독 폐기물을 치울 것을 맹세했다. 1984년 3월 전국복음주의연합에서는 1960년대와 1970년대에 미국이 종교적 도덕적 지향을 잃고, 우리를 훌륭하게 만든 건 신앙과 가치관이라는 것을 잊은 것 같다고 연설했다. 이런 타락상은 마약 남용, 낙태 합법화, 공립학교의 기도 금지뿐 아니라 포르노와 문란한 성 문화도 포함된다고 했다. 그리고 얼마 지나지 않아 대통령은 특별위원회를 소집한다고 발표했다. 그 이유는 포르노가 사회적 문제라고 보기 때문이었다.

이런 선전포고가 있기 전부터 헤프너와 근본주의자들은 크고 작은 다툼을 계속했다. 1982년에 도널드 월드먼 목사와 그가 이끄는 전국도덕연맹은 〈플레이보이〉에 광고한 회사에 '이달의 포르노' 상을 주고 CEO의 이름을 회사 전화번호와 함께 공개했다.

이에 대응해서 1980년대 초에 〈플레이보이〉는 근본주의 억압자들을 조롱하는 기사를 냈다. 1982년의 「성스러운 테러」라는 기사는 신형 테러리즘을 설명했다. "종교적, 정치적 절대주의의 잡종이며, 소수 목회자 및 정치전략가가 이끄는 미국 근본주의 우파가 종교와 미국인들에게 신성한 것을 내세워 우리 사회 전반의 폭넓은 권력을 잡으려고 한다." 〈플레이보이〉는 전국 신문·잡지에 검열반대 광고를 싣는 '미국적 방식을 옹호하는 사람들'의 창립을 돕기도 했다.

하지만 레이건 행정부의 근본주의 세력은 정치적 스펙트럼의 반대편 끝에 있는 차이가 매우 커 보이는 집단을 동맹으로 얻었다. 급진적 페미니스트들은 1980년대 초에 이미 노골적 성 표현물이 여성을 모욕하고 성폭력 행위를 유발한다고 주장하며 독자적으로 포르노를 공격하기 시작했다. 페미니즘 작가 로빈 모건은 "포르노는 이론이고 강간은 실천이다."라고 말했다. 『우리 의지를 거슬러』의 작가 수잔 브라운밀러도 〈하퍼스〉에서 비슷한 말을 했다. "포르노는 반여성 선전물이고 선전물은 강력한 행동 촉진제다. 히틀러의 독일에서 벌어진 반유대인 선전을 생각해 보라." 이런 확신에 찬 포르노 반대 페미니스트들은 미국 전역에서 성적 표현물 판매 반대 운동을 펼치고, '포르노 반대 여성 모임', '포르노와 언론의 폭력 표현 반대 여성 모임' 같은 압력 단체를 만들었다. 그들은 1984년에 이르면 헤프너와 〈플레이보이〉를 포함한 외설 표현물 제작자들과 맞서기 위해 사회적 보수파와 결합할 준비가 되어 있었다.

페미니즘 포르노 반대 운동의 중심에는 캐서린 매키넌과 앤드리아 드워킨이 섰다. 미시간대학과 시카고대학의 세련된 법학 교수인 매키넌과 레즈비언 활동가 겸 급진적 작가로 작업복 차림을 선호하는 드워킨이 협력하여 법적 포르노 규제를 촉구했다. 그들은 포르노가 여성 인권을 위반한다고 규정하고 헌법에도 호소했다. 인종차별 발언이 인종차별 행위인 것처럼, 포르노는 여성 차별 행위라고 그들은 주장했다.

헤프너와 〈플레이보이〉는 적대적 페미니스트들에 맞섰다. 1980년에 나온 기사 두 개 「전장의 여자들」과 「섹스에 반대하는 여자들」은 포르노 반대 페미니스트를 표현의 자유를 억압하고 성적 표현물에 대해 생각이 다른 사람의 발언을 무시하려는 분노한 광신도로 표현했다. 그들은 포르노 반대 여성 모임은 여성의 신체를 손상하는 가학적 이미지와 플레이메이트 화보 사진의 차이를 무시한다고 비난했다. 1981년에 크리스티 헤프너는 로라 레더러가 편집한 포르노 반대 페미니즘의 주요 교재 『밤을 되찾으라: 여성과 포르노그라피』의 서평을 썼다. 그녀는 그 책이 "성과 포르노, 폭력의 미묘하고 복잡한 성격을 이해하지 못하고, 남자는 여자를 강간하고 때리는 존재라고 전제했다."고 일축했다.

1980년에는 1970년대에 인기를 끈 포르노 영화《목구멍 깊숙이》의 주인공 린다 러블레이스가 자서전『고난』을 출간하면서 또 논란이 일었다. 그녀는 남편 겸 매니저인 척 트레이너에게 폭력적인 위협을 받았다고 말하며, 몇 차례 맨션에 들렀을 때 헤프너가 그녀를 괴롭혔다고 주장했다. 러블레이스는 트레이너와 헤프너가 버니, 플레이메이트, 창녀를 포함한 '난교파티'를 꾸렸고, 트레이너는 그녀에게 다른 여자와 공개 성행위를 강요하고 헤프너의 잠자리로 밀어 넣었다고 했다. 가장 섬뜩한 대목은 트레이너가 그녀에게 개와 섹스를 하라고 강요하고 그것을(그녀는 흉내만 냈지만) 헤프너에게 관람시켰다는 내용이었다.

온갖 기사와 평론에서 헤프너에 대한 비난이 빗발쳤다. 그는 러블레이스의 주장이 완전히 허구라며, 러블레이스와는 섹스가 아니라 우정에 기초한 관계로 그녀에게 어떤 위협도 한 적이 없다고 역설했다. 그리고 그녀의 주장은 책을 팔기 위한 선정적 발언이라고 했다. 포르노 반대 페미니스트들은 러블레이스를 반겨 맞았다. 러블레이스의 두 번째 책『굴레를 벗어나』에 서문을 쓴 글로리아 스타이넘은 러블레이스가 포르노 산업의 희생자라며 휴 헤프너와 플레이보이맨션을 비난하고, 포르노의 주요 문제는 자유 의지라고 했다. 그리고 여자에게 포르노는 유대인에게 나치 문서, 흑인에게 KKK 문서와도 같은 것이라고 말했다.

이런 상황에서 근본주의와 페미니스트가 협력을 이룬 '미스위원회'가 출현해서 포르노물의 유통, 판매, 소비에 대한 법적 규제를 가하려고 했다. 드워킨은 기이한 동맹 관계에 대해 아무런 거리낌이 없었다. 강간범이 여자에게 먼저 민주당을 지지하는지 공화당을 지지하는지를 묻지는 않는다며, 자유주의 진영이 포르노를 관용하는 건 좌파가 여성을 배신했다는 명백한 증거이고, 그들은 완전히 부패했다고 말했다.

이런 기이한 동침자들의 정치동맹은 전후 미국 성해방과 성적 이미지를 가장 두드러지게 상징하는 〈플레이보이〉를 주요 표적으로 삼았다. 지난 30여 년 동안 헤프너가 주장하는 쾌락을 위한 섹스와 탈인습적 도덕관은 분노한 많은 적에게서 주기적인 공격을 받았다. 하지만 그런 반대가 정치적으로 그토록 강력한 수단을 얻은 적은 없었다. 그가 곤란에 빠진 건 분명했다.

II

미스위원회는 50만 달러라는 소규모 예산으로 12개월 기한에 맞추기 위해 재빨리 전국에서 청문회를 열었다. 1985년 가을과 1986년 초에 위원회는 200명 이상의 목격자에게서 300시간에 이르는 증언을 들었다. 그들 가운데 80퍼센트 가까운 수가 포르노를 비난했다. 위원회는 여섯 개 도시에서 공개 집회를 열어서 정해진 주제를 집중적으로 논의했다. 워싱턴(일반), 시카고(법집행), 휴스턴(사회과학), 로스앤젤레스(생산과 유통), 마이애미(아동 포르노), 뉴욕(조직범죄). 조사단은 다양한 관계자들, 경찰, 희생자, 가해자, 제작업자, '거듭난'기독교인, 페미니즘 활동가, 전국도덕연맹, FBI, 냉정한 연구자들과 열렬한 설교자들에게서 포르노에 대한 생생한 증언을 들었다. 조사단은 수십 편의 영화와 비디오를 보고, 목격자들이 만든 수많은 슬라이드를 보았으며,

수많은 잡지를 탐구하고, 전화 포르노 녹음본을 들었다. 섹스용품상점(휴스턴의 '미스터 피퍼스')과 매춘 지역(뉴욕의 타임스스퀘어)을 탐방했으며, 극단적인 성 행동과 페티시즘을 조사하고, '고무 제품'(딜도와 인형)에 대한 한 회기 중에는 휴스턴 경찰이 제품 2만 7천 점을 압수해서 보관하고 있다는 사실을 찾아냈다.

〈플레이보이〉는 이들의 주요 표적이 되었다. 시카고 청문회에서 플레이보이 변호사 버트 조지프는 위원회에 〈플레이보이〉는 언제 어느 평결에서도 음란 판정을 받은 바가 없다는 것을 상기시켰다.

하지만 위원회는 긍정적인 인상을 그리 오래 간직하지 않았다. 마이애미에서는 손에 성경을 든 중년 남자가 열두 살에 처음 〈플레이보이〉를 본 뒤 성도착과 약물남용의 길로 빠져들었다고 증언했다. 로스앤젤레스에서는 플레이메이트 출신인 미키 가시아가 헤프너와 그의 회사, 그의 라이프스타일을 비난해서 센세이션을 일으켰다. 1973년 1월의 플레이메이트였고, 나중에는 플레이메이트 홍보팀에서 관리자로 일한 가시아는 헤프너가 플레이메이트에게 불법약물 사용을 부추기고 난교파티 참여를 촉구했으며 성적 쾌락을 위해 여자들을 괴롭히면서 로스앤젤레스 경찰 당국에 영향력을 발휘해 이 모든 일을 은폐했다고 주장했다. 그녀는 일부 플레이메이트는 콜걸 명단에 오르고, 또 일부는 강간과 연쇄 낙태, 성병, 원치 않는 성형수술을 당한다고 했다. 가르시아는 "〈플레이보이〉가 헤프너의 주장과는 달리 거실 탁자에 놓을 만한 잡지가 아니라 실제로는 포르노 잡지라는 걸 사람들에게 알리고 싶다."고 말했다.

〈플레이보이〉는 가르시아의 주장을 강력하게 부인했다. 회사의 대변자들은 그녀가 한 메모에 "진부한 말일지 모르지만 〈플레이보이〉는 내 인생의 멋진 경험이었다. 나는 헤프너 씨와 그의 생각을 존중하고 존경한다."라고 쓴 것을 지적했다. 그들은 가시아가 〈플레이보이〉 시절에 대해 쓴 글을 출판하려다 실패한 일을 상기시키며, 그녀가 위원회 증언을 이용해서 그 계획을 되살리려고 한다고 비난했다.

1973년부터 1976년까지 로스앤젤레스 플레이보이클럽에서 버니로 일했고 플레이보이맨션에도 자주 드나든 브렌다 매킬럽도 증언에 동참했다. 이제 기독교인으로 거듭나 목사와 결혼하고 포르노 반대 활동가가 된 매킬럽은 플레이보이 시절 자신은 우울증과 자살 충동에 시달렸다고 했다. 그녀는 전국포르노반대집회에도 참석해서 〈플레이보이〉를 "쓰레기"라 불렀고, 헤프너에게 편지와 성경을 보내기도 했다.

1986년 초에 미스위원회는 헤프너의 조직에 직접 공격을 가했다. 위원회의 집행이사이자 서부 켄터키 주 검찰청의 열혈 음란물반대 검사인 앨런 E. 시어스가 23개 소매 업체에 서한을 보내, 포르노 판매 및 유통과 관련하여 고소되었으니 3월 3일까지 혐의에 대해 답변하라고 요청하고 답변하지 않으면 기소에 이의가 없는 것으로 간주하겠다고 한 것이다. 윌드먼 목사가 제공한 목록에는 코카콜라(컬럼비아 픽처스 소유), 타임사(HBO와 씨네맥스를 통해 성인등급 영화 방영), 〈보그〉(캘빈 클라인의 '옵세션' 향수 광고)가 포함되어 있었다. 그리고 압력은 금세 열매를 맺었다.

세븐일레븐 편의점 체인의 모회사인 사우스랜드사가 4월에 4천7백 개의 가맹점에서 〈플레이보이〉, 〈펜트하우스〉, 〈포럼〉을 팔지 않겠다고 선언했다. 다른 소매 업체도 재빨리 뒤를 따랐다. 여름이 되자 레브코, 피플즈, 라이트 에이드 같은 약국 체인과 다트 드러그 회사, 스

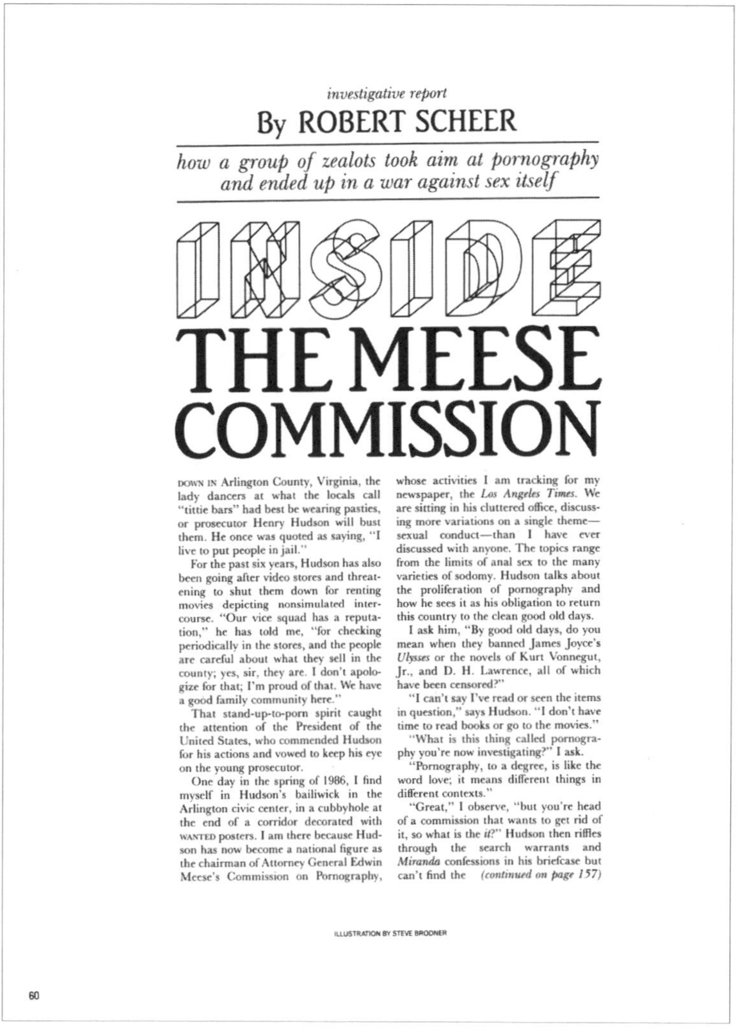

*investigative report*

By ROBERT SCHEER

*how a group of zealots took aim at pornography and ended up in a war against sex itself*

# INSIDE THE MEESE COMMISSION

DOWN IN Arlington County, Virginia, the lady dancers at what the locals call "tittie bars" had best be wearing pasties, or prosecutor Henry Hudson will bust them. He once was quoted as saying, "I live to put people in jail."

For the past six years, Hudson has also been going after video stores and threatening to shut them down for renting movies depicting nonsimulated intercourse. "Our vice squad has a reputation," he has told me, "for checking periodically in the stores, and the people are careful about what they sell in the county; yes, sir, they are. I don't apologize for that; I'm proud of that. We have a good family community here."

That stand-up-to-porn spirit caught the attention of the President of the United States, who commended Hudson for his actions and vowed to keep his eye on the young prosecutor.

One day in the spring of 1986, I find myself in Hudson's bailiwick in the Arlington civic center, in a cubbyhole at the end of a corridor decorated with WANTED posters. I am there because Hudson has now become a national figure as the chairman of Attorney General Edwin Meese's Commission on Pornography, whose activities I am tracking for my newspaper, the *Los Angeles Times*. We are sitting in his cluttered office, discussing more variations on a single theme—sexual conduct—than I have ever discussed with anyone. The topics range from the limits of anal sex to the many varieties of sodomy. Hudson talks about the proliferation of pornography and how he sees it as his obligation to return this country to the clean good old days.

I ask him, "By good old days, do you mean when they banned James Joyce's *Ulysses* or the novels of Kurt Vonnegut, Jr., and D. H. Lawrence, all of which have been censored?"

"I can't say I've read or seen the items in question," says Hudson. "I don't have time to read books or go to the movies."

"What is this thing called pornography you're now investigating?" I ask.

"Pornography, to a degree, is like the word love; it means different things in different contexts."

"Great," I observe, "but you're head of a commission that wants to get rid of it, so what is the *it*?" Hudson then riffles through the search warrants and *Miranda* confessions in his briefcase but can't find the *(continued on page 157)*

ILLUSTRATION BY STEVE BRODNER

60

1986년의 맹렬한 공격 기사「미스위원회의 내부」

검찰총장 에드윈 미스에 대한 캐리커처도 「미스위원회의 내부」에 실렸다. 이건 레이건 행정부에 대한 투쟁의 일환이었다.

톱-엔-고, 로슨스 우유 회사가 이 잡지들의 판매를 중단했고, J. C. 페니는 플레이보이와 플레이메이트 관련 상품을 팔지 않기로 했다.

〈플레이보이〉는 위원회가 세븐일레븐의 잡지 판매중지를 촉진한 데 크게 분노했다. 크리스티 헤프너는 이 행동을 "현 시기 히스테리에 대한 반응"이라고 비난했으며, 로버트 시어는 〈플레이보이〉에 「미스위원회의 내부」라는 혹독한 분석 기사를 써서 조사단 활동을 복음주의 연속극이라고 평했다. 플레이보이사는 법적 조치도 취해서, 미국서점연합 및 잡지발행인연합과 함께 미스위원회가 내부의 블랙리스트를 만들어서 음란 판정을 받지 않은 간행물을 팔지 못하게 한다는 소송을 제기했다.

7월 3일에 연방 지방법원 판사는 그들의 손을 들어주었다. 그는 시어스 서한이 미국에 매우 소중한 권리인 의사표현의 자유를 사전에 제약함으로써 수정헌법 1조를 침해하는 '협박 암시'를 담고 있다고 판결했다. 그는 미스위원회에 소매업체들에 이 사실을 알리고, 위협을 중단하고, 최종보고에 윌드먼의 위반 추정기업 목록을 뺄 것을 명령했다.

플레이보이는 빠르게 동맹자를 얻었다. 커트 보니게트, 베티 프리단, 콜린 듀허스트 같은 유력 인사들이 포진한 전국검열반대연맹은 미스위원회가 사상표현의 자유를 제한하려 한다고 비난했다. 존 업다이크, 존 어빙 같은 소설가들은 수정헌법 1조의 위협을 비난하는 편지를 썼다. 〈네이션〉 같은 자유주의 간행물은 미스위원회를 냉소적 레이건주의자들이 호도된 페미니스트들을 조종해서 만든 산물이라고 비난했고, 미국인권연맹 대변인은 "'검열'표시를 단 기차가 지금 막 역을 떠난 것 같다."고 말했다. '페미니즘 검열반대 모임'이라는 여권

운동 단체는 포르노반대운동에 이의를 제기하며, 표현의 자유에 대한 제한은 언제나 억압받고 힘없는 집단에 피해가 돌아간다고 주장했다. 일부 보수적 신문도 자유주의적 근거에서 이 일을 조심스럽게 다루었다. 〈시카고 트리뷴〉은 정부 권력의 무한정 사용을 반대하는 것은 보수주의 신앙의 주요 신조 가운데 하나였다고 썼다.

이런 갈등은 헤프너의 행동을 촉발했다. 그는 1950년대 이후 처음으로 도덕적 권위와 성적 속박의 낡은 힘과 싸우는 외부자의 자세가 되었고, 새로운 시대적 적절성 속에 다시 행복한 전사가 되었다.

헤프너는 성혁명 시계를 되돌리려는 종교적 보수주의자들을 맹비난했다. 1950년대 이후 지성인은 성을 인간 경험의 핵심적 일부로 보게 되었다고 그는 주장했다. "내가 자랄 때 우리 사회는 몸과 마음을 서로 적대시키고, 육체에는 악마가 깃들였다고 가르쳤다. 내가 볼 때 우리는 지금 똑같은 일을 다시 하는 것 같다."

새로이 힘을 얻은 헤프너는 미스위원회도 직접 겨냥했다. 미친 듯이 「플레이보이 철학」을 쓰던 1960년대 이후 처음으로 〈플레이보이〉에 분노한 기사도 몇 편 썼다. 그는 성적 매카시즘에 참여하고 오도된 정보와 에두른 비난의 서커스를 하는 조사단을 비난했다. 위원회는 시어스의 서한 이후 복음주의 테러리스트의 도구가 되었으며, 그 사건은 매카시즘 시대 이후 전국 블랙리스트를 제대로 사용한 최초의 경우라고 조롱했다.

헤프너는 미스위원회에 소속된 페미니스트들에게도 비난을 아끼지 않았다. 여성운동의 소수 분파는 전부터 성에 반대하는 견해였다고 그는 주장했다. "여성운동이 포르노반대, 성 반대의 길로 샌 건 참으로 안타까운 일이 아닐 수 없다. 여성운동은 자유가 핵심이기 때문이다… 성적 이미지가 품위를 손상한다거나 성 자체가 여성 비하라는 건 내가 볼 때 성에 대한 가장 슬픈 견해다." 헤프너는 진정한 페미니즘은 교육, 노동 현장, 법률에서 평등을 추구하는 것이라고 주장했다.

1986년 7월에 검찰총장 미스는 법무부 강당에서 기자회견을 열고 최종보고서를 발표했다. 재미있는 아이러니 하나는 이때 회견장에 3미터 60센티미터 높이의 '정의의 여신상'이 한쪽 가슴을 드러내고 있었다는 것이다. 위원회는 어느 신문이 "연간 80억 달러 규모 포르노 산업에 대한 전투명령"이라고 이름 붙인 것을 발표해서, 폭력적 포르노와 성폭력 행위 사이에 인과 관계가 있으며, 비폭력적 성 표현물도 개인의 인격을 침해하고 가정생활의 가치를 저해함으로써 사회에 해로운 영향을 끼친다고 주장했다. 두 권으로 이루어지고 전체 쪽수가 2천 쪽에 가까운 보고서는 포르노에 대한 92가지 법적 제한 조치를 제안했다. 가장 큰 논쟁을 일으킨 건 위원회가 종교와 정치 집단에 포르노물에 항의하고, 경찰의 범법 근절 노력에 동참하고, 불쾌한 성 표현물을 판매하는 소매점에 불매 운동을 펼치라고 권유한 대목이었다. 그런데 흥미롭게도 보고서는 4만 5천 개에 이르는 포르노물 목록에서 〈플레이보이〉와 〈펜트하우스〉를 빠뜨렸다. 미스는 위원회에 의구심을 갖는 사람들에게 법무부는 "수정헌법 1조를 침해하는 어떤 검열 활동도 하지 않을 것"이라고 장담했다.

하지만 검찰총장은 위원회가 최종보고서를 준비하며 내부 분열을 겪은 일은 언급하지 않았다. 시어스 등의 초안에 기초한 최초의 보고서는 너무도 도덕주의적이고 고압적이어서 다수의 반대에 부딪혔다. 쇼어 교수는 그 초안이 일면적이고 과도하게 단순화됐다고 보고, 자신이 새로운 초안을 작성하기로 했으며 그것이 최종보고서의 토대가 되었다. 그랬는데도 두 위원(주디스 베커와 엘렌 러바인)이 최종 보고서에 서명을 거부하고 20쪽에 이르는 이견서를 작성했다. 이견서는 기한에 맞추려고 서두르다가 이런 혼란이 발생했다며, 포르노와 성폭력의 연관성에 대한 보고서의 주장을 논박했다. 자존심이 있는 연구자라면 누구도 이런 조사에 토대한 결론을 받아들이지 않을 것이라고 했다. 더구나 성 표현물, 폭력물, 범죄물을 연구한 많은 사람이 미스위원회가 자신들의 연구를 왜곡해서 결론을 이끌어 냈다고 주장했다.

보고서는 발표 즉시 논쟁을 불러일으켰다. 제리 팰럴과 팻 로버트슨은 이 보고서는 건강하고 좋은 보고서로, 미국의 명백한 영적 부활의 일환이라고 칭찬했다. 캐서린 매키넌과 포르노 반대 여성 모임도 이 나라 의식 향상의 혁신적 계기라고 지지했다. 캘 토머스 같은 일부 보수주의 칼럼니스트 또한 사회는 최소한의 기준을 세울 권리가 있다며 보고서에 찬성했다.

하지만 대부분은 표현의 자유와 검열 반대를 근거로 미스위원회의 보고서를 거부했다. 자유주의자들은 그것을 반동적 도덕 운동가의 어리석은 법적 공격이라고 규정했다. 많은 보수주의자도 이의를 제기했다. 윌리엄 F. 버클리는 포르노를 유감스러워하면서도 위원회가 시어즈의 협박 서한을 보낸 일과 제대로 실행할 수 없는 명령을 계획한 일을 비난했다. 〈내셔널 리뷰〉는 포르노가 미국인의 삶의 질을 떨어뜨리는 건 맞지만, 조사단은 그 명제를 현실에서 확증하는 데 실패했다고 말했다. 〈타임〉은 「개인이 군주다」라는 특별 에세이를 통해서 개인 생활과 성적 선택을 옹호했다. "엉클 샘, 그리고 초대받지 않은 분은 여기서 빠져 주십시오."

헤프너는 미스위원회 보고서를 조롱했다. 〈플레이보이〉 사설에서 그것을 "성 감시자"들의 청사진이라 말하고, 대법원 판사 해리 블랙먼이 성이란 문명인의 가장 포괄적이고 소중한 권리인 간섭 받지 않을 권리라고 말한 것을 상기시켰다.

평자 대부분도 헤프너에게 동의했지만, 그 발언은 불안감을 안겨주었다. 미스위원회의 보고서에 반대한 사람은 대체로 검열에 반대하고 표현의 자유를 옹호하고 좌우 양쪽 극단의 도덕주의적 제재를 비난하면서도, 미국사회에 범람하는 성에 대한 불만은 빠뜨리지 않았다. 그들은 〈플레이보이〉 에토스를 불쾌하게 여기고 그와 거리를 두었다. 〈뉴욕타임스〉는 "미국은 확실히 포르노가 문제다. 불쾌할 정도로 노골적인 성과 폭력물이 그런 것을 보고 싶지 않거나 아이들에게 드러내기 싫은 사람들의 권리와 감정에 대한 고려 없이 배포되고 있다… 수많은 합리적 시민이(현대 사회에서 포르노 표현물에 대한 접근이 너무 쉽다는 사실을) 진심으로 걱정한다."고 말했다.

이렇듯 미스위원회에 대한 헤프너의 승리에는 값비싼 대가가 있었다. 직접적인 정치적 위협은 가셨지만 중요한 문제는 남아 있었다. 모럴 머저리티와 페미니즘 좌파의 이념적 양날로 무장했던 검찰총장의 조사단은 1980년대 미국의 사회 문화적 가치가 플레이보이 철학을 수세로 몰아넣었음을 극명하게 보여주었다. 물병자리 시대에 대한 보수주의의 반격, 여성 인권 혁명, 자유주의자들의 방종함에서의 후퇴는 공적 영역에서 헤프너를 고립시켰다. 많은 사람이 이제 그를 성을 이용한 모리배로 보았다. 그는 보수주의자에게는 전통을 침해하는 자이고, 많은 페미니스트에게는 여성의 종속을 부추기는 자이고, 많은 자유주의자에게는 불쾌한 방종을 조장하는 자였다.

그런데 이런 이념적 투쟁의 한복판에서 시달리던 헤프너에게 예상치 못한 방향의 공격이 닥쳤다. 친구 한 명이 그의 인격을 비난하고 그의 가치관을 헐뜯고 모럴 머저리티와 급진적 페미니스트들 말대로 그가 수많은 착취 행위를 저질렀다고 주장하는 기습 공격을 감행했다. 플레이메이트 도로시 스트래턴의 비극적인 죽음과 관련된 이 충격적인 공격은 헤프너 인생의 다른 어떤 사건보다 그에게 더 큰 고통과 상처를 남겼다.

III

1984년 여름에 영화감독 피터 보그다노비치는 『유니콘 죽이기: 도로시 스트래턴, 1960-1980』이라는 책을 출간했다. 플레이메이트 출신 배우 도로시 스트래턴의 남자 친구였던 그는 이 격정적이고 개인적인 책에서 놀라운 주장을 펼쳤다. 4년 전에 그녀를 살해한 건 별거 중이었던 그녀의 남편 폴 스나이더였지만, 비극의 진짜 책임은 다른 곳에 있다는 것이었다. 사람들은 대부분 그녀의 남편과 아내, 애인이라는 '영원한 삼각관계'를 비난하지만 전모는 이렇다고 했다.

> 내가 진실을 찾아 헤매다가 발견한 건 이 사태에 그늘 속에 숨은 네 번째 인물이 있다는 것이다. 결국 나는 우리 관계에 헤프너의 어두운 그림자가 없었다면 도로시는 죽지 않았을 거라는 확신이 생겼다. 그녀는 자신을 발굴해 팔았던 소도시 포주 폴 스나이더의 문제는 해결할 수 있었을 것이다. 하지만 〈플레이보이〉 섹스 공장의 빈틈없는 체계와 그녀의 욕구와 상관없이 그녀를 자신의 둥지로 끌어들이려는 헤프너의 거듭된 시도에는 저항할 수 없었다.

보그다노비치는 이 사건에서 헤프너가 맡은 역할을 알아갈수록 분노가 커졌다고 말했다.

이 책은 헤프너에게 심대한 타격을 입혔다. 보그다노비치는 책 전체에 걸쳐 헤프너와 플레이보이사를 가차 없이 비난하고, 그들이 사랑하는 여자 친구를 죽음에 이르게 했다고 주장하며, 이 "포르노계의 월트 디즈니"는 자기 세계에 들어온 여자들을 파괴한다고 비난했다. 맨션의 난교파티에는 새로운 순진한 여자들의 끊임없는 공급이 필요했고, 그녀들은 성적으로 이용당한 뒤 헤프너의 친구들에게 넘겨지고 관음증 환자들에게 조롱당한다고 했다. 그리고 스트래턴이 이 덫에 걸려들었다고 보그다노비치는 주장했다. 헤프너는 할리우드에 확고한 자리를 열망했고 〈플레이보이〉 출신의 진정한 섹스 여신을 원했다. 스트래턴은 그 요구에 들어맞았다.

보그다노비치에 따르면, 스트래턴은 맨션에 간 지 얼마 지나지 않아 거품탕에서 헤프너에게 성적 강압을 당했고 그 일로 상실감과 비통함을 느꼈다고 눈물을 흘리며 그에게 털어놓았다. 이어 잡지 화보를 촬영할 때 헤프너는 더욱더 외설적인 포즈를 압박했고, 그녀가 눈물을 터뜨리자 사진사들이 그녀를 달래려고 강아지를 주었다. 이런 경험 때문에 그녀는 자포자기 심정으로 폴 스나이더와 결혼했고, 헤프너가 스나이더의 맨션 출입을 금지하자 살인이 일어났다고 보그다노비치는 썼다. 하지만 비난은 거기서 그치지 않았다. "상징적으로 볼 때 〈플레이보이〉는 진실로 젊은 여자들을 유혹하고 강간하지 않는가? 여자들에게 기생하지 않는가? 여성을 우스개로 만들지 않는가? 그들의 삶을 파괴하지 않는가?"라고 그는 썼다. "〈플레이보이〉를 비롯한 포르노 공장들은 계속 여자들을 짓씹어서 전 세계 남자들의 자위용으로 뱉어낸다." 보그다노비치는 헤프너는 "위생적인 슈퍼 포주"고, 그의 위대한 성혁명은 "자유주의와 평등의 가면 아래 남자의 계략을 감춘 것에 지나지 않는다. 그것의 진정한 목적은 남자가 여자를 좀 더 쉽게 침대로 데려가는 것이다."라고 요약했다. 〈플레이보이〉는 여자들을 성적 대상물로 만들고, 도로시의 살해와 같은 잔혹한 남성 범죄를 부추긴다며 보그다노비치는 이 모든 건 헤프너의 거대한 사기 행각의 결과라고 결론을 내렸다.

아이러닉하게도 보그다노비치는 헤프너의 친구였다. 그들은 1976년에 만났고, 할리우드 영화에 대한 사랑이라는 공통점을 토대로 유대감을 키웠다. 보그다노비치는 맨션 '출입 명단'에 올랐는데, 이것은 원할 때 언제라도 그곳에 찾아올 수 있다는 뜻이었으며 그는 실제로 자주 방문했다. 보그다노비치는 맨션에서 스트래턴을 처음 만났고, 두 사람의 관계를 헤프너에게 고백했다. 스트래턴이 살해되었다는 전화를 받았을 때 헤프너는 곧바로 보그다노비치에게 전화했고, 그 뒤로 슬픔에 빠진 보그다노비치에게 많은 위로를 해주었다. 그래서 헤프너는 1984년 봄에 『유니콘 죽이기』의 신간 견본을 보고 아연실색했다. 하지만 "이것은 출판할 수 없을 것이다. 완전히 거짓말이다."라고 생각했다.

헤프너는 곧 더욱 큰 충격을 받았다. 윌리엄 모로우가 책을 출판한 것이다. 보그다노비치는 이어 80개 도시 홍보 투어를 다니며 텔레비전 출연, 대중 강연, 신문 인터뷰 등을 했다. 그는 NBC의 〈투데이〉, ABC의 〈굿모닝 아메리카〉, CBS의 〈나이트워치〉에 출연해서 헤프너와 〈플레이보이〉를 비난했다. 스트래턴이 폴 스나이더의 덫에 걸렸지만, 더 큰 덫은 헤프너가 그녀를 꾀어 들인 플레이보이 세계 전체라는

1985년의 기자회견에서 헤프너는 도로시 스트래턴 살인사건에 대한 피터 보그다노비치의 반응을 공개적으로 비난했다.

것이 그의 일관된 주장이었다. 환상에서 깬 스트래턴은 자신이 게임이나 핀볼 기계처럼 소모되었음을 느꼈다고 했다. 그는 헤프너와 〈플레이보이〉는 도로시 스트래턴 같은 여자를 파멸시키는 사회적 맹독이라고 했다.

책을 광고하는 동안 보그다노비치는 페미니스트로 거듭난 듯했다. 스탠퍼드대학에서 열린 포르노 반대집회에 "〈플레이보이〉는 포르노 공장"이라는 메시지를 보냈고, 잡지에 나온 수많은 여자가 〈플레이보이〉가 자신에게 무슨 짓을 했는지. 어떻게 자신의 몸과 마음과 꿈을 짓밟았는지를 증언하겠다며 연락해왔다고 보고했다.

보그다노비치의 공격은 헤프너에게 충격과 분노를 안겨주었다. 1984년 가을부터 1985년 초까지 그는 이런 혐의를 완강하게 부정해 보그다노비치가 슬픔과 죄의식에 빠져 "휴 헤프너와 플레이보이 사람들을 음해하는 어처구니없는 허구 작품"을 썼다고 주장했다. 헤프너는 『유니콘 죽이기』를 "완전한 날조", "헛소리", "죄의식의 작품"이라고 말했다. 그는 모든 비난을 부정하고, 스트래턴은 〈플레이보이〉 세계에 들어온 것을 기뻐했으며 자신과 따뜻한 우정을 나누었다고 했다.

헤프너는 갈수록 『유니콘 죽이기』를 반박하는 일에 집착했다. 비서 리사 러빙은 그가 몇 달 동안 다른 일은 전혀 생각하지 않고 완전히 그 일에 사로잡혔다고 했다. 친구와 동료는 보그다노비치의 말을 정말로 믿는 사람은 아무도 없고 시간이 지나면 소동이 잠잠해질 테니 신경 쓰지 말라고 제안했지만 헤프너는 발끈하며 이런 조언을 물리쳤다.

헤프너의 집착은 뿌리가 깊은 것이었다. 그는 그 책을 부당한 배신으로 보았다. 그의 인격에 대한 비난은 그를 더욱 분노하게 했다. 〈플레이보이〉 편집자이자 친구인 머리 피셔에 따르면, 『유니콘 죽이기』는 그의 최악의 악몽이 실현된 것이었다. 그것이 그에 대한 개인적 공격이었기 때문에 그는 무슨 일이 있어도 자신이 옳다는 걸 증명해야 했다. 하지만 가장 중요한 건 아마도 헤프너가 보그다노비치가 쓴 책이 그의 전체 성인기 삶에 대한 공격이라고 보았기 때문일 것이다. 근본주의자와 페미니스트가 동맹을 맺어 퍼부은 공격은 헤프너를 지치게 했고, 『유니콘 죽이기』는 그의 갑옷을 뚫고 들어와 예민한 부분을 찌른 것 같았다. 헤프너는 사적으로 고백했다. "내게 중요한 사람들이 나를 어떻게 보는가 하는 건 내 인생에서 아주 중요했다. 이 일에는… 나라는 사람의… 핵심을 건드리는 것이 있다."

아무리 생각해도 이 일을 이해할 수 없던 헤프너는 이런 공격은 정서 불안 탓이라 여기고, 저명한 시카고 정신과 의사에게 보그나노비치를 비밀리에 평가해 달라고 부탁했다. 의사는 보그다노비치가 우울증이 심한데다 망상을 앓고 있는 것 같다고 했다. 헤프너는 또한 보그다노비치가 스트래턴의 동생 루이즈(13세)와 어머니 넬리에게 이상한 행동을 한다는 정보를 보그다노비치의 전직 개인 경호원에게서 얻어냈다.

그러는 동안 『유니콘 죽이기』에 대한 평들이 나왔다. 거의 부정적인 평가 일색이었다. 소수 평자는 책이 섬세하고 감동적이며 신빙성 있다고 보았지만, 대부분은 감상적이고 자기변호에 치중하며 그 역시 스트래턴을 착취하고 있다고 평했다. 보그다노비치가 다른 사람들을 비난하면서, 정작 자신의 여성관에 깃든 남녀 차별적 "창녀/성녀 콤플렉스" 경향은 보지 못한다고 평자들은 비판했다.

그래도 〈플레이보이〉와 헤프너는 타격을 받았다. 페미니스트와 근본주의자는 모두 미스위원회의 준거 틀을 가지고 이 책이 플레이보이 라이프스타일이 얼마나 한심하고 파괴적이고 부도덕한지를 확인해 준다고 보았다. 유명한 페미니즘 작가 바버라 에렌라이크는 "『유니콘 죽이기』는 〈플레이보이〉와 휴 헤프너와 그 상업 제국 전체에 대해 무언가를 알려준다. 그 제국에서 가장 유명한 플레이메이트가 고난 끝에 잔혹하게 살해되었다." 보수주의자들도 그에 동의하며, 헤프너가 만든 어두운 세계에 순수하고 천진한 캐나다 처녀가 끌려 들어가 파멸했다고 비난했다.

하지만 헤프너를 더욱 괴롭힌 건 『유니콘 죽이기』를 비난하는 평도 플레이보이가 여성을 착취한다는 설명에는 동의하는 것 같았다는 것이다. 그들은 『유니콘 죽이기』를 비난하면서도 헤프너와 그 친구들에 대한 맹렬한 비난에 주목하며, 그를 플레이보이맨션 웨스트라는 한심한 바로크식 소굴에서 까부는 "메마른 쾌락주의자"로 설명했다. 한 평자는 "책 자체는 실패했지만, 가장 흥미로운 대목은 보그다노비치가 플레이보이 라이프스타일의 막후를 통렬하게 보여준 것이다."라고 했다. 유명 평론가 찰스 챔플린은 〈로스앤젤레스 타임스〉에 『유니콘 죽이기』는 그 모든 약점에도, 헤프너의 철학이 성혁명의 진정한 의미를 부정할 만큼 퇴행적이라는 점을 잘 보여주었다고 썼다.

이런 공격은 헤프너가 감당할 수 있는 수준을 넘었다. 자기 이름을 깨끗이 해야 한다는 부담감에 시달린 끝에 그는 뇌졸중에 걸려 몇 주 동안 자리에 누웠다. 그리고 1985년 4월 1일에는 딸과 동료의 만류를 뿌리치고 맨션에서 기자회견을 열어 수십 명의 기자와 몇 명의 텔레비전 사람들 앞에서 보그다노비치가 완전한 거짓말을 유포했을 뿐 아니라 스트래턴의 미성년 여동생 루이즈와 어머니 넬리를 유혹해서 넬리의 결혼생활을 파국으로 몰아넣었다고 했다. 기자가 보그다노비치가 10대인 루이즈와 섹스까지 했느냐고 질문하자, 헤프너는 "의심의 여지가 없다."고 대답하고, 보그다노비치는 형사 처벌받아야 한다고 주장했다. 그러고 나서 그는 넬리의 별거 중인 남편이자 루이즈의 양부인 벌 엘드리지를 소개했고, 엘드리지는 헤프너의 발언이 사실이라고 증언했다.

며칠 후 루이즈는 헤프너를 중상과 사생활 침해 혐의로 고소했다. 그녀는 유명한 페미니즘 변호사 글로리아 올레드에게 사건을 의뢰해서 500만 달러의 배상을 청구했다. 헤프너는 자신에 차서 "이제 곧 진실이 밝혀질 것"이라고 말했다. 실제로 6개월 뒤 루이즈는 소송을 취하했다. 올레드가 몇 차례 증언 녹음 후 소송 진행을 포기했기 때문이다. 소송이 취하되자 보그다노비치는 헤프너에게 공개사과했다. "스트래턴을 사랑한 우리는 모두(나는 휴 헤프너 역시 그 중 한 명이라는 것을 안다) 더없이 힘든 시간을 겪었고, 이제 치유 과정이 더욱 빨라지기를 바란다. 내가 한 말이나 쓴 글 때문에 헤프너의 건강이 상했다면 사과한다."

결국 헤프너는 자신의 정당성을 확인시켰다. 소동의 먼지가 가라앉는 과정에서 보그다노비치의 비난은 완전히 거짓이라는 게 드러났다. 헤프너가 스트래턴을 유혹하고 어쩌면 강간까지 했다는 이야기는 『유니콘 죽이기』의 다른 많은 이야기처럼 패트릭 커티스의 날조인 것으로 드러났다. 커티스는 레이컬 웰치의 전 남편으로 몇 년 동안 맨션을 드나들다가 부정행위로 출입이 금지당했다. 이런 조처에 대한 복수로 커티스는 보그다노비치에게 나중에 진술서에서는 철회해 버린 수많은 이야기를 들려주었다. 덧붙이자면, 보그다노비치는 1989년에 루이즈와 결혼했고, 어머니 넬리는 공개적으로 이 일을 통탄했다. 그 후 15년가량 지난 뒤 두 사람이 지저분하게 이혼할 때 루이즈는 헤프너에게 도움을 구했다.

보그다노비치 논쟁이 그치면서 헤프너는 "도로시 스트래턴과 내 관계의 진실이 밝혀진 데" 기쁨을 표현했다. 하지만 이 승리는 많은 상처를 남겼다. 이 추악했던 스캔들은 관련한 사람을 모두 움켜쥐고 망가뜨리는 것 같았다.

『유니콘 죽이기』 싸움 초기의 메모에서 〈플레이보이〉 편집자 아서 크레치머는 헤프너에게 책에 과도하게 반응하지 말라고 주의를 주었다. "보그다노비치의 신뢰성을 무너뜨리려고 하다가 당신이 무너질 것이다." 크레치머의 예언은 정확했다. 난교파티, 미성년 섹스, 강간 시도, 포르노미디어 공장, 병든 애인들, 질투에 사로잡혀 아내를 죽이는 남편이 연루된 비난과 맞비난의 난무 속에 헤프너의 정당성은 흐려졌다. 많은 관측자에게 헤프너의 세계는 화려하고 유쾌하고 전위적인 것과 거리가 먼, 천박하고 유독한 스모그 속의 세계로 보였다. 이런 점에서 보그다노비치와의 진흙탕 싸움은 플레이보이가 레이건 시대에 맞닥뜨린 문제를 더욱 키워주었다.

하지만 보그다노비치 갈등이 헤프너에게 끼친 해악은 공적인 측면보다 사적인 측면에서 훨씬 더 컸다. 여기서도 역시 크레치머의 선견지명이 옳았다. 그는 초기에 헤프너에게 "그 일에 너무 신경을 쓰고 있다."고 주의를 주며, 자칫하면 "당신이 무너질 것이다."라고 말했다. 1985년 초에 그 일이 명백해졌다. 갈등의 와중에 헤프너는 앞일을 전혀 모른 채 언론의 비난을 흡수하고 자신의 결백을 옹호하면서 스트레스를 쌓아 갔다. 거기다 캐리 리와의 널뛰는 관계와 미스위원회의 강압으로 스트레스가 추가되었다. 정신적, 육체적 피로가 선을 넘어가면서, 헤프너는 마침내 무너졌다.

# 5
# 부활

# 1 신부는 옷을 입었다

1985년 초봄, 휴 헤프너는 건강이 무너졌다. 사생활과 공적 생활 양쪽에서 고조된 스트레스 탓에 이 사태는 그에게 공포를 안겨주었으며, 힘겨웠던 시기의 최저점을 기록했다. 개인 주치의의 비정통적 치료 덕분에 그는 놀라울 만큼 짧은 시간에 정상적인 기능을 회복했지만, 이 일은 그를 크게 흔들어 인생의 우선순위를 재점검하게 했다. 덕분에 그는 난마처럼 얽힌 도로시 스트래턴의 의혹 속으로 걸어 들어가 피터 보그다노비치의 실체를 폭로하는 기자회견을 열 수 있었다. 그는 또 좀더 건강한 라이프스타일을 채택해서, 업무 부하를 줄이고 담배를 끊고 식단을 바꾸고 운동을 시작했다.

하지만 헤프너의 뇌졸중은 더 깊은 의미로 인생을 돌아보게 했다. 우선순위를 재점검하면서 그는 구원과 안정을 탐색하기 시작해서, 많은 사람이 전혀 예상치 못한 결혼과 가정생활로 향하였다. 처음에는 당시의 여자 친구인 캐리 리와 안정적 유대를 이루려고 했지만, 관계의 불확실성이 커지면서 그런 환상은 깨졌다. 둘의 관계가 무너진

1980년대 말에 그는 다른 곳으로 눈을 돌렸고 맨션에 새로 온 젊은 여자와 깊은 사랑에 빠졌다. 그리고 많은 사람에게 놀라움을 안겨주면서 그들은 짧은 시간 안에 결혼했다.

미스터 플레이보이는 다시 한번 자신을 변화시켜서 남편과 아버지라는 익숙하지 않은 역할을 받아들였다. 지난 세월 동안 헤프너와 〈플레이보이〉가 미국사회의 변화를 반영했듯이, 이제 그가 정통 결혼생활을 수용한 것도 이른바 1990년대의 '신전통주의'를 반영했다. 인생의 가을에 들어서면서, 헤프너는 반항에서 합리성으로, 쾌락적 독신주의에서 헌신적인 가장으로 완전히 변모한 것 같았다. 그 과정은 뜻밖인 만큼 극적이었다.

I

1985년 3월 7일 이른 아침, 침실에서 다음 날 〈로스앤젤레스 타임스〉를 읽던 휴 헤프너는 기사와 표제들이 잘 이해되지 않았다. 불려온 의사는 아스피린을 먹고 자라고 했다. 하지만 다음 날 아침이 되자 증상은 더 나빠졌다. 실무 비서 메리 오코너에게 전화한 그는 말이 뒤틀리고 단순한 생각도 전달하지 못했다. 직원들이 달려와서 그의 얼굴 오른쪽이 마비된 것을 보았다. 즉시 의사가 불려왔고, 헤프너는 그날 중으로 여러 검사를 했다. 신경과 의사가 그에게 평범한 사물의 이름(셔츠 단추, 넥타이, 벨트)을 말해보라고 했을 때, 헤프너는 대답하지 못했다. 그는 글을 읽지도 오른손을 쓰지도 못했고, 정신도 흐려진 것 같았다. 잠시 후 헬리콥터로 이송된 패서디나 병원에서 MRI를 찍어 진단을 확정했다. 뇌졸중이었다.

그 뒤로 며칠 동안 헤프너의 상황은 계속 심각했고 그의 신경 지표는 널을 뛰었다. 그는 병원을 병적으로 싫어했기 때문에 친구이자 의사인 마크 새기너에게 맨션에서 치료받게 해달라고 했다. 새기너는 불안을 줄여야 치료할 수 있다는 판단으로 이에 동의하고 맨션에 들어와 24시간 그의 치료를 지휘했다. 그는 유명 신경과 의사인 클라크 에스피 박사와 이 일을 의논했고, 그들은 헤프너의 병이 '가역적 뇌허혈 신경장애(RIND)'라고 결론을 내렸다. 두 사람은 아직 연구단계 약물인 덱사메사손의 다량 투여를 중심으로 하는 공격적인 치료 계획을 세웠다. 이런 특이한 치료법은 아주 성공적이었고, 헤프너는 며칠 지나지 않아 회복했다. 하지만 완벽한 회복에는 몇 달이 걸렸다.

헤프너와 주위 사람들은 뇌졸중의 원인을 의심하지 않았다. 캐리 리와의 혼란스러운 관계와 보그다노비치의 고약한 비난으로 인한 스트레스였다. 전자는 그의 사생활을 끊임없는 갈등으로 몰아넣었고, 후자는 헤프너가 1985년 인터뷰에서 털어놓았듯이 그에게 엄청난 타격이 되었다. 그는 사람들의 조언을 받아들여 『유니콘 죽이기』에 대한 대응을 줄였지만, 분노의 억압은 크나큰 긴장을 낳았다. 특히 몇몇 관측자들이 숨길 것이 있으니 대응을 피한다고 보았을 때 더욱 그랬다. 거기에는 자기 처벌의 역동 또한 작용하는 것 같았다. 모럴 머저리티와 급진적 페미니스트의 공격에 시달리고, 캐리 리의 기행에 지치고, 『유니콘 죽이기』가 만든 적대적 평판에 비틀거리는 동안, 헤프너는 드문 일이지만, 자신을 의심하기 시작했다. 그는 훗날 말했다. "나는 보그다노비치가 나에 대해 한 말이 약간 믿어지기까지 했던 것 같다. 그것이 뇌졸중을 불렀다."

하지만 헤프너는 빠른 속도로 평정을 회복했다. 3월 20일에 보도자료를 내서 뇌졸중의 회복을 알리며, 이 일이 "내 인생의 방향을 바꿀 것"이라고 말했다. 그리고 정말 그렇게 되었다. 먼저 그는 뇌졸중이 온 것을 감정을 다스리고 피터 보그다노비치에게 정면 대응하라는 신호로 해석했고, 그 결과 맨션에서 기자회견을 열었다. 뇌졸중은 또한 생활의 속도를 줄이고 인생에 대해 좀더 여유로운 태도를 택하게 했다. 그는 육체적 한계를 인식하고 파이프 담배를 끊고 건강식을 시작했으며, 펩시 대신 다이어트 펩시를 마시고, 운동을 시작했다. 그는 또한 자신과 자신의 과거를 이해하기 위해 자서전을 쓰기로 했다.

하지만 가장 중요한 건 아마도 뇌졸중이 헤프너에게 로맨스 생활의 정서적, 성적 문제를 총체적으로 돌아보게 했다는 점일 것이다. 그는 좀더 영속적인 관계를 진지하게 고려하기 시작했다. 이런 충동은 1980년대 초에 섀넌 트위드에 이어 캐리 리와 함께 할 때 이미 희미하게 나타났지만, 이제는 좀더 확고해졌다. 뇌졸중의 충격 속에서 그는 그 후 2년 동안 캐리 리와 안정적 관계를 이루려고 노력했고, 이것은 그가 그녀의 예측 불가능한 행동을 그토록 인내한 이유의 하나가 되었다. 하지만 냉탕과 온탕을 오가는 어지러운 관계 속에서 그 노력은 힘을 잃었고, 리는 마침내 1988년 초에 영원히 떠났다. 하지만 영속적 관계에 대한 헤프너의 욕망은 그대로 남아 있었다.

## II

정서적인 영속성과 안정에 대한 헤프너의 욕망은 곧 그 대상을 찾았다. 큰 키에 여신 같은 위엄을 지닌 24세의 금발 미녀 킴벌리 콘래드는 1987년 5월 22일에 맨션에 처음 와서 며칠 동안 머물며 센터폴드 사진 촬영을 했다. 플레이메이트 신상 정보에 따르면, 그녀는 모델 일을 마친 후 부동산 중개업을 하는 것이 꿈이었다. 그녀는 "내가 원하는 인생은 충만한 인생이다. 여행을 다니고, 새로운 장소를 경험하고, 많은 사람을 만나고, 직업과 개인 생활 모두에서 성공하기를 바란다." 고 썼다. 하지만 그때는 아직 캐리 리가 있을 때였기 때문에 헤프너와는 거리를 두었다.

그녀는 1988년 1월 19일에 1월의 플레이메이트 화보 촬영차 다시 맨션에 왔다. 그 사이에 리와 완전히 결별한 헤프너는 콘래드의 아름다움과 다정한 태도에 눈길이 사로잡혔다. 그녀는 그와 이야기를 나눴지만, 영화를 보자는 청은 피하고 옆에 계속 다른 여자를 두었다. 그가 마침내 "나하고 시간을 좀 보내 보는 게 어때요?"하고 말하자, 그녀가 "저는 당신을 잘 모르는데요."하고 대답했다. 그가 "함께 시간을 보내지 않으면 어떻게 나를 알 수 있습니까?"하고 대답하자, 그녀는 그 논리를 수긍하고 그와 함께 세 시간 동안 이야기를 나누었다. 그리고 저녁이 되자 헤프너의 말에 따르면, "우리는 서로가 특별하다는 것을 알았다." 헤프너는 그녀의 방에 꽃을 보냈고, 그녀에게 되도록 빨리 맨션에 돌아오라고 청했다. 콘래드는 열흘 뒤 슈퍼볼이 열리는 주말에 다시 왔고, 헤프너는 딕과 앤 스튜어트 부부, 존 댄티, 키스 헤프너와 함께하는 식사에 데리고 갔다. 그녀는 헤프너가 신사답고 세심하고 재미있다고 느꼈다. "우리는 아주 즐거웠고 서로 정말로 좋아했다." 로맨스의 불꽃이 금세 불길로 솟아올랐다. 헤프너의 제안에 그녀는 2월 초에 맨션으로 이주했고, 두 사람은 애인이 되었다.

헤프너의 마지막 두 여자 친구와 마찬가지로 콘래드도 캐나다인이었다. 1963년 8월 6일 미국 앨라배마 주 몰턴에서 태어났지만, 캐나다의 밴쿠버로 이주했다. 콘래드는 웨스트 밴쿠버의 부유층 지역에서 1남 3녀 중의 막내로 자랐다. 어머니는 재혼했으며 양부는 성공한 금

융업자였다. 그녀는 사려 깊은 어머니 밑에서 동물을 사랑하고 스쿼시, 수상 스키, 라켓볼 등의 스포츠를 즐기는 전통적 양육을 받았다. 청소년 시절에 차분한 태도와 재치 있는 유머감각, 강한 가족 애착, 관습적이고 때로 보수적이기까지 한 가치관을 지니게 되었다. 그녀는 고등학교 시절에 모델로 일하기 시작했고 졸업 후에는 아예 직업으로 삼게 되었다. 지역에서 여러 제품을 광고한 뒤, 두 번에 걸쳐 뉴욕에 가서 맥도널드와 리바이스 청바지의 광고에도 출연했다.

그녀가 처음 밴쿠버의 〈플레이보이〉와 접촉한 건 오랜 세월 동안 도로시 스트래턴 등의 캐나다 모델을 플레이보이에 보낸 사진가 켄 허니를 통해서였다. 그는 모델 사진들 속에서 그녀를 발견했지만, 그때 콘래드의 나이가 겨우 열일곱이어서 몇 년 뒤에 시험 사진을 찍어보자고 했다. 말수가 적고 전통적인 콘래드는 별 관심이 없었다. 하지만 몇 년 후 오랜 남자 친구와 헤어지고 충격적인 행동을 하고 싶어지자 허니에게 전화를 걸어 시험 촬영을 해보자고 했다. 그는 사진을 찍어 로스앤젤레스로 보냈고, 〈플레이보이〉는 곧바로 관심을 보였다. 콘래드는 로스앤젤레스로 가서 사진 편집자 메릴린 그래버스키를 만났고, 1988년의 첫 플레이메이트가 되었다.

그 해 초 헤프너가 처음 콘래드를 보았을 때, 그녀는 그가 여자에게 추구한 모든 것을 구현한 것 같았다. 그녀는 가정적이라서 집에 머물며 영화를 보고 동물을 돌보는 것을 가장 좋아했다. 조심스럽고 다정해서 사람들과 잘 어울렸지만 앞으로 나서기보다 뒤에 머무는 것을 좋아했다. 세련됐지만 차분한 옷 취향으로, 전임자인 캐리 리의 성형수술 중독, 요란한 패션과 대조되는 자연미를 보였다. 할리우드에 대한 야심이 전혀 없는 그녀는 헤프너와 애인이 되자 헤프너와 함께하

1989년에 헤프너와 약혼녀 킴벌리 콘래드가 인터뷰를 하는 모습

는 생활에 집중하고자 했다. 콘래드는 눈부신 섹시함과 헌신적이고 전통적인 여성성을 동시에 갖춤으로써 헤프너의 모순되는 욕망을 충족시켰다. 헤프너는 그녀에게 완전히 빠졌다. "어떻게 이런 일이 일어났는지 믿을 수가 없다." 그는 1988년 3월 〈USA 투데이〉에 말했다. "어떻게 이런 천사가 내 앞에 나타나서 모든 걸 바꾸어 놓을 수가 있는가. 어떻게 이런 행운이 있을 수 있는가?"

그 뒤 몇 달 동안 폭풍 같은 로맨스는 점점 속도가 붙어서 헤프너는 곧 '생각할 수 없는 것'을 할 준비가 되었다. 그는 유명한 결혼 혐오주의자로 "결혼은 희망의 무덤"이라는 우디 앨런의 말을 자주 인용했다. 하지만 이제 과거의 혐오를 바람에 날려 버렸다. 1988년 7월 23일, 두 사람은 함께 산책하다가 맨션 앞뜰에 있는 '소망의 우물'에 이르렀다. "나와 결혼해주겠어?" 헤프너가 묻자 그녀는 "지금 대답해야 하나요?"하고 되물었고, 그는 약간 당황해서 "아니, 물론 그렇진 않아."하고 말을 더듬었다. 그러자 콘래드가 웃으면서 "당신 없는 인생은 상상할 수 없어요. 당연히 당신과 결혼할 거예요."하고 말했다. 헤프너는 약혼 선물로 그녀에게 5.5캐럿짜리 다이아몬드 반지를 주었다.

이것은 진정한 사랑의 결합이었다. 약혼 발표에 이은 인터뷰에서 두 사람은 어느 기자의 표현대로 "닭살 돋는 애인"의 모습을 보였다. 콘래드는 헤프너가 정착하려고 한다는 데 자신감을 보였다. "방탕의 계절은 끝났다고 생각한다. 그렇지 않다고 느끼거나 앞으로 그가 부정할 거로 생각한다면 결혼하지 않을 것이다." 둘의 관계에 대해 이야기할 때 그녀는 그를 "영혼의 동반자"라고 말하며 눈물을 글썽이기도 했다. 콘래드는 그 관계에 전념한다는 것을 강조하면서 그가 인생의 중심점이 되었다고 했다. 헤프너도 이런 헌신에 화답해서 〈로스앤젤레스 타임스〉에 말했다. "정말로 모든 것이 완벽하다. 〈내 사랑 시카고〉라는 영화에 이런 대사가 나온다. '이 세상 어딘가에 노래 가사가 진실인 곳이 있다.' 이 말을 하는 것만으로도 눈물이 솟는 것을 막기 어려울 지경이다."

헤프너는 결혼하려는 결심이 「플레이보이 철학」에 대한 거부가 아니라 갱신이라고 보았다. 그는 결혼에 로맨스를 부여했다. 〈새크라멘토 비〉와의 긴 인터뷰에서 그는 〈플레이보이〉는 남녀의 로맨틱한 관계와 그것에 활력을 주는 성적 쾌락을 강조한다고, 결혼이 자동으로 그런 공식을 깨는 건 아니라고 주장했다. "우리는 인생을 살면서 모험과 안정(미지의 것과 기지의 것) 가운데 타협을 한다. 내가 지난 세월 결혼을 회피한 이유는 많은 경우에 결혼이라는 확실성이 로맨스를 파괴하기 때문이었다. 나는 결혼 자체는 별로 좋아하지 않는다. 내가 좋아하는 건 사랑과 로맨스다." 이제 헤프너는 결혼해도 로맨스가 시들지 않고 꽃 피어날 상대를 찾았다고 확신했다.

결혼 날짜가 다가오면서 맨션은 분주해졌다. 1989년 4월 25일에 헤프너는 콘래드가 올해의 플레이메이트로 뽑혔다고 발표했다. 두 달 뒤 6월호 표지에는 "올해의 플레이메이트는 일생의 플레이메이트이다"라는 문구가 박혔다. 관련 기사는 콘래드의 매혹적인 사진과 그녀와 헤프너의 로맨스, 약혼, 둘의 관계에 대한 장문의 설명이 담겼다. 기고자 한 명이 숨 가쁘게 말했듯이 "독신 생활을 상징한 헤프너가 90년대에 결혼과 미국적 방식을 대표하게 된다면 그것은 20세기에 손꼽히는 놀라운 반전일 것이다."

1989년 7월 1일에 마침내 미스터 플레이보이를 아는 사람들이 좀처럼 예상하지 않았던 결혼식이 맨션에서 성대하게 열렸다. 150명의 하객이 헤프너가 콘래드에게 청혼한 '소망의 우물' 근처에 놓인 의자에 앉았다. 신랑은 동생이자 들러리인 키스 헤프너와 함께 예식 전에 30분 동안 핀볼게임을 했는데, 신부가 도착할 즈음 그제야 반지를 가져오지 않았다는 것을 깨달았다. 그는 프로이트가 말하는 무의식적 의도가 있는 실수라고 농담했다. 그가 계단을 달려 올라가 반지를 가지고 나타났을 때 하객은 환호했다. 현기증에 시달리던 콘래드는 떨리는 마음을 달래 아버지의 팔을 잡고 미소를 띤 채 나타났다. 신부도 신랑도 눈물을 글썽거렸지만 전체적인 분위기는 유쾌했다. 주례인 찰스 D. 에이라 목사가 남편의 말을 따르겠느냐는 전통적인 질문을 하자, 콘래드는 "너무 잘 따를지도 모릅니다."하고 대답했다. 그리고 헤프너가 "네." 하고 대답하자 목사는 하객들에게 큰 소리로 말했다.

"여러분, 들었습니까? 이 분이 네라고 했습니다!"

예식 후 하객 400명이 더 와서 뒤뜰 전체에 흰색 공단을 씌워 만들고 하얀 장미 1만 송이로 장식한 천막 연회장으로 갔다. 그리고 샴페인과 캐비어를 즐긴 뒤 값비싼 식사가 마련된 식탁으로 갔다. 빌 코스비, 로버트 컬프, 앤지 디킨슨, 마크 해밀, 제임스 케인, 베리 고디, 토니 커티스, 알렉산더 고두노프 같은 유명인사가 하객으로 참석했다. 헤프너의 전 가족과 옛 친구들도 왔으며, 옛 여자 친구 세 명도 왔다. 바비 벤턴, 손드라 시어도어, 섀넌 트위드와 함께 사진을 찍을 때 그는 그들의 어깨에 팔을 두르고 농담했다. "어쩌면 내가 큰 실수를 한 건지도 몰라."

헤프너의 결혼은 명백히 한 시대의 종언을 알렸다. 〈피플〉지는 표지에 신혼부부의 행복한 사진을 싣고 말했다. "신부는 하얀 옷을 입었다. 정말로 옷을 입었다! 이제 지옥이 얼어붙을 것이다." 1980년대 말의 획기적인 이 사건은 실제로 헤프너의 삶에 새로운 단계를 열었다. 관습적인 라이프스타일과 전통적인 가치를 수용하면서, 헤프너는 쾌락주의 독신 생활의 청산을 일종의 돌아온 탕아 이야기로 해석했다. 이 뒤늦은 귀향은 "본래의 자리에 온"것이라고 했다. 헤프너는 가정생활을 수용하고 심지어 열렬히 즐겼다. 지난 30년 동안 그의 성적 모험을 지켜본 언론과 대중에게 이것은 흥미로운 광경이었다.

## III

1990년대가 시작되었을 때 헤프너는 사방에 가정적인 모습을 보였다. 친구들에게도 대중에게도 그는 일부일처제에 헌신하는 가정적 남자로 "재창조"되었다. 언제나 자기 인생을 설명해온 그는 이 놀라운 방향 전환을 공개적으로 그리고 자세히 언급했다. 헤프너는 그의 정착이 당시의 전통주의적 분위기를 반영한다는 많은 평자의 말에 동의했다. 그는 일생의 플레이메이트라는 개념을 "약간 보수적인 이 시대에 적합한 것"이라고 말했다. 〈뉴욕타임스〉는 그의 결혼 결심에 대해 에이즈를 두려워하고 헌신을 중시하는 시대적 분위기가 분명히 작용했다고 동의했다. 〈워싱턴타임스〉는 1990년대의 모토는 "집으로 가자"가 될 것이다. 가벼운 뇌졸중으로 살짝 비틀거린 노경의 플레이보이는 집에 머물며 소박한 삶을 살 것이다."라고 했다. 헤프너는 이런 아이러니를 즐거워하며 〈피플〉지에 말했다. "지난 역동적인 60년대와 70년대에 그랬듯이, 내 인생이 다가오는 보수주의 시대의 상징이 된다면 재미있지 않겠는가?"

헤프너와 새 신부가 깊이 사랑한다는 건 모두 분명히 알 수 있었다. 그는 행복감이 너무도 커서 "때로는 꿈을 꾸는 게 아닌가 싶다."고 친구들에게 말하곤 했다.

헤프너는 아름답고 굳건한 아내가 플레이보이맨션의 수십 년 전통을 전면 개조하는 것까지 승인했다. 킴벌리 콘래드는 플레이메이트 경력이 있는데도 여러 면에서 헤프너가 이따금 어머니와도 비교한 전통적인 여자였다. 그들의 로맨스는 정신없을 정도로 속도가 빨랐지만 (첫 데이트 후 18개월 만에 결혼했다) 킴벌리는 이제 플레이보이맨션 안주인으로 확고한 역할을 행사하기 시작했다. 그녀는 맨션 식사메뉴를 개선하라고 지시했고, 주방 직원들에게 신선한 재료와 참신한 요리를 강조했다. 몇몇 침실에도 손을 대서 무겁고 번쩍거리고 장식적인 스타일을 가볍고 우아하게 바꾸었다. 심지어 헤프너를 설득해서 1970년대 난교파티의 잔존물인 비단 시트를 버리고 합리적인 면 시트를 채택하기도 했다.

킴벌리는 또한 지난 20년 동안 맨션에 흘러넘친 요란한 에로티시즘을 가라앉히려고 했다. 이런 과정에서 당연히 맨션을 돌아다니는 여자들과 플레이메이트를 내보냈다. '헤프너 부인'은 손님들에게 수영장이나 바위 석굴에서 옷을 벗고 있지 말라고 부탁했다. 그녀는 언론에 말했다. "나는 이곳이 진짜 집과 비슷해지기를 바란다. 여자들은 아직도 드나들지만 그래도 이제는 수영복을 입고 있고, 그건 좋다고 생각한다." 오랫동안 서재에 놓여 있던 바비 벤턴의 가슴을 드러낸 흉상은 지하 창고로 사라졌다. "이 집은 바비의 집이 아니라 내 집이다. 내가 왜 내 서재에 저 조각상을 두어야 하나?" 그녀는 말했다. 예의 바르지만 확고한 태도로 킴벌리 헤프너는 이제는 가족이 우선이라는 것을 명백하게 했다.

평자와 대중은 헤프너의 새로운 라이프스타일에 깊은 관심을 뒀다. 〈라이프〉지는 「미세스 버니」라는 기사에서 미국에서 가장 유명한 바람둥이의 30년 독신 생활을 끝낸 헤프너의 결혼생활을 사진을 곁들여 설명했다. 〈샤틀레인〉이라는 캐나다의 유명 여성잡지는 이들의 결혼생활을 설명하고, 쾌락을 위한 섹스에 진력을 내는 사회에서 헌신적인 아내와 함께 사는 건 헤프너 인생의 최종적 승리가 될 것이라는 결론을 내렸다.

헤프너의 변화는 아버지가 되면서 더욱 두드러졌다. 두 사람이 결혼 이야기를 꺼냈을 때 그녀가 아이 문제를 거론하자 그는 "당연히 낳아야지."하고 대답했다. 킴벌리는 결혼하고 곧바로 임신했고, 1990년 4월 9일에 마스턴 글렌 헤프너가 태어났다. 그날은 마침 헤프너의 생일이었고, 이 일은 그에게 거의 마술과도 같았다. 헤프너 부부는 둘째도 바로 낳아서 함께 기르고자 했기에, 킴벌리는 곧 다시 임신해서 1991년 9월 4일에 쿠퍼 브래드퍼드 헤프너가 태어났다.

헤프너는 두 아들에게서 진정한 기쁨을 찾았다. 1950년대에는 별로 훌륭한 아버지가 아니었음을 인정하면서 이제 그때의 실책을 만회하기로 했다. 맨션 차고 진입로의 노란 마름모 표지판은 "플레이메이트가 놀고 있습니다"에서 "아이들이 놀고 있습니다"로 바뀌었다. 커다란 중앙 홀 바닥에는 아이들 장난감이 흩어져 있고, 그는 그것을 보며 눈물을 글썽거렸다. 그는 아이들과 잔디밭에서 놀고 그네를 태워주고 만화책을 읽어주었다. 아이들이 만화 주인공에 열광하자 아이들을 위해 배트맨 옷을 입었다. 헤프너는 〈로스앤젤레스 타임스〉에 "평생토록 나는 전통적인 방식에 이런 행복과 충족이 있는지 상상하지 못했다. 두 아이가 내 인생에 가져다주는 마술을 설명할 수가 없다."라고 고백했다.

아이들이 태어나면서 킴벌리는 맨션 정화의 결심을 더욱 강화했다. 그녀는 모성을 적극적으로 발휘해서 진정한 가정을 만들기로 하고 분위기를 헤친다고 생각하는 사람들을 밀어냈다. 맨션에서 벌어지는 많은 사교행사를 쾌락적 섹스 대신 가족과 부부 중심 행사로 변화시켰다. 헤프너는 그녀의 요구에 따라 1994년에 소란스러운 '한여름 밤의 꿈' 파티를 중단했다. 파자마와 잠옷 차림 행사에서 검은 넥타이와 드레스를 입은 행사로 변한 연례 신년파티에는 마스턴과 쿠퍼도 어린이 턱시도를 입고 부모와 함께 참가했다. 1970년대에 시작한 연례 부활절 달걀찾기도 유명인사가 야한 말이 적힌 달걀을 찾는 행사에서 아이들이 맨션을 뒤지며 손으로 직접 장식한 달걀과 선물을 찾는 진정한 아이들 중심의 파티로 변했다.

킴벌리 콘래드 헤프너와 휴 헤프너, 두 아들 마스턴과 쿠퍼가 1990년대 중반 플레이보이맨션에서 노는 모습

헤프너는 아내와 아이들과 함께하는 생활이 정말 즐거운 나머지 그런 일에 별로 신경을 쓰지 않았다. "나는 결혼과 아이들에게서 로맨스를 찾는 데 성공했다."고 선언하고, 자신의 상황은 F. 스콧 피츠제럴드가 미국 사람들의 인생에 2막은 없다고 한 유명한 말을 뒤엎는다고 했다. "나는 3막을 여는 데 성공했고, 지금이 가장 만족하다." 그는 또한 광포하고 집착적이었던 쾌락주의적 과거를 새롭게 해석했다. 그것을 자신이 가정적 남자라는 최종 단계의 성숙을 이루기 위한 과정으로 본 것이다. 섹스와 쾌락에 대한 집착은 자신과 타인에게 무언가 증명하려는 것처럼 보였다. "지난 시절을 돌이켜보면 고백하건대 이따금 몸이 움찔거린다."그는 한 인터뷰에서 말했다. 왜냐면 "이성에게 매력적으로 보이기 위해 안달하는 남자, 인정과 사랑에 굶주린 남자, 허풍에 가득한 남자가 보이기 때문이다." 하지만 이제는 그동안 썼던 모든 가면을 벗고, 그동안 벌이던 모든 게임을 중단하기로 결심했다고 또 다른 인터뷰에서 말했다. 킴벌리와 두 아들은 "내가 평생토록 찾던 안전한 항구"가 되었다. 자신은 그 어느 때보다 인생에 만족한다고 고백하면서, 이런 "인생의 9월"이 그의 인생 영화에 영원한 해피엔딩이 될 거라고 보았다.

헤프너 가족과 친구도 그가 가정에서 행복을 찾은 것을 기뻐했다. 심지어 동료 바람둥이였던 스티브 파워스도 1996년 헤프너의 70세 생일에 육체의 인생을 초월해서, 정말로 중요한 로맨스와 가족과 사랑으로 옮겨 갈 수 있는 그의 능력을 축하했다.

헤프너가 만년에 이렇듯 전통적 가치에 헌신하게 되자 많은 사람이 이것에 대해 언급했다. 기자들은 행복한 가족을 이룬 미스터 플레이보이의 놀라운 모습을 보러 맨션으로 몰려왔다. 〈시카고 트리뷴〉은 말했다. "헤프너의 전설적인 독신 시절은 이제 끝났다. 헤프너가 콘래드에게 청혼한 '소망의 우물' 위로 그늘을 드리우는 나무 근처에 아기 그네가 있다. 콘래드의 실물 크기 사진이 걸린 가족 운동실 구석에는 커다란 장난감 상자가 놓여 있다."

새로운 헤프너는 영화로도 축하를 받았다. 1992년 가을에, 그의 인생을 다룬 다큐멘터리 영화가 전국에 개봉되었다. 데이비드 린치와 마크 프로스트가 제작한 《옛날 옛적에》라는 이 영화는 본래 1990년의 텔레비전 시리즈 〈미국 연대기〉에 들어간 30분짜리 단편이었다. 헤프너는 그것이 아주 마음에 들어서 극장과 케이블 텔레비전용 90분짜리로 만들어달라고 의뢰했다. 그리고 거기 상당한 금액을 투자해서 일종의 자전 영화로 만들었다. 영화는 그의 인생을 지금의 상태에 이르기 위한 발전 과정으로 설명하는데, 결혼식 장면으로 시작하는 도입부에서 헤프너가 "행복이란 아주 전통적인 것, 그러니까 특별한 여자와 가족 속에서 발견할 수 있다."는 것을 깨달았다고 말한다. 그리고 쾌락과 해방의 예언자로 살아온 긴 인생을 검토한 뒤에 헤프너가 아내와 두 아이와 함께 잔디밭에 앉아 있는 목가적인 이미지로 끝을 맺는다. 그가 말했다. "킴벌리와 결혼하고 마침내 좀더 전통적인 가족 관계를 이루면서 알게 된 건 내가 우리 부모가 가졌던 것과 상당히 비슷한 가치관으로 회귀했다는 것이다. 하지만 지금까지 걸었던 반대 방향의 길이 없었다면 여기 이를 수 없었을 거로 생각한다. 나 자신을 발견하고 그 모든 것을 이해하기 위해서는 그 여행이 꼭 필요했다."

헤프너가 개인 인생에서 전통주의로 회귀한 일은 은근한 방식으로 1990년대 그의 잡지와 회사에도 영향을 미쳤다. 물병자리 시대에 해방을 위해 싸웠고, 1980년대에 보수주의자들의 반격에 맞선 뒤, 〈플레이보이〉는 둘 사이의 타협점을 찾았다. 창업자 헤프너와 마찬가지로 그리고 미국사회 전반과도 마찬가지로 〈플레이보이〉는 자유로운 독신자뿐 아니라 가정을 이룬 성숙한 남자들도 수용할 수 있는 중간 지점으로 진로를 바꾸었다. 잡지는 성적 표현과 도덕적 제약, 개인적 쾌락과 의미 있는 관계, 자기충족과 가족의 책임을 위한 자리를 만들고자 했다.

## 2 모든 것이 가족에

1995년 9월에 〈플레이보이〉에는 「클래식 킴벌리」라는 기사가 떴다. 사진과 함께한 이 기사는 킴벌리 콘래드를 '헤프너를 사랑한 아내이자 헌신적 어머니이자 섹시한 매력을 한몸에 구현한 이상적인 현대 여성'이라고 평했다. 훤칠한 키에 금발 머리, 파란 눈동자를 한 관능적인 32세 여자의 멋진 누드사진에 '미세스 플레이보이'의 삶에 대한 장문의 설명이 곁들여졌다. "헤프너와 아이들은 내 인생의 전부다. 여러 채의 집과 돈, 드나드는 사람은 중요하지 않다."고 그녀는 말했다. 장난감이 흩어진 모습, 정글짐, 그네는 이제 플레이보이맨션이 남편의 일터인 동시에 가족의 안식처가 되었음을 상기시켰다. 그녀는 할리우드가 힘든 곳이라는 걸 인정했지만, 생각이 다른 사람들, 사람을 돕고 가족 가치를 중시하는 작고 친밀한 공동체의 기억이 자신을 인도한다고 했다. 기사는 결론 내렸다. "킴벌리의 중심은 가족이다. 헤프너와 마스턴, 쿠퍼는 진실로 축복을 받았다."

이 기사는 〈플레이보이〉가 20세기 마지막 10년 동안 돛을 수선해서, 미국사회를 지배하는 문화적 바람을 놓치지 않으려고 애쓴 모습의 한 예가 되었다. 1990년대가 되자 한풀이 꺾인 1960년대의 자유주의자들은 1980년대의 강고한 보수주의와 화해를 추구했다. 그 결과 전반적으로 미국사회가 중간으로 이동했고, 정치, 가족생활, 사회관이 영향을 받았다. 휴 헤프너가 가족생활을 끌어안은 건 이런 강력한 사회적 경향을 멋지게 반영했지만, 잡지의 전체적 내용도 그랬다. 문화적 기선汽船 〈플레이보이〉는 20세기 말에 미국의 주류 속으로 항해해 들어가면서 새로운 절제를 구현했다. 1992년 이 문구를 선거전의 핵심으로 삼아 대통령에 당선된 역동적이고 젊은 빌 클린턴과도 비슷하게, 헤프너와 〈플레이보이〉는 "열심히 일하고 규칙에 따라 노는 사람들"의 인생을 풍요롭게 하는 데 손을 뻗었다.

I

1988년에 헤프너는 〈굿 하우스키핑〉의 마케팅 책임자와 비행기를 타고 가면서 자신들의 잡지와 현재의 사회적 경향에 대해 토론했다. 그들은 다가오는 1990년대는 새로운 전환이 있을 거로 생각했다. 1960년대와 1970년대의 사회 변혁, 1980년대 여피의 보수적 물질주의를 겪은 1990년대는 가족과 가정의 가치가 부활할 것이지만, 직업 계획은 유연해지고, 사회적 책임에 대한 인식은 커지며, '질 좋은' 경험과 인간적 가치를 추구하는 방식이 될 것이라고 보았다. 〈굿 하우스키핑〉은 1990년에 이르기 전에 이미 이런 '신전통주의'를 중심으로 한 전국적 광고를 시작했다. 이 광고는 "반듯한 시대"를 선언하면서 미국인들이 진정한 것, 정직한 것, 품질 좋은 것, 가치 있는 것, 중요한 것을 추구한다고 말했다. 〈패밀리서클〉지도 대열에 합류했다. 1992년이 잡지는 제자리로 돌아온 반항아들의 사진을 광고에 활용했다. 피어싱한 코에 다이아몬드 약혼반지를 건 여자들, 긴 머리와 문신, 가죽 재킷 차림으로 아기를 안은 남자들 사진 옆에 이런 문구가 쓰였다. "요즘 가족의 가치는 가장 거리가 멀어 보이는 곳에서도 중요하게 여겨진다."

이런 유서 깊은 잡지들은 세기말 미국사회의 핵심적인 분위기를 파악했다. 물병자리 시대의 문화적 대변혁에 이어 레이건 시대의 반동적 쓰나미가 훑고 간 뒤, 많은 미국인이 가정의 가치와 개인적 해방, 사회적 이상주의와 개인적 책임의 결합을 열망했다. 이런 충동은 정치적으로는 복지국가의 안전망을 성실한 근로 윤리 및 시장 경쟁과 결합한 '신민주당'의 빌 클린턴을 백악관으로 들여보내는 데 도움을 주었으며, 사회문화적으로는 사회학자 앨런 울프가 같은 제목의 저서에서 지칭한 "결국 하나의 나라"를 형성하는 데 영향을 미쳤다. 대다수 중산층 미국인은 1960년대 혁명과 1980년대 반동의 양극단 사이의 세계관(통합적이고 너그러운 동시에 개인적 책임을 강조하는 엄격한 가치들의 주장)을 끌어안게 되었다고 울프는 설득력 있게 제시했다. 근본주의 설교가의 호통과 좌파들의 희생자 노릇에 지친 다수 시민은 1990년대에 전통과 다양성, 종교적 믿음과 관용, 가족과 페미니즘, 사회적 의무와 개인적 충족을 화해시키고자 하는 실용적이고 중도적이며 비이념적이고 편견 없는 합의를 이루었다.

미국의 신전통주의를 명백하게 드러낸 지표 하나는 1994년에 출간된 『미국의 섹스』였다. 시카고대학 연구 팀이 3천4백 명을 대상으로 성 행동과 가치관을 탐구한 이 방대한 연구는 대부분의 미국인은 성적 지평이 넓어졌어도 여전히 관습적인 성생활을 하고 있음을 보여주었다. 대다수 남녀는 〈타임〉의 표현에 따르자면, "일대일 관계, 결혼, 정상체위"가 지배적인 세계에 불만이 없었다. 간통보다 정절이, 문란한 관계보다 일대일 관계가, 난교나 금욕보다 적절한 성행위가, 독신생활보다는 결혼이 우위를 차지했다. 미국인은 대부분 1960년대와 70년대의 성혁명에 충격을 받았으나 그에 따라 변화하지는 않은 듯했고, 1980년대 모럴 머저리티의 경건한 반섹스주의에 각성하였지만 거기에 경도되지는 않은 것 같았다. 현대 미국인은 이전 세대보다는 성을 더욱 즐겼지만, 대체로 전통적 규준 안에 머물렀다.

헤프너와 잡지는 미국의 성적 순응주의에 이중적 반응을 보였다. "우리의 청교도주의는 뿌리가 깊다. 우리는 성을 좋아하면서도 두려워한다."고 헤프너는 〈타임〉에 말했다. 그는 또 〈플레이보이〉 편집자에게 보낸 비공개 메모에서 이 조사는 레이건 시대의 보수적 편견과 에이즈에 따른 공포가 반영되었다고 주장했지만, 어쨌건 "우리는 관습적인 성생활을 한다."는 연구의 핵심 결론은 인정했다. 〈플레이보이〉는 이 조사가 많은 미국인이 "순응주의와 중간치를 끌어안는다. 극단적인 것, 실험적인 것에서 놀라 비명을 지르며 달아난다."는 것을 보여주었다고 코웃음 쳤다. 하지만 이것은 "미국인의 섹스가 매우 풍성하고 다양하다는 증거"를 간과했다. 헤프너는 "진짜 메시지는 우리 성행동의 다양성이다."라고 덧붙였다. 이런 복잡한 반응은 헤프너와 잡지 역시 대부분의 미국인처럼 성 전통과 성 혁신을 통합하려고 노력한다는 것을 보여주었다.

실제로 헤프너가 새로이 영위하는 따뜻한 가정생활은 미국 신전통주의의 광고판이었다. 플레이보이맨션의 가정적 분위기는 1990년대라는 '위 데케이드We Decade'와 박자가 맞는 이미지를 구현했다. 〈USA

투데이〉에 따르면, "대세는 결혼, 일대일 관계, 절제다. 헤프너는 베이비붐 세대의 성적 자유의 상징이었다. 이제 그 세대가 마흔을 넘으면서 일시적 쾌락 너머로 눈을 돌리고 있다. 성은 전처럼 중요하지 않다. 헤프너는 마침내 다수와 어깨를 나란히 했다."

〈플레이보이〉는 창립 40년이 넘으면서 시대의 정신에 반응했다. 잡지는 제도가 되었다. 1993년에 〈뉴욕 데일리뉴스〉는 〈플레이보이〉는 변화하는 사회적 지평과 함께 움직이며 생존했다고 말했다. 하지만 생존은 날카로운 사회 문화적 본능에 의지했다. 자유주의적 과거와 그 이전 시기의 간헐적 보수성(진정했다기보다는 불만에서 비롯된)을 토대로 잡지는 자신을 신전통주의의 전위에 위치시켰다.

앞장을 선 건 크리스티 헤프너였다. 그녀는 60년대 세대와 〈플레이보이〉 독자 다수가 부모가 되면서, 90년대의 주요 관심은 가정이라는 환경에서 변화하는 남녀 관계에 초점을 맞출 것이라고 말했다. 플레이보이사는 "가족 중심적 베이비붐" 세대에 집중한 "성인의 디즈니"가 되어야 했고, 아버지 헤프너의 새로운 라이프스타일은 거기에 자연스럽게 들어맞았다. "맨션은 이제 누가 봐도 독신자의 천국이 아니다." 그녀는 1992년 메모에 썼다.

〈플레이보이〉가 1990년에 발행인으로 고용한 마이클 펄리스도 여기 가세해서, "나는 완전히 주류이다."라고 언론 잡지 〈인사이드 미디어〉에 말했다. 펄리스는 〈플레이보이〉를 누드잡지들에서 더 멀리 떼어놓으며 〈에스콰이어〉, 〈젠틀맨스 쿼털리〉, 〈롤링스톤〉, 〈스포츠 일러스트레이티드〉 같은 상류층 대상 잡지들과 경쟁하려고 했다. 그는 폴크스바겐을 다시 광고주로 불렀고, 디트로이트의 자동차회사, 남성 패션회사, 가전회사의 광고를 새로이 유치하려고 노력했다. 〈인사이드 미디어〉는 이런 방향을 요약했다. "그러니까 간단히 말해서 〈플레이보이〉를 다시 주류화하는 것이다."

잡지의 변모는 점진적으로 이루어졌다. 유서 깊은 여러 코너는 1990년대에도 유지되었다. 「플레이보이 포럼」은 논쟁적 사회 문제들을 다루었고, 「플레이보이 인터뷰」는 장안의 화제가 되는 공적 인물을 인터뷰했다. 코미디언 제리 사이펠드, 영화감독 스파이크 리, 정치 평론가 제임스 카빌, 억만장자 사업가 빌 게이츠, 스포츠 스타 샤킬 오닐, 작가 살만 루시디 등이 그 대상이었다. 잡지는 「영화 속의 섹스」와 「록과 재즈 설문조사」 같은 연례 특집과 더불어 「파티농담」, 「패션계 현황」, 「최신 소비품목」 같은 월례기사도 이어 나갔다. 〈플레이보이〉 소설도 과거의 높은 수준을 유지해서 존 업다이크, 마거릿 애트우드, 제인 스마일리, 윌리엄 케네디, 조이스 캐럴 오츠, 제이 매키너니 같은 작가들의 작품을 실었다. X세대('베이비붐 세대'에 대한 분노가 가득하고, 대중문화에 중독되고, 현대사회를 아이러닉하고도 절망적으로 바라보는 젊은이들)의 등장 같은 최신 사회 경향도 탐구했다.

〈플레이보이〉의 에로틱한 면모도 변함없이 유명인과 이웃집 처녀의 조합을 계속해 나갔다. 슈퍼모델 신디 크로퍼드, 엘 맥퍼슨, 배우 샤론 스톤, 우마 서먼, 대중문화 아이콘 '스웨덴 비키니 팀', 인기 텔레비전 시리즈 〈베이워치의 처녀들〉 등이 화보에 출연했다. 1990년대에는 놀라울 만큼 많은 플레이메이트가 유명 스타가 되었다. 애나 니콜 스미스(1992년 5월), 제니 매카시(1993년 10월), 켈리 모나코(1997년 4월) 등이 그들이다. 가장 유명한 플레이메이트 파밀라 앤더슨(1990년 2월)은 당대의 섹스 심벌이 되었다. 그녀는 곧 텔레비전과 영화로 진출했고, 떠들썩한 관심 속에 록 뮤지션 토미 리와 결혼했으며, 1990년대 말까지 〈플레이보이〉 표지 모델로 여덟 번이나 등장했다.

이런 익숙한 모습 속에서도 〈플레이보이〉는 천천히 1990년대의 신보수주의로 다가갔다. 최초의 신호는 정치적 지향이었다. 〈플레이보이〉는 1990년대 초에는 1960년대와 1970년대 반항의 전통에 뿌리박은 추문을 파헤치는 냉소적 자유주의를 유지했다. 자유주의 분석가 로버트 시어의 정치칼럼을 매달 실었고, 찰스 키팅의 저축조합 비리를 파헤쳤다. 헤프너가 이따금 하는 정치적인 발언도 〈플레이보이〉의 좌파적 입장을 견지했다. 반면 공화당의 억압과 금지, 징벌에 토대한 보수적인 의제를 비난하고, 성해방의 전진을 지지했으며, 개인의 자유와 수정헌법 1조를 옹호했다.

하지만 1990년대 중반에 이르면, 〈플레이보이〉는 정치색을 많이 털어내었다. 주류 미국사회에 대한 엄중한 좌파 평자들이 사라지고 공적 사안 관련 내용은 「플레이보이 포럼」으로 물러갔으며, 시어의 칼럼은 1996년 2월호 이후 게재되지 않았다. 헤프너가 결혼과 가정생활에 정착함에 따라 잡지는 맨션의 화려한 사교 행사를 설명하던 오랜 정기기사 「플레이보이의 세상」도 중단했다. 전체적으로 라이프스타일, 커플 관계, 대중문화와 여흥이 전면에 나오고 좌파 정치가 옆으로 밀려나면서 〈플레이보이〉는 점점 1950년대의 뿌리로 돌아갔다.

컴퓨터 기술과 같은 시대의 흐름을 반영하고 즐거움을 누리자는 주제가 넘쳐났다. 〈플레이보이〉는 특유의 차분한 태도로 비디오와 컴퓨터를 지배할 DVD의 등장을 다루었다. 또 어지러울 만큼 다양하게 쏟아져 나오는 최신기기(휴대전화, 휴대용 팩스, 자동응답 전화, 호출기, 모뎀 달린 노트북)와 새로운 전자용어(CD-롬, DAT, 포토 CD, VCR, 수신자ID), 그리고 인터넷이라는 놀라운 신세계를 소개했다.

잡지는 컴퓨터에 대한 대중적 관심을 성적 언어로 번역했다. 여성 컴퓨터광들의 누드사진은 방구석에 틀어박힌 컴퓨터광들의 환상을 기대 이상으로 충족시켰다. "인터넷상의 여성에게 사진을 보내달라고 요청하자, 전 세계에서 섹시한 GIF, JPEG가 우리의 디지털 우편함으로 밀려들었다고 1996년 4월의 화보 「인터넷의 여자들」은 말했다. 같은 호에 실린 이달의 플레이메이트 질리안 보너는 소프트웨어 개발 회사의 창업자로 언젠가 더욱 노골적이고 개방적인 디지털 성적 환상을 만들고 싶다고 말했다.

〈플레이보이〉의 신전통주의가 더욱 명백하게 드러난 분야는 남녀 관계에 대한 접근이었다. 잡지는 1991년에 현대 남성의 실태, 가치관, 태도를 연구해서 그 결과를 다음 해 초에 발표했다. "남성 추적" 연구는 남자들이 전통적인 남성적 충동에 여성의 권리와 가족 책임을 결합하는 경향이 커진다는 것을 보여주었다. 남자들은 섬세하고 다정한 사람으로 보이고 싶어 하지만, 일, 스포츠, 섹스에 대한 관심은 여전히 높았다. 그들은 양성 전쟁을 끝내고 여자들과 커뮤니케이션을 잘하고 싶어 했다.

이를 토대로 〈플레이보이〉는 이런 새로운 정서를 담는 새 연재물 「남성 추적: 변화하는 시대의 남자를 위한 지침」을 내보냈다. 첫회에는 데이트 강간과 성희롱 문제에서 남자와 여자의 견해가 놀랄 만큼 일치한다는 것을 보여주었다. 그러고 나서는 남자들은 업무의 압박과 레저의 욕망 사이에서 쩔쩔매지만, 대부분은 놀이보다 노동에 더 큰 가치를 둔다고 했다. 그리고 18세에서 44세의 남자들이 좋은 관계의 기준으로 꼽은 세 가지가 사랑과 좋은 성관계, 감정 소통 능력인 것을 보면, 90년대의 남자들은 점점 더 섬세해지는 것 같다고 보고했다.

〈플레이보이〉는 1990년대 내내 현대의 남성성을 정의하려고 노력했다. 에이사 베이버는 정기 칼럼을 통해 남성이 맞닥뜨린 여러 가지 곤경을 논의하면서 페미니즘의 공격을 방어했다. "남성성이 본래 잔혹하고 야수적이라는 말을 들으면 우리는 대부분 진실로 좋은 남자라는 걸 생각해주기 바란다. 우리는 가족을 사랑하고 그들을 보호하려고 열심히 일하며 아이들을 소중히 여기고 명예롭게 산다."

〈플레이보이〉는 여자를 유혹하는 기술에 대한 가르침을 개정해서 이제는 남녀 간의 복잡한 관계를 이해해야 한다고 강조했다. 더구나 과거와 달리 이 조언의 상당 부분이 여자에게서 왔다. 베스트셀러인 『늑대와 함께 달리는 여자들: 야생 여자 원형의 신화와 이야기들』의 저자 클라리사 핑콜라 에스테스는 여성의 본질적 지향과 욕망, 가치를 이해하는 여러 가지 방법을 전해주었다. 트레이시 페퍼는 「포스트모던 시대의 로맨스」 규칙을 다룬 글에서 대화, 옷, 두 번째 만남, 굿나잇 키스, 성적 에티켓 같은 실제적 지침을 집중적으로 설명했다. 그 규칙의 일부는 다음과 같다. "자동차를 사라, 부모님 집에 살지 마라, 술에 취하지 마라, 속옷을 입어라, 데이트 상대보다 엉덩이를 더 크게 만들어라."

신전통주의 남성은 1990년대 후반에 잡지의 대규모 광고 및 마케팅 캠페인을 일으켰다. 광고는 "어떤 남자가 플레이보이를 읽는가?"라는 옛 슬로건을 가져다가, 현대의 〈플레이보이〉 독자는 교육수준이 높고 컴퓨터에 능하고 건강하고 활동적이고 단정하며, 자동차, 휴가, 좋은 레스토랑, 멋진 옷, 스포츠, 여행, 로맨스 같은 레저 활동에 관심이 많다고 설명했다. 한 광고가 말했듯이 "주중에는 열심히 일하고 주말에는 진지하게 즐거움을 취한다." 이 광고는 남자가 매력적인 여자와 함께 요트를 타거나 카지노 도박 테이블에 앉은 모습을 보여주지만, 그러면서 관계에 대한 헌신도 강조한다. 한 광고의 문구는 이랬다. "지난주에 그는 여자 친구의 생일을 위해 레스토랑 전체를 빌렸다. 그는 로맨스를 아는 남자다." 다른 광고는 "그는 밸런타인데이에 호화 스위트룸을 예약해서 장미와 빈티지 샴페인을 주문해 내게 청혼했다."라고 썼다.

그렇게 해서 헤프너와 잡지는 물병자리 시대 혁명과 레이건 시대 반동의 격랑에서 나온 신전통주의적 남성을 채택했다. 더욱 충격적인 건 〈플레이보이〉가 1990년대의 이른바 '문화 전쟁'에 뛰어들어서 '정치적 올바름Political Correctness: PC'(성, 인종, 나이, 성 정체성, 장애 여부 등을 비하하는 표현이나 행동을 하지 않는 것-옮긴이)에 격렬하게 맞섰다는 것이다. 예전에 종교적 우파의 도덕적 경건주의에 반대했듯이, 그들은 이제 철저한 PC 행동을 요구하는 급진적 좌파의 문화적 경건주의에 반대했다. 〈플레이보이〉와 헤프너는 오랜 원칙에 따라 전통의 한계 안에서 개인적 자유를 최대한 강조하는 1990년대의 자유주의적 진보주의를 표현했다.

## II

1990년대 초에 〈플레이보이〉는 정치적으로 아슬아슬한 외줄타기를 했다. 한편에는 그가 싸움을 멈추지 않은 모럴 머저리티의 거대한 보수 세력이 있었다. 예를 들어 1980년대의 정적 도널드 윌드먼 목사는 ABC, 펩시, 혼다, 크라이슬러 같은 회사에 계속 〈플레이보이〉에 광고를 중단하라고 촉구했다. 헤프너는 이 복음주의 목사를 "미국판 호메이니"라고 비웃으면서, 광고주에게 직접 우편물을 발송하고, '미국적 방식을 옹호하는 사람들'같은 수정헌법 1조 압력 집단을 지지했으며 결국은 윌드먼에게 법정 소송까지 걸었다.

다른 한편에는 〈플레이보이〉의 여성관을 경멸하고 정치적 올바름을 추구하는 좌파 세력이 있었다. 그들은 1990년대 초에 많은 대학 캠퍼스, 미디어 센터, 심지어 몇몇 기업 본사까지 장악하고, 성 행동과 여성 비하 발언을 규제하는 정교한 규칙을 만들었다. 헤프너는 이런 검열주의에 맞서 싸우며, 언어 규칙과 성 규제를 표현의 자유에 대한 억압적, 나아가 전제적인 침해로 보았다. 예를 들어 성적 접근의 매 단계(키스, 가슴 만지기, 성기 만지기, 삽입)는 개별적이고 명확한 언어적 동의가 필요하다고, 그렇지 않으면 퇴학당할 수 있다고 규정한 안티옥대학의 유명한 "성 범칙 지침"은 그를 분노시켰다. "나는 이런 정치적 올바름 현상은 새로운 형태의 청교도주의라고 본다. 여자는 언제나 희생자고 남자는 언제나 야수라서, 데이트할 때 어떻게 행동해야 하는지 '가이드라인'이 필요하다는 생각은 해방의 반대편에 서 있는 것이다."

1980년대 말과 1990년대 초에 이런 이념적 양편 사이에 폭발한 뜨거운 '문화 전쟁'에 들어서면서, 헤프너와 〈플레이보이〉는 제3의 길을 추구했다. 그리고 거기에는 모델이 있었다. 정치 영역에서 빌 클린턴 대통령은 민주당의 복지 정책과 공화당의 자유 시장 개인주의 정책을 통합하려고 하면서, 동시에 양 진영 강경파들과 거리를 두는 '신민주당'의 '삼각화' 전략을 폈다. 헤프너와 조언자들은 문화 영역에서 비슷한 전략을 취해서 모럴 머저리티 사도들과 급진적 좌파 열성파 사이의 중도를 추구했다. 그 결과는 진보적 개혁, 자유주의적 자유, 소비의 풍요를 동등하게 추구하는 문화적 중도주의였다.

〈플레이보이〉가 펼친 문화적 삼각 전략을 선명하게 드러내 보인 것은 1992년 1월호에 1990년대를 분석한 특별 섹션이었다. 「일어나 90년대의 냄새를 맡아라」는 지난 시대를 보수적 탐욕과 부패의 시대로 조롱했다. 기사는 지나간 80년대에 눈살을 찌푸리면서, 로널드 레이건, 제임스 와트, 연방 적자, 공급자 측 경제학자, 아이반 보스키, 정크본드, T. 분 피켄스, 폭스뉴스가 일으킨 폐해를 열거했다. 「90년대 중고품 세일」은 모피 코트, 화강암 책상 장식, 도널드 트럼프의 자서전 「거래의 기술」 등을 내다 버려야 한다며, 90년대가 가장 좋은 건 80년대와는 딴판일 거라는 것이다."라고 결론을 내렸다.

보수주의를 공격하는 이 기사 바로 옆에는 「90년대의 항해: PC 생존 지침서」가 방향을 반대편으로 돌려 문화적 좌파의 경직된 경건주의를 조롱했다.

문화적 삼각화 정신은 1990년대 내내 잡지를 이끌었다. 〈플레이보이〉는 규칙적으로 보수적 극단주의를 공격했다. 1996년 팻 뷰캐넌의 대통령 출마를 망상적 반동의 종교적 시도로 조롱하고, 팻 로버트슨이 복음주의 기독교인의 군대를 이끌고 미국의 정치기관들을 인수하려고 하는 것을 비난했다. 또 1995년 오클라호마 시의 연방정부 건물 폭파를 낳은 우익 광신도 티모시 맥베이의 뒤틀린 이념적 행로도 추적했다. 그리고 학교에서 창조설을 가르치려는 보수주의의 시도를 무지하고 악의적인 자들의 반지성 운동이라며 통렬하게 비판했다.

하지만 〈플레이보이〉는 정치적으로 올바른 태도와 표현에 대한 거절도 그 못지않게 자주 표명했다. 1992년에는 유럽인의 아메리카 발견 500주년을 맞아 다양한 사회 집단이 콜럼버스를 비난하는 것에 이의를 제기했다. 몇 년 뒤에는 인종 문제가 얽힌 O. J.심슨 재판을 통박했다. 정치적 올바름을 향한 〈플레이보이〉의 저항은 자주 대학 캠퍼스에 초점을 맞추었다. 발언 규칙의 유행과 무례한 언어 사용 금지를 비난하고, 성, 인종, 성 정체성, 사회 계급에 대해 일정한 태도를 강제하려는 운동 전체를 조소했다. 1995년에는 대학생들의 태도를 조사하고 겁에 질린 학생 집단이 맹목적으로 PC 깃발 아래 행진한다고 썼다. 대학은 학생이 자유롭게 의사를 표현하고 생각하는 법을 배우는 곳이지만, 이제는 대세와 규제에 안주하려 하고, 대결과 감정적 상처를 피한다고 잡지는 말했다. 또한 버지니아대학에서 벌어진 '교수와 학생 성 행동 규범 제안서'에 대한 격렬한 토론을 검토해서, 학교는가독선적 PC 활동가들이 정교한 빨간 펜을 휘두르는 훈련장으로 변했다고 말했다.

헤프너와 〈플레이보이〉는 자유주의 원칙을 고수해서, 1991년 논쟁적 미술가 로버트 메이플소프의 예술적 권리를 옹호했다. 노골적인 성 이미지와 반종교적 내용을 담은 그의 사진 전시회가 신시내티 주에서 외설죄로 기소되었다가 무죄 평결을 받자, 〈플레이보이〉는 헌법 권리를 보호하는 그 평결을 환영했다. "그것은 쉬운 일이 아니었다. 자유가 쉽다면 전 세계가 그것을 실행하고 있을 것이다." 헤프너는 동성애자 인권 잡지 〈애드버킷〉과의 인터뷰에서 1970년대 플레이보이 맨션의 자율적 환경에서 양성애 경험이 약간 있었음을 고백하면서 동성애를 죄악시하면 안 된다고 했다. 그의 말에 따르면, "이성애자라고 해서 바깥 영역에 대한 탐구를 막아서는 안 된다." 개인적 자유의 옹호, 정부 규제에 대한 반대, 소수 집단 권리의 존중 같은 자유주의적 태도는 1990년대에 플레이보이 정치적 관점의 중요한 일부였다.

〈플레이보이〉가 문화 전쟁을 펼친 주요한 전장 하나가 여성 문제의 영역이었다는 점은 그리 놀랍지 않다. 한편으로 잡지는 캐서린 매키넌 같은 친검열, 포르노 반대 페미니스트들과 계속 싸워나갔다. 어느 기사는 "급진적 페미니즘은 그녀의 복음이고, 법은 그녀의 무기다."라며, 그녀는 "우리의 리비도가 다 투옥되기 전까지 멈추지 않을 것이다."라고 썼다. 1993년 시카고대학에서 열린 페미니즘 법률회의를 보도하는 기사는 그것을 "증오의 향연"이라 불렀다. 회의 참석자들은 가슴에 "남자는 많고 탄약은 적다"는 문구의 배지를 달고 앞다투어 남자를 야수, 가해자, 강간자로 비난했으며, 앤드리아 드워킨의 종결 발언이 끝나자 무대로 몰려가서 마돈나가 최근에 출간한 책 『섹스』를 갈기갈기 찢었다.

〈플레이보이〉는 수잔 팰러디 같은 '희생' 옹호자들에게 반대했다. 팰러디의 베스트셀러 『반격: 미국 여성에 대한 미未선포 전쟁』이 통계를 왜곡하고 증거를 선별적으로 제시하며, 많은 여자가 경제 문제를 겪는 건 남자들의 음모가 아니라 1980년대 경제침체 때문이라고 주장했다. 〈플레이보이〉는 극단주의자 양쪽(팻 뷰캐넌과 수잔 팰러디 같은 선동가들) 모두 위험하다고 보았다.

한편 〈플레이보이〉는 온건한 여성 인권운동가들과는 대의를 공유했다. 그들은 작가 크리스티나 호프 소머스가 명명한 '형평 페미니즘'를 지지했다. 가부장제에서 여성을 구출하고자 하는 '젠더 페미니즘'과는 달리 형평 페미니즘은 취업기회 균등, 법 앞의 평등, 여성에 대한 차별철폐를 강조했다. 이것은 1990년대 헤프너와 〈플레이보이〉의 여성 인권론의 핵심이 되었다. 잡지는 형평 페미니즘에 공감하는 인터뷰를 실었다. 형평 페미니즘은 다른 급진적 페미니즘이 여성의 성적 희생과 도덕적 우위에 대해 19세기적 태도를 지니고, 가부장제를 이용해서 양성 간 전쟁을 부추기고, 데이트 강간 히스테리로 성 접촉의 책임을 온전히 남자들에게 지우고, 이혼 소송에서 법원을 압박해서 남자를 악당으로 만든다고 비판했다. NOW 뉴욕지부 회원 출신이지만 형평 페미니즘으로 갈아탄 워런 패럴은 젠더 페미니즘이 남성의 특징을 왜곡하고 남자들이 받는 압력을 무시한다는 기사들을 썼다. 또 평론가 케이티 로이피가 급진적 페미니즘은 여성을 유아화하는 새로운 빅토리아주의라며, "우리를 억압하는 이미지, 우리를 희생자로 낙인찍는 이미지, 우리 자신의 강하고 관능적이고 자율적이고 쾌락과 성을 추구하는 주체성과 지성을 부인하는 이미지를 강화하지 말자."고 주장한 글도 게재했다.

헤프너는 실제로 1990년대 페미니즘의 가장 영향력 있고 논쟁적인 인물 두 사람과 지속적인 관계를 맺었다. 첫째로 『페미니이 뮈스티크베』(1963)라는 책으로 전후 여성운동에 힘을 불어넣고, 1980년대에 들어서 급진적인 젠더 페미니즘과 결별한 베티 프리단과 우호적인 관계를 맺었다. 〈플레이보이〉는 1992년에 그녀를 「플레이보이 인터뷰」에 섭외했고, 여성의 기회평등, 동일 노동에 대해 동일 임금, 양육환경 개선, 보건환경 개선 등을 추구하는 그녀의 "온건한 페미니즘"을 칭찬했다. 인터뷰에서 프리단은 여자를 성적 대상물로 만드는 일을 비난했지만, 그렇다고 페미니즘이 청교도주의나 성적 절제와 똑같아질 필요는 없다고 생각한다고 말했다. 그녀는 표현의 자유가 신성함을 주장하고, 매키넌과 드워킨 스타일의 포르노 반대 입법에 반대했으며, 여성 인권운동의 가부장제 패러다임에 반대했다. 남녀가 이런 남녀 차별, 불평등 문제에 함께 맞서지 않으면, 아무것도 변하지 않을 것이라고 그녀는 주장했다. 프리단은 페미니즘 운동에서 가족에 대한 편견을 없애야 한다고 역설했다. "아이를 낳는 여자, 아이를 원하는 여자를 포함하는 페미니즘이 필요하다. 대다수 여자들이 그렇게 살고 있기 때문이다."

프리단은 1995년에 〈플레이보이〉에 「남자가 왜 일찍 죽을까」라는 기사도 썼다. 기사는 남자들에게 출세를 위한 미친 듯한 경쟁을 중단하고 여성 인권 혁명이 제공하는 새로운 정서적 기회를 포용하라고 촉구했다. 그리고 여자는 젠더 페미니즘을 내려놓아야 한다고 했다. "여자에게 더는 남자라는 희생양이 필요 없을 때 남자는 더 오래 살 것이다. 여자는 남자가 필요하고, 남자는 그 어느 때보다 더 여자가 필요하다." 이것이 프리단의 결론이다.

잡지는 또 1990년대 초에 전국적 이름을 얻은 페미니즘계의 '앙팡테리블enfant terrible'(무서운 신예) 캐밀 파야와도 협력적 관계를 맺었다. 선동적 스타일을 지녔고 베스트셀러 책 『성의 페르소나: 네페르티티에서 에밀리 디킨슨까지 예술과 퇴폐』의 저자인 그녀는 희생하는 페미니즘을 꾸짖으며 여성의 선택과 독립의 이상을 지지했다. 파야는 여러 기사와 「플레이보이 인터뷰」에서 젠더 페미니즘을 거듭 비난했다. 그녀는 "모든 여성의 정치적, 법적, 사회적 완전한 평등"이라는 사회적 의제를 지지하면서, 언어 규범 옹호자들을 "정신의 경찰"이라고 했다. 파야는 〈플레이보이〉 센터폴드는 아주 관능적이고 육체적이며, 거기에 반대하는 젠더 페미니즘은 인간의 성 본성을 제대로 이해하지 못한다고 했다. "포르노는 육욕, 그러니까 사랑으로 길들일 수 없는 우리의 동물적 현실과 관련한 것이다. 육욕은 본능적, 공격적, 비사회적이다." 그리고 그녀는 현대 여성운동이 집에 남고자 하는 여자를 무시하고 아이들을 방기하며 양성 간에 파괴적인 전쟁을 부추긴다고 격렬하게 비난했다.

1990년대 〈플레이보이〉의 에로틱한 화보들도 간접적으로 형평 페미니즘과 신전통주의를 지지했다. 화보의 주인공들은 점점 더 섹스, 가족, 개인적 목표를 같이 중요시하는 해방된 여자들이었다. 한 플레이메이트는 고백했다. "나는 아주 거친 여자였다. 지금은 예전처럼 거칠지 않다. 나는 결혼하고 싶다. 아이를 갖고 싶다. 결혼이 우선이다." 특별 화보인 「가정의 행복」에는 육체적으로 매력적인 만큼 가정에 헌신하는 주부 겸 엄마들이 나왔다. 그중 한 명은 "〈플레이보이〉가 배우나 모델이나 유명인이 아닌 엄마, 그러니까 가정을 잘 돌보면서도 자신의 개성, 여성성, 관능을 잃지 않는 여자들에게 관심을 기울이기로 한 건 훌륭한 결정이다."고 했다. 잡지는 결론 내렸다. 90년대에 여성의 자리는 여성이 있고자 하는 모든 곳이다."

1990년대에 남녀 관계의 아슬아슬한 영토를 헤쳐 가는 동안, 〈플레이보이〉는 속박되지 않았지만 책임감 있고, 쾌락을 추구하지만 상대를 존중하고, 강건하지만 장난스럽고, 혁신적이지만 전통을 존중하는 현대적 성규범을 지지했다. 10부 연재 기사 「성혁명의 역사」는 20세기에 들어 성을 열광의 한 형식, 놀이터, 친밀감과 웃음과 황홀감의 샘으로 끌어안는 사람들의 승리에 환호하고, 성스러운 성이란 오직 결혼관계 내의 성교라고 믿는 사람들의 패배를 기뻐했다.

〈플레이보이〉는 여성인권을 지지하고 남자들에게 언어와 행동의 실수를 지도하며 고양된 상식을 제공했다. "사랑이 전쟁이 되기를 바라지 않는다면, 여자를 정복대상으로 보지 마라. 사랑이 전쟁이 되면 우리가 패배하기 때문이다. 역사는 우리 편이 아니다… 여성의 평등은 진정으로 여자를 사랑하는 모든 남자가 옹호해야 할 가치다."

헤프너와 플레이보이의 신보수주의적 성윤리를 가장 잘 드러낸 것은 「섹스가 돌아왔다」는 기사였다. 기사는 레이건 시대의 속박과 에이즈 공포로 말미암은 오랜 건기를 지나 미국사회에 성적 생동감이 돌아왔다고 주장했다. 하지만 여기서 도출된 결론은 미국에서 가장 유명한 쾌락적 성 옹호자인 헤프너가 얼마나 많이 변했는지를 잘 보여주었다.

> 가치 있는 건 섹스 자체가 아니라 섹스에 따르는 우정, 친밀감, 다른 방법으로는 해결할 수 없는 외로움의 격퇴 같은 것이다.
> 나와 만나는 사람 모두가 간절히 원하는 것은 구식 섹스, 두 사람 사이에 일어나는 매우 사적이고 신비로운 일로 여기는 섹스인 것 같다. 여자 친구가 돌아왔다. 결혼이 돌아왔다. 심지어 자연이 섹스의 결과로 점지한 아기들도 힘차게 돌아왔다… 우리가 찾는 건 사랑이다.

끝도 없는 성적 모험을 겪은 남자는 이런 통렬한 결론을 내렸다. "나는 정착하고 싶다. 나는 열린 관계를 시도했지만… 결국 모든 사람이 고통스러워졌다. 언제고 일종의 공허감을 피할 수 없었다. 재미는 있지만 이러다 마흔다섯 살이 되었는데, 가족도 없는 난봉꾼으로 남는다면 어떻게 할 거지? 하는 것이었다."

보수주의와 정치적으로 올바른 자유주의 사이의 제3의 길을 옹호함으로써 헤프너와 〈플레이보이〉는 1990년대에 빌 클린턴 대통령과 방향을 공유했다. 클린턴의 성적 모험이 뜨거운 논란이 되었을 때 그는 잡지에 단골로 등장했다. 성 추문이 난무한 1992년 대선에서 〈플레이보이〉는 그에게 자신의 성적 활력을 인정하고, 프랭클린 루스벨트, 존 케네디 같은 대통령들도 외도했음을 지적하라고 조언했다. 몇 년 후 모니카 르윈스키 스캔들이 터졌을 때, 잡지는 언론의 광적인 보도를 비웃으면서도 클린턴의 부주의를 견책했다. 헤프너는 1998년 5월 특별 칼럼에서 그를 "플레이보이 대통령"이라 명명하고 열렬히 옹호했다. 클린턴은 그를 끌어내리려는 "청교도 군중"에 대항한 성적 자유의 상징이라고 했다. 광범위한 대중이 대통령을 지지하는 건 "우리가 마침내 성년이 되었다는 것"을 시사한다고, 헤프너는 결론을 내렸다. "우리는 인간이다. 우리는 성적 존재다. 이제 각자의 삶으로 돌아가자."

〈플레이보이〉가 신전통주의를 표현하고 온건한 주류에 호소한 건 회사의 재정 안정에 힘입은 바가 컸다. 1980년대에 침몰 직전까지 갔던 회사는 1990년대에 크리스티 헤프너의 지도로 규모는 작아졌을지라도 탄탄한 땅에 천천히 자신을 새로 세웠다.

## III

킴벌리 콘래드와 약혼하고 두 달이 지난 1988년 9월에 휴 헤프너는 플레이보이사 이사장 겸 최고경영자 자리에서 물러났다. 그는 전략적인 주요 결정에는 계속 참여하겠지만, 회사는 크리스티 헤프너가 지휘한다고 했다. 그는 크리스티가 잡지사를 흑자로 전환하는 성공적인 재건 프로그램을 이끌어서 절대적 신임을 얻었다고 강조했다.

다음 해에 크리스티 헤프너는 또 다른 큰 변화를 시도했다. 플레이보이사가 20년 동안 머문 미시간 애비뉴 플레이보이빌딩 10개 층을 떠난다는 것이었다. 레이크 쇼어 드라이브에 있는 그보다 작은 건물이 1990년 1월의 오픈하우스 때 공개되었다. 크리스티는 말했다. "이건 외양만 바꾸는 것이 아니라, 우리의 새로운 방향을 반영하는 것이다." 비용이 덜 드는 사무실로 이전하면서 회사는 연간 수백만 달러의 비용을 절감했다. 이것은 헤프너의 회사에서 전면에 떠오르는 집약적 주류 지향성을 시사했다.

크리스티는 1980년대 내내 카지노 실패 탓인 재정적 난관을 극복하기 위해 수익성 없는 사업을 잘라내고 채무를 줄이고 현금을 비축했다. 그리고 1990년대에는 회사를 흑자로 돌리기로 했다. 크리스티가 아버지의 격려 아래 회사를 엔터테인먼트와 커뮤니케이션 분야에 다시 집중하면서, 플레이보이사는 느리지만 확고하게 재정적 안정을 되찾았다. 그녀는 선언했다. "우리는 많은 시간을 들여 회사를 바로 세웠다. 하지만 내가 CEO가 되는 건 새로운 시대, 즉 성장의 시대로 들어섰다는 의미다."

크리스티는 몇 가지 중대한 움직임을 보였다. 로데일 프레스의 마이클 펄리스를 발행인으로, 〈뉴스위크〉의 제임스 스팬펠러를 부발행인 겸 마케팅 책임자로, 스티브 코언을 인사 책임자로 고용해서 새로운 관리 팀을 꾸리고, 치아트데이모조사를 새 광고대행사로 계약했다. 그들은 플레이보이의 초점을 좀더 폭넓은 주류 독자에 맞추기 위해 노력했다. 회사의 새로운 구호에 따르면, 플레이보이 상품은 성인을 위한 고품격 즐거움이었다.

플레이보이사는 새로운 마스터플랜에 따라 네 가지 영역에 힘을 집중했다. 출판(〈플레이보이〉 잡지와 다른 소규모 간행물들), 엔터테인먼트(비디오와 텔레비전), 제품 마케팅(라이선스 계약), 카탈로그 판매였다. 그들은 이런 제품 목록이 세련되고 "섹시한 소비"와 연결된 현대적 플레이보이 라이프스타일을 촉진하기를 바랐다. 크리스티의 말에 따르면, 그것은 "섹시하지만 노골적이지는 않은 것"이었다.

그들은 플레이보이 채널을 활성화하기 위해(플레이보이 채널은 지역 근본주의 집단의 반대에도 부딪혔지만 그뿐 아니라 시청자도 노골적 섹스 장면이 삭제된 애로영화를 외면했다) 시청 건당 요금을 부과하는 PPV(pay-per-view) 방식을 채택했다. 또 세계 시장에 힘을 쏟아서 〈플레이보이〉의 외국판을 내고 다양한 라이선스 상품, 비디오, PPV 방식 텔레비전 프로그램을 판매했다. 최신 전자통신 기술을 활용하는 전자출판과 판매 분야를 열어서 1994년에 무료 웹사이트를, 1997년에 사이버클럽과 온라인 플레이보이 스토어를 열었으며, K-텔과 협력해서 온라인 음악 상점도 열었다.

휴 헤프너는 강건하게 사업을 조직하려는 크리스티를 확고하게 지지했다. 회사의 진짜 책임자가 누구냐는 질문을 받자 그는 말했다. "크리스티는 나를 위해 일한다. 그리고 나는 회사의 소유자다." 하지만 그는 크리스티의 계획을 한 건도 거절하지 않았고, 딸에게서 월례 사업보고를 듣는 것을 즐거워했다.

하지만 1990년대 초에 그 회복은 더디고 힘들었다. 출판과 텔레비전 부문은 적자였고, 잡지의 평균 독자가 평균 이상의 수입을 올리는 33세 남자로 그중에 기혼자도 많다 보니, 젊은 소비층을 뚫고 들어가기가 만만치 않았다.

플레이보이사는 1993년에 인력의 10퍼센트를 줄여서 총 경비를 감축해야 했다. 그 무렵 입사한 지 몇 년 지나지 않은 마이클 펄리스가 퇴사해서 콘데내스트 출판사로 갔다. 플레이보이사의 순수입은 널뛰었고, 이것은 그들이 꾸준한 소득과 성장을 이루는 데 어려움을 겪고 있음을 뜻했다. 회사는 1991년에 흑자로 올라섰지만, 상황이 다시 나빠져 1994년에는 큰 적자를 냈다. 1990년대 중반에 회사는 정체하고 있는 것 같았다.

하지만 1990년대 후반이 되자 플레이보이사의 전망은 밝아졌다. 그들은 그리스 투자자들과 로도스 섬에 4천만 달러 카지노를 건설하는 컨소시엄을 구성하고, 성인 텔레비전 채널을 다수 보유한 스파이스 엔터테인먼트를 9,500만 달러에 사들여 PPV 방식 성인 TV 시장의 독점 사업체가 되었다. 회사는 여자들에게도 손을 뻗어서 여성 지향적 웹사이트에서 토끼 로고가 박힌 여성 의류를 판매하고, 커플이 출연해서 환상을 실현하는 케이블 프로그램을 개발했다. 돈이 들어오면서 플레이보이사는 1995년부터 1999년까지 이익을 기록했다.

1990년대 말에 이르러 플레이보이사는 전체적으로 규모는 작아졌지만, 재정적으로 성공의 길을 찾았다. 그렇게 20세기 말에 회사, 잡지, 창업자가 모두 신전통주의 미국과 화해하면서 안정된 모습을 보였다.

휴 헤프너는 만족의 상징과도 같았다. 경제적 걱정을 덜고 회사의 안정을 즐기며, 그는 아름답고 젊은 아내와 사랑스러운 두 아들이 있는 따뜻한 가정생활을 만끽했다. 잡지에 실린 장문의 기사가 그의 만년의 변모를 요약했다. "행복한 결혼생활을 영위하는 그는 새로운 천년의 변덕에 맞서서 가정과 가족을 지키는 새로운 도덕의 전위가 된 것 같다." 칠순이 가까운 헤프너의 인생의 영화는 그가 늘 꿈꾼 로맨틱한 결말을 향하는 것 같았다.

하지만 그런 겉모습은 기만이었다. 1997년 12월, 잡지에 이런 찬사의 기사가 실린 바로 그 무렵 그가 지난 10년 동안 창조한 안전하고 편안한 세계가 무너졌다. 고통과 혼란 속에 만년의 미스터 플레이보이는 마지막으로 자신을 재창조해야 했다.

## 3 다시 경기장으로

1997년 12월 31일, 휴 헤프너는 플레이보이 맨션에서 지인 수백 명과 유명인사를 초대해 연례 신년전야 파티를 열었다. 하지만 파티는 계획대로 되지 않았다. 식탁은 이미 음식이 차려져 있고, 주최자 부부의 헤드테이블에는 명패가 놓여 있었다. 그런데 예상 밖으로 헤프너는 혼자 나타났다. 킴벌리가 독감에 걸렸다고 했지만 진실은 그녀가 두 아이를 데리고 하와이로 갔다는 것이다. 민망한 헤프너는 식탁을 돌아다니며 뻣뻣한 미소로 손님들과 인사했다. 평소 같은 여흥이 이어졌지만, 연회장에는 긴장이 감돌았다.

그로부터 몇 주 뒤인 1998년 1월 20일, 헤프너 부부는 사적인 문제를 공개적으로 밝혔다. 두 사람이 "관심 차이"로 인해 시험 별거에 들어간다는 것이다. 부부는 7세인 마스턴과 6세인 쿠퍼 두 아이에게 의무를 다하기로 했고, 아이들은 헤프너가 2년 전에 산 플레이보이맨션 옆집에서 엄마와 함께 살 거라고 했다. 양자 모두 화해를 희망한다고 했다. 킴벌리가 말했다. "어쩌면 우리가 잃은 것을 되찾을 수 있을지도 모른다." 헤프너도 덧붙였다. "때로 서로 떨어져 봐야 소중함을 깨닫는 경우가 있다."

운명이 끼어든 것 같았다. 1989년에 방문 저널리스트 필립 마천드는 신혼의 헤프너 부부를 보고 묘사하기를, "부부는 젊은 아내가 마법처럼 남편의 노화를 막아주고 매력을 유지해주는 환상의 세계에 살고 있다." 이런 상황은 너무 훌륭해서 현실성이 없어 보였고, 마천드는 "어쩌면 이 환상 세계에 어느 날 갑자기 현실이 끼어들지 모른다."고 경고했다. 실제로 그로부터 몇 년 지나지 않아 현실이 환상 위로 덮쳐왔다. 결혼과 가족이라는 전통적 즐거움을 끌어안았던 전설적 바람둥이의 인생이 돌연 뒤틀렸다. 전통적 라이프스타일로 회귀하는 여로의 원심력이 일흔한 살의 그를 안정의 고치에서 떨어뜨렸다. 그는 절망했다.

I

1990년대 중반, 플레이보이맨션에 드나드는 손님들은 무언가 문제가 있다는 것을 알아차렸다. 킴벌리는 주말 영화시사회에 자주 빠지거나 중간에 일어나서 나갔다. 주마다 열리는 뷔페식사 때도 헤프너는 헤드테이블에 옛 친구들과 함께 앉고, 아내는 창가의 원탁에 자기 친구들과 앉았다. 헤프너가 사람들 앞에서 그녀에게 키스할 때는 주로 이마에 했다. 킴벌리는 갈수록 불편하거나 산만해 보였고, 남편은 낙심한 모습이었다.

문제는 1990년대 초부터 피어났다. 결혼 후 2~3년 동안은 더없이 만족했지만, 둘째 아들이 태어나고 두 사람은 성격과 관심 차이로 멀어졌다. 특히 킴벌리는 결혼생활과 맨션생활에 불만이 커졌다. 그녀는 결별 이유를 밝히는 건 거절했지만 불만의 원인은 약간 흘렸다.

남편의 빽빽한 일정도 불만의 한 요인이었던 것 같다. 헤프너에게는 20년 동안 유지한 확고한 맨션생활의 일정이 있었다. 금요일, 토요일, 일요일 저녁에는 뷔페식사와 함께 영화시사회가 있고, 월요일 저녁 '남자들의 밤'에는 동성 친구들과 식사와 영화가, 수요일 저녁에는 옛 시카고 친구들과 카드게임이 있었고, 그밖에도 이런저런 일정에 따른 온갖 게임과 활동이 벌어졌다. 킴벌리는 이런 일정이 차츰 답답해졌다고 별거 직후 〈에스콰이어〉에 말했다. 10년 동안 매일 저녁이 똑같았다. 때로는 우리한테 아무 일정도 없으면 좋겠다고 생각했다. 이따금 남편이 '사람들한테 전화해서 금요일 모임은 취소하고, 우리끼리 조용히 식사하고 피아노 바 같은 데 가자.'고 말하기를 바랐다." 활동적인 젊은 여성으로서 그녀는 합리적인 시간에 자고 일찍 일어나 운동하고 다양한 일을 하고 싶었다. 하지만 습관의 동물인 헤프너는 집에 머물며 편안하게 조성된 환경에서 친구들과 옛날 영화 보는 것을 좋아했다. 헤프너의 친구 마크 새기너가 말했듯이 "킴벌리는 맨션 바깥에 나가서 많은 일을 하고 싶었지만, 헤프너는 집을 떠나지 않는 사람이었다. 그곳은 그의 샹그릴라였다. 그게 가장 큰 문제였다."

킴벌리는 사생활을 중요시했기에 플레이보이맨션에서 어항 속 물고기처럼 사는 일을 견디기 어려웠다. 전설적 저택의 안주인으로 그녀는 매주 자신의 일거수일투족을 살피는 사람을 수십 명씩 만났다. 맨션 손님은 대부분 수십 년 동안 남편을 알고 지낸 사람이고, 그녀는 그 일부와 친해지기도 했지만 다른 사람들은 뒷공론과 험담과 술수로 그녀에게 상처와 불편함을 안겼다. 킴벌리는 특히 아이를 낳으면서 소수 친한 친구만이 드나드는 조용한 집을 갈망했다. "때로 1층에 내

1990년대 중반 헤프너와 "남자들의 밤" 친구들

려가서 쉰 명의 사람을 만나기보다 그냥 조용히 있고 싶을 때가 있는 법이다."그녀는 〈피플〉지에 말했다. 남편이 맨션 활동의 전통을 옹호하면서 갈등은 커졌고, 그녀는 남편이 가족보다 친구를 더 좋아한다고 느꼈다.

킴벌리는 마침내 자신을 남편의 라이프스타일에 완전히 맞추는 인생에 분노했다. 성인으로서 정체성을 형성하는 20대~30대 초반의 활기찬 여성인 그녀는 강요된 속박에 분개했다. "내가 어떻게 그의 인생에 적응하는지 만이 문제였다. 나는 외로웠다." 그녀에게 이것은 권력 문제가 되었다. "헤프너는 내게 많은 통제를 가했다. 하지만 나는 거기서 벗어나고 싶다." 결국 킴벌리는 유명인 남편이 이루어놓은 인생과 가정, 활동 반경 속에서는 자기 정체성을 형성하기 어렵다고 생각했다.

헤프너는 결혼의 위기를 전혀 다른 시각으로 보았다. 그는 처음에는 젊은 아내의 불만에 당황해서 이해하려고 노력했지만, 차츰 인내심과 이해력이 바닥났다. 킴벌리의 커지는 불만을 보며 그는 그녀가 뿌리 깊은 정서적 불안 때문에 자기 그늘에 서 있는 상황을 견디지 못한다고 믿었다. 그녀가 자의식이 낮아서 그가 받는 관심을 시기한다는 것이다. "내가 무슨 일을 해도 아내는 불평했다. 아내의 행동에는 '나 좀 봐요! 나 좀 봐요!'하는 말이 담겨 있다." 헤프너는 또한 아내가 둘째를 낳고는 산후우울증을 앓았고, 그 탓에 정서가 불안해져서 일종의 망상이 생겼다고 결론 내렸다. 그녀는 맨션의 사교 행사에서도 자리에 앉은 사람들이 다 자기 흉을 본다고 생각했다고 그는 말했다.

그는 자신의 일상을 변화시키려는 킴벌리의 압력에 마음이 상했다. "결혼 전에 내가 아내에게 말한 것 한 가지는 '나는 내 인생을 바꾸고 싶지 않다'였고 아내도 동의했다. 그런데 딱 그 반대의 일이 일어났다." 그는 훗날에 하소연했다. 그는 영화 상영을 취소하고, 사교 행사를 줄이고, 손님을 제한하라는 그녀의 끊임없는 압박이 괴로웠다. 그것들은 수십 년 동안 그를 아주 행복하게 해준 것이기 때문이다. 헤프너는 단란한 가족과 소중한 친구, 영화, 파티의 일상이 공존할 수 있다고 믿었다.

헤프너에게는 정서적 차이가 문제가 되었다. 로맨틱하고 감상적이고 다정한 그는 결혼 초기에 아내가 말이 거의 없고 심지어 냉담하기까지 하다고 느꼈다. 두 사람 사이에 정서적 틈이 벌어졌다. 결혼, 아이, 단란한 가정이라는 관념을 사랑하게 된 헤프너는 진짜 문제를 간과했고 아내의 답답함을 이해하지 못했다. 헤프너는 아내가 1990년대 중반에 그와의 섹스를 중단하자 크게 낙심했지만 그래도 버티려고 했다. 별거가 그녀의 제안이었음을 강조하며 그는 결혼이 실패한 일차적 이유는 그녀가 거기 적합하지 않았기 때문이라고 했다.

마침내 결정적인 문제가 두 사람의 관계를 파국으로 몰아넣었다. 둘째 아들이 태어나고 얼마 지나지 않아 킴벌리는 맨션 경비와 외도를 했다. 몇 가지 의심되는 행동을 본 그가 추궁하자, 그녀는 순순히 사실을 털어놓고 밀회를 그만두겠다고 했다. 하지만 그의 주장을 따르면 그걸로 끝이 아니었다. 공개적으로는 모두 입을 다물었지만, 맨션 손님과 직원 사이에는 킴벌리의 외도 소문이 요란하게 떠돌았다. 결혼 기간에 정절을 지켰다고 주장하는 헤프너는 깊이 좌절했다. 상황의 아이러니(자기 날개를 꺾은 바람둥이가 배우자에게 오쟁이를 진다는)와 배신감 속에 그는 오래전 첫 아내 밀리의 혼전 외도의 쓰라린 기억을 떠올렸다. 그들은 흔들리는 결혼을 바로잡기 위해 몇 년 동안 띄엄띄엄 부부 상담을 받았지만 이렇다 할 효과가 없었다.

1995년 여름에 헤프너는 문제 해결의 한 방편으로 플레이보이맨션의 옆집을 사서 킴벌리가 지낼 수 있게 했다. 소형 플레이보이맨션이라 할 만한 그 집은 별거 아닌 별거를 가능하게 했다. 그녀는 거기서 보내는 시간이 점점 많아졌고, 문제가 더 깊이 곪아가면서 결혼생활은 계속 빛을 잃었다. 1997년 여름에는 킴벌리가 심신 양면으로 남편에게서 멀어졌고, 헤프너가 절망, 분노, 미래에 대한 두려움에 번갈아 빠지면서 상황이 극도로 나빠졌다. 1997년 신년파티 때 최종적인 붕괴가 닥쳤을 때 주변 사람들은 오히려 안도감을 느꼈다.

이 일로 큰 상처를 입은 헤프너는 결혼이란 로맨스의 죽음이라는 옛 믿음으로 돌아갔다. 킴벌리와의 경험에서 결혼은 희망이 실제보다 크다는 것을 확인했다. "내가 예측 못한 건 사람이 사랑에 빠지면 자신의 욕구와 욕망을 다른 사람에게 얼마나 투사하는가 하는 것이다. 자기가 보고 싶은 것만 보기 때문이다." 로맨틱한 애착이 시들면서, 서로는 상대를 당연한 존재로 여기고, 아이들이 태어나면 열정은 양육에 자리를 물려준다고 그는 결론 내렸다.

마침내 고통스러운 긴장은 깨졌지만, 그래도 별거는 헤프너에게 상심과 불확실성, 불안감을 안겨주었다. 친구들의 걱정은 이만저만이 아니었다. 헤프너는 인터뷰에서 말했다. "누구나 겪는 일이다. 누구나 한 번씩 뒤통수를 맞는다." 오랜 세월이 지나고는 "킴벌리 덕분에 지옥을 겪었다."고 말했다. 하지만 그는 특유의 낙관주의를 잃지 않으려고 애썼다. 별거 직후 그 일을 끝이라기보다는 새로운 시작이라 말하며, "미국인의 인생에 2막은 없다"는 F. 스콧 피츠제럴드의 말은 틀렸다고 했다. 하지만 킴벌리와 결혼할 때도 똑같은 말을 했기에 거기에는 약간의 아이러니가 담겼다.

하지만 언제나 여성에게 매력적인 존재라는 이미지를 과시해온 그에게 노령은 두려운 일이었다. 그래도 그는 빠른 속도로 자신감을 회복하고 별거 직후부터 로스앤젤레스의 인기 클럽들을 순회하며 젊고 아름다운 여자들과 부둥키고 춤을 추었다. 그리고 곧 플레이메이트 몇 명과 데이트를 시작했다. 70대에도 여자들이 달라붙는다는 건 기쁜 일이다."그는 1998년 5월에 존 댄티에게 썼다. "바깥에는 아주 새로운 세상이 있다. 나이는 전혀 상관없다."

〈플레이보이〉도 차츰 헤프너의 새로운 독신생활을 홍보하기 시작했다. 1998년 12월호에는 10년 동안 가정생활에 헌신한 뒤 맨션은 플레이보이들이 활보하는 전설적 광란을 되찾았다."는 기사가 실렸다. 「플레이보이의 세상」은 매력적이고 육감적인 여자들에 둘러싸인 헤프너의 활기찬 이미지로 돌아갔다.

의학적인 진보도 헤프너의 재개된 파티 생활을 도왔다. 72세의 헤프너는 1998년 4월에 비아그라를 처음 알게 되었고 석굴 거품탕에서 네 명의 여자와 함께 그 효과를 즐기고는 그것이 젊음의 샘에 가장 가까운 것이라며 열광했다. 다음 해에는 육체적 매력을 높이기 위해 목을 성형했다.

심신 양면으로 젊음을 되찾은 그는 해방된 인생을 적극적으로 끌어안았다. 1998년 늦여름부터는 맨션으로 이주한 젊은 여자 몇 명을 여자 친구로 삼았다. '브랜드, 샌디, 맨디' 시기라고 불리는 이 시기는 그가 배우 지망생 브랜디 로더릭과 데이트하던 중 클럽에서 쌍둥이 자매 샌디와 맨디 벤틀리를 만나면서 시작했다. 쌍둥이의 친구인 제시카 페이즐리도 자주 함께했다. 그 뒤로 2년 동안 헤프너는 여자 친구들을 이끌고 로스앤젤레스 클럽을 누비고 다녔다.

헤프너는 다시 사교계의 주역으로 돌아온 것이 기뻤다. 그는 "파티 군중"을 달고 다니며, "여자 지남철"로 사는 인생과 여자 친구들의 금발 머리에 대해 농담했다. "피카소에게는 청색시대가 있었고, 나는 지금 금발시대다." 사람들이 여자 친구를 그렇게 여럿 거느린 것을 비웃으면 그는 어깨만 으쓱하고 말했다. "우리는 유대감 속에 많은 일을 함께하며 즐거움을 누린다. 다만 정치적으로 올바르지 않을 뿐이다." 결혼의 붕괴를 딛고 일어나 다시 사교계로 들어온 그는 "그동안 새로

2001년 할리우드 밀랍박물관에 그의 실물 인형이 공개될 때의 헤프너와 "파티 군중" 금발 머리 여자 친구들

운 세대가 자라나서 내가 나와서 놀아주기를 기다리고 있었다."고 즐겁게 말했다.

2년도 지나지 않아 맨션 여자 친구들의 지형이 바뀌었다. 2000년 5월에 브랜드 로더릭은 텔레비전 배역을 맡아 맨션을 떠났고, 잠시 후 샌디 벤틀리는 '섹스와 돈' 추문에 휘말렸다. 그녀는 헤프너 몰래 마크 야갈라와 사귀었는데, 라스베이거스의 파렴치한 헤지펀드 매니저인 그가 샌디에게 6백만 달러어치나 되는 선물을 퍼붓다가 투자자들의 기금을 횡령한 혐의로 FBI의 수사에 걸렸다. 논쟁이 일고 야갈라가 감옥에 가자, 실망한 헤프너는 벤틀리 자매와 페이즐리 모두에게 맨션을 떠나 달라고 요청했다.

2000년 늦여름에 티나 조던이 여자 친구가 되면서 새로운 단계가 시작되었다. 티나 조던은 어린 딸을 둔 풍만한 금발 미녀였는데, 두

2002년 연례 핼러윈 파티 때 바디페인팅을 하고 헤프너와 함께한 여자들

사람은 맨션 수영장파티에서 만나자마자 마음이 통했다. 그녀는 맨션으로 이주해서 헤프너의 주요 여자 친구가 되었다. 조던을 중심으로 버피 타일러, 케이티 로먼, 티파니 홀리데이, 스테파니 헨릭, 캐시 오멀리 등이 여자 친구 집단을 이루었다. 2002년에 조던이 떠나자 전해에 들어온 홀리 매디슨이 헤프너의 주요 여자 친구로 전면에 나섰다. 2003년에는 브리지트 마카트, 조 그레고리-폴, 크리스탈 캠던, 실라 르벨, 르네 슬론 등을 포함한 새로운 금발의 '헤프군단'이 들어섰다. 1990년대 말 이후 계속 그랬듯이 헤프너의 여자 친구들은 헤프너와 〈플레이보이〉 관련 활동에 대해 연간 수당과 옷값을 받았고 귀가 시간이 정해져 있었다.

헤프너는 이런 만화경 같은 여자 친구 집단을 1970년대의 복고적 되풀이로 보았다. 아직도 젊은 여자에게 매력을 발휘한다는 사실을 기뻐하며 그들의 애정을 결혼 실패의 고통을 달래주는 치유제로 삼았다. 그는 한 사람에게 전념할 이유를 찾지 못했다. 이런 흥미롭고도 비관습적인 새 인생은 말로 표현할 수 없을 만큼 만족하며 자신의 본성에 더 진실하다고 말했다. "나는 1990년대에 가정을 지키며 어린 시절에 배운 대로 살려고 했다. 하지만 내가 지금 사는 방식이 진정한 내 방식이다." 헤프너는 다시 젊음을 느꼈고, 그 육체적 효과는 대단했다. 비아그라로 무장한 칠순의 헤프너는 정기적으로 그룹 섹스를 했다. 매디슨은 언론에 말했다. "헤프너는 아주 멋진 애인이다. 나이는 상관없다. 50년을 미스터 플레이보이로 살다 보면 배우는 게 있는 법이다."

플레이보이맨션의 새로운 환경은 많은 평을 이끌어냈다. 20대의 금발 미녀 일곱 명이 칠순의 헤프너에게 공주로 대접받는 장면과 젊은 스타들이 미스터 플레이보이의 이름난 파티에 참석하려고 달려가는 모습은 다양한 의견을 일으켰다. 일부 사람은 그것을 민망하고 포스트모던한 아이러니로 보았다. "그는 1970년대 이후 냉동 보존되었다가 깨어난 선사시대의 바람둥이다." 데이비드 플로츠는 〈슬레이트〉에 썼다. 하지만 많은 사람은 헤프너의 부활을 환상적인 복고적 멋으로 보았다. 〈하퍼스 바자〉는 1999년의 기사에서 말했다. "플레이보이 토끼가 다시 기운을 차리고 헤프너의 집을 뛰어다니고 있다. 홍보 담당자들은 미친 듯이 전화를 걸어 자신의 고객을 플레이보이맨션파티에 입장시키려고 한다. 거기 초대받는 건 이제 다시 섹시한 일이 되었다."〈배너티 페어〉는 헤프너를 자사 선정 1999년 명예의 전당'에 입성시키고 애니 레이보비츠가 찍은 사진(헤프너와 두 여자 친구가 커다란 침대에 널브러져 있고, 다른 두 여자가 그 뒤에 서 있는 모습)을 2면에 걸쳐 게재했다. 사진에는 그가 다시금 쾌락의 궁전에서 불경한 영광의 제사장이 되었다는 설명이 달렸다.

회사와 잡지 역시 결혼의 파경 이후 공적으로 새로이 힘을 얻은 헤프너와 걸음을 같이 했다. 여건은 1990년대와 마찬가지로 어려웠지만, 그들은 플레이보이 브랜드를 되살리기 위해 큰 걸음을 내디뎠다. 그리고 다음 세기에는 지난 4반세기보다 활기찬 모습을 띠게 되었다.

II

2003년 말, 헤프너와 〈플레이보이〉는 잡지의 50주년에 맞추어 다양한 축하 행사를 펼쳤다. "미국을 바꾼 잡지"라는 전국적 광고 캠페인에 이어 두툼한 '수집가판' 기념호가 나왔다. 11월 30일에 헤프너는 드루 캐리, 제니 매카시와 함께 A&F 네트워크의 특별 텔레비전 프로그램에서 사회를 보았다. 이 쇼는 맨션에서 촬영되었고, 많은 코미디언과 음악가가 수백 명의 손님에게 여흥을 베풀었다. 〈플레이보이〉 50년 역사에서 나온 영상과 이미지들이 이런 헤프너에 대한 경의를 장식했다.

50주년 행사 동안 헤프너와 〈플레이보이〉가 미국사회에 미친 영향에 대해 많은 의견이 쏟아졌다. 미국 전역의 신문·잡지, 텔레비전, 웹저널이 미스터 플레이보이와 그 잡지가 현대의 가치관에 미친 영향을 파악하려고 했고, 때로는 그 일에 상당한 노력을 들였다. 평가는 크게 갈렸다.

사회적 보수주의자, 종교적 근본주의자, 페미니스트는 〈플레이보이〉의 영향력을 비난했다. 보수주의 칼럼니스트 캘 토머스는 헤프너의 잡지가 규칙 없고 기준 없고 의미 없는 문화를 형성하는데 일조했다고 비난했고, 페미니즘 칼럼니스트 코니 슐츠는 〈플레이보이〉가 허리는 콜라병처럼 잘록하고 가슴은 쓰나미에도 가라앉지 않을 만큼 커다란 기형적 여성을 이상화했다고 조롱했다. 유력 보수주의 웹사이트 타운홀닷컴은 헤프너가 사회를 탈도덕화해서 남녀 관계를 천박하게 만들고, 좋은 관계와 좋은 결혼의 기본인 신뢰를 통한 친밀감 형성을 약화시켰다고 비난했다. 〈크리스채너티 투데이〉는 헤프너가 포르노를 주류화해서 공허한 승리를 얻었다고 결론지었다. 〈플레이보이〉는 여성, 관계, 성을 왜곡하고, 수십 수백 년이 걸려야 치울 수 있는 도덕적 "유독성 쓰레기"를 만들었다고 주장했다.

하지만 대부분 평자는 〈플레이보이〉의 유산을 존중했다. 어떤 이는 열광하고 어떤 이는 마지못해 인정했지만, 대부분은 헤프너가 미국사회의 성적 가치관을 낡고 답답한 도덕적 속박에서 해방시켰다고 인정했다. 〈플레이보이〉는 출판 역사상 몇 손가락으로 꼽힐 만큼 영향력 있는 잡지가 되었다고 〈로스앤젤레스 타임스〉는 평가했고, 〈뉴스데이〉는 〈플레이보이〉가 성혁명의 비공식 회보라고 말했다. 런던의 〈타임스 매거진〉은 〈플레이보이〉를 피임약, 로큰롤과 더불어 전후 미국의 성 가치관을 변화시킨 3대 요소로 꼽았다. 리처드 콜리스는 〈타임〉에 장문의 칼럼을 써서, 헤프너의 잡지가 몇 세대 남성을 성의 신비로 이끌었을 뿐 아니라 미국사회의 변화에도 영향을 미쳤다고 했다. "그것은 헤프너가 비즈니스모델 이상의 것을 지녔기 때문이다. 그에게는 철학이 있다. 그는 대제국을 건설하는 것보다 더 정신적인 목적이 있었던 것 같다. 바로 공화국, 플레이보이 공화국의 확립이다." 보수적 〈내셔널 리뷰〉지도 〈플레이보이〉가 자유의 원칙을 발전시켰다고 인정했다.

한편 평자들은 〈플레이보이〉의 동시대 영향력이 감소했다는 데에도 대체로 동의했다. 성혁명은 오래전에 승리로 끝났고 성적 표현물은 어디서든 구할 수 있게 되었다. 사려 깊은 평자 브라이언 매코이는 50주년에 대해 이렇게 말했다. "기념행사 속에서 서글픈 리듬을 듣지 않기란 불가능했다. 맨션은 아직도 활기찰지 모르지만 유령으로 가득하다… 최고의 영광이 이미 지나간 건 분명하다."

잡지는 여전히 세련되고 지적이었지만, 새로운 세기에는 예측 가능한 것, 거의 고정 불변의 것처럼 보였다. 〈플레이보이〉는 매달 찾아오는 옛 친구처럼 유쾌하고 반갑지만 놀랍지는 않았다.

새롭게 나타난 일군의 대담한 도전자들이 〈플레이보이〉의 매력과 독자층을 약화하기 시작했다. 1990년대 후반에 이르면 이른바 '래드북lad book'이라고 하는 〈맥심〉 〈FHM〉 〈스터프〉 같은 잡지들이 요란스레 시장에 들어왔다. 반항적이고 아이러닉하고 의도적으로 조야한 감성으로 젊은 독자에게 다가간 이 잡지들은 '맥주와 여자'를 즐기는 유쾌한 태도로 장례식에서 여자를 구하는 법, 술 마시기 대회, 모범생이 즐기는 인생의 동물적 쾌락 등을 다루었다. 이들은 누드에 가까운 에로틱한 화보를 실었지만 진짜 누드는 드물었다. 한 평론가가 꼬집었듯이, 래드북은 지금까지보다 더 경박해지는 법을 간단히 가르쳐주었다. 투박하지만 이런 X세대 잡지들은 우량 독자층인 18세~34세의 남자들에게 점점 인기가 높아졌다.

헤프너도 그 타격을 느꼈다. 〈플레이보이〉는 여전히 남성잡지 가운데 일등이었지만(월평균 320만 부 판매로, 래드북들을 멀찌감치 앞섰다) 이유서 깊은 잡지가 점점 젊은이들의 가치관과 접면을 상실할지 모른다는 걱정이 커졌다. 그는 많은 편집자의 지지 속에 잡지의 전면 재창조를 고려했다. "내가 지금 찾는 건 〈플레이보이〉가 1960년대와 1970년대에 의미했던 것을 현대적으로 재구성한 것이다." 그는 말했다. 이런 자신감의 위기가 커지면서 1970년대 초부터 편집장으로 일한 아서 크레치머가 사임을 결심했다. 그 또한 새로운 시대의 경향에 발맞추려고 애쓰는 데 지쳤고, 변화의 압력을 느꼈다.

이에 대한 응답으로 헤프너는 적진의 기지로 잠입해 인질을 데려왔고, 2002년 9월에는 〈맥심〉의 편집자 제임스 캐민스키가 〈플레이보이〉의 새 편집장이 되어 잡지를 쇄신할 책임을 졌다. 헤프너는 변모한 〈플레이보이〉가 라이프스타일 관련 내용은 늘이고 노골적인 성은 줄이기를 바랐다.

캐민스키는 전통을 존중하는 가운데 잡지를 쇄신하기로 약속했다. 〈플레이보이〉는 청소년 시절 저널리즘에 대한 자신의 상상력을 촉발시킨 잡지라며, 지난 시절의 위대함을 되찾고자 한다고 말했다. "내 목표는 지난 50년 동안 힘을 발휘한 이 위대한 잡지를 새로운 세대를 향해 전진시키는 것이다." 그는 자신을 "변화의 사도"라고 일컬으며, "한번도 〈플레이보이〉를 읽어 본 적 없는 25세 청년이 처음으로 집어들 수 있도록" 만들고 싶다고 했다. 그리고 잡지의 궁극적 목표는 나이가 들면서 세련되고 진지해진 래드북 독자를 잡아오는 것이라는 데 동의했다.

그런데 캐민스키는 혁명이 아니라 점진적 변화에 합의했는데도 아주 빠른 속도로 움직였고, 많은 내부자는 그것을 거의 폭력으로 여겼다. 그는 인수인계 기간에 크레치머를 무시했고, 2003년 중반에 이르면 잡지에는 그의 영향력이 뚜렷이 드러났다. 〈플레이보이〉는 사진과 보조 기사, 박스, 도표가 많은 짧고 활기찬 글들이 나타났다. 유머 글도 많아지고, 젊은 기고자들이 랩 스타 잼 마스터 제이 살인 사건, 사스 바이러스, 월마트 노동 관행 등에 대한 탐사 기사를 썼다. 그리고 비디오게임과 전자제품 섹션과 더불어 스케이트보드나 서핑 선수들을 모델로 한 과감한 남성 패션 화보들도 나타났다.

반응은 회의적이었다. 〈시카고 트리뷴〉의 25세 아트 디렉터(캐민스키가 잡으려는 독자층에 속하는)는 새로운 〈플레이보이〉를 보고 실망을 감출 수 없었다고 했다. 그는 잡지가 변화했다고 그렇게 요란스럽게 광고한 것이 여러 세대에 호소하는 분열적인 욕망을 감추는 새로운 화장에 불과하다고 말했다. 잡탕이 된 잡지는 지난 세기에 한 발이 박힌 채 새로운 세기의 발판을 마련하려고 한다는 평을 들었다.

캐민스키의 실험은 금세 실패했다. 그의 방식은 〈플레이보이〉에 새로운 매력을 주었지만, 과격한 경영 방식은 잡지의 직원들을 소외시켰다. 처음부터 문제의 기미가 있었다. 헤프너에 따르면, 캐민스키가 업무를 시작하기 전날 그와 만났던 크레치머가 낙심해서 "우리가 큰 실수를 저질렀다. 이 친구는 제정신이 아니다."라고 말했다. 실제로 캐민스키의 불도저식 경영은 수많은 충돌을 일으켜서 사방에 적을 만들었다. 결국 헤프너는 2004년 4월에 캐민스키를 해고하고 젊은 내부 편집자 세 명을 그 자리에 앉혔다. 크리스토퍼 내펄리타노가 편집장이 되고, 리 프롤릭과 스티브 랜달이 부편집자가 되었다. 그들은 헤프너의 지원 아래 잡지 쇄신의 노력을 이어갔지만, 진척은 전보다 느리고 은근하며 〈플레이보이〉의 전통적 세련미를 유지하는 가운데 이루어졌다.

〈플레이보이〉는 이렇게 새로운 세기에 맞게 변화하려고 노력했다. 이제는 미국사회의 가치관 형성을 이끄는 선도자가 아니기에, 그들은 젊은 독자를 끌어들이면서 오랜 독자의 충성을 유지하는 것이 문제였다. 거기다 인쇄 매체의 독자층이 줄고 인터넷이 폭발적으로 성장하며 광고주들이 신기술에 이끌리다 보니 그 일은 매우 어려운 과제가 되었다. 더욱이 잡지가 주장하는 즐거운 인생과 개인 해방의 메시지는 이제 현대 미국의 평범한 진리라서 더는 가슴을 두근거리게 하지 못했다. 헤프너가 아무리 희망해도 잡지는 1960년대와 1970년대의 영향력을 회복하지 못할 것이다. 그도 인정했듯이, 잡지는 플레이보이사의 '유인 상품'이 되어 회사의 엔터테인먼트와 라이선스 사업에 이바지하는 플레이보이 라이프스타일의 상징으로 기능할 운명이었다.

새로운 세기가 되면서 플레이보이사 역시 새로운 도전에 직면했다. 1990년대 내내 꾸준히 소박한 이익을 낸 회사는 1990년대 말에 다시 어려움에 부딪혔다. 2000년 12월에 〈비즈니스위크〉는 인터넷과 텔레비전 사업의 미미한 수익, 주가 하락, 〈플레이보이〉가 젊은 소비자에 대한 접점을 상실했다는 투자자들의 인식을 문제로 지적했다. 크리스티 헤프너는 이런 기사에 분노하며, 온라인 사업과 텔레비전에 대한 대규모 장기투자가 곧 열매를 맺으리라고 반박했다. 양쪽 다 약간씩 옳았다. 2000년대가 시작될 때, 회사는 적자 상태였지만 그 전략은 회복과 번영의 가능성을 보였기 때문이다.

플레이보이사는 크리스티의 지도로 두 가지 분야를 기초로 삼았다. 하나는 멀티미디어 엔터테인먼트 사업이고, 다른 하나는 플레이보이 브랜드의 강력한 라이선스 사업이었다. 회사는 인터넷의 가능성을 일찌감치 발견하고, 성적 표현물을 게재하고 전자상거래를 할 수 있는 플레이보이닷컴을 개설했다. 플레이보이 상품의 인터넷 판매는 꾸준히 늘었지만 수위 낮은 엔터테인먼트 상품에 대한 시장은 별로 커지지 않았다. 플레이보이의 케이블 텔레비전 사업은 그보다 성공적이었다. 그들은 1999년부터 2001년까지 노골적 성애 영화를 제공하는 스파이스 네트워크의 유료 TV 채널을 몇 개 샀다. 이 거래는 플레이보이가 오랫동안 유지한 깨끗하고 순수한 성 이미지를 흔들었지만, 헤프너 부녀는 그것을 디즈니사가 성인등급 영화를 보급하는 터치스톤 픽처스를 만든 것과 비슷한 사업 다각화의 하나로 여겼다. 플레이보이사가 새로운 인수를 통해 수익을 올리기 시작하자 월스트리트는 박수를 보냈다.

2004년에 플레이보이사는 흑자를 보았다. 미래의 희망은 몇 가지 벤처사업에 달렸다. 팜스사와 제휴해서 라스베이거스에 문을 연 플레이보이클럽 콤플렉스와 최근에 '부활하는 아시아 도박 산업의 진원지'라 일컬어지는 마카오의 카지노 계획, 마이스페이스 유형의 인터넷 소셜 네트워크인 플레이보이 U 등이 그것이다. 기술과 세계 시장이 이끄는 미래 속에서 최근 점검에 따르면, 회사의 세 개 부문은 목표가 뚜렷하다. 〈플레이보이〉는 여피족 남성을 겨냥하고, 라이선스 상품은 여성이 대상이다. 플레이보이사 경영진은 디지털 기술, 세계 시장, 라이선스, 지역 기반 엔터테인먼트가 미래 성장과 수익의 열쇠를 쥐고 있다고 낙관하고 있다. 그 결과는 오직 시간이 말해줄 것이다.

2000년대 중반 이후 플레이보이 브랜드는 새로이 부활하고 있다. 하지만 플레이보이사는 소박한 성장의 길을 걸어가는 중간 규모 커뮤니케이션과 엔터테인먼트 회사로서, 주가는 여전히 매우 낮고 토끼 로고는 사회적 영향력보다는 '복고적인 멋'으로 보인다. 하지만 미래가 어떻게 펼쳐지건 헤프너의 자리는 분명하다. 그는 전설이 되었다.

III

헤프너는 1960년대와 1970년대 이후 어느 때보다 큰 대중적 명성을 누렸다. 그가 별거 이후 여자 친구 군단을 거느리고 로스앤젤레스 클럽들에 나타났을 때, X세대 젊은이들이 그의 탁자로 몰려와서 "당신은 신이에요! 최고예요!"를 연발했다. "그는 세계에서 가장 유명한 남자고, 그의 집도 동네도 세계에서 가장 유명하다. 그는 가장 유명한 파티를 열어 가장 유명한 손님들을 초대하고 그들의 명성을 자기 명성의 원천으로 삼는다." 〈롤링스톤〉은 2000년에 썼다. "그는 유명한 사람들 가운데서도 유명한 것으로 유명하다."

헤프너의 전설적인 지위는 모든 방향에서 확인되었다. 그는 1998년 4월 28일에 잡지 명예의 전당에 입성했는데, 아이러니하게도 글로리아 스타이넘과 함께였다. 다음 해에는 뉴욕 시 프라이어스 클럽에서 로스트(특정 단체에서 선정된 개인이 사람들 앞에 서서 공개적으로 농담과 칭찬을 받는 일로 명예롭게 여김 - 옮긴이)를 받았고, 다음 해에는 〈하버드 램푼〉지가 그를 '우주 역사상 최강 인물'로 선정한 것을 기념하는 특별 축하파티에 참석했다. 2005년 여름에는 디스커버리 채널이 헤프너를 '가장 위대한 미국인 백 명 가운데 한 명'으로 선정했다. 이 시절 그는 옛 할리우드 영화의 보존과 복원을 위해 UCLA 자료관에 백만 달러를 기증하고, USC 영화 학교에 그보다도 훨씬 많은 기부를 해서 공적 영예도 얻었다.

헤프너의 명성이 새로이 높아지면서 그는 많은 광고에도 출연했다. 2000년에 모토로라 텔레비전 광고에 나왔고, 다음 해에는 탱커리 진 잡지 광고에 나왔으며(플레이메이트 두 명이 진 병을 탐욕스럽게 바라보는 동안 헤프너 트레이드마크인 흡연 재킷 차림으로 그러면 안 된다는 표정을 장난

1998년 잡지 명예의 전당에 함께 들어간 헤프너와 글로리아 스타이넘

스럽게 짓고 있는), 2003년에는 세 금발 미녀와 함께 에코 옷 지면 광고에 나왔다.

헤프너는 텔레비전 시리즈에도 많은 출연 요청을 받았다. 2001년에서 2005년까지 〈저스트 슛 미〉, 〈버니 맥 쇼〉, 〈커브 유어 인슈지애즘〉 같은 코미디 프로그램은 물론 드라마 〈라스베이거스〉(오랜 친구 제임스 케인과 함께)와 〈안투라지〉에도 나왔다. 저스틴 팀버레이크, 넬리, 위저 같은 대중음악가도 플레이보이맨션에 찾아와 비디오를 찍었다.

그러나 헤프너의 부활을 알리는 가장 큰 징표는 텔레비전 시리즈 〈이웃집 여자들〉이다. 2005년 가을에 E! 채널에서 방영을 시작한 '리얼리티 쇼'인 〈이웃집 여자들〉은 헤프너 여자 친구들의 시각에서 플레이보이맨션의 일상을 보여준다. 금발 여자 친구들 가운데 몇 명이 격렬한 다툼 중 떠난 뒤, 그는 세 여자와 꾸준한 관계를 이루었다. 〈이웃집 여자들〉을 통해 그들은 짧은 시간에 유명인이 되었다.

홀리 매디슨은 2001년에 맨션에 왔다. 그녀는 포틀랜드와 로스앤젤레스의 대학에서 심리학과 연극을 공부하다 그만두고 다른 기회를 찾았다. 그러다 비키니 대회에 나간 것을 헤프너의 친구가 보고 맨션파티에 초대했고, 거기서 헤프너와 만났다. 그녀는 헤프너의 요청에 따라 여자 친구 집단에 합류했고, 2002년에 티나 조던이 맨션을 떠나자 헤프너의 '수석 여자 친구'가 되었다. 그들은 서로에게 헌신했고, 2005년에 그녀는 공개적으로 결혼해서 아이를 낳고 싶다고 말했다. 최근에는 〈플레이보이〉의 보조 사진 편집자로 일하며 플레이메이트 촬영을 돕는다.

브리지트 마카트는 퍼시픽대학에서 석사학위를 받은 뒤 헤프너의 우주로 들어왔다. 플레이메이트가 되려고 1998년 맨션에서 밀레니엄 플레이메이트를 모집하는 사진 촬영차 맨션에 왔다가 헤프너를 만났고 몇 차례의 파티에 함께 참석했다. 짧은 결혼생활 끝에 우호적으로 별거 중인 그녀는 2002년에 〈플레이보이〉 꿈을 품고 로스앤젤레스에 왔다. 헤프너가 그녀에게 여자 친구 집단에 들어오라고 요청하자, 그녀는 맨션으로 이주했다. 그러고 나서 매디슨과 절친한 사이가 되었고, 그녀가 헤프너와 맺은 로맨틱한 관계를 존경했다. 그녀는 맨션의 바쁜 사교 활동에 즐겁게 참여하면서 UCLA에서 방송 저널리즘을 공부하고 지금은 라디오 쇼를 진행하고 있다.

셋 가운데 가장 어린 켄드라 윌킨슨은 2004년에 18세의 나이로 헤프너의 여자 친구가 되었다. 헤프너는 맨션파티를 위해 '바디 페인팅' 한 여자 사진 가운데 그녀를 보고 깊은 인상을 받아 파티가 벌어졌을 때 일부러 그녀를 만났다. 다음 주에 그녀에게 맨션에 들어오라고 부탁했다. 청소년 시절 학교를 중퇴하고 가출한 그녀는 축구와 소프트볼의 재능을 버리고 거리의 아이로 빈궁과 자살 시도와 약물 속에 살았다. 그러다 17세에 바닥을 치면서 약물을 끊고 집과 학교로 돌아가 고등학교를 졸업했다. 그리고 치과 조수로 일하던 중 예기치 않게 기회를 만났다. 윌킨슨은 이런 변화를 "헤프너가 나를 구원했다."고 말했다.

1990년대에 헤프너 주제의 다큐멘터리 영화를 제작한 케빈 번스가 제작 감독하는《이웃집 여자들》은 이 세 젊은 여자가 플레이보이맨션에서 겪는 일을 다룬다. 헤프너는 주변에 머물러서 이따금 이 금발 트리오에게 아버지 또는 할아버지 같은 조언과 지원을 던질 뿐이다. 쇼는 두 가지를 강조한다.

첫째는 매디슨, 마카트, 윌킨슨이 즐거움을 원 없이 누리는 환상적인 생활이다. 맨션에서 미스터리를 주제로 한 생일 파티를 계획하고, 한여름 밤의 꿈 파티 의상을 공들여 준비하고, 라스베이거스로 날아가서 올해의 플레이메이트 축하파티를 도와주고, 어려움 속에 〈플레이보이〉 첫 화보 촬영을 해내고, 콜로라도로 스키 여행을 가고, 시카고와 뉴욕으로 홍보 여행을 가서 노는 것 등이다.

둘째로 쇼는 여자 친구들의 성격을 끊임없이 대조해서 보여준다. 매디슨은 시종일관 차분하고 침착하며 계산적인 인물로, 헤프너를 보호하고 맨션 안주인 자리를 지키는 데 집착하는 모습을 보인다. 분홍색 의상과 침실, 미스터리와 신비주의를 좋아하는 마카트는 달뜬 기쁨과 실망의 눈물 사이를 오가는 감정적이고 연약한 모습이다. 윌킨슨은 말괄량이 같은 건강미와 건방지고 도전적인 태도로 사회적 관습을 뒤집어 즐거움을 만드는 본능적 유머감각을 보인다. 쇼는 이렇게 섹시함과 요란함, 인간적인 면모와 약간은 현실을 벗어난 면모, 유쾌하고 사랑스러운 모습을 뒤섞어서 돈 많고 유명한 사람들의 안쪽 세계를 흥미롭게 보여준다. 쇼의 광고 문구는 이렇다. "이런 환상의 나라를 그들은 집이라고 부른다."

하지만 그 못지않게 놀라운 건 〈이웃집 여자들〉의 시청자 층이다. 방송사에서는 쇼의 주 시청자를 남성으로 예상하고 처음에는 주로 섹스어필에 집중한 홍보를 했다. 하지만 조사 결과 시청자는 70퍼센트가 여자며, 그중에서도 15~40세의 연령대가 압도적이었다. 더욱 놀라운 건 이 쇼가 전통적 남녀관에서 해방된 여자들에게서도 긍정적인 반응을 얻었다는 것이다. 저명한 페미니즘 평론가 대프니 머킨은 공개적으로 "전통적 남녀 관계에 토대한 여성관을 지녔다는 점에서 선사시대의 산물임이 분명한… 생각없는 세 바비의 모험을 다룬 복고풍 프로그램에 이렇게 끌린다는 게 쑥스럽고 약간 걱정스럽기도 하다."고 고백했다.

한편으로 〈이웃집 여자들〉은 2000년대 초 플레이보이 부활과 맥을 같이 하는 복고풍 매력이 있다. 쇼는 페미니즘 이전에 여자들이 지녔던 환상 즉 나이 많고 돈 많은 신사가 자신을 돌봐주고 사랑해주고 남들 앞에 내세워주는 환상을 제공한다. 여자들은 미화되고 보호와 찬사 속에서 생계를 부양받고, 그를 위해 바치는 대가는 충성과 미모, 그리고 경쟁하지 않는 마음이다. 이런 '신데렐라 환상'은 양성평등을 옹호하는 단련된 페미니스트들에게도 비밀스럽고 순간적인 매혹을 준다고 머킨은 말한다. "재미있다. 여성성의 모델로 늘 힐러리 클린턴만 생각할 수는 없는 법이다." 마카트의 팬 메일을 보면 시청자가 이 쇼를 "평범한 여자들이 환상의 인생을 사는 것"으로 보고 있음을 알 수 있다. 젊은 여자들(어쨌건 그 일부)은 파티, 옷, 매니큐어, 쇼핑, 맨션, 집사, 여행 같은 것에 매혹된다. "헤프너 인생은 언제나 남자들의 환상이다. 그런데 이제 처음으로 여자들의 환상도 되었다." 마카트는 말한다.

반면에 〈이웃집 여자들〉은 특이한 방식이지만 여성의 권력이 신장하였음을 알려준다. 세 젊은 여자는 자신의 삶을 위해 결정하고 고투한다. "그들은 강한 여자들이라고 생각한다… 스스로 선택하고 자신에게 다가오는 기회를 활용한다." 어느 여성 변호사의 말이다. 헤프너의 짝이라는 자리를 차지하고자 결연히 노력하고 잡지를 위해 일하는 매디슨, 플레이메이트가 되기 원하고 나중에 커뮤니케이션 분야에서 일하고 싶어하는 마카트, 뛰어난 운동 능력을 보이며 신중하게 아파트를 구매하는 윌킨슨, 이들 트리오가 각자의 꿈을 좇는 동안 헤프너는 한발 물러서서 애정 어린 격려와 돈을 지원하되 아무런 명령도 하지 않는다.

여자들이 이 프로그램에 매혹되었다는 건 헤프너와 플레이보이 에토스가 반세기의 노력 끝에 주류가 되었음을 확인해준다. 헤프너는 길고 논쟁적인 경력의 마지막 무대로 들어서면서, 수십 년에 걸친 문화 전쟁의 승자가 되었다. 유명 보수주의 칼럼니스트 조지 윌은 2003년 인터뷰를 위해 맨션에 찾아왔을 때 말했다. "축하합니다. 당신이 이겼습니다." 하지만 그 말은 더 큰 질문을 담고 있다. 헤프너는 어떤 싸움에서 이긴 것인가. 그리고 그의 승리는 어떤 성격인가.

에필로그

# 플레이보이 제국

플레이보이맨션 3층의 방과 복도에는 특별 제작된 참나무 책장에 검은 가죽으로 장정한 책들이 조용히 꽂혀 있다. 번호가 1800을 넘어가고 지금도 계속 늘어나는 이 '스크랩북'은 휴 헤프너의 인생을 기록한다. 이 스크랩북은 시카고의 10대 시절에 시작되어 지난 70년 동안 〈플레이보이〉 발행인에게 벌어진 거의 모든 일과 사람들이 그에 대해 한 모든 말을 상세히 기록하고 있다. 친구 케빈 번스는 언젠가 헤프너에게 자신의 인생을 국회도서관보다 더 세밀하게 기록한다고 말했고, 한 동료는 헤프너의 인생은 이미 유작이라고 농담했다.

하지만 이렇게 거대한 자료가 존재한다는 사실 자체가 그 주인공에 대해 본질적인 것을 알려준다. 헤프너는 분명히 청소년 시절부터 자신의 인생에 몰두했다. 그리고 그것을 〈플레이보이〉와 더불어 자신의 가장 큰 창조물로 보았다. 사실 두 가지는 분리할 수 없다. "잡지는 언제나 나 자신의 꿈과 환상의 연장선이었다." 헤프너는 인정했다. 〈플레이보이〉와 그의 인생은 문화적 유전자의 이중나선처럼 지난 반세기 동안 미국사회의 가장 깊은 욕망과 가치관과 충동 일부를 구현한다.

시초부터 헤프너의 개인적 경험은 공적 경력을 위한 재료였다. 매우 사적인 사람이었던 그는 자신의 개인적, 정치적, 경제적 자유를 결연하게 추구했고, 쾌락 추구를 미성숙한 것이 아니라 냉소적 세상에서 유년의 낙관주의를 행복하게 구현한 것으로 보았다. 그는 결혼, 가족, 종교 같은 전통적 제도가 개인의 행복을 신장시키지 않고 오히려 제한한다고 보고 거기에 도전했다. 헤프너에게 가장 중요한 건 사회적 기대가 아니라 개인의 욕망이었다. 그는 자기 인생을 "남의 규칙에 따라 살 필요가 없다."는 것을 입증하는 사례로 보았다.

이런 자기충족의 윤리는 그의 복합적인 성격에 뿌리를 내리고 있다. 〈플레이보이〉의 성공으로 경제적 독립을 얻으면서 그는 자기 존재의 모든 측면을 강박적으로 통제했다. 식단, 옷차림, 취미, 사교 일정이 모두 정연한 방식으로 고정되었다. 생활환경을 구체적 세목까지 창조하고 감독하면서 그것이 자신의 소망과 어긋나면 밤과 낮, 일과 놀이, 관례와 인습을 무시했다. 그는 자신의 욕망에 집중한 능률 전문가였다.

그는 강박적 통제자인 한편으로 낭만주의자기도 했다. 인간에 대해 낙관적이고 인간관계에 대해 깊이 감상적인 헤프너는 곧잘 극작가 데니스 포터의 말을 빌려서 자신의 세계관을 설명했다. "나는 노래 가사가 진실인 곳을 찾고 싶다." 이런 낭만주의 탓에 무수한 여자에게 구애했고, 이것은 언제나 섹스 못지않게 정서적인 유대를 위한 것이었다. 그 이유는 그런 관계가 젊은 로맨스의 황홀감을 계속 맛보게 해주었기 때문이다. 이런 낭만주의는 그 못지않게 뜨거웠던 영화에 대한 평생의 사랑과 함께 꽃피었다. 은막에 펼쳐지는 과장된 이미지의 드라마는 어린 시절 그의 상상력을 사로잡아 평생 그를 지배했다. 그는 자신을 《스미스 씨 워싱턴에 가다》(1939)의 주인공(정의와 자유를 위해 제도와 맞서는 외롭고 고결한) 지미 스튜어트로 보고, 《수컷》(1942)의 헨리 폰다(유명 운동선수에게서 여자를 빼앗고 제도에 맞서고 검열을 이기는 약간 어수룩한 주인공)와 동일시하며, 《카사블랑카》(1942)의 험프리 보가트("모든 사람이 오는"유명한 공간의 주인이지만 자신은 거기 함께 앉지 않는 사람, 그리고 겉으로는 냉소적이지만 결국은 사랑하는 여자를 위해 모든 것을 포기하는 감상적인 이상주의자)를 우상화한다. 헤프너에게 영화는 자신이 원하는 인생을 낭만적으로 그린 은유이다.

이와 같이 헤프너는 F. 스콧 피츠제럴드 소설의 주인공 제이 개츠비처럼 내적 모호성을 지닌 사람이다. 로맨스와 정서적 유대를 갈망하는 통제적인 인물. 흥청망청 파티를 꾸리고 자신은 한발 물러서 있는 사람. 다정하고 너그럽지만 가차없이 자신의 만족을 추구하는 사람. 헤프너는 앞뒤 없는 쾌락주의자가 아니었다. 그는 쾌락을 체계적이고 끈질기게, 특정 시기에는 심지어 필사적으로 추구했다. 이런 쾌락에 대한 강박은 여러 면에서 일에 강박된 개신교 윤리를 현대적으로 역전한 것이라고 볼 수 있다. 미스터 플레이보이는 진지한 방탕아, 감상적인 유혹자, 규율 있는 욕망의 사도였다.

하지만 헤프너가 흥미로운 사람에 그치지 않고 중요한 사람이 된 건 그런 개인적 꿈과 욕망이 사회적으로 폭넓은 공명을 일으켰기 때문이다. 50년이 넘는 세월 동안 그는 현대 정신의 근본을 건드리면서 전형적인 미국 개인을 대표했다. 〈플레이보이〉 지면에서 웅변하고 그의 떠들썩한 라이프스타일이 홍보한 개인적 해방, 성적 자유, 물질적 풍요의 신조는 현대사회의 가치관을 새롭게 만드는 데 선도적 역할을 했다. 하지만 헤프너의 승리가 열렬한 찬사를 받은 경우는 흔치 않았다. 1950년대 말부터 1970년대 중반까지 간헐적 인기를 누리기는 했지만, 헤프너는 수십 년 동안 많은 전통주의자와 일부 페미니스트에게서 끊임없이 공격을 당했다. 하지만 그는 특유의 회복력과 열정적이고 지칠 줄 모르는 자기변호로 버텨나갔다. 헤프너와 〈플레이보이〉의 세계관은 역사의 첨단에 서서 견뎠고, 그 사이에 미국 주류는 점진적으로, 때로는 자신도 모르는 사이에 그 주요 신조를 소화하고 흡수했다. 데이비드 쇼는 2003년에 〈로스앤젤레스 타임스〉에 인정했다. "〈플레이보이〉 50년 후 우리는 모두 헤프너의 세계에 살고 있다."

미스터 플레이보이의 승리(그 속도는 더디고 성격은 복합적이었지만)는 주요한 네 가지 측면에서 왔다. 첫째, 헤프너가 성혁명의 지속적인 상징으로 살아남았고, 그럼으로써 현대 미국의 특징이 된 성적 개방성에 크게 이바지했다는 것이다. 1960년대 텔레비전 시트콤에서조차 부부가 트윈베드에서 잤다거나 키스나 포옹을 할 때도 한발은 항상 바닥에 대고 있었다는 사실은 지금 거의 잊혔다. 이제 혼전 섹스가 정상적인 일이 되고, 섹스 지침서가 베스트셀러에 오르며, 성행동을 금지하는 억압적인 법률이 폐지되고, 엔터테인먼트에서 솔직한 성적 고백이 사방에 넘쳐난다. 오럴섹스와 관련한 대통령의 고난이 신문의 표제와 치밀한 탐구 분석의 대상이 되었다. 월마트는 〈이웃집 여자들〉 DVD를 팔고, 후터스(미국의 레스토랑 체인으로, 남성층을 주고객으로 삼아 섹시걸이 시중을 듦 - 옮긴이)에서도 어린이 메뉴를 내놓았다. 성적 억압의 힘은 분명히 소수 의견의 영역으로 밀려갔다. 아마도 헤프너는 현대 미국의 여유롭고 솔직한 성적 태도를 만드는 데 다른 어떤 개인보다 크게 이바지했을 것이다.

〈플레이보이〉는 이렇게 성적으로 개방된 새로운 세계에서 현대적 남성의 세련된 모델을 제공했다. 잡지는 헤프너의 지도로 전후 남성의 세련된 행동 방식(이따금 거친 면모도 보이지만 대개는 도시적이고 신사적인 기준을 지닌)을 권장했다. 물론 〈플레이보이〉의 감성은 얄팍한 성적 책략으로 읽힐 수도 있다. 하지만 헤프너는 전통적인 야외의 남자라는 이상을 버림으로써 기존의 틀을 깨트렸다. 캐밀 파야의 말을 빌리면 새로운 남자, 고급 스테레오기기, 좋은 와인, 세련된 대화, 진보적 사상에 관심 있는 유럽 스타일의 남자를 내세웠다. 〈플레이보이〉 스타일은 남자에게 언제나 여자를 세심하고 가치 있게 대하라고 촉구했다. 〈애틀랜틱〉이 말하듯이 〈맥심〉이나 〈FHM〉이 사내답게 엉덩이를 움켜잡는 것을 권한다면, 헤프너와 〈플레이보이〉는 더욱 성숙하고 만국 공통적인 비전, 즉 매력적인 여자를 찾아서 함께 멋진 인생을 나누는 것을 제시했다.

둘째로 헤프너는 20세기 후반 소비문화의 상승에 중대한 영향을 미쳤다. 1900년대 초에 시작된 소비자본주의의 물결을 둔화시켜서 수요를 가두었던 대공황과 제2차 세계대전 시기를 지나고, 미국인들은 물질적 풍요와 다시 연애할 준비가 되었다. 헤프너는 이런 열망을 포착했다. 그의 잡지는 처음부터 느슨한 성적 기준과 더불어 풍요를 멋진 인생의 핵심 요소로 그렸다. 독자도 거기 동의했고, 전체 사회도 그랬다. 풍요로운 소비재의 향유는 미국적 삶과 동의어가 되었고, 〈플레이보이〉는 세련된 소비의 월간 가이드가 되었다. 독자는 자신이 헤프너 같은 남자라고 상상했다. 좋은 와인, 멋진 차, 아름다운 여자에 어울리는 멋진 옷을 입은 사람. "〈플레이보이〉는 궁극의 소비 잡지였다. 칼럼과 광고가 하나였다." 〈타임〉이 말했다.

세 번째는 논쟁적이지만 헤프너와 잡지가 현대 양성관계를 변모시킨 페미니즘 혁명에서 방식은 복잡했지만 나름대로 중요한 역할을 했다는 것이다. 〈플레이보이〉는 한편으로는 전통적 기준을 뒤집고 여자가 성을 즐길 자유와 경제적 기회, 사회적 평등, 낙태 권리를 옹호했다. 헤프너의 개인적, 정치적, 경제적 자유의 꿈은 법적, 사회적, 문화적 분야에서 투쟁으로 승리한 거대한 여권 운동 일부가 되었다. 하지만 급진적 젠더 페미니즘은 〈플레이보이〉가 여자를 성적 대상물로 격하하는 가부장제와 억압의 교두보라고 공격했다. 그들은 헤프너를 적으로 낙인찍었다.

이런 엇갈리는 평가 속에서 헤프너와 잡지는 영웅도 희생양도 되지 않았다. 대신 그들은 페미니즘 혁명의 촉매 구실을 했고, 심지어는 주류적 가치의 변화를 반영해서 분노를 일으켰다. 대부분의 남녀 미국인처럼 헤프너와 〈플레이보이〉는 평등한 권리와 기회를 옹호하되 양성 차이에 대한 전통적 견해를 옹호하고 양성 간 전쟁을 거부하는 형평 페미니즘 운동을 지지했다. 20세기 말에 이르면 이런 사회적 합의 속에서 헤프너는 아이러닉하게도 여성의 자유로운 선택(사업가가 되건 매력적인 몸을 노출하건)의 상징이 되었다. 대부분의 활동 기간에 페미니즘 논쟁의 소용돌이 속에 서 있던 그는 주류 운동이 승리를 거두는 데 주축 역할을 했다.

성혁명, 소비주의, 여성 인권에 대한 중대한 이바지 덕분에 헤프너는 네 번째이자 가장 중요한 역할도 했다. 장기적 역사적 관점에서 20세기 미국의 자기충족 문화, 이전 시대의 빅토리아주의적 자기절제 규범을 대신하는 가치 체계의 주요 건축가가 되었다는 것이다. 그의 중요성은 헨리 포드나 월트 디즈니 같은 인물과 어깨를 나란히 한다. 헨리 포드는 1900년대 초에 소비가치, 풍요, 자기충족이라는 매혹적인 이념을 개척했고, 전설적 모델 T자동차를 통해서 그것을 주류문화 속에 안착시켰다. 할리우드 영화 제작자이자 텔레비전 및 테마 파크 개척자인 월트 디즈니는 20세기 중반에 그 토대 위에 마술, 감성, 레저, 소비자 마케팅으로 미국적 생활방식을 빚어내는 데 이바지했다. 그리고 20세기 후반 수십 년 동안 헤프너는 이런 경향을 완성했다. 이 시기에 그는 다른 어떤 인물보다 더 강력하게 현대 아메리칸드림의 특징인 성해방, 물질적 풍요, 개인적 충족의 결합을 상징한다.

물론 유토피아는 현실에 존재하지 않는다. 그래서 헤프너의 유산(그가 많은 이바지를 해서 형성한 미국)은 약속 못지않게 위험도 만들어냈다. 일례로 성혁명은 개인에게서 과도한 억압의 짐을 풀어주고, 오랜 세월 인간의 성 충동을 억제한 죄의식과 수치심을 흩어주었다. 하지만 헤프너가 의도한 바 없다 해도 그것은 조악한 성적 이미지와 돈벌이를 위한 성 착취의 거대한 수문을 열어젖혔고, 〈플레이보이〉가 명예롭게 찬미하고자 한 것을 싸구려로 전락시키는 경우가 많았다. 더욱이 헤프너 같은 성 자유의 전사들은 에로스의 아름답고 창조적이고 개화된 측면만을 보는 경향이 있다. 이런 동물적 충동을 이성과 결합하려고 하다 보니, 그들은 질투, 욕정, 분노, 거절, 권력과 소유욕 등을 일으키는 어두운 측면은 간과한다. 아이러닉하게도 헨리 루이스 게이츠 2세의 말처럼 성해방주의자들은 흔히 성은 언제나 안전하고 진정하고 무공해성이고 예측 가능하고 무죄고 온순하고 건강할 수 있다는 진실로 기이한 주장을 하는 순진한 사람으로 보인다. 그렇게 해서 성혁명은 성공한 반란이 모두 그렇듯이 해방과 함께 파괴의 가능성도 열어젖혔다.

현대 소비문화의 승리 또한 그와 비슷하게 뒤섞인 축복을 낳았다. 프랭클린 루스벨트의 명명으로 유명해진 "결핍으로부터의 자유"를 실현하면서 미국 대중은 1950년대 이래로 전 세계의 부러움을 받는 생활수준을 향유했다. 하지만 이 물질주의 외피는 안락함을 주는 한

편 억압적이기도 하다. 환경주의 좌파에서 종교적 우파와 그 사이의 다양한 많은 평자는 경제적 풍요의 숭배가 모든 것(개인의 행복, 정치적 성취, 사회관계, 교육 목표, 종교 및 철학적 기준)을 고삐 풀린 소비의 잣대로 평가하는 경박한 물질주의를 부추긴다고 지적했다. 이것은 영적 빈곤과 사회적 탐욕으로 가득한 세계관을 부추길 뿐 아니라 노동 윤리를 잠식하고 의미 있고 창조적이고 생산적인 노동의 개념을 폐물로 만든다. 현대 소비문화의 사례는 새로운 해방은 거의 어김없이 새로운 속박을 낳는다는 것을 확인해 준다.

여성 인권과 관련해서도 혼란스러운 문제가 지속한다. 형평 페미니즘은 아메리칸드림의 최선의 부분을 대표하고, 헤프너와 〈플레이보이〉가 여성의 성해방에 이바지하고 여성의 완전한 법적 권리를 옹호하며 양성평등이 성차의 철폐는 아니라고 완강하게 주장한 건 박수받을 만하다. 하지만 현대사회에 범람하는 성적 이미지 때문에 헤프너와 현대 미국은 인간적이고 민주적인 원칙과 관련해서 상당히 아슬아슬한 행보를 보였다. 남자가 여자를 성적 대상물로 바라보는 것 또는 여자가 남자를 그렇게 바라보는 건 더없이 자연스러운 일이고 우리 종의 생물학적 원리와도 일치한다. 하지만 여자를 성적 대상물로만 보는 건 여성을 격하하고 인간 평등의 신조를 침해할 수 있다. 여성 누드와 섹스어필을 굳건하게 강조하는 〈플레이보이〉는 에로틱한 것이 아닌 다양한 여성 인생과 경험의 가치를 무시하는 경향이 있다. 헤프너와 미국 주류는 남성의 성적 독재와 양성 전쟁에 대한 과장된 주장을 합리적으로 거절하고 있지만, 여성의 온전한 인간성을 인정하는 데 신경을 써야 할 것이다.

가장 넓은 차원에서 미국의 자기충족 문화도 축복과 저주가 뒤섞였다. 감정적 육체적 욕망을 충족시키자는 이 운동은 의문의 여지없이 이전까지 자기 부정의 창살 아래 속박된 개인의 생활을 풍성하고 즐겁게 해주었다. 하지만 새로운 어려움도 뒤따랐다. 예를 들어 '플레이보이'와 '플레이걸'의 세상에서 쾌락 지향적 개인들이 결혼과 양육의 희생을 점점 더 경원하면서 모든 사회의 근간인 가족 유대가 흔들리게 되었다. 그보다 더 중요한 건 〈플레이보이〉 등이 만들어 낸 자기충족 문화 속에서는 공공선을 생각하는 것이 어려워졌다는 점이다. 많은 현대인에게 자기를 뛰어넘는 헌신은 낯설거나 이해 불가능한 개념이 되었다.

하지만 환상의 매혹은 종국적으로 헤프너와 〈플레이보이〉 제국의 현대적 자기충족에서 문제점보다는 가능성을 더 보게 했다. 로맨틱한 사랑, 물질적 풍요, 완벽하게 정돈된 삶, 넘치는 성적 정서적 만족이라는 헤프너의 꿈은 현대 미국사회에서 추구하는 행복을 정의했다. "〈플레이보이〉의 환상은 사회의 현실이 되었다." 헤프너는 말했다. 실제로 제2차 세계대전 이후 세계 최고 부국이 된 미국의 시민은 미국사회를 끝없는 가능성의 사회로 보게 되었다. 〈플레이보이〉 에토스는 주류가 되었고, 그 강력한 힘은 많은, 어쩌면 대부분의 현대 미국인을 공통의 목적지(속박 없이 상상할 수 있는 모든 방식으로 자기충족을 이루는)로 이끌고 갔다. 이것은 피츠제럴드의 표현 대로 "공화국의 어두운 들판이 밤하늘 아래 물결치는" 현대 아메리칸드림의 정수가 되었다. 좋건 나쁘건(판단은 각자의 몫이라는 데 헤프너는 누구보다도 먼저 동의할 것이다) 현대 미국의 우리는 〈플레이보이〉 세계에 산다. 그리고 휴 헤프너에 대한 우리의 판단은 우리 자신에 대한 판단이다.

# 감사의 글

이 책을 완성하는 지난 몇 년에 걸쳐서 많은 사람에게 은혜를 입었는데 그들에게 감사할 기회가 있어 다행이다. 우선 지난 몇 년간 내 연구를 도우러 들락날락하고, 내 짐을 들어주고, 출처를 거듭해서 점검해주고, 받아쓰고, 그리고 플레이보이맨션을 방문할 때마다 렌터카를 세차해 준 주위 모든 사람에게 감사한다. 이렇게 아무런 사심 없이 관대한 우정을 보여준 이들 덕분에 나는 인간 본연의 신념을 충분히 발휘할 수 있었다.

미주리대학 역사학과의 캐럴 앤더슨, 로버트 콜린스, 캐서린 림프, 조너선 스페버, 존 위거 등은 이 원고를 읽고 소중한 의견과 제안을 제시했다. 페티 이글스턴과 샌디 키츠먼, 멜린다 락우드, 제니 모튼, 낸시 타우베, 그리고 역사학과 직원 모두 다방면으로 지원과 격려를 아끼지 않았다. 알만도 파바자와 셀트미래, 딕과 앤 스튜어트 부부, 도널드 태넌트, 다니엘 와츠, 스티브 바인베르크 등을 위시한 재능과 통찰력을 겸비한 친구들, 특히 퍼트리셔 워드 켈리는 원고를 찬찬히 훑어보며 유용한 의견을 내놓았다. 메리 제인 에델과 캐서린 담은 초창기에 필요한 기사를 찾아주고 인터뷰 내용을 베껴주어 짐을 덜어 주었다.

존 윌리앤선스 출판사 편집자 데릭 넬슨은 숙련되게 내 원고를 마지막까지 다루어주었고, 레이첼 마이어스와 에린 라이트는 능숙하게 이 책을 제작했다. 내 대리인이자 친구인 론 골드파브는 내 의지를 지지하며 멋진 교섭을 단행했고, 여러 행사에 다양한 홍보를 내놓았다. 내가 작가로 명성을 쌓는데 지대한 공헌을 한 그에게 이루 표현할 수 없는 감사를 한다.

미주리대학 엘리스도서관 사서들은 그들의 전문지식을 동원해 내가 다양한 자료를 얻을 수 있도록 도왔다. 시카고에 있는 플레이보이 엔터프라이즈사 리 프렐리히와 제시카 리들은 내가 회사 기록보관소를 드나들 수 있도록 도왔다. 플레이보이맨션으로 조사차 가서 파일을 샅샅이 뒤지거나 스크랩북을 하느라고 쩔쩔맬 때에도 한가로이 정원을 거닐 때에도 복사기에서 시간이 지체되어 예정보다 더 많이 지체되었는데도 맨션 직원들은 너그럽고 친절하게 응대해주었다. 내가 고마움을 표현할 많은 사람 중에서도 특히 스티브 마르티네스와 노마 마스터, 엘레느 롯지, 조이스 나자리, 투르디 킹, 아만다 워런, 엘리샤 부트, 존 칼로토, 엘리자베스 캔스키, 밥 콜린, 제니 루이스, 딕 로젠츠바이크, 메리 오코너를 특별히 언급한다. 앰버 캠피시, 티파니 팰론,

새로 사귄 친구들과 특히 앨리선 레이놀즈와 조엘 베를린은 깨달음을 주는 대화와 우정을 보여주었다. 월요일 저녁마다 내게 옛 영화와 짓궂은 농담, 재치 있는 말재간 등을 가르쳐준 거침없는 이야기꾼들인 키스 헤프너와 레이 앤서니, 빌 세퍼드, 처크 맥켄, 리처드 반, 론 보스트, 마크 캔터, 피터 비에이라, 로버트 컬프, 자니 크로우포드, 케빈 번스 등에게 감사한다.

당연히 휴 헤프너는 내 아낌없는 감사를 받을 만하다. 이번 프로젝트와 관련해서 처음으로 그를 만났을 때 그는 품위 있게 이 일에 협조해주겠다고 했다. 그는 이례적으로 〈플레이보이〉 역사와 그의 이력을 기록한 어마어마한 파일에 접근할 수 있도록 허용했을 뿐만 아니라 그의 삶을 살펴보도록 집안으로 들어갈 기회를 주었다. 그는 또한 장장 40시간이나 되는 인터뷰를 흔쾌히 승낙했다. 그는 내가 이 책 전반에 걸친 편집을 주관하겠다는 내 고집을 받아들였고, 일부 논쟁과 결론에 반박하기도 했지만 결국 인정해주었다. 이런 이유로 미스터 헤프너에게 고개 숙여 감사한다.

내가 가장 고맙게 생각하는 두 사람이 있다. 아내 페티 와츠는 플레이보이맨션에서 함께 연구하자는 모호한 제안을 한 내게 재미난 유머로 응해주었다. 그리고 〈플레이보이〉와 미국 사회, 남성과 여성, 성적 특질과 그 외 다양한 주제에 대해 수많은 대화를 나누는 과정에서 아내는 풍부한 통찰력과 아이디어를 내놓아 이 책을 풍요롭고 다채롭게 했다. 내 딸아이 올리비아 클레어 와츠는 이 프로젝트를 진행하는 중간에 예상치도 않게 합류했다. 올리비아는 내가 힘겨워할 때 끊임없는 애정과 즐거움, 교화, 경이로움을 제공해주었다. 올리비아는 내가 이 일을 더욱 견실히 해내는 데 힘을 보탰다. 이 책을 그 아이에게 바친다.

# 옮긴이 후기

〈플레이보이〉는 우리나라에 발행되지도 정식으로 수입되지도 않는 잡지이지만 그 이름을 모르는 사람은 없을 것이다. 10여 년 전 모델 이승희가 〈플레이보이〉 모델이라는 이유만으로 국내에서 대단한 유명세를 얻었던 사실을 보면 잘 알 수 있다. 인지도를 따지면 아마 전 세계 성인 남성 잡지 가운데 독보적인 위치가 아닐까. 이 책은 그런 〈플레이보이〉를 창간해서 60년이 가깝게 성공을 이어가는 전설적인 인물 휴 헤프너의 인생을 담은 전기다.

휴 헤프너는 우리나라에서는 잡지만큼 유명하지는 않지만 미국에서는 할리우드 스타와 같은 유명인의 위치에 올라선 지 이미 오래이며, 여든이 넘은 지금까지도 빈번히 화제의 중심에 오르내리고 있다. 유명한 사람이라고 인생이 모두 흥미로운 건 아니지만, 헤프너의 인생은 끊임없이 바뀌는 아름다운 여자 친구, '해방된' 섹스, 화려한 파티, 격렬한 사건들로 그 자체가 하나의 드라마를 이루고 있다. 그리고 그것을 더욱 흥미롭게 만드는 것은 그의 인생과 미국 사회 전체가 서로 얽혀서 반응하는 방식이다.

유명인이 유명해지는 데는 그들이 지닌 남다른 재능과 특성이 기본 바탕이 되겠지만, 그런 특성이 발현될 수 있는 사회적 환경 또한 중요한 역할을 한다. 특히나 휴 헤프너는 잡지 창간 이래 사생활과 공생활 전체를 통해 미국 사회와 복잡한 관계를 맺으며 살았기 때문에 더욱 더 그렇다. 여기서 우리가 미처 알지 못했던 면모가 드러난다. 우리나라에서 헤프너는 그저 '벗은 여자들 사진으로 부와 명성을 얻은 사람' 정도로 알려졌지만, 실제로 그는 미국 사회의 문화적·이념적 전선에서 아주 중대한 역할을 했다. 여러 경우에서 그는 거의 사회 개혁가, 투사의 모습을 띠었다.

당연히 그것은 주로 그의 잡지의 중심 주제인 '성'을 둘러싸고 이루어졌다. 그 치열함과 영향력의 폭을 생각해 보면, 그의 견해에 대한 판단과 상관없이 "개인적인 것은 정치적이다"라는 말을 절감하지 않을 수 없다. 그리고 그는 그 일을 60여년이라는 긴 세월에 걸쳐서 했다. 그 기간은 미국 사회 또한 격렬하게 요동치며 변화한 시간이다. 그래서 이 책은 흥미진진한 성공 스토리인 동시에 미국 사회의 변화 발전상을 조감해 주는 작은 역사서이기도 하다. 특히나 저자 스티븐 와츠가 역사학 교수라는 사실은 헤프너의 인생을 이렇게 미시와 거시가 교차한 입체적 관점으로 살펴보는 데 큰 도움을 주었다.

미국의 출판 시장이 우리나라와 다른 특징 가운데 하나는 바로 이런 전기가 꽤 큰 시장을 이루고 있다는 점이다. 우리나라에서 인물 이야기는 (매우 미화된)어린이용 위인전이나 (역시 흔히 미화된)자서전, 자전 에세이 정도다. 전부터 우리나라에도 객관적인 서술로 인물과 세상을 함께 읽을 수 있는 전기가 활성화되기를 바라는 마음이 있었는데, 방대한 자료 탐구와 정확한 인용, 날카로운 분석과 통찰, 뛰어난 문장이 결합한 이 책을 번역하고 나니 그런 마음이 더욱 커졌다.

안타까운 점은 출판 여건상 1000개가 넘는 방대한 주와 일부 내용을 생략하고 번역했다는 것이다. 독자 여러분의 양해를 바란다.

고정아

# 부록

ENTERTAINMENT FOR MEN DECEMBER 1972 • $1.50

PLAYBOY

내가 만들려는 건 도시 남자를 대상으로 하는 가볍고 세련된 엔터테인먼트 잡지야. 기본 판매는 여자 누드사진이 보장할 테지만, 고급스러운 품격도 유지할 거야… 유명 작가의 작품도 싣고, 지역 미술가들의 최고 작품과 만화, 유머도 싣고, 일부 지면은 전면 컬러로 장식할 거야… 나중에 돈이 좀 쌓이면 여자 누드를 줄이고 품질을 더 높여서 〈에스콰이어〉 같은 잡지로 만들 거야.

-1953년 〈플레이보이〉 창간을 앞두고 엘던 셀러스와 나눈 대화

당신이 18세에서 80세의 남자라면, 플레이보이는 바로 당신을 위한 잡지다. 유머와 교양과 짜릿한 재미를 곁들인 엔터테인먼트를 원한다면, 플레이보이는 당신에게 특별한 대상이 될 것이다. 처음부터 우리는 가족 잡지가 아님을 명백히 밝혀 두고자 한다. 당신이 누군가의 아내거나 장모인데 실수로 이 잡지를 집었다면, 사랑하는 남자에게 건네주고 〈레이디스홈 컴패니언〉으로 돌아가라. 오늘날의 '남성잡지'는 가시나무 숲을 뚫거나 급류 속을 달리는 등 아웃도어 활동에 주력하고 있다. 우리도 때로는 그런 일을 다룰 테지만, 미리 말하지만 우리가 주력하는 건 실내 활동이다. 우리는 집을 좋아한다. 칵테일과 오르되브르를 만들고, 분위기 있는 음악을 틀고, 아는 여자를 불러서 피카소와 니체, 재즈, 섹스를 논한다. 세상의 일은 우리의 영역 밖이다. 우리는 세계 문제를 해결하거나 도덕적 진실을 증명하려고 하지 않는다. 우리가 남자들에게 몇 번의 웃음을 더 주고, 핵 시대의 불안을 조금이나마 없애준다면 우리 존재 이유가 정당화될 수 있다고 생각한다.

-1953년 〈플레이보이〉 창간 선언문

그저 돈 쓰기만 좋아할 뿐 뭐 하나 제대로 못 하고 겉멋만 든 사람인가? 그렇지 않다. 플레이보이는 예리한 지성의 젊은 사업가일 수도 있고, 예술 종사자, 대학교수, 건축가, 엔지니어일 수도 있다. 특정 관점을 공유한다면, 그는 어떤 사람이라도 상관없다. 여기서 관점이란 인생을 눈물의 골짜기가 아닌 행복한 시간으로 보는 것이다. 일을 삶의 목적이나 전부로 여기지 않고 그 안에서 즐거움을 찾아야 한다. 플레이보이는 예리한 사람, 깨어 있는 사람, 안목 있는 사람, 쾌락에 예민한 사람, 주색에 빠졌다거나 어설픈 딜레탕트라는 비난을 듣지 않고 인생을 충만하게 사는 사람이다.

-1956년 광고, 누가 〈플레이보이〉를 읽는가

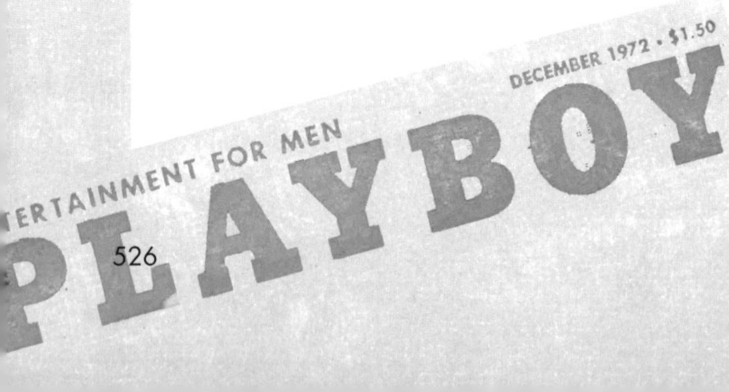

나는 〈플레이보이〉의 어떤 것도 잡지의 기본 편집 방침과 어긋나지 않기를 바란다… 우리는 잡지에 그 자체로 즐거움을 주는 내용뿐 아니라, 인생을 즐겁게 하는 데 도움이 되는 음식, 술, 패션, 여행 같은 내용도 담기기 바란다… 우리의 관점을 가장 분명하게 전달할 비평 칼럼에서 고전음악, 대중음악, 재즈 등의 음악과 책, 연극, 영화에 대한 의견을 제시할 것이고, 이 모든 것에 대해 어느 정도 중요한 것을 말할 것이다(그것도 즐거움을 줄 수 있도록)… 우리의 논픽션은 때로 군중 속에서 여자를 골라내는 것보다 조금 깊은 내용도 다루겠지만, 그렇다고 잡지의 기본원칙을 거스르지는 않을 것이다… 나는 설교하거나 과장하거나, 국제 시사, 종교, 인종 갈등을 주요하게 다루는 글을 원하지 않는다. 플레이보이빌딩의 내 자리에 앉아서 이 모든 것이 시작된 1953년 가을의 그날을 돌아보면, 모든 게 비현실적으로 보인다. 처음에 아주 얇은 플레이보이 창간호를 내놓으면서 내가 바란 건 그저 이 잡지가 내가 원하지 않는 일에 인생을 낭비하지 않고 대신 정말로 좋아하는 일을 계속할 수 있게 해줄 만큼이 되는 것이었다. 하지만 이 애정의 노동은 우리 세대의 잡지 가운데 가장 놀라운 성공을 안겨주었고, 5년 만에 내게 평생 꿈도 꾸어 보지 못한 보상과 부와 성취감을 안겨주었다. 나는 이 세상에서 가장 복 받은 사람들 가운데 한 명인 것 같다.

-〈플레이보이〉 5주년 기념행사에서

사람들은 플레이메이트의 아름다움이 다른 세상에나 존재한다고 여기기 쉽다. 하지만 플레이메이트는 당신 주변에 있다. 사무실의 신입 비서, 어제 점심 식사 때 맞은편에 있던 사슴 눈망울의 처녀, 단골 상점에서 셔츠와 넥타이를 파는 점원 등. 우리는 7월의 플레이메이트를 우리 회사의 유통 부서에서 찾았다. 그녀는 정기구독 신청, 갱신, 과월호 주문을 관리한다. 이름은 재닛 필그림이고 아름다운 외모만큼이나 뛰어난 업무 능력을 자랑한다.

플레이메이트는 썰렁한 스튜디오 환경이 아니라 자연스러운 상황을 배경으로 삼아야 한다. 모델은 편안하고 자연스러워 보여야 한다. 책 읽기, 글쓰기, 칵테일 만들기, 새로 산 옷 입어보기 같은 단순한 활동은 이들의 매력을 크게 더해줄 것이다. 플레이메이트는 당연히 얼굴과 몸매가 매력적이어야 하지만, 좀더 구체적으로 보면 건강하고 지성적이고 미국적인 모습 즉, 회사의 유능한 비서일 수도 있고 바사대학교의 학생일 수도 있는 젊은 여자여야 한다. 우리는 새롭고 신선한 얼굴의 자연스러운 미인을 원한다.

-일상 속의 플레이메이트를 말하며

플레이보이는 이 나라가 아주 크고, 매우 강하고, 마땅히 옳기에, 모든 사람의 사상과 재능을 자유롭게 표현해도 몇몇 개인의 어리석음 때문에 상처받지 않을 거라고 진심으로 믿는다. 미국은 공명정대함과 무죄추정의 원칙을 자랑하지만, 그것과는 상관없다. 우리는 피카소가 공산주의자라는 걸 알면서도 그를 생존한 세계 최고의 화가 중 하나로 인정하기 때문이다. 국가안보를 핵심적으로 여기는 정부에는 정치가 중요하겠지만, 문학에는 그것이 들어설 자리가 없다. 미국의 예술과 문학이 그리고 이 나라 자체가 자유를 유지하려면 말이다.

-좌파 작가의 글을 실었다고 항의 편지를 받고 나서

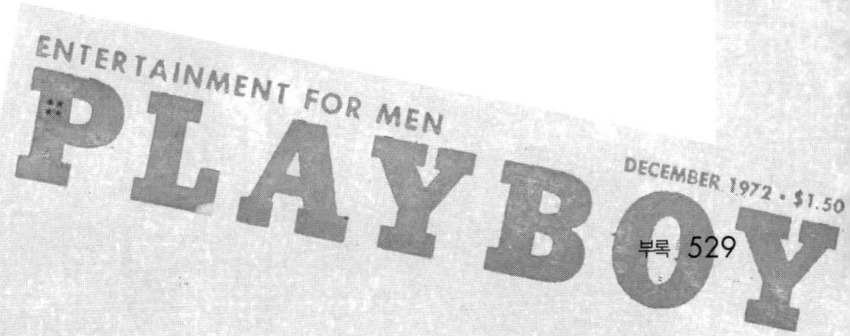

우리는 전투적 페미니즘 극단파의 파괴적 급진주의와 성적 억압을 반대하지만, 여성 인권에 대해서는 모든 인권에 대해 그러듯이 자유주의적인 태도를 견지한다. 우리는 오래전부터 피임 정보를 보급하고 '제한적 낙태법'의 폐지를 주장했다. 우리는 여성이 성과 생식과 관련해서 자기 몸을 통제하는 권리는 개인적 자유를 확장하는 중요한 걸음이라고 믿는다. 마찬가지로 우리는 남자의 성경험은 칭송하고 여자의 성경험은 죄악시하는 빅토리아시대적 이중 잣대를 거부한다. 우리는 또한 여자를 가사 일에 국한하는 전통적 편견에 반대한다. 가정주부의 역할을 거부하고 직업을 택하거나 두 가지를 함께 하고자 하는 여성에게 기회를 주어야 한다. 동일 가치의 일에 대해 동일 임금을 받아야 한다는 것은 두말할 필요도 없다.

-1970년대 페미니스트의 공격을 받고 나서

내가 플레이보이 화보에 큰 관심이 있다고 할 수는 없지만, 몇몇 부분에 집중해서 일부러 다른 것을 무시할 이유도 없다고 생각한다. 플레이보이는 최근 몇 년 동안 뛰어난 인터뷰(저메인 그리어 인터뷰에서 그리어는 플레이보이에 대해 솔직하고 통렬하고 비판적인 말을 자유롭게 했다)와 중요한 기사 그리고 흥미로운 소설을 실었다. 플레이보이에 실린 내 작품은 남녀 갈등을 다루었고, 거의 모든 작품이 계속되는 남성 우월주의 신화의 가혹함을 표현해서 독자의 성별에 상관없이 여성에 대해 공감과 이해를 하도록 했다.

지금껏 내가 작품을 실은 잡지 가운데 잡지의 내용 전체에 동의하는 경우는 하나도 없다. 민주주의 사회에서는 다양한 사람들에게 다가가는 잡지 통로가 있어야 한다. 그렇지 않으면 특정 신념을 지닌 작가는 같은 신념을 지닌 사람들에게만 읽히고, 변화와 성장은 없을 것이다. 플레이보이는 놀라울 만큼 자유주의적이고, 어떤 점에서는 혁명적이다.

-조이스 캐럴 오츠가 〈플레이보이〉에 기고하지 말라는 여성 단체의 압력을 받고 나서

# 찾아보기

## 인물

**잡지, 신문**

**기사, 만화**

**책 제목**



**영화, 뮤지컬**

지은이 **스티븐 와츠 Steven Watts**

미조리대학의 역사학 교수로 재직 중이다. 『The People's Tycoon: Henry Ford and the American Century』『The Magic Kingdom: Walt Disney and the American Way of Life』『The Republic Reborn: War and the Making of Liberal America, 1790~1820』 등을 비롯한 다수의 책을 저술했다. 특히 『The Republic Reborn: War and the Making of Liberal America, 1790~1820』은 National Historical Society에서 '올해의 책'에 선정되었고, American Studies Association에서 '최고의 책'을 수상했다.

옮긴이 **고정아**

서울에서 태어나 연세대 영어영문학과 졸업했다. 현재는 전문번역가로 활동하고 있다. 옮긴 책으로는 『전망 좋은 방』『하워즈 엔드』『순수의 시대』『내 무덤에서 춤을 추어라』『노맨스 랜드』『니웅가의 노래』『큰바위 얼굴』『드링킹』『남자보다 개가 더 좋아』 외 다수가 있다.

**미스터 플레이보이**: 휴 헤프너, 남자들의 은밀한 꿈을 살다

첫판 1쇄 인쇄일 2011년 6월 11일
첫판 1쇄 발행일 2011년 6월 18일

지은이 스티븐 와츠
옮긴이 고정아
펴낸이 엄민영
펴낸곳 나무이야기
주소 서울시 마포구 서교동 377-13 성은빌딩 102호
전화 02)337-7279 팩스 02)337-7230
E-mail nspub@naver.com
ISBN 978-89-90976-11-6 (03300)

Printed in Seoul


* 책값은 뒤표지에 있습니다.